本书是以下项目的阶段研究成果：
- 教育部人文社科青年项目"创新极视角下区域创新系统测评体系研究"（项目编号：13YJC630086）
- 河北省社会科学发展研究课题"区域创新系统测评方法与河北省实证研究"（项目编号：201103135）
- 国家自然科学基金青年项目"区域创新系统监测方法：创新极识别－培育－共生视角"（项目编号：71403078）
- 河北省教育厅优秀青年基金项目"资源型区域产业技术溢出机理与效应分析"（项目编号：SY12102）
- 2013年河北省首批青年拔尖人才资助计划·哲学社科类

河北省社会科学重要学术著作出版资助项目

区域创新系统
多创新极共生演化模型与实证

李子彪◎著

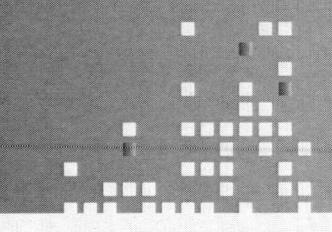

知识产权出版社
全国百佳图书出版单位

图书在版编目（CIP）数据

区域创新系统：多创新极共生演化模型与实证/李子彪著. —北京：知识产权出版社，2015.1

ISBN 978-7-5130-2528-7

Ⅰ.①区… Ⅱ.①李… Ⅲ.①区域经济—国家创新系统—研究 Ⅳ.①F061.5

中国版本图书馆 CIP 数据核字（2013）第 308124 号

内容提要

本书以区域创新系统的刻画和描述为研究对象，定义区域中符合特定条件的创新型产业为创新极，提出区域创新系统是多创新极共生演化系统的观点，给出了多创新极共生演化模型。本书详细研究了创新极的内涵与特征、形成条件与临界规模、结构与演化模型；创新极间技术溢出概率和溢出模型；多创新极共生模式和演化模型，最后以唐山市和邯郸市两个产业结构相似的区域进行实证，得出了结论。

本书适合创新管理、科技政策研究人员、政府管理人员、经济管理专业的高校师生以及相关领域的研究人员阅读。

责任编辑：李　潇　　　　　责任校对：董志英
封面设计：李志伟　　　　　责任出版：孙婷婷

区域创新系统：多创新极共生演化模型与实证

李子彪　著

出版发行：	知识产权出版社有限责任公司	网　　址：	http://www.ipph.cn
社　　址：	北京市海淀区马甸南村1号	邮　　编：	100088
责编电话：	010-82000860 转 8133	责编邮箱：	lixiao@cnipr.com
发行电话：	010-82000860 转 8101/8102	发行传真：	010-82000893/82005070/82000270
印　　刷：	北京中献拓方科技发展有限公司	经　　销：	各大网络书店、新华书店及相关专业书店
开　　本：	787mm×1092mm　1/16	印　　张：	25
版　　次：	2015年1月第1版	印　　次：	2015年1月第1次印刷
字　　数：	418千字	定　　价：	78.00元

ISBN 978-7-5130-2528-7

出版权专有　侵权必究
如有印装质量问题，本社负责调换。

序

　　创新并不是一个新现象,但是作为一个学科和研究领域,相对于一些传统学科其尚属较新的领域。自熊彼特提出创新概念以来,一波三折,创新逐渐被人接受。直至20世纪后期,创新对经济发展的促进作用在全世界得到认同。特别是以知识为基础的经济时代的到来,加速了创新思想和创新理论的普及与发展,世界主要国家或组织都纷纷致力于对创新理论的研究和探讨,涌现出了一批杰出的作品,如经济合作与发展组织(OECD)的《管理国家创新系统》和詹·法格博格的《牛津创新手册》等。随后,创新在我国也成为一个重要的研究热点。自我国提出建设创新型国家目标以来,国内学术界也纷纷从不同角度关注和研究创新现象和理论,从企业层面、产业层面、区域层面和国家层面不断"开花结果"。

　　在这个背景下,河北工业大学区域创新系统课题组结合所处的京津冀区域,自2001年起就围绕区域创新系统展开研究。特别是李子彪教授以河北省为例完成了硕士学位论文,之后又在胡宝民教授指导下完成了博士学位论文,将区域中满足特定条件的创新型产业定义为创新极,从演化角度提出区域创新系统是多创新极共生演化系统的新观点,该论文2009年被评为河北省优秀博士学位论文。李子彪教授是我校青年学者中的佼佼者,2012~2013年获国家留学基金委全额资助赴荷兰马斯特里赫特大学交流访问,作为第二完成人协助导师完成了国家自然科学基金项目、国家软科学项目的研究工作,他自己也主持教育部人文社科项目、河北省自然科学基金项目等省部级项目6项,厅局级项目5项,发表了近30篇学术论文,2013年入选了河北省首批青年拔尖人才支持计划。目睹他一步步卓有收获的成长,我深感欣慰。

　　本书将区域创新系统的研究与其区域经济现实和发展需求联系起来,认为区域创新系统是由区域多个产业创新子系统组成,并且各产业创新子系统的创新能力和创新绩效是不同的。区域内产业创新子系统之间的相互联系、相互关系及效率决定区域创新系统的能力和效率。在此基础上将区域中满足特定条件的创新型产业定义为创新极，把区域创新系统视为多创新极共生演化系统，进而研究创新极的内涵与特征、形成条件、临界规模、创新极的测度方法、创新极间溢出、区域创新系统的多创新极共生演化模型等主题。本书从动态演化的视角，将区域创新系统与区域经济实际结合，提出的区域创新描述是区域创新系统理论体系的有益补充，将创新系统从微观到宏观联接起来，进一步揭示了区域经济发展动力机制。从实践上看，区域创新系统的功能与创新绩效恰恰取决于系统内部的资源动态配置，取决于系统的结构与互动演化。描述"什么是区域创新系统"是打开区域创新系统研究"黑箱"的关键，也是构建区域现代产业体系，完善区域科技政策的出发点。

在与课题组交谈中了解到，课题组提出了"三步走"研究计划：第一步，对"什么是区域创新系统"进行描述和刻画；第二步，进行区域创新系统的测评理论与方法研究；第三步，进行区域创新政策的设计研究。最终形成"区域创新系统描述＋区域创新系统测评＋区域创新政策设计"这一理论方法体系。本书可谓是"第一步"的重要研究成果，在此，一方面对李子彪教授及其课题组完成第一步研究计划表示祝贺，另一方面也希望课题组再接再厉，开展好第二步、第三步的研究，多出成果，出好成果。

刘兵

博士、教授、博士生导师

河北工业大学副校长

教育部新世纪优秀人才

河北省有突出贡献的中青年专家

河北省优秀社会科学青年专家

2014年5月1日

前　言

　　自 20 世纪 80 年代起，创新得到了全世界各个国家和地区的高度重视。进入新世纪，特别是"十二五"以来，中央提出了创新驱动的发展战略，对创新促进经济增长功能的认识空前一致。创新型国家的建设离不开创新型区域，2006 年发布的《国家中长期科学和技术发展规划纲要（2006～2020 年）》明确提出了努力建设创新型国家的宏伟目标，并指出要建设各具特色和优势的区域创新体系作为创新型国家的支撑。之后党的"十八大"报告再一次要求进一步统筹区域创新体系建设，完善区域创新发展机制，优化区域内创新资源配置，鼓励创新资源密集的区域率先实现创新驱动发展，发挥好集聚辐射带动作用。然而，如何科学建设区域创新体系进而支撑创新型国家，如何监测和测评区域创新体系的发展，政策制定者仍未找到一条行之有效的途径。创新型区域建设需要有效的区域创新系统建设与测评理论提供支撑，而区域创新系统监测目的与测评方法取决于对区域创新系统内涵与功能的认识。刻画"什么是区域创新系统"无论对创新理论的研究还是对现实区域经济发展的指导都具有重要的意义。

　　创新是多个行为主体参与、多重环节构成的复杂系统过程。从系统的角度分析创新活动，正成为许多学者研究和探讨的新领域。尽管目前学术界对于"什么是区域创新系统"的研究已取得许多成果，但是对于"什么是区域创新系统"的研究尚不深入，仍处于探讨阶段。许多研究抽象掉的实际因素过多，使对区域创新系统的刻画处于静态、平面结构状态，不能从本质上为区域创新系统的测度、建设提供针对性指导。已有的研究成果距离区域创新系统成为一个能被广泛使用的理论分析框架，为区域创新政策的制定创造经验基础的目标尚有一段距离。究其原因：一是由于研究的时间尚短；二是很多研究无意中将区域创新系统作为一个独立的系统孤立研究，脱离了它赖以生存的区域经济现实和优化发展需求；三是很多研究从静态角度对创新系统进行研究，忽视了创新系统的复杂动力特性。

基于此，近期学术界又重新审视研究角度，将科技创新与区域经济结合起来探索区域创新系统内涵；引入历史演化观，从区域经济、区域创新历史发展的动态角度提取区域创新系统发展的变量。在这样的背景下，课题组提出"三步走"研究计划：第一步，对"什么是区域创新系统"进行描述和刻画；第二步，进行区域创新系统的测评理论与方法研究；第三步，进行区域创新政策的设计研究。最终形成"区域创新系统描述+区域创新系统测评+区域创新政策设计"这一理论方法体系。

本书是围绕第一步"什么是区域创新系统"研究的重要成果。首先在对区域创新系统认识上，将区域创新系统与区域经济系统联系起来，将区域中满足特定条件的创新型产业定义为创新极，从演化角度认为区域创新系统是多创新极共生演化系统，这样就将微观企业等创新主体行为与宏观区域经济表征建立了联系，从区域经济的现实和发展演化角度，提出了区域创新系统的解释。基于此观点，我完成了题为"创新极及多创新极共生演化模型研究"的博士学位论文，并于2009年获得河北省优秀博士学位论文。而后，我又围绕博士论文后续研究申请并主持国家自然科学基金青年项目"区域创新系统监测方法：创新极识别-培育-共生视角"（项目编号：71403078）、教育部人文社科青年项目"创新极视角下区域创新系统测评体系研究"（项目编号：13YJC630086）、河北省社会科学发展研究课题"区域创新系统测评方法与河北省实证研究"（项目编号：201103135）、河北省自然科学基金项目"产业间技术溢出测度方法与实证性能研究"（项目编号：G2011202172）、河北省教育厅优秀青年基金项目"资源型区域产业技术溢出机理与效应分析"（项目编号：SY12102）。我的博士学位论文和这些项目的研究促成了本书的出版，本书应该说是几年来对区域创新系统认识不断深入的一个集成。

本书总体布局采用了发现问题——提出理论—实证理论的思路。首选通过选题研究和文献分析发现现有的区域创新系统的描述和刻画仍不能为政策制定提供有效的依据，现有的研究与区域经济实践和需求尚有一段距离，因此提出"什么是区域创新系统"的问题。其次给出观点，将区域中满足特定条件的创新型产业定义为创新极，从演化角度认为区域创新系统是多创新极共生演化系统，进而引入经济学理论、社会学理论、生态学理论和遗传算法分别研究提出创新极内涵与特征、形成条件与临界规模、结构与演化模型、创新极之间的溢出概率与溢出模型、多创新极共生模式与演化模型等，同时对提出的这些理论和模型进行一一实证，并得出结论。实证对象和数据主要取自河北省的唐山市和邯郸市，因为这两个区域发展历史、产业结构、经济分布等比较相似，通过此二区域的实证比较，不但可以解决本书提出的理论观点，还可以总结提出资源型区域的一些其他共性问题，对实际也有一定的启示。研究开拓了区域创新系统新研究的新视角，在系统认知上克服了以往"静态、与经济相脱节"等瓶颈，提出了区域创新系统的新刻画。

课题组成员魏进平、吕静韦、孙卫忠、董辉、胡珊、吴子健、胡浩、于建朝、刘春凤、余迎新、张爱国、刘宏、孙丽文等也参与了本书的撰写工作，在此表示衷心感谢。此外，在撰写过程中参考了国内外诸多专家的成果，有的已经在参考文献中列出，但由于疏忽难免遗漏，在此对已列出的和未列出的专家一并表示感谢。同时要感谢知识产权出版社李潇编辑和她的同仁，对本书提出了大量修改建议和意见。由于时间仓促，书中难免有瑕疵，请各位读者批评指正。

李子彪

2014 年 3 月 1 日于北运河畔

目 录

第一章 绪 论 ·· 1
  1.1 研究背景与意义 ·· 1
  1.2 研究主要内容与框架 ·· 5
  1.3 研究的创新之处 ·· 7

第二章 相关理论基础与文献评述 ·· 10
  2.1 区域创新系统的由来 ·· 10
  2.2 文献评述 ·· 16

第三章 创新极内涵、特征 ·· 30
  3.1 创新极内涵界定 ·· 30
  3.2 创新极数学描述 ·· 35
  3.3 创新极结构与特征 ·· 37
  3.4 创新极功能 ·· 54

第四章 创新极形成条件、临界规模与类型 ·· 59
  4.1 创新极形成条件 ·· 59
  4.2 创新极临界规模 ·· 65
  4.3 创新极的类型 ·· 74

第五章 创新极的网络结构 ·· 86
  5.1 创新极网络结构分析方法选择 ·· 86
  5.2 基于 SNA 的创新极网络评价方法 ·· 93
  5.3 创新极网络结构分析实例 ·· 99

第六章 区域创新极演化模型 ·· 120
  6.1 无精英企业创新极演化模型与仿真 ······································ 120
  6.2 存在精英企业创新极演化模型与仿真 ···································· 138

第七章 区域创新极间技术溢出概率研究 ·········· 151
- 7.1 创新极技术溢出研究文献评述 ·········· 151
- 7.2 创新极技术溢出定义 ·········· 154
- 7.3 创新极间技术溢出概率模型 ·········· 156
- 7.4 创新极间技术溢出概率实证研究 ·········· 164
- 7.5 创新极间技术溢出效应分析 ·········· 172

第八章 区域创新极间技术溢出测度方法与实证 ·········· 196
- 8.1 创新极技术溢出测度研究评述 ·········· 196
- 8.2 创新极技术溢出测度方法 ·········· 200
- 8.3 唐山市创新极技术溢出测度实证 ·········· 233
- 8.4 邯郸市创新极技术溢出测度实证 ·········· 248

第九章 区域创新极共生模式研究 ·········· 263
- 9.1 创新极共生模式分析方法与样本选择 ·········· 263
- 9.2 唐山市创新极共生模式实证 ·········· 269
- 9.3 邯郸市创新极共生模式实证 ·········· 281
- 9.4 区域创新极共生模式与演化 ·········· 294

第十章 多创新极共生演化动力模型研究 ·········· 310
- 10.1 多创新极共生演化成因与驱动因素 ·········· 310
- 10.2 多创新极共生的原理与模式 ·········· 320
- 10.3 多创新极共生的区域创新系统演化动力模型 ·········· 332
- 10.4 唐山市区域创新系统的实例 ·········· 354

主要参考文献 ·········· 361

附 录 ·········· 375
- 附录A 钢铁产业创新网络知识合作调查问卷 ·········· 375
- 附录B ·········· 380
- 附录C ·········· 381
- 附录D 61个产业投入结构列向量技术相似度矩阵C与技术距离矩阵D的Matlab代码 ·········· 383

后 记 ·········· 385

第一章 绪 论

1.1 研究背景与意义

1.1.1 课题研究背景

1. 知识经济已风靡全球，创新成为经济发展的关键

21世纪是知识经济的世纪，知识已经从上层、抽象的概念，逐渐融入下层、物质经济的体系中，中国同世界其他国家一样，积极将知识经济的发展视为主要的经济政策与国家目标（秦海菁，2004）。知识经济是一种崭新的经济形态，是对自然资源进行合理的、科学的、综合的配置，实现资源优化利用的经济。由知识经济要素可以看出，知识经济时代的经济增长靠的是创新，创新是知识经济的灵魂，其重要性已被越来越多的人所认识。

创新是多个行为主体参与、多重环节构成的复杂系统过程（OECD，2000）。从系统的角度分析创新活动，正成为许多学者研究和探讨的新领域。以国家创新系统的概念为基础所形成的系统方法，已经为应对这种复杂性提供了一个合适的框架（Erkki Ormala，2000）。国家创新系统（National Innovation System，NIS）是一种运用系统方法研究创新对经济增长影响的重要理论框架，是国家制定有关创新政策的重要依据，是全国范围内的社会资源配置方式（石定寰，1999）。国家创新系统提供了一套分析创新能力、知识创新绩效的方法，已逐渐成为学术界和科技政策制定者关注的热点。当前，国家创新系统理论和方法正成为分析和指导我国科技、经济发展与改革的新框架。

2. 经济全球化浪潮下的经济区域化

自 20 世纪 80 年代中期以来，世界经济全球化（Globalization）趋势越来越强，经济行为在地理空间上更广范围的扩展。在经济全球化程度不断加深的同时，世界经济发展日益呈现出显著的区域化特征，区域正成为经济协调的重要基础。世界范围内，个别产业群中企业间相互作用开始地区化；全球性公司所做出的投资决策是寻求拥有竞争优势的区域产业群的区域经济；单一民族国家开始"空壳化"；新的世界分工不再以国家，而是按照区域的竞争力来进行；一些地区，比如华尔街、巴登—符腾堡、圣迭戈—Tijuana、香港—广州和新加坡，被认为比某些国家（如意大利或英国）更加具有经济意义（王德禄等，1999）。区域创新能力正日益成为地区经济获取国际竞争优势的决定性因素和区域经济参与者竞争优势的重要标志。

经济化的区域表现在：非常规的、与创新有关的生产活动，如 R&D、中试生产和小批量生产日益向特定地域集中；世界范围内，一些具有鲜明区域特点的产业集群蓬勃发展，对地区、国家乃至世界经济社会发展产生巨大影响；跨国公司将资金、技术投向更具有竞争力的区域，新的世界分工按区域竞争力进行；区域内用户和供应商之间形成日益强化的区域网络关系，对信息的沟通尤为重要，大大促进了区域内的经济合作和组织学习。

在这样的背景下，区域经济呈现出以下特征：区域创新能力正日益成为区域获取竞争优势的决定性因素；在成功的经济区域中，存在着完整的产业群，构成产业群的大量企业联系紧密，交易频繁（顾新，2005）；区域内高效流动的信息成为创新的重要来源，而政府也提供了优惠的政策和宽松的经营环境；经济发展充分显示创新越来越区域化和系统化，区域内的创新主体关系也越来越密切。

3. 建设自主创新型国家客观上需要自下而上的区域创新系统

2006 年年初，中共中央高瞻远瞩，召开了全国科学技术大会。胡锦涛提出了建设自主创新型国家的伟大战略目标，并指出我国的中长期规划的总体目标是：到 2020 年，使我国的自主创新能力显著增强，科技促进经济社会发展和保障国家安全的能力显著增强，基础科学和前沿技术研究综合实力显著增强，取得一批在世界具有重大影响的科学技术成果，进入创新型国家行列，为全面建设小康社会提供强有力的支撑（胡锦涛，2006）。这无疑为建设国家创新系统发出了预警信号。事实上自1996年以来，国家创新系统的思想就开始引起我国政府管理部门和学术界的广泛关注（胡志坚，2000）。相信随着国家对创新的重视，创新系统研究在学术上也会应需求而突飞猛进。

我国作为一个发展中大国，由于各区域创新资源的差异，不同区域间区域创新系统存在不同的发展模式，区域创新系统呈现出各自的特色，而国家创新系统也是由各式的区域创新系统组成的，这些区域创新系统的运行与互动一定程度上决定着国家创新系统的绩效。所以，各地区应从实际出发，在国家创新系统的框架内，构建符合国情和区情的区域创新系统，是符合客观实践的。此外，国家创新系统的"自下而上"的构建特征，客观上也要求建立不同规模，各具特色的地方创新系统。在某种意义上，强调活跃的创新活动集中于特色的、优势的区域内展开，这也催生了区域创新系统的诞生。

4. 描述"什么是区域创新系统"是理论研究和指导实践的关键

自20世纪90年代区域创新系统理论引入我国以来，区域创新系统的问题就一直受到我国社会各界的关注，在理论研究和实践工作上，都取得了丰硕的成果。纵观目前研究成果，学者们更多地关注国家层面和企业层面的创新系统，虽然区域创新系统的理论体系和框架已基本构建，但区域创新系统的演化、系统内主体的交流合作机制、系统创新绩效的准确考核、区域创新网络与区域经济的互动关系等问题仍没有根本解决，致使其不能有效地指导实践。笔者在阅读诸位前辈文献后结合自身研究体会发现：要解决这些问题首先需要对"什么是区域创新系统"有清楚准确的认识，研究区域创新系统中主体之间的关系，清楚描述区域创新系统"黑箱"内的网络机理和结构。因为区域创新系统中的"创新"不是单一方面的创新，其绩效取决于系统中各种要素的运行方式和要素间的相互作用，区域创新系统之所以称为系统的关键也在于此。这也是区域创新系统功能发挥的基本点，是更清楚的认识区域创新系统本质的关键所在，是区域创新系统理论研究的趋势之一。值得庆幸的是，目前已有许多学者对区域创新网络进行研究和分析，但多集中在对典型地区的实证上，在量化和模型分析方面仍难满足指导实践的需要。

1.1.2 问题的提出

尽管目前学术界对于"什么是区域创新系统"的研究已取得许多成果，但是对于"什么是区域创新系统"的研究尚不深入，仍处于探讨阶段。许多研究"抽象"掉的实际因素过多，使对区域创新系统的刻画处于"静态、平面结构"状态，不能从本质上为区域创新系统的测度、建设提供针对性指导。已有的研究成果距离区域创新系统成为一个能被广泛使用的理论分析框架，为区域创新政策的制定创造经验基础的目标尚有一段距离（David Doloreux，Saeed Parto，2005）。究其原因：一是由于研究的时间尚短；二是很多研究无意中将区域创新系统作为一个独立的系统孤立研究，脱离了它赖以生存的区域经济现实和优化发展需求；三是很多研究从静态角度对创新系统进行研究，忽视了创新系统的复杂动力特性。

我们认为：（1）从组成上看，区域创新系统是由区域多个产业创新子系统组成。首先，不同的区域经济系统具有不同的区域创新系统，区域创新系统与区域经济系统是相互依存、相互作用的一一对应关系。其次，区域技术创新活动的内容、规模及绩效等与区域的产业结构密切相关；（2）区域内的产业须具备一定条件才能形成创新子系统，并且各产业创新子系统的创新能力和创新绩效是不同的；（3）区域内产业创新子系统之间相互联系、相互关系及效率决定区域创新系统的能力和效率。

本书将区域创新系统的研究与其区域经济现实和发展需求联系起来，在上述三个假定条件下，定义区域中的产业创新子系统为一个创新极，把区域创新系统视为多创新极共生演化系统，研究创新极的内涵与特征、形成条件、临界规模；创新极的测度方法；区域创新系统的多创新极共生演化模型等，以期提出对"什么是区域创新系统"的新刻画。本研究成果将丰富和深化对"什么是区域创新系统"的认识，为指导区域创新系统建设的实践提供理论基础。

1.1.3 研究的意义

1. 本研究是区域创新系统理论体系的有益补充

本课题在以往研究的基础上，本着揭示系统本质的想法，利用社会网络分

"将区域创新系统视为多创新极共生的动态演化系统"的命题。

二是对创新极进行专题研究。包括第三章、第四章、第五章和第六章，第三章主要是提出了创新极的概念，并对创新极的内涵、结构与特征进行研究，同时给出了创新极的数学描述，最后给出了创新极在区域创新系统中的功能和作用；第四章给出了创新极形成的内部条件和外部条件，并提出了识别创新极的临界规模，给出了创新极的类型划分。第五章引入了社会网络分析方法，以唐山市钢铁产业创新极为例，对唐山市钢铁产业创新极网络结构的 1979~2007 年的发展演化进行了研究。第六章将创新极分为全部由 non-R&D 企业构成的无精英企业创新极、由少数 R&D 企业与多数 non-R&D 企业构成的存在精英企业的创新极、全部由 R&D 企业组成的创新型企业创新极三种，并利用蚁群算法对前两种创新极的发展演化进行了仿真研究。

三是对创新极间的技术溢出进行研究。包括第七章和第八章，第七章对创新极间技术溢出概念进行界定，引入分位数理论构建了创新极技术溢出概率模型，并以唐山市区域创新系统为例，进行了实证研究。第八章在对技术溢出测度方法进行分析的基础上，利用投入产出表数据，采用基于技术相似度矩阵与间接 R&D 技术指标相结合的产业技术溢出测度方法测算了唐山和邯郸区域中各创新极间技术溢出值，并引入多维标度法构造了测度创新极间聚类情况的技术相似度指标与技术距离模型，对 2002 年与 2007 年唐山和邯郸制造业创新极簇群特征进行比较，给出了创新极溢出特征。

四是对多创新极共生模式和模型进行研究。包括第九章和第十章，第九章使用社会网络分析方法对唐山市和邯郸市区域创新系统的多创新极共生模式进行研究，分析给出了区域的创新极共生体分布特征和演化特点。第十章引入生态学中种群动力学方法，分析了区域创新系统多创新极共生的成因、驱动因素、原理与模式，进一步建立多创新极共生演化动力模型，最后以唐山市区域创新系统情况进行印证分析。

1.2.2 研究框架

本书研究框架如图 1.1 所示。

析方法对区域创新系统中创新极的主体间关系进行研究，分析创新主体的行为特征，构建创新极网络模型，进而构建多创新极共生的区域创新系统演化模型，并进行模拟仿真，并以唐山市和邯郸市区域创新系统为例进行实证分析。将社会网络理论和生态学理论引入区域创新系统研究，对创新极进行全面研究，对区域创新系统演化进行分析可以从不同角度揭示系统的发展规律，为区域创新系统理论更进一步研究做出贡献。本选题主要是对创新系统的中观层次展开研究，完善熊彼特创新理论，对"什么是区域创新系统"进行刻画。

2. 本研究对建设与完善区域创新体系有切实的指导意义

由于各地区的自然资源、社会经济条件、历史发展特点等因素的差别，甚至贸易、经济、技术壁垒的存在，各地区的经济发展也必然会产生差异，从而形成各具特色的区域性经济。发展区域经济必须开展区域创新，区域创新系统是应国家和地区经济发展的需求和需要而产生和发展起来的，有着非常重要的意义。

区域创新系统的功能与创新绩效恰恰取决于系统内部的资源动态配置，取决于系统内隐性和显性知识的合理流动与应用，取决于系统的结构与互动演化。建设与完善区域创新体系更重要的是主体之间的交流和知识在区域内的流动，而这也是创新系统的本质所在。分析创新极的内涵与特征、研究创新极的结构与演化、测量创新极间技术溢出、建立多创新极网络模型，对创新极间共生关系合理分析，是描述"什么是区域创新系统"的关键，也是打开区域创新系统理论"黑箱"的关键，更是制定有效的区域创新体系发展政策的关键。

1.2 研究主要内容与框架

1.2.1 研究的主要内容

本书内容主要分为四大部分：

一是问题的提出和文献评述。包括第一章和第二章，第一章主要给出了研究的背景、意义、主要内容与框架和创新之处。第二章主要给出了区域创新系统的由来和理论基础，并对区域创新系统进行了文献评述，使本书得以聚焦

```
┌─────────────────────────────┐
│   第一章  绪论              │
│ 研究背景、问题背景、研究意义│
│ 主要内容与创新之处          │
└─────────────┬───────────────┘
              ▼
┌─────────────────────────────┐
│ 第二章  相关理论基础和文献评述│
│ 区域创新系统由来            │
│ 相关文献评述                │
└─────────────────────────────┘
```

┌──────────┬──────────────┬──────────────┬──────────────┐
│第三章 创新极│第四章 创新极形成条│第五章 创新极 │第六章 区域创新│
│内涵、特征 │件、临界规模与类型 │网络结构   │极演化模型   │
│创新极内涵界│创新极形成的内外部条│创新极网络结构分│无经营企业和存在│
│定、数学描述、│件、临界规模判定与创│析方法与唐山市钢│精英企业两类创新│
│结构与特征，│新极的类型划分   │铁产业的实例研究│极演化分析   │
│创新极功能 │   │   │   │
└──────────┴──────────────┴──────────────┴──────────────┘

┌──────────────────────────┬──────────────────────────────────┐
│第七章 区域创新极间技术溢出概率│第八章 区域创新极间技术溢出测度方法与实证│
│创新极间技术溢出的定义，技术溢出│创新极间技术溢出测度方法的建立，唐山市和│
│概率模型建立，唐山市区域的实证│邯郸市两个地区的分时段实证   │
└──────────────────────────┴──────────────────────────────────┘

┌────────────────────────────────┐
│第九章 区域创新极共生模式   │
│区域创新极共生模式分析方法，唐山市│
│和邯郸市两个地区的分时段实证   │
└────────────────────────────────┘

┌────────────────────────────────┐
│第十章 多创新极共生演化动力模型│
│多创新极共生演化的成因与驱动因素，│
│原理与模式，共生演化模型   │
└────────────────────────────────┘

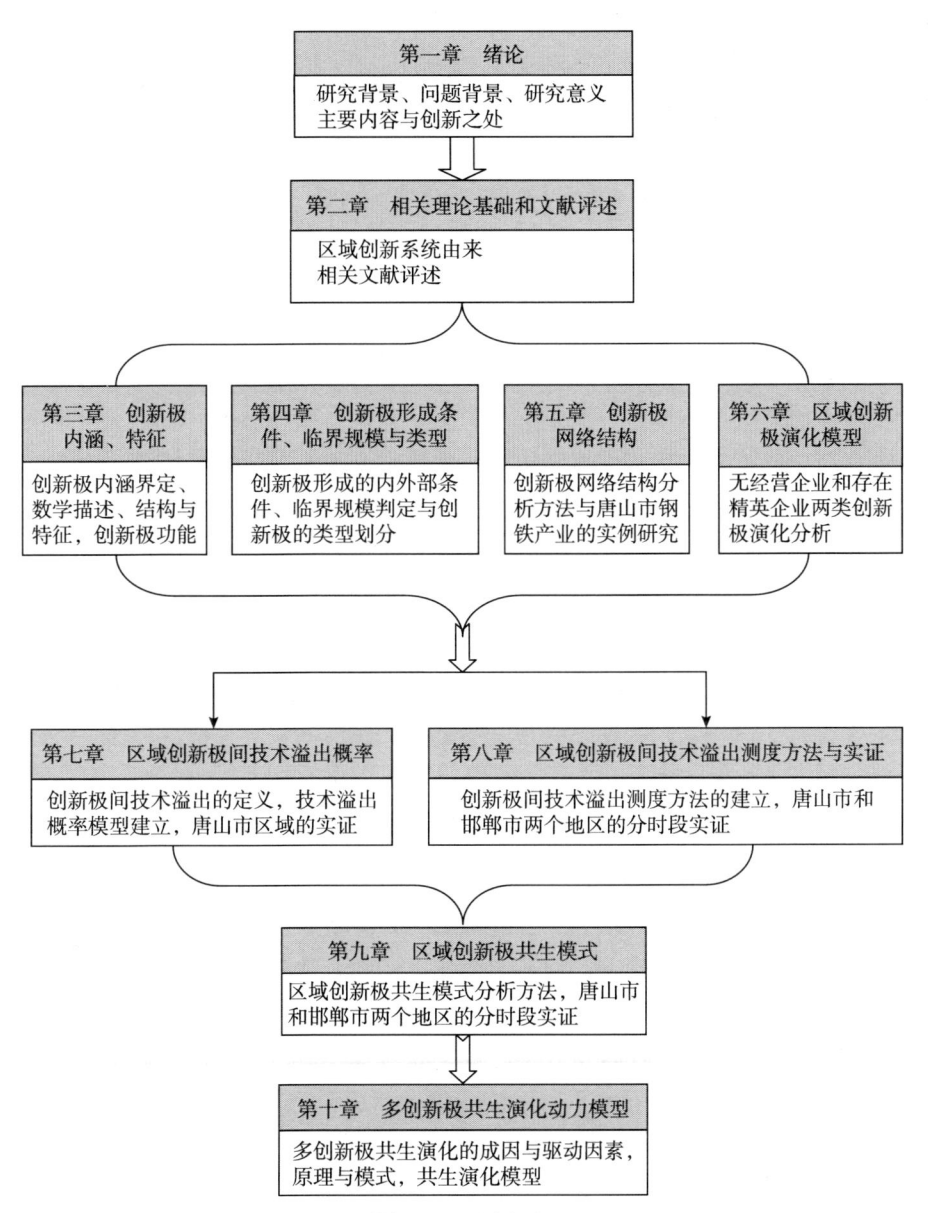

图 1.1　研究框架

1.3　研究的创新之处

本书的创新之处可以从两个方面来说，一是在"什么是区域创新系统"

的认识上有理念上的创新,二是在具体内容上有方法和实证研究方面的创新。

首先,对"什么是区域创新系统"的研究,与以往研究成果从区域创新系统本身的组分构成与关系、制度与功能和网络与技术扩散等研究思路和技术路线不同,本研究提出了一种用看得见的描述和刻画看不见的研究思路和技术路线。即将区域创新系统视为区域社会经济系统的复杂子系统,用区域社会经济系统受区域创新系统作用后看得见的表征描述和刻画该区域创新系统内看不见的组分间相互作用关系及演化。在对区域创新系统认识上,将区域创新系统与区域经济系统联系起来,将区域中满足特定条件的创新型产业定义为创新极,从演化角度认为区域创新系统是多创新极共生演化系统,这样就将微观企业等创新主体行为与宏观区域经济表征就建立了联系,从区域经济的现实和发展演化角度,提出了区域创新系统的解释。研究在系统认知上解决了以往静态、与经济相脱节等问题。

其次,在研究的具体内容方面,围绕上述区域创新认识,完成了如下创新性工作:

(1)提出了创新极概念,界定了特征,并对其进行数学描述,研究了创新极结构与生成机制。创新极是指区域内的创新型产业,是区域创新系统功能在该产业技术创新演化的表征,在区域经济发展中发挥着引领作用,它具有时空特性、群体性、创新持续性、知识和技术溢出效应、层次性和多样性、演化不确定性等特征。对于创新极的形成过程,关键是单个企业技术创新的涌现和其他企业学习模仿行为,这个过程类似于生物界的蚁群觅食过程。首先,创新型企业实现技术创新并影响产业市场变化。其次,学习模仿型企业接受到创新型企业技术创新信息向量和产业市场变革信息向量,决策何时学习模仿创新型企业技术创新。最后,通过技术创新信息向量和产业市场变革信息向量的正反馈机制,使得学习模仿型企业均实现技术创新后,实现了一次产业技术创新。这个过程中,创新型企业的技术创新活动具有随机性,学习模仿型企业学习模仿行为也具有随机性,产业技术创新可以进行多次。

(2)从以下三个方面进行了创新极技术溢出测度方法和实证研究:

① 对创新极间技术溢出概率研究。考虑创新极间的相互联系,界定创新极技术溢出的内涵,确定判据,构建回归模型,进而分析研究创新极的技术溢出概率,对唐山市钢铁、陶瓷、煤炭、化工、机械产业及邯郸市钢铁产业创新

极之间的技术溢出进行了实证研究。

② 对创新极间技术溢出效应分析。认为产业技术溢出分为知识性溢出、关联性溢出与市场性溢出。给出并采用基于技术相似度矩阵与间接 R&D 技术指标相结合的产业技术溢出测度方法，对唐山和邯郸区域创新系统创新极间技术溢出进行实证研究，进一步引入多维标度法，构建了制造业产业技术相似度矩阵与技术距离模型，从技术距离的角度对唐山和邯郸区域创新极进行了聚类分析，给出了产业溢出网络结构特征。进一步计算出产业间技术溢出的间接 R&D 指标，构建技术溢出测度模型，计算产业技术溢出值。

③ 研究创新极间技术溢出形式。引入经过对数转换后的柯布—道格拉斯生产函数，从工业中间投入方面对唐山市创新系统的创新极技术溢出形式进行定量分析。

（3）使用社会网络分析方法对唐山市和邯郸市区域创新系统的多创新极共生模式进行研究，分析给出了区域的创新极共生体分布特征和演化特点，从理论层面归纳了地区创新极共生模式，并对邯郸和唐山两地区创新极共生情况进行比较分析。

（4）提出了"什么是区域创新系统"的新描述和刻画，认为是区域创新极生成与多创新极共生演化过程，提出了区域内多创新极共生的机理并建立了多创新极共生演化模型。将区域创新系统的研究与其区域经济现实和发展需求联系起来，把区域创新系统看成复杂系统，从复杂系统演化的角度描述"什么是区域创新系统"，把区域创新系统视为多创新极共生演化的系统。基于种群动力学方法，构建区域创新系统多创新极共生演化模型。

第二章 相关理论基础与文献评述

2.1 区域创新系统的由来

研究创新极的内涵和形成离不开区域创新系统的发展历程。关于区域创新系统的形成还需从熊彼特的技术创新理论和李斯特的国家学说说起。

2.1.1 创新的提出及发展

1. 创新的提出与发展依赖工业经济背景

创新是在一定的工业和经济发展的背景下提出的。严格地说,是经济发展到一定阶段,工业发展到特定规模,生产实践出现了某些特征后,熊彼特对工业生产和经济发展历程进行回顾,在研究经济发展深层次原因时,发现经济增长主要依靠"一波又一波"的微观层面的经济变革(生产的新组合)构成,并在此基础上提出了创新概念。1912年,熊彼特(Joseph. A. Schumpeter)首次在其著作《经济发展理论》中从经济学角度提出了创新理论,他认为,创新就是建立一种新的生产函数,即实现生产要素的一种从未有过的新组合,包括创新一种新的产品;采用一种新的方法;开辟一个新的市场;取得或控制原材料或半成品的一种新的供给来源;实现一种新的产业组织方式或企业重组,管理方式的革新等。创新是个经济学概念,应该说,如果创新与经济活动无关,便不能成为我们制定政策的依据。

创新研究内容的变迁与工业和经济发展紧密结合。从熊彼特提出创新概念后,至20世纪50年代,世界经历了两次世界大战,工业生产技术几乎没有明显发展,生产率和生产力没有革命性变化,因此创新也没有受到应有的重视。20世纪50年代中后期,世界进入相对的和平时期,各国经济得到恢复,工业生产得到充分发展,一些大企业的组织规模也迅速扩大,在技术创新流派中,产生了组织学派，组织创新和制度创新得到了重视，认为组织创新与技术创新同样重要。在国民经济中，化学、纺织和机械等产业得到发展，技术多在实验室中靠个别人开发，技术创新模式也被认为是线性的。

2. 工业经济发展的复杂性决定了创新的复杂性

进入 20 世纪 70 年代后，世界工业经济体系结构发生了变化，诸如石油化工、机械设备制造、汽车等产业迅速发展。西方国家也出现了一大批规模很大的企业，国际贸易的强化使得国与国之间，企业与企业之间的竞争日趋激烈，产业关键技术和共性技术已经非常复杂，必须靠合作或协作来研发，甚至有些技术必须由独立研究机构完成，然后再向企业转化。布列松（De Bresson，1991）指出，最通用和最重要的技术是在国立研究所、实验室和大学内产生，然后转移给具有强大研究开发能力的设备制造商和生产资料商品生产商。受科学、技术进步和市场相互关系极其错综复杂的影响，创新过程明显具有随机、偶然和任意的特点。在这种背景下，冯·希普尔（1976）认识到创新主体的复杂性、非线性，提出了创新主体复合性。20 世纪 80 年代起，IT 产业的发展促使了经济全球化的强化，一批被各国重视的高、精、尖战略性产业如汽车发动机制造、飞机制造等，在发达国家蓬勃发展，跨国公司不断扩大业务范围，研发合作在全球范围内开展。罗斯维尔（1994）等学者认识到创新整体的复杂性、非线性，提出创新动态化、集成化和网络化。此时企业创新系统作为一个概念已经被广泛接受，学术界从各个视角开始对创新进行大规模研究。创新概念提出与发展的历程如表 2.1 所示，由此可见，创新理论的发展与工业经济变迁是紧密联系的，工业经济发展越来越复杂决定了创新理论越来越深化。

表 2.1 创新理论提出与工业生产发展历程关系简况

年代*	1912 年	19 世纪 50 年代	19 世纪 50~70 年代	19 世纪 80 年代
代表产业	纺织	化学、纺织、机械	石油化工、机械自动化、汽车	汽车发动机飞机制造业
生产组织形式	工厂手工业	工厂组织扩大，技术靠个人实验完成	大规模工厂，技术有些复杂靠合作完成	跨国公司，全球研发合作
代表学者	熊彼特	组织学派	冯·希培尔	罗斯维尔 罗森伯格
代表观点	引入创新，界定创新 5 个方面	受熊彼特启发，引入组织创新，认为组织创新与技术创新同样重要	认识到创新主体的复杂性、非线性，提出创新主体复合性	认识到创新整体的复杂性、非线性，提出创新动态化、集成化

*笔者整理

2.1.2 国家及区域创新系统的提出

1. 创新活动的复杂性和生产系统的协作性决定了创新系统的出现

20 世纪 80 年代末，工业经济得到进一步的发展，信息经济在美国和西欧初现端倪，电子信息技术提升了几乎所有行业的生产效率，同时，信息爆炸涌现出来。复杂系统的出现使得"系统范式"在学术界得到推广。企业的研发活动重视，企业生产活动出现了大规模协作，单个企业已经越来越难以生存，联盟和合作已经成为趋势，企业创新系统也得到认可和推广。跨国公司在全球范围内网络 R&D 资源，产业技术发展迅速，企业竞争加剧，创新网络在学术界和实践领域频繁出现。

2. 政府的意志导致了国家创新系统的出现

20 世纪 80 年代中期后，全球化趋势明显加强，一些国家为增强在国际贸易中的竞争力，增强产品竞争能力，由国家和政府出面从政策和制度框架上对创新活动进行安排。这方面日本政府做得最好。1987 年英国学者弗里曼（Freeman C）在研究日本技术政策和绩效的基础上，发现日本的产业政策以及政府有关部门有效地培育和扶持了日本产业经济的发展，他经过分析提出了国家创新系统（National Innovation System，NIS）。他将 NIS 定义为"一个主权国家内的公共部门和私人部门中各种机构组成的网，这些机构的活动和相互作用促进了新技术和组织模式的开发、引进、改进和扩散（Freeman，1987）。"同时，理查德·R. 纳尔逊（Richard Nelson）、布特-奥克·郎德威尔（Bent–Ake Lundvall）也分别对欧洲各国经济进行观察，提出国家创新系统的观点，三位学者共同促进了国家创新系统理论的诞生。国家创新系统包括如下基本要素：（1）企业的内部组织；（2）企业之间的关系；（3）公共部门的作用；（4）金融财政制度；（5）研究开发组织；（6）教育培训。其主要活动是启发、引进、改造与传播新技术，而创新是这个系统变化和发展的根本动力。

1995 年 NIS 概念被引入到我国后就引起了国内学者的极大兴趣。著名学者冯之浚教授 1998 年主持了国家科技部研究课题"国家创新系统的理论与政策"，认为 NIS 是指一个国家内各有关部门和机构间相互作用而形成的推动创新的网络，是由经济和科技的组织机构组成的创新推动网络；NIS 应主要由企业、大学和科研机构、教育培训、中介机构、政府部门组成；并分析了发展和完善我国 NIS 的迫切性和重要性以及相应的政策措施（冯之浚，1999）。

3. 经济区域化使区域创新系统被关注

20世纪90年代以来，信息技术的发展促使全球化趋势进一步增强。国际合作在西方国家普遍存在，知识密集型服务业、航空航天、半导体生产等高科技产业得到迅速发展。世界范围内，个别产业群中企业间相互作用开始地区化；全球性公司所做出的投资决策是寻求拥有竞争优势的区域产业群的区域经济；单一民族国家开始"空壳化"；新的世界分工不再以国家，而是按照区域的竞争力来进行；一些地区，比如华尔街、巴登—符腾堡、圣迭戈—Tijuana、香港—广州和新加坡，被认为比某些国家（如意大利或英国）更加具有经济意义（王德禄等，2002）。区域创新能力正日益成为地区经济获取国际竞争优势的决定性因素和区域经济参与者竞争优势的重要标志。硅谷经济的成功是最好的榜样和案例。

英国卡迪夫大学库克教授在观察欧洲经济发展后，发现欧洲一些国家的产业经济呈现明显的区域性、群集性、区域根植性和区域网络性，从而提出了区域创新系统（Regional Innovation System，RIS）。在20世纪80年代后期90年代初期的一些论述和一些出版物中，也曾提到"区域创新政策""创新环境""区域创新潜力""区域技术政策""创新网络""高技术组合"等术语，而区域创新系统理论，则是通过"后福特主义"（Amin，1994）"国家创新系统""工业群"（Porter，1990）和"地区的兴起"（Ohmae，1993，1995）等理论的发展而得到发展。在库克等主编的题为《区域创新系统：全球化背景下区域政府管理的作用》一书中，库克对区域创新系统的概念进行了较为详细的阐述，认为区域创新系统主要是由在地理上相互分工与关联的生产企业、研究机构和高等教育机构等构成的区域性组织体系，而这种体系支持并产生创新。库克教授最早指出了区域创新系统是几个主体要素组成的体系，指出了系统内部的要素是相互联系、相互作用的，主要从系统演化和区域创新系统组织和机构的角度出发的。而当时欧洲经济正表现如此。

4. 区域经济增长的实践促使区域创新系统被广泛接受

自 Philip Cooke 提出区域创新系统之后，更多的学者在研究具体对象区域的发展过程中将研究对象看做一个区域创新系统，如阿施姆和邓福德（Asheim and Dunford，1997）对欧洲区域未来发展的研究，马斯特里赫特大学创新与技术经济研究所（MERIT，1998）对欧洲区域创新战略的研究，萨克森宁

(Saxsonian，1994）对美国硅谷和 128 号公路地区的研究，哈森克（Hassink，1992）对巴登—符腾堡及英格兰东北部的研究，考里根（Corrigan，1992）对莱茵—阿尔卑斯地区的研究等。

根据已有文献分析，我国主要于 1996 年国家提出建设国家创新体系之后开始对区域创新系统进行研究，主要包括进行理论探讨和实证研究。冯之浚（1999）教授指出，区域创新系统的建设是国家创新系统建设的基础和重要作用，区域创新系统对地区经济发展起到重要推动作用。在区域创新系统实践方面，全国各省份都在积极培育本地的区域创新体系。尽管国内外在研究区域创新系统时对区域的界定有多种，但多数学者是针对一国之内的区域进行研究的，这也体现了区域创新系统的实践特点。

纵观创新系统的流程，随着时间发展，随着工业经济实践的发展，具有如下图 2.1 所示的规律。

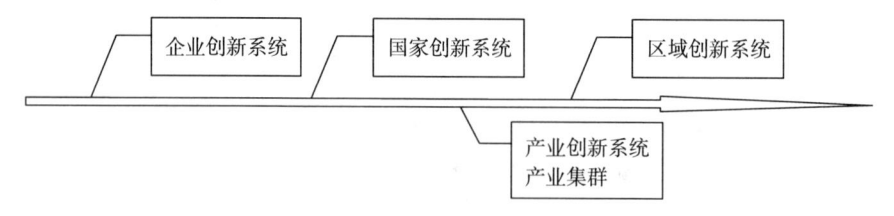

图 2.1　创新系统出现的历程

2.1.3　区域创新系统从创新的系统性走向理论与方法

自 20 世纪 90 年代以来，国内外对区域创新系统的研究方兴未艾。研究的理论观点随经济发展需求和时间的变化，归纳起来有以下三个趋势。

1. 将区域创新系统作为研究对象和经济现象

自 1992 年提出区域创新系统以来，大量学者都是将区域创新系统作为研究对象而进行研究。究其原因，认为技术创新活动是复杂的、系统的，加之一个区域范围内的环境特性、网络性和根植性，技术创新、技术扩散和知识学习表现为一个区域内的系统整体，即区域创新系统。在这种前提下，研究区域创新系统的概念、内涵、结构、功能，等等。代表性观点有：（1）要素组成论；（2）复杂系统论；（3）创新网络论；（4）技术扩散论。

2. 将区域创新系统作为区域经济建设的手段

20 世纪 90 年代中后期，随着国内外政府普遍对依靠创新发展区域经济的重视，通过区域创新系统发展区域经济，将区域创新系统作为区域经济建设的途径和手段。主要有以下两种观点：（1）资源配置论；（2）唯制度论。

3. 将区域创新系统作为创新政策制定的理论、方法与监测体系

进入 21 世纪后，特别是最近一段时期，理论界和实践领域在评价、监测区域经济系统和分析区域经济发展深层次问题时总是局限在投入、产出和社会效益分析的讨论中。没有一种衡量和指导区域创新活动、区域产业发展方向，系统制定区域创新政策的依据，或者有效监测区域创新系统状况的框架体系。因此，部分学者开始探讨将区域创新系统作为创新政策制定的理论方法和监测体系，以期从根本上找到区域创新实践的理论依据。

这种观点认为区域创新系统是一检测、衡量和指导区域创新发展的创新系统框架体系。最近几年，区域创新系统的概念作为一种分析框架被更广泛地应用，为创新政策的制定生成实证基础（David Doloreux，Saeed Parto，2005）。David Doloreux 认为区域创新系统是一种旨在寻找一个区域内技术发展是怎样发生的标准的说明方法。这种方法被广泛应用于评价区域经济及技术组织的方式，并强调增强区域创新能力的政策及方法。郎德威尔（2007）认为创新系统的核心是企业间以及企业知识基础设施间的相互作用，并在此基础上给出了国家创新系统的概念分析框架与方法，为区域创新系统的理论框架构建提供了参考。值得注意的是 OECD 最近的一些文献表明，一些发达国家越来越将区域创新系统作为一种理论分析和政策制定框架应用于国家或者区域内的技术创新和产业经济发展分析中，典型的是欧盟一些国家。

区域创新系统三个趋势如图 2.2 所示。

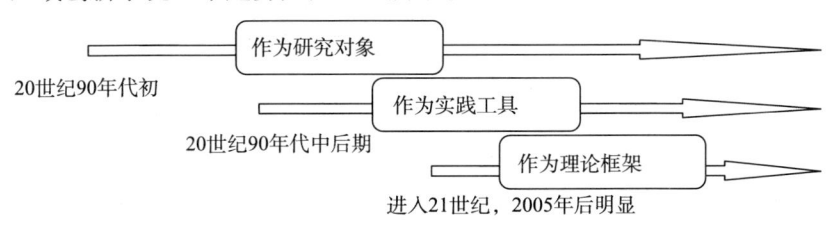

图 2.2 区域创新系统三个趋势变迁

通过以上分析，可以看出：

（1）从创新的提出到区域创新系统理论的发展，创新理论的研究依赖工业经济发展的实践，创新理论的提出和发展是对工业经济变迁的归纳和总结，是为认清工业经济发展本质的理论概括。

（2）创新理论的发展是嵌入技术发展历程的，随着技术发展的复杂和重要，创新也越发重要和复杂。创新理论和创新体系提出的初衷是为使技术，特别是产业技术更好地促进经济增长的结构、关系、组织、制度安排。创新系统是使科技进步长入经济增长的制度、框架和战略安排。

（3）区域创新系统从提出至今，对区域创新系统的认识经历了三个阶段：作为一个从区域经济中总结出来的研究对象和经济现象；作为区域经济建设的手段和途径；作为创新政策制定的理论、方法与监测体系。区域创新系统研究的趋势逐渐由研究对象向创新政策制定的理论与方法过渡。可以预见，把区域创新系统理论作为对区域经济和区域创新活动进行检测、衡量，并指导区域创新发展的理论框架体系和政策制定依据是区域创新系统下一步研究的趋势之一。

2.2 文献评述

2.2.1 区域创新系统理论基础

关于区域创新系统的理论基础，国内外学者观点不一，有学者认为有三个，有学者认为有四个（国家创新系统理论、进化经济学理论、新区域科学和现代区域发展理论及新产业区理论），都从某一方面揭示了区域创新系统的来源。笔者认为讨论区域创新系统的理论基础，应该从它的来源说起。如上所述，区域创新系统的来源在经济全球化时代可一分为二：一是来源于国家创新系统，国家创新系统的"自下而上"的构建特征，客观上也要求建立不同规模、各具特色的区域创新系统。那么国家创新系统理论自然就成为区域创新系统的理论基础；二是来源于区域的优势被重视，即区域的根植性，而这方面是新经济地理学派的研究领域，所以新经济地理学针对区域发展研究的理论是区域创新系统的另一理论基础。

2.2.2 区域创新系统的内涵

区域创新系统的建设对区域经济乃全国家经济的发展具有动力学意义。区域经济（Regional Economy）是一个相对独立的经济体。不同的区域经济有经济总量、产业结构、运行质量等多方面的差别。除去自然资源、社会资金、人力资本等因素以外，区域创新系统的差别也是各区域经济不同的重要原因。一个区域能否实现经济的持续增长是区域经济发展所面临的重大问题。而构建区域创新系统已经成为各区域实现新世纪快速发展的战略选择。建立和完善区域创新系统，可以推动产业结构升级；可以优化创新资源配置，加强创新主体之间的互动，提高区域整体创新能力和创新水平，培育区域核心竞争力，形成区域竞争优势；可以推动区域经济跨越式发展。

鉴于区域创新系统对区域经济的重要作用，学术界对区域创新系统理论进行了大量的研究，国际上有著名学者 Saxenian A.（1994）、Cooke P.（1997）、Asheim（1997）、Wiig（1995）、Hippel E. V.（2001）等，不胜枚举，我国学者也对区域创新系统的建设做了大量研究，如刘燕华，李秀彬（1998）、盖文启，王缉慈（1999）、丁焕峰（2001）、柳卸林（2000）、黄鲁成（2002）、魏江（2003）、刘顺忠和官建成（2001）、顾新（2001）、胡宝民（2005）等，取得了丰硕成果，形成了多种观点和认识，对区域创新系统的建设和区域经济的发展具有一定的指导意义。然而似乎上述研究成果对实践的指导不太尽如人意。究其原因发现，目前学术界对区域创新系统内涵与本质、结构描述的研究多属于静态问题，这不能从本质上为区域创新系统的测度、建设提供针对性指导。因此，区域创新系统内涵与本质描述及动态演化理论等问题是继国家创新系统理论体系、区域创新体系框架分析之后，我国未来科技创新、区域发展的重要任务，具有学术和实践双重意义。

20 世纪 90 年代学术界对区域创新系统的研究主要有如下观点：

（1）强调区域创新系统是由企业、高校、科研机构、中介结构和政府等一些主体要素组成，且要素之间的交流联系构成了区域创新系统的特性。Cooke（1997）认为区域创新系统主要是由在地理上相互分工与关联的生产企业、研究机构和高等教育机构等构成的区域性组织体系，而这种体系支持并产生创新。库克教授最早指出了区域创新系统是几个主体要素组成的体系，系统内部的要素是相互联系、相互作用的（Cooke. P，2000，2002）。黄鲁成（2000）认为，区域创新系统是在特定的经济区域内，各种与创新相联系的主体要素（创新机构和组织）、非主体要素（创新所需的物质条件）以及协调各要素之间的关系的制度和政策网络。罗守贵和甄峰（2000）、张敦富等（2000）也持类似观点。

（2）认为区域创新系统是由产业集群为中心，一些围绕产业集群的创新服务体系组成的系统，主要目的是在培育区域内特色产业及集群。Wiig（1995）在探讨区域创新系统的概念时，认为区域创新系统应包括：①进行创新产品生产供应的生产企业群；②进行创新人才培养的教育机构；③进行创新知识与技术生产的研究机构；④对创新活动进行金融、政策法规约束与支持的政府机构；⑤金融、商业等创新服务机构。Asheim（1997）也认为区域创新系统是由支撑机构围绕的区域集群。根据Asheim的观点，区域创新系统主要由两类主体以及他们之间的互动构成，第一类主体是区域主导产业集群中的企业，同时包括其支撑产业，第二类主体是制度基础结构，如研究和高等教育机构、技术扩散代理机构、职业培训机构、行业协会和金融机构等，这些机构对区域创新起着重要的支撑作用。Tim Padmore，Hans Schuetze，Hervey Gibson（1998）认为创新系统是一个按照能够产生商业优势的知识源和知识流描述的创新流程的背景，是以企业为中心的创新过程流程，并以创新系统为框架，给出了评价工业企业集群的模型（Tim Padmore & Hervey Gibson，1998）。Hassink和Wood（1998）还以德国慕尼黑电子产业集群为例做了实证分析。

（3）认为区域创新系统是国家创新系统的区域层次，是区域内优化资源配置的方法论。顾新（2001）把区域创新系统定义为：是在一国之内的地域或空间，将新的区域经济发展要素或这些要素的新组合引入区域经济系统内，创造一种新的更为有效的资源配置方式，实现新的系统功能，从而推动新的产业结构升级，形成区域竞争优势，促进区域经济跨越式发展。王稼琼（1999）认为，区域创新系统与国家创新系统在结构上相似，主要都是由创新执行机构、创新基础设施、创新资源和创新环境组成。丁焕峰（2001）也认为它是国家创新体系的子系统，体现国家创新体系的层次性特征，并认为构成区域创新系统基本构架的三大实体要素为：面向市场经济的科技资源、不断衍生和壮大的经营机制灵活的新型企业、新的经济政策与政府管理办法。S. Chung

(2002) 认为由于区域创新系统能够在不同区域有效形成不同的部门创新系统(Sectoral Innovation System)，因此区域创新系统是形成国家创新系统的途径。

（4）认为区域创新系统是一个具有开放边界的复杂系统。赵修卫(2000)、刘曙光(2002)和胡宝民(2005)认为区域创新系统是复杂性自组织系统，是一个强调可持续发展的社会经济系统，强调区域创新系统的整合作用，认为区域创新系统是一个以要素间相互作用、相互学习为动力的自反馈系统，通过与环境的作用和系统自组织作用维持创新的运行和持续发展。C. R. Anderssen，P. M. Allen (2004)研究了创新系统中新产品开发的特性具有复杂性、进化性、不连续性，并认为它是一个进化的复杂系统。Sheri M. Markose (2004) 利用计算机理论对创新系统的复杂系统动力机制进行了模拟。F. W. Geels (2004) 描述了一个共同进化的多级观点来理解系统创新是如何通过技术和社会的相互影响产生的。

（5）认为区域创新系统是依靠科技创新发展区域经济的一套区域制度安排。随着技术发展的复杂和重要，创新也越发重要和复杂。技术是为促进经济增长的，创新是为使技术更好地促进经济增长的结构、关系、组织、制度安排。创新系统是使科技进步长入经济增长的制度和框架安排（OECD，1999；郎德威尔，1992；库克，1998；沃克，2000）。纳尔逊（1993）将区域创新系统定义为：为引导产生创新的区域的制度、法规、实践等组成的系统。王德禄（2002）认为区域创新系统是以信任、可靠性、交换以及合作中的相互影响为条件，建立在微观宪法规则基础上的秩序集合。Jorge Niosi (2002) 认为创新系统是一套推动学习的制度，尤其是在技术和组织方面。实证方面，Shih - Chang Hung (2000) 通过把工业进化和制度相联系，提出了一系列创新系统来解释台湾个人电脑行业的创新绩效。也就是说，区域和"制度"或制度背景在区域创新系统的出现和维持方面扮演的重要角色（David Doloreux，Saeed Parto，2005）。在德国，通过创新体系各州采用的多种多样的区域科技政策措施在经济发展较佳的大城市比在偏远地区更加成功（Andrea Gebauer，Chang Woon Nam & Ru Diger Parsche，2005）。

（6）强调区域创新系统是围绕技术发展和应用而组织起来的技术扩散系统。关于扩散的文献大部分是始于 Rogers 的工作（Rogers，1995；Rogers & Shoemaker，1971），并得到了国内外其他学者的发展（如 Davies，1979；

Stoneman，1986；Cooper & Zmud，1990；傅家骥，1992；许庆瑞，1996；Lai & Mahapatra，1997；武春友，1997；官建成，1995；陈欣荣，1996；胡宝民，2002；等）。Caniels（1999）等对20世纪70年代以来对创新地区差异及扩散研究进展进行了总结与评价，从新古典主义经济增长理论提出新的创新扩散模型；Maursenth和Verspangen（1998）对欧洲知识创新扩散及其对区域创新系统的影响进行了研究。丁焕峰（2001）认为区域创新系统是一个为创造、储备和转让知识、技能和新产品的相互作用的创新网络系统。Temela（2003）在其论文"基于图论的系统分析：对阿塞拜疆的农业创新系统的评估"中指出，区域创新系统是为发展、扩散和应用新的或改善后的技术而组织起来的一个公有和私有合作的组织。胡宝民（2002）则给出了更替性、竞争性和互补性技术创新的扩散模型。Kavita Mehra（2001）通过小豆蔻案例中设备组织培养技术的案例学习，分析了印度在生物技术方面的创新系统，有力证明了此观点。

在继承这几种观点的基础上，国内外专家对区域创新系统的概念、内涵、特征、功能及评价理论（Dodgson和Rothwell，1994；史清琪，2000；Gansey，1998；Grotz and Braun，1997；Lawson and Lorenz，1999）都进行了研究，定性和框架研究已基本完成。综观现有文献，为更深入的研究区域创新系统的本质，便于切实有效指导实践。2000年以来，学者们集中于从两个方面研究：一是对区域创新系统网络的研究（Cooke，2000；Radosevic，2002；Chiffoleau，Y.，2005），另一是结合实践的产业群对区域创新系统实践做政策分析（Cooke P.，2002；Piero Morosini，2004）。

描述"什么是区域创新系统"本质在于其网络特性，不同的是其网络特征以何角度梳理，表现为何。由于假定交互作用的网络对于学习和创新非常重要，近几年网络引起了特别重要的关注（Paul Tracey，2003）。典型的是德国（Andrea Gebauer，2005）地方创新网络被认为对于德国城市的创新、科技变革和区域发展前景来说是重要的。因而当分析地方创新系统时，不仅要调查公司间的水平和垂直联系，而且应该调查企业和大学以及其他科研机构的联系。R. Leoncini等（1996）使用技术体系的概念对意大利和德国的创新结构和绩效进行对比，展示了德国是以绝对和相对项上具有较高的系统联系为特点。意大利的技术体系看起来被分割为二元结构，几乎没有高技术部门与传统部门共同存在；相反，德国体系中部门间的创新流量看起来有着更加平均的分布结构，显得一致。Monjon S. 和 Waelbroeck P.（2004）从知识管理角度采用法国企业的数据对创新系统内大学对企业的技术溢出和知识扩散进行了分析。Wolfgang Gerstlberger（2004）对网络的知识传递和组织学习进行了研究，讨论了关于奥地利，德国（北部海塞）和美国（硅谷）对于创新区域支持的新的系统方法的可持续性。Rogerio C. Calia（2006）研究了技术创新网络如何改变商业流程，并以 Metallurgy Company 的创新网络为例进行了分析。盖翊中（2004）指出产业网络反映的是行动主体之间长期形成的正式或非正式的互惠性往来关系，此种关系包括特定区域空间型产业网络和非特定区域空间型产业网络。合作网络的使用以及应用研究对于公共和私有部门都变得极为重要（Mario A. Rivera，2006）。

研究的另一个热点方向逐渐与产业集群的理论研究相统一。依托产业群落，研究实际区域产业集群和产业网络的运行机理。Ting – Lin Lee（2005）使用系统动力学对集成电路（IC）产业群中资本流动，人力资源流动，知识和技术流动以及产品流动的相互依赖和相互作用进行了分析。Ayda Eraydiny 等（2005）通过对样本公司深入的面谈收集到数据资料，提出了有关土耳其三个重要的产业集群的创新和网络能力的发现，清楚地表明地方网络、国家网络和全球联接的重要性并且确定了地方网络和创新强度之间的正相关联系。Jose' Monteiro – Barata（2005）对葡萄牙制造产业公司群进行了纵向分析，目的是研究经济演化和商业绩效与创新管理实践的联系。Gunawan（2002）以 ISDN（综合业务服务网）项目为案例探究了印度尼西亚复杂产品项目的创新网络，整合了数字网络的服务，包括项目的网络合伙人；项目特征；暗示了国家技术创新项目的能力。北京大学城市与环境学系教授王缉慈（2001）出版专著《创新的空间：产业集群和区域发展》，从产业区位的角度详细研究了产业集群现象，并描述了众多国内外产业集群的案例。无独有偶，魏江（2003）从技术学习角度对产业集群技术能力及增长模式进行了研究，并以浙江省的产业集群进行了实证说明。

2.2.3 区域创新系统的结构模式

张敦富等（2000）认为，区域创新系统包括创新机构、创新资源、中介服务系统、管理系统四个相互关联、相互协调的主要组成部分。其中，创新机

区域创新系统：多创新极共生演化模型与实证

构指企业、科研院所、大专院校和政府有关部门；中介服务系统主要包括信息中心、培训中心、咨询公司等，在技术和知识转移过程中起着桥梁的作用；管理系统是指政府为建立和管理区域创新系统而设立的机构和机制，在促进技术创新工作中有着特殊的地位与作用。周亚庆等（2001）将区域技术创新系统分解为教育子系统、科技子系统、资金体系、政府子系统和文化子系统。顾新（2001）认为，区域创新系统具有层次性和等级性，一个区域创新系统可以有多个层次。高级子系统由低级子系统组成，而又具有低级子系统不具备的一些特性。而且不同等级子系统之间有相互联系和相互转化的关系。

区域创新系统的结构指系统内各要素之间联系和相互作用的方式或顺序。总结目前关于区域创新系统的结构讨论主要有两种。第一种是模仿国家创新系统的结构，如图2.3所示。在这个结构中区域创新系统的各要素在外界政策、文化环境下相互交流，相互联系，使整个创新系统有机结合在一起，开展技术创新活动。

第二种区域创新系统结构如图2.4所示，在该图中，企业集群占据了核心位置，扮演重要的角色，该结构的支持者认为：区域创新系统的创新活动开展主要在企业中，而企业间隐性知识的交流更为重要，所有的外界机构都是对企业集群开展创新活动进行支撑和支持。

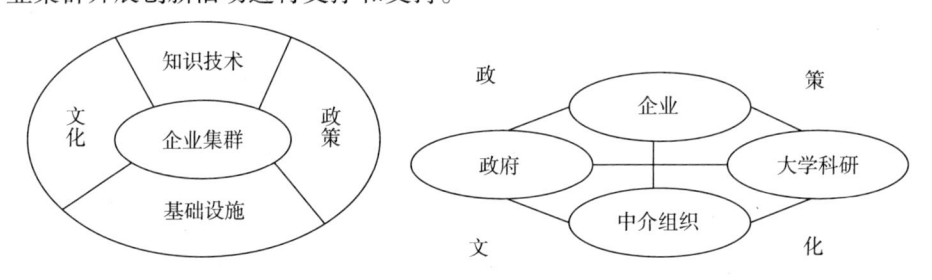

图2.3 区域创新系统结构图1　　**图2.4 区域创新系统结构图2**

关于区域创新系统的要素组成方面，胡志坚等（1999）将构成区域创新系统的要素分为三类：主体要素、功能要素和环境要素。主体要素包括区域内的企业、大学、科研机构、中介服务机构和地方政府；功能要素包括制度创新、技术创新、管理创新和服务创新；环境要素包括体制、机构、政府或法制调控、基础设施建设和保障条件等。社科院学者刘斌（2002）认为，区域创新系统主要由行为主体、行为主体之间的运行机制、创新环境组成。企业、大学、研究院所、政府是创新系统的四个执行主体；四者之间有双向联系，知识库、创新政策等是外部环境。潘德均（2001）则认为，区域创新系统主要包括三个主体系统和三个支撑系统。三个主体系分别是：以科研院所和高等院校的科研机构为主构成的知识创新系统；以企业为主体的技术创新系统；由各种科技推广和中介机构的创新技术扩散系统。三个支撑体系分别是：以高质量教育为特征、高等院校为主体的创新人才培育系统；由中介机构行使主要职能、促进创新的政策与管理系统；科研机构、信息情报、技术市场和各种社会服务机构组成的社会支撑服务系统。

2.2.4 区域创新系统的测度理论

从现有文献中我们可以看出，国内外还没有较为一致的专门测度区域创新系统的理论和方法，目前对区域创新系统效能测度的研究大多是对区域创新系统的某一方面功能进行评价的。主要有以下几个方面：

一是注重 R&D 投入对经济增长的贡献和对知识经济的测度，以世界银行和 OECD 的研究为代表。世界银行主要针对知识经济的模式对世界各国的总体经济和创新体系进行的测度。世界银行发表的报告认为，21 世纪是知识经济的时代，衡量一个国家的经济发展应选用代表知识经济支柱领域及其经济绩效的指标，它们分别为：经济绩效指标、制度框架指标、经济激励机制指标、教育与人力资源指标、创新体系指标和信息基础设施指标。这套指标体系全面地反映了国家的总体经济实力，而且特别强调知识经济，对于我国区域创新系统的效能测度来说有一定的借鉴意义。OECD 也非常重视创新系统对经济增长的作用（OECD，2000），OECD 国家在评价系统对经济增长的作用时主要是通过计量的方法评价科技对经济增长的作用。OECD 侧重 R&D 投入的各方面分析，比如公共 R&D 投入对企业 R&D 投入的促进作用，R&D 投入对促进生产率的增长，R&D 投入对经济增长的贡献率等。在对知识经济测度时 OECD 常常强调以下几个方面：知识存量和流量、知识回报率、知识网络、知识和学习等。这些研究对我们评价区域创新系统对区域经济增长的作用有非常重要的借鉴意义。OECD 这样分析符合 OECD 成员国的实际情况，因为其成员国大都是发达的资本主义国家，在这些国家里资本基本上都是私有化，企业担负着大多数 R&D 投入费用，而且已经形成很好的机制，政府主要刺激各企业的投入。而我国 R&D 投入机制尚不完善，企业 R&D 投资只占全社会 R&D 投资一部分，而且我国是公有制为主体的社会主义国家，大中型企业资产所有权归国家，政府刺激企业 R&D 投入的行为与 OECD 国家也有所不同。OECD 对创新的测度的另一个特点就是在相当综合的层次上进行研究，即基本上在 OECD 国家范围内，用差不多 20 年的数据。另外，OECD 的研究也非常强调产业 R&D 投资和技术对经济增长的重要性。此外，维多利亚大学彼得·申汉教授（Peter J. Sheehan，1997）在《澳大利亚与知识经济》一书中阐述了科学技术促进经济增长的一种评价思想，在科技基础、制造业中的知识密度、工商 R&D、创新与 R&D、服务业 R&D 等方面，通过将澳大利亚与其他国家相比较，从世界范围内对澳大利亚的科技和创新体系进行了评价和展望。此外，Niosi（2002）引入了"x 非效率"（x – inefficiency）和"x 有效性"（x – effectiveness）的概念来评价国家创新体系的创新强度（或效率）。"x 非效率"指创新体系当前绩效与"现存的"最好绩效（而非理想中的最佳绩效）之间的差距；"x 有效性"指有关机构达成其组织目标的程度。由此，Niosi 提出评价创新体系较好的办法是通过"定标"（benchmarking）的方式评价其相对绩效。随后，Carlsson 等人（1997，2002）也讨论了创新体系绩效度量的问题。他们承认由于创新体系非常复杂和庞大，往往难以度量整个体系，因此他们建议采用化整为零的方法比较各个子系统，再综合起来整体比较。

二是对区域创新能力的评价，主要以中国科技发展战略研究小组的系列报告为代表。中国科技发展战略研究小组从区域创新能力角度对国内 31 个省市自治区的区域创新能力进行了研究，连续出版了 2001 年、2002 年、2003 年和 2004 年《中国区域创新能力报告》，认为区域创新能力主要由知识创造能力、知识流动能力、企业技术创新能力、创新的环境和创新的经济绩效五部分组成，其指标体系是以"绝对指标、相对指标和增长率指标"来评价一个地区的技术创新能力，使评价具有客观性和合理性。

Porter 和 Stern（2002）采用 75 个国家的数据进行了计算。他们在回归分析的基础上对样本国家进行了创新能力排序。Jan（2004）等人分析了 14 个欧盟国家（1992~1996）的创新能力。他们采用公司层面、制度因素、外部环境等方面的指标作为投入变量，以专利、新产品销售作为产出变量，以创新困难、外部资源利用和研发合作等作为过程变量（或影响变量）进行回归。

三是从区域科技资源配置的角度，对科技创新资源配置的合理程度进行评价，尽可能最大限度地有效利用全社会的科技资源，实现高效益的投入产出比。区域科技资源是区域内的科技人力资源、科技财力资源、科技物力资源、科技信息资源以及科技组织资源等要素的总和，是由科技资源各要素及其次一级要素相互作用而构成的系统（周寄中，1999）。全区域的科技资源在全部科技活动的不同活动主体、学科领域、科学计划、行业部门、时空分布的分配与组合，就是科技资源配置。

四是从微观层面对区域内的企业技术创新能力（Dodgson 和 Rothwell，1994）（高建，1997）和产业技术创新能力（史清琪，2000）的评价。史清琪等人在2000年按行业对国内产业技术创新能力进行了研究，给出了产业技术创新的直接因素指标和间接因素指标，指出了我国产业技术创新的现状和不足，提出了相关对策。此外，还有一些学者从系统的反面研究其脆弱性（或从正面研究其合理度），得出一些评价指标体系，进行综合评价。

2.2.5　区域创新系统的国内实践

20世纪90年代后期国内学者逐渐认识到加强技术创新，需要调动全社会的积极性，技术创新体系的建设是一项复杂的系统工程，由此国家和区域创新系统研究逐渐成为热点。有代表性的有：路甬祥的《创新与未来——面向知识经济时代的国家创新体系》、冯之浚主编的《国家创新系统的理论与政策》、齐建国的《技术创新—国家系统的改革与重组》、刘洪涛、汪应洛、贾理群的《国家创新系统理论与中国的实践》、中国科技发展战略研究小组的《中国区域创新能力报告》等都从系统的角度对中国创新系统的建设以及测度进行了研究。

区域创新系统的构建实践问题。大多数文献重视地方政府在区域创新系统中的作用，注重通过政府来引导企业的创新，形成创新的合力。善用区域内知识资源，发展小范围的区域创新经济。同时指出应加强区域创新网络的培育和区域创新主体的建设，改善先天后天环境。

科技部2003年4月召开了全国区域创新系统建设研讨会，颁发了《区域创新体系建设研究工作研讨会会议纪要》。国内各省、自治区、直辖市在科技部的号召下也纷纷开展区域创新系统研究和本地区的区域创新系统建设，如对北京市区域创新体系的建设（长城企业战略研究所，2001）、对西部地区的研究（潘德均 2001）、对淄博市的研究（付晓东，2001）、对河南省的研究（穆瑞杰，朱春奎，2004）、对东北老工业基地的研究（余妍，张梅青，2004）、对河北省的研究（胡宝民，2003，2005）、对兰州市创新体系的研究与建设（王学定等，2004）等，取得了丰硕的成果。

2.2.6 区域创新系统研究评述

纵观国内外区域创新系统的研究进展，可以发现有以下几方面特征：

（1）研究角度。有关区域创新系统理论研究的文献颇为丰富，从研究思路上大致可分为两类：其一是将区域创新系统作为研究实体对象，如北京市区域创新系统、河北省区域创新系统等；其二是将区域创新系统作为研究区域创新、技术创新、集群创新的系统观方法。将区域创新系统作为研究对象，主要研究区域创新系统何以存在、由什么要素构成、结构如何、有什么作用机制、创新绩效与产出评价等。将区域创新系统作为研究方法主要探讨区域创新现象，把区域创新视为一个系统过程，同时引入个体学习、复杂系统的思想，把区域创新活动看做是围绕 R&D 环节，基于特定技术特征，多主体集体学习和互动、共同提高区域竞争力的结果。目前国内和外国两种研究思路都有，国外以将区域创新系统作为研究方法为主对某一区域的特色产业进行分析，国内则更多地强调以省区或市区为实体对象的区域创新系统研究。

（2）理论研究。在理论方面，主要是对区域创新系统的概念、内涵、结构、功能、特性及系统运行机制的研究，而且上述内容也大都只是定性的研究，研究成果多为从观察现象而得到，多表现为对特定产业集群的分析描述，系统如何演化，演化模型，以及定量方面研究还相对不足；从复杂系统角度进行研究的文献国内外还相对较少；对于国家层次的区域创新系统的研究比较关注，已经提出较为完善的理论体系，对于区域层次的区域创新系统的研究相对滞后，尚没有形成完整的理论体系；在研究角度上，以对具体地区的创新系统描述为主，缺乏系统和规范化的一般性区域创新系统分析指标体系（当然也许不存在，但应该存在基于某一技术特征的一般性区域创新系统分析指标体系）；研究方法多为还原论，分割系统各部分的研究方法，致使系统的一些本质特性没有很好地被认识。

（3）测度理论。对区域创新系统效能测度的研究还比较少，关于区域创新系统的评价多集中在区域创新能力方面，评价方法也多为面向结果的综合指标体系评价方法。虽然目前国内外出现了区域创新系统成熟度（李松辉，2004）、区域创新系统知识流动和吸收（刘顺忠、官建成，2001）、区域创新系统演化（胡宝民，2003；刘顺忠，2002）的测度指标，但国内外大部分测度指标体系都强调了系统的投入、产出和经济发展等方面。说明目前关于科技和创新系统的评价体系主要集中在投入、产出和经济效益上，关于创新系统或科技系统的本质、反映创新流动的指标以及自身演化评价尚没有提及，因此对创新系统的评价指标体系有待进一步完善。

（4）实践领域。在实践领域，世界各国、各地区对创新体系的建设，更多的是处在探索阶段，还没有一套非常行之有效的实践方法，创新政策也多围绕 R&D 税收、技术转化等方面，关于政府科技管理部门的创新管理职能研究有待加强。形势上，一方面表现为对国家层次以及国际层次区域创新系统研究的探讨，另一方面表现为对某些经济技术发达地区创新的分析比较多（如硅谷），对区域内产业集群网络分析的文献也成增长趋势，而对于一般地区甚至落后地区如何实现创新发展虽然近几年已开始研究，但不能满足需要，缺乏足够重视。

从文献梳理看，自 20 世纪 90 年代以来，国内外对区域创新系统的研究归纳起来，可以分为"什么是区域创新系统""区域创新系统的地位与作用"和"区域创新系统建设"三个方面。而后两者又依赖于对区域创新系统的认识，理解"什么是区域创新系统"至关重要。由前文可知，现有的文献中，对"什么是区域创新系统"的描述出现了组成论（认为区域创新系统是一种客观存在，是由相关要素组成的一个体系）、复杂系统论（认为区域创新系统是一个具有开放边界的复杂系统）、唯制度论（认为区域创新系统是依靠科技创新发展区域经济的一套区域制度安排）、网络论（认为主体要素之间的相互作用关系构成一种创新网络）、技术扩散论（认为区域创新系统是围绕技术发展和应用而组织起来的技术扩散系统）的观点，且均有发展成一个被广泛使用的分析框架的可能，甚至已经在某些国家和地区开始使用。比如 N. Dayasindhu 和 S. Chandrashekar（2005）以印度遥感程序技术扩散为例，试图提出一个可以为创新的快速扩散创造适宜国家气候的方法。尽管目前学术界对于"什么是区域创新系统"的研究已取得许多成果,但是对于"什么是区域创新系统"的研究尚不深入,仍处于探讨阶段。由上可知,区域创新系统方向下一步研究应该集中在以下几个方面:

从历史的角度研究区域创新系统发展的根源和历程。"学好历史可以把握未来",认识事物的本质和内涵、产生的根源,才能更好地改进事物,引导事物为我们所用。区域创新系统的理论渊源虽然已有学者探讨,但目前研究未取得一致,从历史的角度分析区域创新系统理论的产生与发展仍不明朗,需要深入全面地研究。

区域创新系统是一个复杂系统,是多主体相互作用的复杂社会、经济系统,其与区域经济的关系是复杂的,研究区域创新系统与区域经济的协调与互动对发挥区域创新系统的效能、指导区域经济发展有重要的实践意义。

继续对"什么是区域创新系统"进行研究。区域创新系统的本质和理论核心应该在其网络性、研究区域创新系统各主体之间的关系、定量分析区域创新网络机理,对把握区域创新系统本质至关重要。区域创新系统作为一个整体已经被充分认识,在研究区域创新网络时,现有的理论是将其割裂成单个子系统进行内部关系的研究。这种方式无形中将系统的本质扭曲了,难以认清区域创新系统的"真面目"。系统是一个整体才称之为系统,研究区域创新系统网络及各主体之间的关系应该在系统整体的前提下进行。关于区域创新系统网络的研究目前有三个趋势:一是将创新主体界定为企业、高校、中介机构、政府等主体,构建定性的网络模型,分析区域创新网络;二是从复杂适应系统(Complex Adaptive System,CAS)角度对区域创新系统网络进行研究,将创新主体看成适应性主体,进而用计算机仿真模拟区域创新网络的演化过程;三是从社会网络分析理论(Social Network Analysis,SNA)角度,对区域创新系统各主体之间的关系进行假设与量化。社会网络分析理论是新经济社会学领域的重要研究方法,是以社会系统中主体间的关系为研究对象,以行动者属性为出发点,研究主体之间的关系模式怎样影响及多大程度上影响并决定主体行为、整个网络和系统功能的一种社会学定量研究方法。区域创新系统主体具有典型的社会性,主体之间的关系具有网络化特征,将社会网络理论引入区域创新系统研究,利用社会网络分析方法对区域创新系统中主体间关系与交流进行定量分析,对完善区域创新系统理论体系有重要的意义。

区域创新系统效能测度方法仍需进一步探讨，目前的方法以静态方法为主，且多为面向结果的综合指标体系评价方法，尚未有正确评价区域创新系统本质、演化和创新效能的动态方法，这一方面有时也取决于上一方面的研究进展。

本课题即针对我省省级区域层面的现实，从区域和产业发展演化角度，假设区域内符合特定条件的创新型产业为创新极，将创新的微观—中观—宏观联系起来，对区域创新系统进行刻画描述，提出区域创新系统的多创新极共生演化模型描述，对区域创新系统中的创新极成长、多创新极共生演化进行分析和研究，以其开拓区域创新系统新的研究视角。

第三章 创新极内涵、特征

课题将区域创新系统的研究与其区域经济现实和发展需求联系起来，定义区域中的创新型产业为创新极，把区域创新系统视为多创新极共生演化系统。研究区域创新系统的本质，描述"什么是区域创新系统"自然离不开其重要的成分——区域内的产业创新网络。不同的产业具有不同的产业技术，形成了不同的产业创新网络，区域创新系统是由区域内多个产业创新网络共生耦合而成，从技术交流、知识学习、信息互动的角度，各产业创新网络相互联系，紧密结合。

3.1 创新极内涵界定

3.1.1 创新极的含义

将区域创新系统与区域经济系统联系起来，通过对产业经济和产业创新活动的观察，在一段时期内，区域内的技术创新活动在不同的产业（行业）之间分布是不均匀的，存在着聚集现象。同时，与产生技术创新活动聚集现象相对应的产业（行业）恰是在同期经济发展较快、较好的产业（行业）。这些技术创新活动聚集现象明显、经济发展较好的产业（行业）的创新绩效构成了区域创新系统的主要创新绩效，代表了区域创新系统的未来演化方向。相对于整个区域，我们将具有这样特征的创新型产业称为区域创新系统的创新极（李子彪，2007）。

当前学者们普遍认为创新极是高校的知识产出机构。如姜澄宇（2006）认为创新极是指一个创新机构或群体在一个国家或地区的创新活动中起着推动作用、具于领导地位的现象。主要用来明确大学等科研创新机构在一个国家创新体系中的位置与作用，进而解释大学等科研创新机构在一个国家的创新体系中，扮演了带动国家创新能力发展的角色，处于一个国家创新水平的高端的

"极"点位置。比如，昆山清华科技园，其依托清华大学人才和技术优势，依托清华科技园总部园区的帮助与支持，在昆山打造创新型城市的进程中，将率先成为昆山区域经济快速协调发展的"创新极"。

本章界定的创新极是指区域经济系统内具有一定规模的创新活跃、对区域经济有支撑和引领作用、对其他产业有技术溢出效应的创新型产业，是区域创新系统功能在产业层面的技术创新集聚化表征，在区域经济发展中发挥着引领作用。相对于整个区域创新系统，这些产业创新子系统处于一个"极"的位置，扮演了带动区域创新能力发展的角色。

创新极具有其时间和空间特性。创新极的时空特性反应在时间上，表现为不同时间阶段创新极发展情况不同。从时间上说，创新极是区域创新系统在演化的中期阶段出现的一种产物，其在创新系统内发挥着重要的创新引擎作用，多个创新极共同影响和决定着区域创新系统的绩效和演化方向。从空间上说，创新极是具有一定根植性的区域产业创新网络，其存在需要一定的空间，并且与特定空间环境形成一个有机整体，相互交融，而且不同空间的同一产业形成的创新极结构也不尽相同，具有客观存在性。其形成过程如图3.1所示：

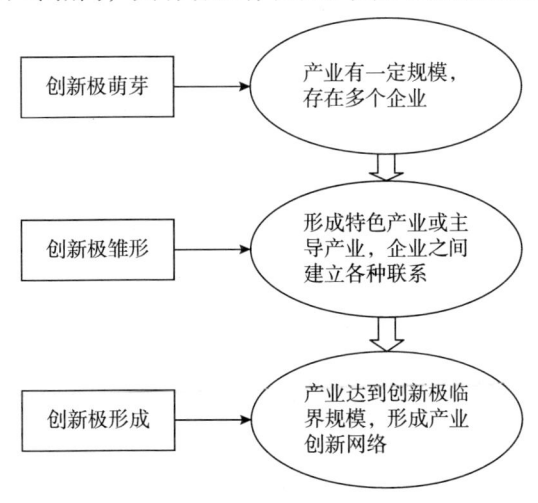

图3.1 创新极形成示意图

3.1.2 创新极与增长极

增长极是20世纪40年代末50年代初，西方经济学界讨论关于一国经济平衡增长抑或不平衡增长时提出的一种经济发展极理论（颜鹏飞，马瑞，2003）。佩鲁在《经济空间：理论的应用》（1950）和《略论发展极的概念》（1955）等著述中，最早提出以"发展极"为标志，并以"不平等动力学"或"支配学"为基础的不平衡增长理论。佩鲁从一般、抽象的经济空间出发，认为经济空间存在着若干中心、力场或极，产生类似"磁极"作用的各种离心力和向心力，从而产生相互联合的一定范围的"场"，并总是处于非平衡状况的极化过程中。在他看来，一国经济乃至全球经济是由各种"经济空间"构成，它或者是"计划内容"或政策运用的经济空间形式，统计学意义的均质的经济空间形式，或者是作为"势力范围"、"力场"和"增长中心"的经济空间形式。佩鲁着重分析了最后一种经济空间形式。在他看来，经济增长是在不同部门、行业或地区，按不同速度不平衡增长的。原因在于：某些"推进型产业"（主导产业）或有创新能力的企业（佩鲁称为"活动单元"或"增长诱导单元"）——企业家的创新是发展进程的主要动因——在一些地区或城市的集聚和优先发展，从而形成恰似"磁场极"的多功能的经济活动中心，亦即发展极。它不仅促进自身发展，产生"城市化趋向"，并且以其推进效应即吸引和扩散作用进一步推动其他地区的发展，从而形成经济区域和经济网络。佩鲁把这种吸引和扩散效应归结为技术的创新和扩散，资本的集中和输出，规模经济效益和集聚经济效益（城市化趋势），并对发展极的形成条件作了概括：必须要有一批有创新能力的企业和企业家，必须具有规模经济效益，以及良好的投资环境和生产环境。佩鲁因而被誉为"挑战传统均衡分析的最富独创性的思想家"。

从耗散结构论的观点看，增长极就是一个不发达经济系统跃迁到一个新经济系统所形成的耗散结构的雏形。"增长极"作为"吸引中心"和"扩散中心"，与其周围环境的关系是远离平衡态条件下的非线性作用关系。

创新极与增长极有所不同。首先，从研究的出发点上看，增长极是经济学中解决落后地区发展的一种发展与追赶理论，其所指的"极"含义较宽泛，有时泛指任何经济增长点，指能够直接形成经济增长并能够推动经济增长的因素或经济空间实体。创新极则是研究"什么是区域创新系统"过程中对区域内创新活动的本质进行探讨时提出的一个概念，主要从技术创新的产生和对经济增长的带动能力来界定，指达到一定要求的产业创新子系统，而不是泛指其他能够带动经济增长的"极"。其次，从研究内容看，增长极理论主要是为研究区域经济的不平衡增长策略或区域经济追赶增长的宽泛经济学课题，创新极则是指区域创新系统内具有引领和带动区域创新能力的某些产业创新网络，研究的问题也主要是在区域创新系统的框架内研究产业创新网络技术创新活动的开展和效能最大化的方法和理论。创新极的存在前提是区域存在区域创新系统，且创新系统的绩效是通过主要的产业创新子系统表现，在区域创新系统内形成创新的"极"，离开区域创新系统谈创新极就失去了基本意义。

3.1.3 创新极与产业集群

产业集群（Industrial Cluster）是产业发展演化过程中的一种地缘现象，即某个领域内相互关联（互补、竞争）的企业与机构在一定的地域内集中连片，形成上、中、下游结构完整（从原材料供应到销售渠道甚至最终用户）、外围支持产业体系健全、具有灵活机动等特性的有机体系。集群内企业之间建立了密切的合作关系，通过深度的专业化分工，促进了每个企业效率的提高。产业集群的核心是企业之间及企业与其他机构之间的联系以及互补性，这种关系既有利于规模经济的获得，同时也比垂直一体化的大型企业具有更大的灵活性，而且有利于互动式学习过程的进行，从而加速了创新过程的实现。

创新极与产业集群有所区别。产业集群强调（虽然不局限于此）的是随着时间的发展，某一地缘上形成的诸多产业技术或产品和在产业链上相互承接的企业群，他们自发的聚集在一起，通过建立合作关系，形成专业分工、相互交流，降低成本和风险，从宏观上增强了区域的竞争力，产业集群表现为区域的根植性，在现阶段以中小企业为主，产业集群理论主要研究企业成本降低、知识学习的理论，侧重研究企业群形成的过程和结构。创新极则是指区域内形成规模的产业创新网络，在整个区域内具有创新带动性，多为区域内的主导产业形成的创新网络，现阶段表现为有较大的产业规模，无论是自发还是政府组织都不是研究的重点，研究的重点强调的是能够带动和支撑区域创新能力，侧重研究产业创新对区域创新的支撑和贡献，强调产业技术创新的规划性和对区域创新方向的导向性。是具有一定规模和达到特定要求的产业创新子系统，区域的产业集群达到创新极的要求就形成创新极。

3.1.4 创新极与产业网络

产业网络（Industrial Network）由一系列有交流关系的企业组成，其联系动力是专业分工等,通过网络上的各种互动行为彼此间沟通、协调甚至于整合,通过提升自身竞争力和技术能力,进而形成企业网络。Hakansson(1987)也提出,网络提供一个概念化的主体,通过三个组成要素来描绘产业,这三个元素包含行动者(actors)、资源(resources)与活动(activities)。

多数研究以产业网络的三个要素为基础和出发点,认为产业网络由三大要素构成:行动者、行动和资源(Hakansson and Snehota, 1995; Welch and Wilkinson, 2000)。行动者是产业网络的主体,它不仅包括生产商、批发商、运输商、零售商、消费者、经纪人等,而且在更广的范围上包括政府、中介组织机构、教育和培训组织等。活动是指行动者在市场中进行各种经济活动的总称,主要是指行动者之间进行物质资源和信息资源流动的过程,在交换过程中伴随着产品价值的增值与价值链的形成。资源包括物质资源(机械设备、原材料等)、金融资产、人力资源和信息资源等,在更广泛的意义上,行动者之间的关系也形成一种资源(黄守坤,李文彬,2005)。其有以下含义:①产业网络是由一定数量规模的成员企业或组织构成的;②产业网络是企业之间的网络,而非企业内部的网络;③企业之间的合作是有指向性的,是长期性的;④企业之间的联结是基于某种关系类型而存在的,这种关系类型可以是纯粹经济性的市场关系,也可以是社会性的社会关系,当然,更一般的情形是二者的结合,是社会网络与市场网络的叠加;⑤企业网络是企业和市场之间的中间组织,具有企业和市场的双重特性,是企业之间的分工协作形成的联合体,使复杂、进化、自适应的企业经济组织形式(图3.2)。

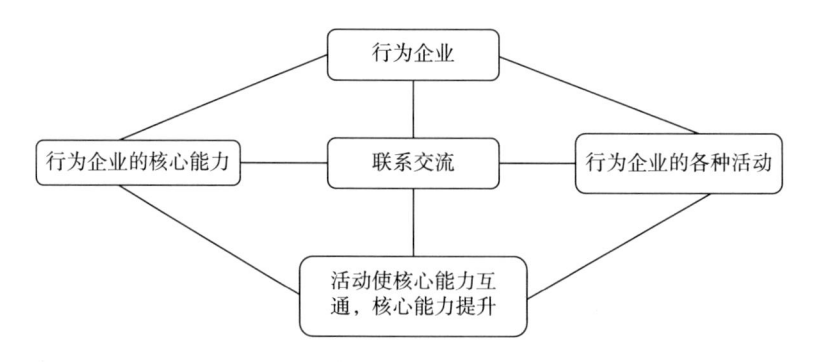

图3.2 产业网络组织的基本形态

图中行为企业、核心能力和活动都是网络元素,他们是彼此依存的,而行为企业之间的联系,则是他们通过核心能力和活动与其他行为企业联结起来。行为企业发展和组织活动部分地是对其客户和供应商如何从事和组织活动的反应。行为企业之间所进行的交易活动和行为企业的相互关系是互惠的、有价值的,这就激励了某个行为企业有机会利用其他行为企业的能力。通过相互关系,单个行为企业有可能站在整体网络的视角去优化资源配置,将有限的资源投资于自身的优势环节,有效实现强强联合,提高整个网络的竞争优势,能够灵活应对市场变化。

创新极与产业网络既有区别又有联系。创新极本身就是具有一定规模和功能的产业创新网络,其组织形式与产业网络基本相同,之所以称为创新极是因为其在区域创新系统中起到技术创新"极"的作用。从客观要求看,产业创新网络只有达到了创新极的临界规模才能成为创新极,而不是所有的产业创新网络都是或都会发展成为创新极,要看产业创新网络能否在区域创新系统中"担当重任"。另外,谈到创新极往往要与区域经济的客观需求,区域创新系统的创新活动等联系起来,具体表示如图3.3 所示。

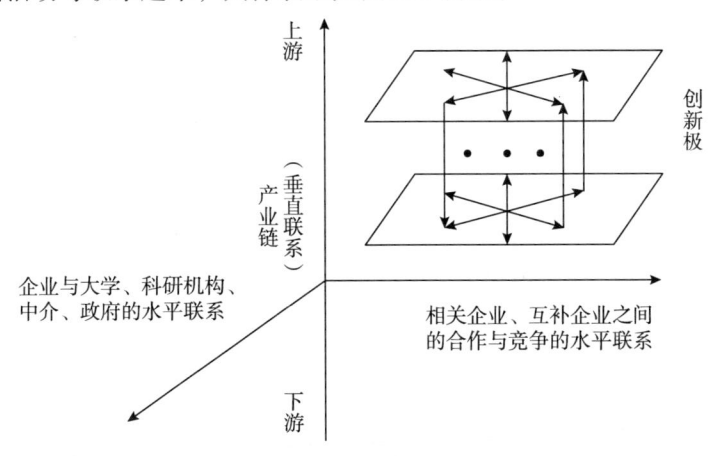

图 3.3 创新极在区域中的位置

3.2　创新极数学描述

假设我们研究的整个空间 M 是一个信息系统,
$$M = \{\Omega, A, V, R, D, T, \mu, \delta\} \tag{3.1}$$

其中，Ω 代表研究对象，即为某区域创新系统。设 Ω 中包含 $m+n$ 个不同的产业子系统，$\Omega_1 = (x_{11}, x_{12}, \cdots, x_{1n})$，$\Omega_2 = (x_{21}, x_{22}, \cdots, x_{2m})$ 分别为创新型产业子系统（即创新极）和非创新型产业子系统，

则 $\Omega = \Omega\{\Omega_1, \Omega_2\} = \{(x_{11}, x_{12}, \cdots, x_{1n}), (x_{21}, x_{22}, \cdots, x_{2m})\}$ (3.2)

A 代表 Ω 中产业子系统的属性集合，

$$A = \{a_1^k, a_2^k, a_3^k, \cdots, a_p^k\} \quad (k = 1, 2, 3, \cdots, m+n) \tag{3.3}$$

$a_1^k, a_2^k, a_3^k, \cdots, a_p^k$ 分别表示第 k 个产业子系统的属性指标。

D 代表研究空间中产业子系统评判决策方案集，

$$D = \{d_1, d_2, \cdots, d_i\} \tag{3.4}$$

$d_1, d_2, \cdots, d_i$ 分别表示评判决策变量。

V 代表产业子系统属性指标值矩阵，

$$V = (v_{k1}, v_{k2}, \cdots, v_{k?p}) = \begin{bmatrix} v_{11} & v_{12} & v_{13} & \cdots & v_{1p} \\ v_{21} & v_{22} & v_{23} & \cdots & v_{2p} \\ \vdots & \vdots & \vdots & & \vdots \\ v_{m+n1} & v_{m+n2} & v_{m+n3} & \cdots & v_{m+np} \end{bmatrix} \tag{3.5}$$

$v_k = \{v_{k1}, v_{k2}, \cdots, v_{kp}\}$ $(k = 1, 2, 3, \cdots, m+n)$ 为某一产业子系统属性指标标准化值向量。

依据集对分析理论，多元联系数中联系分量大小关系所确定的多元联系数状态和演化趋势称为多元联系数的系统态势，系统态势级以及系统所处的几何方位统称为态势方位。我们用 μ 代表产业子系统 x 的态势方位，

$$\mu = \mu(x) = \{a(x) + b(x)i + c(x)j\},$$
$$x \in \Omega \, (k = 1, 2, 3, \cdots, m+n) \tag{3.6}$$

根据区域创新系统理论研究，区域创新系统的构成要素是各组成部分加上个组成部分间的关系，通常各组成部分是看得见的，但各组成部分之间的相互作用关系及演变对创新的涌现和聚集发挥着关键性的重要作用，并且是看不见的或不易被观察到的和不易被测度的。我们将此称之为区域创新系统的细节，记为 R。

δ 表示某产业子系统 $x \in \Omega$ 的鲁棒性参数，T 表示研究考察的时间阶段。

在我们的研究空间 $M = \{\Omega, A, V, R, D, T, \mu, \delta\}$ 中，定义 $\hat{x}$ 为一个创新极，如果 $\hat{x}$ 满足下列条件：

(1) $\hat{x} \in \Omega_1 \subset M$；

(2) $\hat{x} = \hat{x}(t,\mu)$，$t \in [t_0, T]$；

(3) $\hat{x}$ 的产业技术经济指标优度函数 $\Phi(x)$，代表该产业技术变革路线图实际轨迹，$\Phi(x)$ 是分段递进函数。x 代表产业技术经济指标优度，有

$$x = x(t) = \prod_{\xi} A^*, \qquad t \in [t_0, T] \qquad (3.7)$$

其中，$A^* = (a_{k1}^*, a_{k2}^*, \cdots, a_{kq}^*)$，$A^* \in A$，$a_{k1}^*, a_{k2}^*, \cdots, a_{kq}^*$ 是产业技术经济指标。满足

$$|\Phi(x) - G(x^*)| < \lambda|x - x^*| \qquad (3.8)$$

其中，$G(x^*)$ 是产业技术变革路线图的理想轨迹，是产业生产短期成本函数和长期成本函数的复合，x^* 代表产业技术经济指标优度的理想状态。

$$G(x^*) = \lambda \sin x^* + x^* \qquad (3.9)$$

λ 的取值对初值 $\Phi(x)|_{t=t_0}$ 和 R 是敏感的。

(4) $\hat{x}$ 具有分段鲁棒性，即在产业技术变革路线图上，两个相邻的碑点内是鲁棒的，当从一个碑点跨越到另一个碑点时是不鲁棒的。也就是说，$\hat{x}$ 在产业技术变革路线图上两个相邻的碑点内是短期成本函数变化，两个或多个碑点间是长期成本函数变化。

(5) $\hat{x}$ 具有技术溢出效应。设 $\hat{x}$ 对 k 产业的技术溢出效应向量为 $\vec{r}_k(s)$，s 为技术溢出效应变量集，$s = \{s_1, s_2, s_3, \cdots, s_l\}$，则 $\hat{x}$ 的技术溢出效应向量为

$$\vec{R} = \{\vec{r}_1(s), \vec{r}_2(s), \vec{r}_3(s), \cdots \vec{r}_k(s)\}$$
$$\{k = 1, 2, \cdots, m+n-1\} \qquad (3.10)$$

上式中要求 $s_1 \geq 0, s_2 \geq 0, \cdots, s_l \geq 0$，且 s_l 越大，溢出效应越好。

3.3　创新极结构与特征

3.3.1　创新极结构

创新极的形成与产业创新网络的形成早期是趋于一致的，主要有如下几种形成机制。从发起端来说，一是自上而下，自上而下机制也即政府主导机制，是指国家和地方政府投资建设基础设施、生产基地、担保引进新技术或提供优惠政策来推动创新极的形成与发展，特别是一些地区的主导产业和特色产业，

在发展初期都是通过这种方式建立的；一是自下而上，自下而上机制也即自组织机制或市场机制，是指创新极在形成过程中主要靠产业自身的发展，产业内的企业依靠自身实力不断发展，不断创新，不断交流合作，形成了规模较大、影响广泛的产业创新网络，即创新极，我国一些地区的产业集群多是这种方式形成的。从影响因素来说，主要有本地主导形成机制，跨国公司主导形成机制。相当一部分传统产业创新网络的兴起与发展都是结合区域自身优势，依靠本地资源和条件形成的，也有一部分是通过跨国公司的进入，或者合资，或者引进国外新技术，从而在区域内形成了一个主要技术依靠区外的产业创新网络，这两种形式发展到一定阶段都能形成区域创新系统的创新极。总的来说，不同的形成过程会产生不同的创新极结构，不同研究角度也会得出不同的创新极结构。

创新极是达到临界规模并在区域创新系统中有创新引导、规划和支撑作用的产业技术创新网络。随着技术的复杂变化，技术研究网络与技术扩散网络越发复杂，创新也变得更加复杂和重要，进而形成了创新网络。因此网络的本质是技术研发的网络，是技术的商业化应用的网络。落实到产业层面上，就是各创新主体为更好研发技术、使技术促进经济增长并使技术创新的效应在区域内最大化而相互关联的网络。因为技术具有复杂性、多主体性、层次性，且各技术的创新效应和范围不相同，所以描述创新网络应以区域内产业技术特征为依据，分层描述可助我们认清其本质。

1. 区域创新技术的分类

从技术的应用范围将区域内创新技术分为三类：一类是普通的创新技术，指由于某项具体创新活动，如某个企业自己做新产品开发，或者生产工艺的改进，等等。二类是产业共性技术。产业共性技术（Industrial Generic Technology）是指在很多领域内已经或未来可能被普遍应用，其研发成果可共享并对整个产业或多个产业及其企业产生深度影响的一类技术（李纪珍，2004）。三类是公共技术，所谓公共技术就是对整个区域来说，其技术的变化和创新会提高整个区域的创新效率，减少整个区域内的创新交流成本和交易成本，使区域的发展产生整体跃迁。比如网络技术的出现，给几乎全世界都来了高效率和低交易成本。三类技术的创新特征汇总见表3.1。

表 3.1　三类技术的创新特征

层次	公共技术	产业共性技术	普通创新技术
技术范例	因特网技术 计算机技术 基础设施等	钢铁连铸技术；系统炼铁技术 三次采油技术	某新产品开发 生产工艺改进 企业组织变革
创新效应	提高区域创新效率，减少区域内创新交流成本和交易成本	提高产业内或相关产业的技术创新水平	提高某一企业技术水平，创新收入等
创新类型	使区域创新技术整体跃迁	集束创新、产业内的创新簇、产业突变	单个创新 渐进性创新 部分原始创新
研发组织和主体	政府、公益性研究机构	部分政府资助 企业联合 技术联合体	企业 营利性研究机构
对区域经济的影响	整体协同	产业非线性增长	局部影响
变量类型*	外生变量	交叉变量 部分内生变量	内生变量 单位变量

*变量类型是指，如把创新网络作为一个复杂系统，政府资助部分的公共技术和部分产业共性技术研究可作为外界对系统介入理解，故作外生变量。

以上三类技术在区域中绩效和效益波及范围不同，实施的难易程度也不同，加之外部性不同，所以实施的主体和组织结构不同。每种技术的组织实施都反映了创新极中的某种内在规律和特征，因此有必要按此三类技术的创新效应波及边界来梳理创新极。

2. 基于产业技术层的创新极结构

产业经济相对于区域具有相对独立性和完整性，加之上述三类技术的划分，创新极应该是由基于三个产业技术层的技术网络层组成。从产业及产业技术的创新效应角度，认为创新极主要有四个产业层组成。由内到外，第一层是区域主导产业的产业创新系统，第二层是技术相关的产业层，第三层是次相关产业层，第四层也就是最外层，是为创新极提供公共技术的产业层，最外面是区域的制度、文化和政策环境。创新极的演化过程就是在区域宏观环境内，四个产业层创新技术相互作用，产业层协同发展的过程。在创新极结构中，各种环境要素、政策要素和创新文化要素位于其中，作用于各创新主体。其他非生产型创新主体如教育系统、科研机构、各种中介组织、政府科技管理部门等，贯穿于创新网络的各产业层中，发挥各自作用。

（1）主导产业创新网络层。特定主导产业创新网络是创新极的核心和重要组成部分，是创新极的最内层部分，直接关系到创新极创新绩效良好与否。在结构形式上，主导产业的创新活动开展和创新要素的流动依托于主导产业网络的实体，故主导产业创新网络的主体和结构秉承了主导产业网络的结构。主导产业创新层的主体大致有：一个或几个创新型主导企业，若干属追赶型技术创新的企业，若干配套合作中小企业（这类企业不同于业务相关产业层的企业，这里仅指主导产业内与大企业技术创新某些环节合作的中小企业，不含纯业务联系的外包中小企业），主导产业创新的配套支撑体系，一些为主导产业提供创新资源支撑的教育机构、研究机构、中介组织（含企业孵化器等）等机构。主导产业创新网络组织模式多是以大企业技术创新和新产品开发为中心，诸多创新主体相互合作的正式与非正式网络结合体。

这些主体公共参与主导产业的创新活动，其中大企业对主导产业的创新有决定性影响，掌握着主导产业的核心技术。技术创新活动多是受外界竞争的压力和企业扩大市场份额、保持技术领先的需要，由企业自身发起、自身研究，政府很少关注这层的具体创新活动，但对涉及的产业共性技术和有关整个区域利益的时候，政府会与企业合作，采取一些激励机制引导并促进主导产业技术创新开展。

（2）技术相关产业层。技术相关产业层是在技术创新链条上与主导产业技术创新紧密相连，技术创新活动或技术创新要素与主导产业紧密相关，可直接影响主导产业创新绩效的产业层。比如电信设备制造商与通讯运营商的技术关系，双方有需要共同遵守的网络协议，比如中国的大唐电信（电信设备运营商）提出的 TD-SCDMA 技术，如果中国网通、中国电信（通讯运营商）与之合作，既能有效提高二者与其他国外电信运营企业竞争能力，又使企业的技术水平得到提升，创新能力加强。再如钢铁产业中的系统炼铁技术、钢铁连铸技术等，不但能提高自身的技术能力也能提高装备制造业的技术能力，提高生产效率，降低生产成本。

相关产业层的创新主体多与主导产业层的创新主体结成产业创新联盟、战略联盟或技术开发结合体等形式。涉及的技术多为影响范围较大的技术，所以政府对这类技术关注比主导产业层的普通创新技术有所增加。此外，政府也会鼓励相关产业层与主导产业创新网络的多种技术合作。

（3）次相关（业务相关）产业层。次相关产业层是指在产业价值链上与主导产业相邻环节，实践上与主导产业业务相关，在物质层次影响主导产业的创新的产业层。业务相关产业层从产品形式上看与主导产业呈上下游的产业关系。比如汽车行业的新产品销售增加，会间接影响到钢铁产业的创新绩效。此相关产业层与主导产业联系主要依据产品供给的合作，也有一些技术创新环节的合作，多为企业之间的点对点合作。由于两个产业层的合作属跨行业合作，对区域经济影响较大，所以政府会采取措施促进二者的合作，增加区域效益。

（4）提供公共技术的产业层。提供公共技术的产业层是创新极的最外产业层，其主要为区域提供公共技术。对于这类产业层本身其技术是普通创新技术，但其技术具有极易外溢性，应用范围广等特点，故对区域整体来说，是公共技术。故这一产业层的技术研发和创新驱动主要来自政府，这一点可以从各个区域得到证实，目前中国各省份都把普及本地区的制造业信息化，发展地区网络、通讯设施等公共性强的技术作为工作重点。这些技术的实施会提高区域内各个创新极运行效率，提高创新能力，使整个区域产生整体跃迁。

（5）各层之间的耦合关系。创新极的各产业层之间通过企业等创新主体技术创新活动相互联系，互相促进，互为前提。主导产业创新网络构成了创新极的核心和主体，各产业层构成了创新极的基本框架和结构。各产业层耦合、协同发展，结成了创新极有机结合体。当区域内存在多个主导产业时，一般可形成多个图 3.4 所示的创新极（规模较大创新活动较活跃的主导产业往往能形成创新极）。

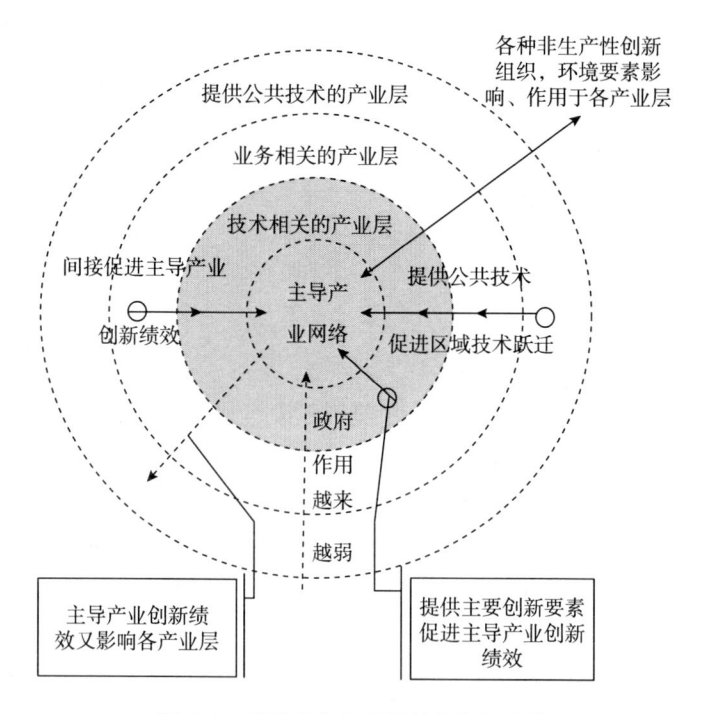

图 3.4 基于产业技术层的创新极结构

（6）多主导产业的区域创新网络结构。当区域内存在多个主导产业时，每个主导产业都可以形成图 3.5 所示的创新网络。或许某一个主导产业是另一个主导产业的技术相关层，或业务相关层，或许它们只有微弱的联系。围绕各主导产业形成的创新网络又相互耦合、作用，交织在一起，构成了一个更广泛意义上的区域创新网络。下图以三个主导产业为例，给出区域创新网络结构示意图。

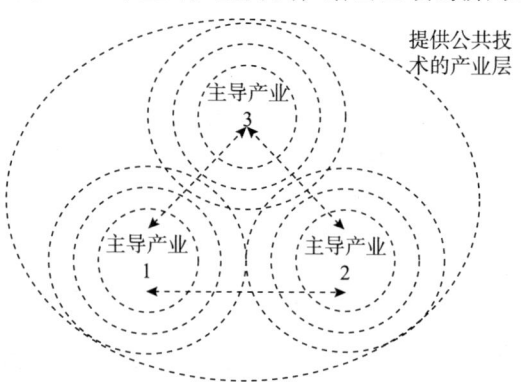

图 3.5 三个主导产业的区域创新网络结构

(7) 需要说明的问题。主导产业创新网络的各产业层之间并无明确的界限，各产业层之间是连续过渡的过程。且有的行业既是技术相关产业层，同时又是业务相关产业层。提供公共技术的产业层在某些地区或许作为发展的主导产业，那么这些"公共技术"同时也具有普通创新技术的特征。这也充分说明区域创新网络结构是复杂的。

3. 实例研究：唐山地区的创新网络结构

唐山是一座具有百年历史的沿海重工业城市，工业历史悠久，基础雄厚，特别是随着近年来改革开放的不断加快，唐山工业取得飞速发展，成为全国重要的能源、原材料工业基地。2004年，全部工业企业完成工业增加值851.27亿元，同比增长17.5%，占全市GDP的53%。

目前，全市拥有113个工业门类，1340多种工业产品，形成了钢铁、能源、水泥、机械、化工、陶瓷、纺织、造纸、食品、电子等10大支柱产业。2004年，10大支柱产业完成工业增加值占全市规模以上工业的96.7%。其中，①钢铁工业，为唐山第一大支柱产业，2004年销售收入占全市规模以上工业的63%。②能源（煤炭、电力、石油）工业，成为唐山第二大支柱产业，2004年销售收入占14.5%。③水泥工业，在全省乃至全国占有重要位置，销售收入占全市的3.1%。④机械工业，销售收入占4.3%。钢铁、能源、水泥、机械4大传统产业占据了唐山销售收入的80%以上。尽管以电子信息产业为代表的高新技术产业销售收入增长迅速，但仍然仅占较小的市场份额。

从1976年至今，唐山钢铁产业创新网络的发展过程曲线如图3.6所示。

唐山区域创新网络主要是由以各主导产业为中心的产业层创新网络耦合而成。以钢铁产业为中心的创新网络为例：

(1) 以钢铁产业为中心的创新网络。

① 钢铁产业创新网络。唐山钢铁产业创新网络由龙头企业唐山钢铁集团有限责任公司，若干竞争型中型公司：津西钢铁股份、国丰钢铁公司、唐山建龙、唐山宝业等，区域内有技术合作关系的大学（河北理工大学）各类科研机构，区外各技术合作单位（清华大学、山西焦煤集团等）组成，此外钢铁产业的一些企业还与世界先进技术拥有者合作。产业内各企业即竞争又合作，这些机构和组织构成了钢铁产业创新网络的骨架，是唐山钢铁产业创新网络的核心部分。

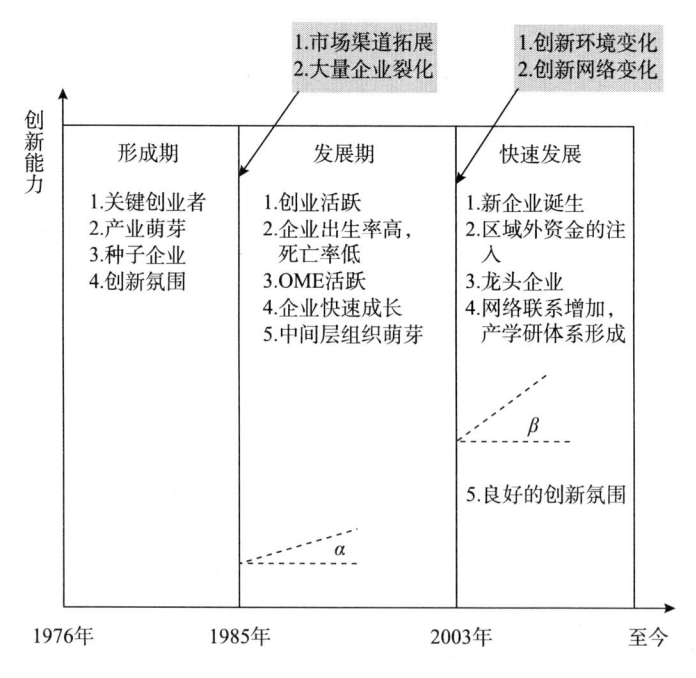

图 3.6 唐山钢铁产业创新网络的发展过程

② 技术相关产业层。唐山钢铁产业创新网络的技术相关产业层主要有区域内的矿石采掘业、大型装备制造业、建筑业等产业。这些行业的技术创新会为钢铁产业的技术创新提供直接推动作用，比如矿石采掘业，其主要技术会直接降低钢铁产业的技术创新成本，提高技术创新效率。

③ 业务相关产业层。唐山钢铁产业的业务相关产业层包含的对象较多，主要是因为钢铁的应用广泛性决定的。在唐山地区有煤炭工业、重型机械、建筑用钢材、汽车工业、港口建设等，此外，很多创新产业还出口到其他区域或国外。业务相关行业的飞速发展，为唐山钢铁产业技术创新提供了重要资金保障，间接地促进了钢铁产业的技术创新。

④ 提供公共技术的产业层。为唐山区域创新网络提供公共技术的产业层是高新技术产业、计算机行业和网络行业等，此外也有政府实施的重大专项科技计划制造业信息化等技术惠及整个区域，提升了区域的整体技术能力。

综上，钢铁产业网络各层内容与特点如表 3.2 所示。

表 3.2 唐山钢铁产业创新主体

	钢铁产业创新网络	技术相关产业层	业务相关产业层	提供公共技术的产业层
内容	龙头企业唐山钢铁集团有限责任公司，若干竞争型中型公司、区域内有技术合作关系的大学等各类科研机构、区外各技术合作单位	区域内的矿石采掘业、大型装备制造业、建筑业	煤炭工业、重型机械、建筑用材、汽车工业、港口建设，等等	高新技术产业、计算机行业和网络行业等以及政府实施的重大专项科技计划制造业信息化等技术
特点	是唐山钢铁产业创新网络的核心部分	直接降低钢铁产业的技术创新成本，提高技术创新效率	为唐山钢铁产业技术创新提供了重要资金保障，间接地促进了钢铁产业的技术创新	惠及整个区域，提升区域的整体技术能力

（2）各主导产业融合的区域创新网络。整个唐山地区的区域创新网络是由钢铁、能源、水泥、机械、化工、陶瓷、纺织、造纸、食品、电子等 10 大支柱产业创新网络相互交织，耦合而成，共同组成了唐山区域创新网络结构，支撑着唐山区域经济的发展。

（3）区域创新的环境因素。围绕唐山区域创新网络，各创新要素，如科技政策、金融政策、市场机制建设、创新文化培养、中介服务机构的建设、技术推广体系的完善，等等，弥漫于区域创新网络中，影响着各创新主体，进而影响着区域创新网络的绩效。

3.3.2 创新极特征

1. 根植性

新经济社会学的代表格兰诺维特（Granoverttor）首先提出了"根植性"的概念，指出经济行为是根植在网络与制度之中的，这种网络与制度是由社会构筑并有文化意义的。这一论述特别强调企业间非贸易的相互依赖，并提供了通过非正式的安排来增强创新和地方才智的办法，认为通过企业在本地的扎根和结网所形成的地方聚集，可以使企业构筑起交流与合作的系统，从而增强技术创新的能力和竞争力。在某一区域中的企业，其行为并非只是单纯地考虑经济利益，企业行为深深镶嵌在区域社会文化背景中，形成社会网络的根植性，并受到社会整合力的约束（庄晋财，2003）。库克（2001）认为，根植性代表一组适合于系统创新的特征，反映了社会社区按照共同的合作规范、互信的相互作用以及非贸易的相互依赖进行运作的程度。从现象上看，区域创新系统中一个稳定的创新极表现出极其明显的地域化特征，地域化程度的高低，主要取决于两方面：一是区域中的相关制度安排，二是经济活动对区域本地依赖程度。我们把创新极对特定区域环境关系（如制度安排、社会历史文化、价值观念、风俗、隐含经验类知识、关系网络等）的依赖性称为创新极的"地域根植性"。

创新极最本质的含义是一种"社会网络"，是特定区域创新资源在创新主体之间流动的网络，成功的创新极通常都充分挖掘利用域内要素，并尽量吸引域外可利用的要素，以增强创新能力和保持竞争力。创新极中企业间的联系不仅包括成员企业间正式合作联系更重要的是包括他们在长期交往中所发生的相对稳定的非正式交流的关系。区域创新极就是以这两种交流关系为基础形成的成熟产业创新体系，它一经形成，就有难以复制的特性，原因在于区域特定性要素的存在：一是产业特定性知识，这种知识的形成往往需要经历一个漫长的积累与沉淀过程，而且大量隐含经验类知识（tacit knowledge）是与本地的文化结合在一起的，不身临其境是难以模仿的；二是特殊劳动力群体，一方面，区域产业特定性知识的低流动性使该地区成为某一产业能工巧匠云集之地，另一方面，这些能工巧匠的云集成为产业区形成的直接推动力；三是特殊的产业氛围，从事特定产业的能工巧匠的云集，使该区域内人们的社会生活弥漫着一种浓厚的产业氛围，这种产业氛围与当地的文化、习俗融合在一起，空间流动性很弱，导致在该区域内不断强化，促成产业区的不断演化。产业集群带来了各类创新要素的集聚，为创新极的形成提供了必不可少的条件，同时创新极也绝非单个创新主体的创新活动，而是各类创新主体交互学习、合作分享的群体性活动、集群性创造（陈广胜等，2006）。从某种角度讲，达到创新极临界规模的产业集群是一个创新极。

因此，创新极必须扎根于当地的社会文化，有活力的社会文化环境保证了经济活动和技术创新的持续发展。所谓创新,是不同的行为主体通过相互协同作用而促进技术发展的过程,地域根植的经济在促进创新方面主要表现在渐进创新——"干中学"和"用中学"式的创新上,因此要重视创新环境(innovative milieu)的构建。发达的区域存在着新的产业文化,即创新主体相互依存的集体学习环境。基于这样的认识,人们把能形成地域根植性的柔性化网络组织的区域称为"学习型区域(learning region)",并认为区域中行为主体主动增进信任(trust),通过交互式学习(interaction learning),加强地方化学习(localized learning)和地方化联系(localized proximity),形成多重性、学习型区域网络是创新极成功的关键。

2. 系统复杂性

系统的复杂性是指组成系统的各要素的多样性和相互作用的难以预测性。区域创新极是一个由多种要素相互作用的产业创新体系,是一个极为复杂的系统。系统的复杂性虽不能为人们所左右,但人们是可以不断加深对它的认识。创新极系统复杂性具有以下特征:

(1)动态性。科学、技术与经济社会发展之间不是简单的线性关系,而是这一系统内多要素之间的反馈、互动的结果,强调这一体系能否有效地使新的知识在创新极内流动起来,从而提高企业的竞争力和区域的综合实力。创新就是由不同参与者和机构的共同大量相互作用的结果,而创新极就是由存在于企业、政府和学术界的关于科技发展方面的相互关系与交流所形成的体系,在这个创新体系中,彼此之间互动直接影响着企业的创新成效和整个区域创新体系。

(2)开放性。成思危(1999)认为,系统是开放的,它与环境有密切的联系,能与环境相互作用,并能不断向更好地适应环境的方向发展变化。这是复杂系统的复杂性的主要表现之一。创新极本身处在科技—经济—社会的大系统之中,因而是一个远离平衡的开放系统,具有典型的耗散结构特征,呈现着非线性的特点,与周围环境广泛进行着能量、物质与信息的交流,技术研究、开发、扩散的每个环节都与外界发生着广泛的联系。在经济全球化的今天,创新极的开放性特征显得更为突出,如企业竞争全球化、研究开发的一体化、知识传播的网络化、人才流动的跨国化,等等。一般情况下,要是不具备反馈和对反馈做出反应的能力,系统也就不能长久持续下去。在传统计划经济体制下，从项目投资到产品研制与生产都是由政府制订计划，企业只是被动地完成其分担的生产任务，没有创新的压力，也没有创新的权力和能力，企业不是技术创新的主体，企业创新极处于他组织状态。企业成为技术创新的主体后，要保持系统的自组织性，必须充分开放，与外界进行物质、能量和信息的交换，从外部环境中获取资金、人才、信息等负熵流，形成远离平衡的开放系统，这是企业技术创新的首要条件。人才是企业进行技术创新的关键，企业要注重吸引国内外各方面优秀的人才，包括科技人才、管理人才及市场营销人才等，更需要充分的信息，提高信息的收集、处理、传输能力。区域创新系统中的创新极必须充分搜集多方面的信息，包括国家产业政策、市场需求的变化、最新的科技成果、竞争对手的状况、国际贸易的情况，等等，并对其进行比较与鉴别，然后根据自身情况，科学地制订出相应的策略。

（3）非线性。自组织理论指出，复杂系统中存在的微小涨落之所以被放大，是因为在远离平衡的开放系统，可以产生与线性作用不同的非线性相互作用，这种作用使系统内诸要素丧失独立性而互为因果，形成双向信息传递的催化循环关系，从而使微小涨落越来越大，直至形成巨涨落。由于非线性相互作用导致了系统的整体行为。成熟完善的产业创新体系内部诸要素之间存在诸多的非线性相互作用，这是创新极自组织进化的根本机制。

创新极的非线性相互作用表现在成员企业之间的竞争与协同上。创新极的运行过程是一项集技术、生产经营、管理于一体的特殊的社会实践活动，因而更要强调创新极之间的合作性、协调性、同步性，表现为创新决策者、创新管理者与创新实施者之间的协同作用。技术创新主体的协同和竞争是相互依赖的，没有协同，就没有竞争；同样，没有竞争，也就没有协同。创新极主体既要有竞争意识，又要有紧密协作的团队精神，只有这样，才能提高创新活动的成功率（秦书生，2004）。创新极演化发展的不平衡性是竞争存在的基础，创新极内部诸要素或不同创新极之间对外部环境和条件的适应与反应不同，成员企业的创新能力不同，获取的物质、能量以及信息的质量也存在差异，因而必然造成竞争。在国内外市场竞争十分激烈的今天，消费者生活需求出现多样化和新潮化的格局。为了赶上消费变化的快节奏，广大企业都非常重视产品的更新换代，不断进行技术创新，以新取胜来抢占市场竞争先机，注重强化独创性，注重提高时效，并以技术创新促进产品实现质优价廉。这种竞争一方面造就了创新极远离平衡态的自组织演化的条件，另一方面推动了创新极向有序结构的演化。创新极的协同反映的是不同创新极之间或创新极内部诸要素之间保持合作性、集体性的状态和趋势。系统是要素的统一体，同时也就是说要素处于相互合作之中。

（4）涨落与自组织。当创新极中企业与环境进行物质、能量和信息的交换时，内部某个参量在与环境相互作用的过程中，达到一定临界时，系统某一点的微小涨落就会通过系统放大机制而成为巨涨落，从而为创新极的自组织进化提供了可能。技术创新行为导致企业不断打破自身平衡，不断寻求偏离平衡态的机会，通过这种涨落促使创新极的自组织进化。因此，技术创新行为就是诱发创新极自组织进化的动力。企业在进行技术创新的过程中，会碰到很多涨落因素，正是众多的微涨落通过放大形成巨涨落，从而促使创新极自组织进化。

涨落的产生是系统与环境共同孕育和相互选择的结果。创新极从来不是平滑地、连续地进化的，而是有着突然地跃迁和飞跃，通过演化中的分叉，走上复杂性的道路。新旧技术范式交替下的技术创新活动，即在高于临界状态，系统失稳出现分叉以后，一种新的技术范式出现及对原有技术范式的取代，体现的是技术创新过程的非连续性。这种非连续性使技术创新过程中某一随机涨落的未来发展情况无法预测，只有通过环境选择机制的非线性放大作用成为巨涨落，从而完成突变性创新，产生新的技术范式，实现创新极的自组织进化。对创新极来说，发展和利用那些能够产生多样性的选择标准是极为重要的，多样性是其进化的内在根据，选择是其进化的外在条件，而这些都是通过系统内诸要素和系统与环境的非线性相互作用所构成的自组织进化过程来实现的（张培富，李艳红，2000）。

3. 层次性和多样性

创新极首先强调的是系统观念，它不仅涉及教育科研部门，也涉及企业、中介服务等许多部门，不仅是市场行为而且是政府行为，是一个真正的科研经济一体化充分发展突破临界规模的产业创新体系。创新极内子创新网络的各个单元之间、单元内部以及单元内部与外部之间都存在着信息交流。创新网络提供了比等级组织更为广阔的学习界面，使创新活动可以发生在多个层面和环节中。

层次性特征可以从成分要素角度分析，也可以从行为要素角度分析。从成分要素角度分析，技术创新复合组织是由低层次的要素——技术创新主体和相关主体组成，而技术创新复合组织本身又是更大系统——创新极的组成要素，多个创新极的组成要素又构成了区域创新系统；从行为要素角度分析，企业的技术创新行为是由更低层次的个人的创新行为所组成，而企业的创新行为本身又是更大系统——产业内技术创新行为的组成要素。这就是创新极系统的层次性。创新极是一个由简单到复杂并经历了多种变化的系统；层次间的要素和行为是相互影响、相互作用的，如区域内企业的技术创新动力状况，决定着产业技术创新活动是否具有活力，而复合创新组织的技术创新行为（特别是不同主体间的协调状况），又制约着企业技术创新的积极性；系统的层次越高，系统的结构和功能越多种多样，系统的运行过程越复杂（黄鲁成，2003）。

此外，创新极还具备多样性。创新极不是一种组织机构之类个体能力发挥的"硬"结构，从本质上讲它是在一个国家之内由知识与人力资本的使用者、生产者及转移机构之间的相互作用形成的一种创新活动推动网络，是一种"软"组织，其核心就是科学技术知识的生产及其在创新过程参与者之间的循环流转与应用，强调各行为主体间的相互关联、协同发展，基础研究、应用研究、开发研究、产业创新等各个创新环节之间的相互配合、连贯畅通。一方面，从内部来讲是指组成要素多、主体多、环节多、内容多。创新极以区域创新体系为分析框架，不同的区域创新系统具有不同的创新极。另一方面，从表现来看，不同区域由于历史、文化传播、经济发展阶段不同，各主体要素的作用构成了不同特色的创新极。

4. 强信息流动性与动态调控性

（1）强信息流动性。创新极中的信息存在着"场"效应，即给定其他条件，创新极内企业比非创新极企业能够接触到更多的信息源。如由于创新极的网络相对稳定，主体之间更倾向于信任，来自上游的供应商可以向企业输送依附在所提供产品上的信息和相应的技术服务，下游的客户提供市场和对产品设计的特定要求和使用后的反馈信息，从同一行业的竞争企业那里可获得技术诀窍、组织管理程序等方面的信息，作为辅助服务部门的科研院所能够向企业传导最具前沿性和创新性的信息等。信息可以在创新极内外的这些主体间自由流动。

势差是用来表示物质的能量与所处状态的概念。能量总是自发地从高势位向低势位流动。将企业在某一时刻拥有信息存量而具有的势称为信息势。不同的企业在某一时刻、在同一类信息上拥有的势是不同的,由此产生了信息势差。这种势差是创新极整体信息存量增加过程中的一种状态,随着企业的发展和信息存量的增加而呈现出动态性。创新极合作中基于存量的信息流动主要表现为高位势企业和低位势企业势位差所造成的流动,还表现为市场需求拉动和企业间竞争驱动导致的信息流动。

(2) 动态性与调控性。动态性是指创新极是不断发展变化的。创新极与生态系统一样,具有发生、形成和发展的过程,它的整体演化过程一般经历多个不同的时期,每一时期都表现出鲜明的历史特点;整个过程又是一个由低级向高级、不成熟向成熟的过渡过程;整个过程又是技术创新复合组织和技术创新复合环境相互作用、相互适应的过程。创新极是经过长期发展形成的,它具有自己的规律性(如技术创新 S 模型),这种规律性为把握未来提供了重要的科学依据。

创新极在长期的发展变化中,逐渐形成了相互协调、自动控制的机制:第一是技术创新复合组织变化规律,主要表现为各种主体的数量调控、比例调控,如技术创新主体的数量在竞争规律的作用下所发生的变化,又如技术创新主体与相关主体间的比例关系,往往随着社会、科技、经济的变化而变化。这一规律在区域空间和资源一定的情况下是普遍存在的;第二是同一产业内上、中、下游技术创新主体之间的数量调控,这往往取决于该产业的技术创新与发展规律。

利用创新极的这一特性,国家或地方为了促进创新极的发展,在一个或几个创新极形成之后,对创新极采取一系列推动、治理和创新政策,建设创新极成为构建区域创新体系的一条可行路径。

5. 地方化经济特征

创新极是同一个产业内,多创新主体相互作用、相互联系形成的高级产业创新网络,是发挥区域创新系统的创新绩效和经济绩效的主要元素。对于同一个产业内的主体如果集聚在一起就会对每个主体都带来"好处",而且集聚的主体越多,这个"好处"就越大,这种由于同类产业主体集聚产生的对所有主体正外部性的特征就是地方化经济。创新极的地方化经济主要有以下三条：

（1）劳动力市场共享。当一个区域某个产业的企业都雇用具有类似技能的工人时，便会出现一个熟练的劳动力市场。对于集聚的企业来说，劳动力市场存在的好处是非常明显的：它能够为正在寻找工作的劳动力提供更多招工信息，而且企业可以充分利用劳动力市场降低寻找合适劳动力的搜寻成本。

（2）中间投入品生产的规模经济。随着创新极的企业（简称企业1）集中在一起，他们产生的对中间投入品（原料、生产的供应品）需求迅速增加，以至于提供中间品的企业（简称企业2）也得到了迅速发展。而如果企业2具有规模经济的特点时，它就能够更廉价地为每个企业1提供这些中间品，从而为企业1带来外部经济。

（3）知识信息的外溢。企业集聚的另一个明显好处是加快了知识和信息在本产业中的传递。在不同企业中工作的员工如果能够经常进行正式或非正式的交流，无疑会提高产业中每个厂商的产品创新和管理创新水平。如果该产业的规模越大，这种交流的机会就越多，从而知识交流带来的外部性就越大。这一点在高新技术产业集群中表现得尤为明显。比如，在美国的规模地区就形成了一种崇尚合作交流的创新氛围，许多中小企业的科学家和工程师经常在一起交换知识和信息，从而使得这个地区企业成为近20年全球最有活力的电子和计算机的研发中心。

我们可以用一个简单的模型来直观描述地方化经济：

图3.7是某个产业的供求曲线。D是该产业企业面临的需求线，斜率为负。假设产业内部是很多完全竞争型的企业，而且从长期看他们都在长期成本曲线的最低点开展经营。如果产业内不存在集聚外部性，那么产业的长期总供给曲线将是一条水平线S。产品的市场价格将等同于企业的长期平均成本和长期边际成本。假设存在地方化经济，于是，新企业进入与该产业的产出增加，将使得其他企业的平均成本下降。

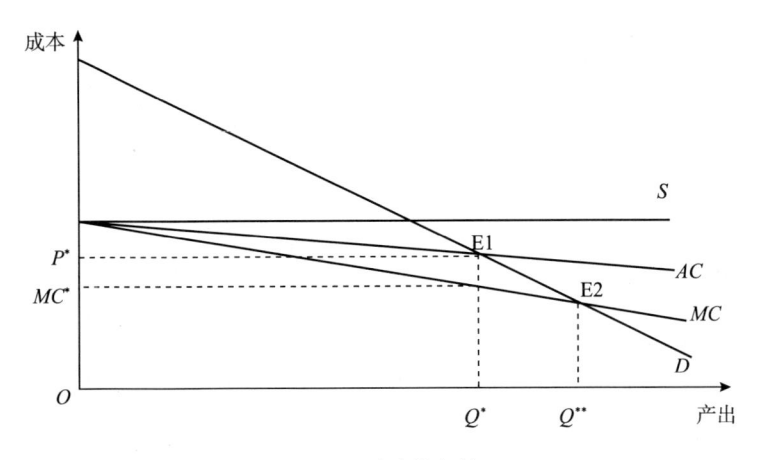

图 3.7 地方化经济

定义：

有 n 个厂商

每个厂商的总成本为 tc，TC 为产业总成本，即 $TC = n(tc)$

每个厂商的总成本应该等于厂商平均成本与产品数量的乘积，即 $tc = q(ac)$

产业的平均成本和厂商的平均成本是相等的

如果一个新的厂商进入该产业，产业总成本的变动将是 $\Delta TC = \Delta nq(ac) + \Delta ac(nq) + \Delta qn(ac)$（$\Delta$ 代表一个小增量）

假定每个厂商的最优产出是不变的，即 $\Delta q = 0$

那么产业的边际成本 MC 应该是新厂商进入后对总成本的影响，所以：$MC = \Delta TC/(q\Delta n)$。

将 $\Delta TC = \Delta nq(ac) + \Delta ac(nq) + \Delta qn(ac)$ 和 $\Delta q = 0$ 带入上式得：

$$MC = ac + n(\Delta ac/\Delta n) = AC + n(\Delta ac/\Delta n)$$

地方化经济意味着 $\Delta ac/\Delta n < 0$。这样该产业扩张时的边际成本将小于产业的平均成本，所以上图的 AC 和 MC 都是向下倾斜的。

上面分析的是产业集聚产生的一次性地方化经济效果，不妨称为静态地方化经济，实际中产业经济中某种集聚因素对产业产出增长有着持续的促进作用。类似地，我们可以分析创新极的集聚带来的持续的地方化经济，这是成本出现持续下降，不妨称之为动态地方化经济（如图 3.8 所示）。Porter（1990）、Glaeser（1992）和 Huriot（2000）对以不同时期美国制造业为研究对象，对地方化经济进行了实证研究。

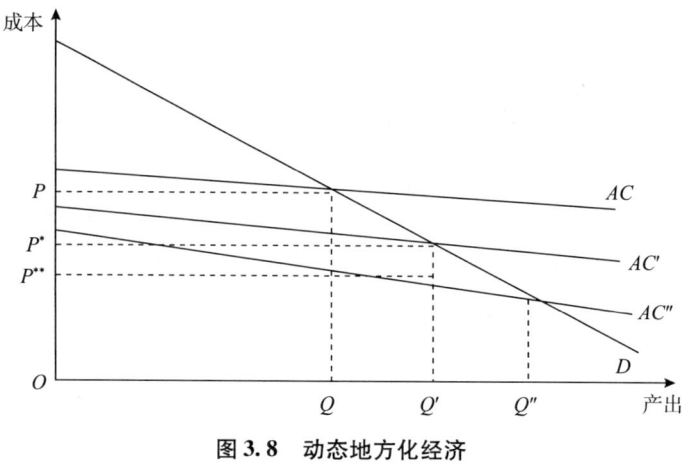

图 3.8　动态地方化经济

3.4　创新极功能

3.4.1　创新极极化功能

经济增长的非均质性致使资源由周边落后地区向经济中心集聚的运动称为极化现象（Polatization）。近年来区域极化程度与科技资源的聚集及创新活动密切相关，出现了明显的创新极化现象，周密（2007）运用绩效评价中的数据包络分析对科技资源变量进行了实证研究，测度出目前我国形成了京津冀单极结构创新极化区，珠江三角洲双极结构创新极化区，长江三角洲三极结构创新极化区，并构造指数衡量了三类创新极化区的极化程度，认为珠三角创新极化区域内极核的集聚效应不断增强，长三角的扩散效应开始显现，而京津冀目前仍处于极化形成期。极化过程包括吸附和扩散两种相反的运动，不同的极化阶段两种运动的作用大小不同，创新的极化现象将使区域的中心与外围创新能力呈现差异，并使中心对整个区域进行创新扩散，带动区域的创新能力提升，创新极就具有明显的极化功能。具体有以下功能：

（1）吸引本产业的相关企业进入（成娟，2006）。创新极对企业来说具有很多优势，比如说丰富的科技资源、知识信息、成本优势等，这可使企业以较少的投入获取最大的收益，降低了内迁企业或新建企业的投资风险与成本，无论是同行业企业还是辅助、配套、服务机构，都能够降低成本并便利地获取生产和创新所需的资源。

（2）吸引人才的进入。创新极内浓厚的创新氛围，良好的工作条件及对创新人才高度认同吸引着勇于创新、富有冒险精神的本产业内专业的高素质人才的加入。这些人才的加入可以使创新极更好开展创新，服务和带动区域经济。

（3）吸引资本的进入。由于创新极在成本、效率及创新方面的优势，网络内企业能够获取较高的投资回报率，一些投资商就会倾向于在创新极内投资。

（4）吸引技术的进入。创新极内大量的企业间的协作分工，不仅有利于技术创新，并且会产生大量的技术需求，用于改造现有的生产工艺、设备，促进产业技术升级，而且网络内企业争相提高自身技术水平，或研发，或交流合作，或引进新技术消化吸收，都会提高创新极的创新水平。

3.4.2 创新极知识扩散功能

创新极是一个发展到一定阶段的产业创新网络，网络内主体之间保持高度联系与交流，这使得知识的扩散与传播成为可能。Von Hippel（1988）研究就表明大多数的企业创新不是来自本企业的发明创造，而是借助于企业外部的创新源头。可见知识传播与扩散在创新极内已非常普遍。从宏观上看，如图3.9所示，知识在创新极内随着企业的沟通与交流知识扩散顺利进行，并伴随着不断地加工、整理与再创新，整个过程动态上升，最终企业提升了自身的创新能力，创新极也从整体上表现出了跃迁和提高。至于知识在创新极内的具体流动、扩散的过程，参见图3.10（根据朱秀梅2006年文献整理）。

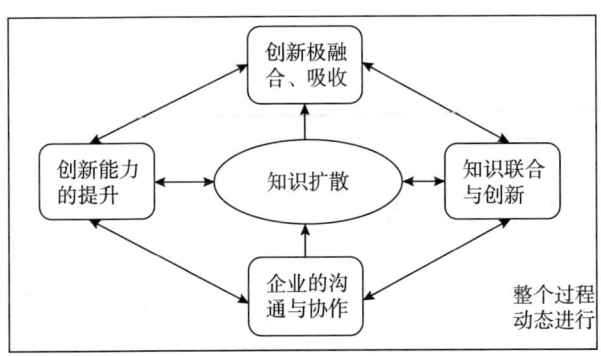

图3.9 创新极的知识扩散效果

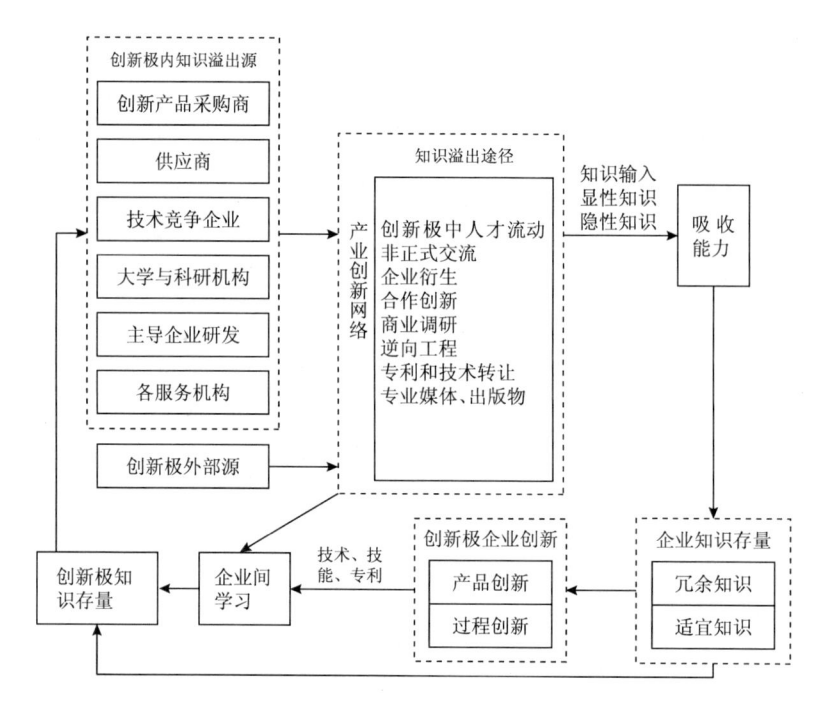

图 3.10　创新极内企业知识学习过程

3.4.3　创新极带动功能

创新极在区域创新系统中的最重要功能就是依托创新极的特色、强势的创新能力和技术研发水平，带动区域创新绩效和效率的提升，从而支撑区域经济的发展。图 3.11 展示了创新极在区域创新系统中的带动功能。

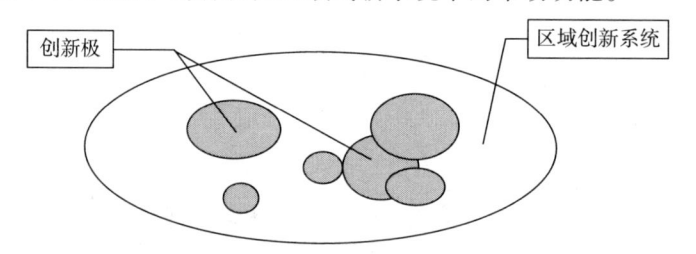

图 3.11　基于创新极的区域创新系统效果图

区域创新系统的发展与形成是由多个创新极耦合共生而成，创新极的创新能力、创新绩效和技术水平代表了区域创新系统的能力与水平，进而对区域经济的支撑和引领起决定性作用。创新极的创新能力、创新活动的活跃程度构成了区域创新系统的主体。区域创新系统形成过程，也是各创新极成长、成熟、耦合的过程，创新极的创新绩效直接影响并决定着区域创新的绩效，对区域经济有带动作用。这种带动作用在表3.3、表3.4中展现得更加显著。

表3.3 产业创新网络初期与形成创新极后对比

	产业创新网络初期	形成创新极后
系统特性	整体等于部分之和	部分之和大于整体
信息传递	各层汇总	网络化，动态化，响应迅速
创新目的	有计划的目标	不断涌现的产品需求和技术拉动
主体关系	线性关系	非线性关系
创新控制性	创新的方向由计划控制	共生体互动影响创新，自发涌现创新
环境适应性	难以适应环境变化，对环境反应迟钝	与环境形成互利共生关系
对经济贡献	对经济贡献有限，持续性未知	对经济贡献大，持续支撑经济发展

表3.4 有无创新极的区域创新系统比较

	无创新极的区域创新体系*	创新极成熟的区域创新系统
企业网络结构	企业数量不多，部分企业由政府扶持，企业互动网络尚未形成	企业数量众多，各式机构齐全，各企业之间相互交流自然，企业互动网络形成
动力机制	自上而下，以政府推动为主，强调政府规划的力量	自下而上，创新网络内企业之间互动学习内生动力，强调交流和市场功能
根植性	与地方社会文化不能有机融合	企业网络根植于当地文化，与地方文化共同发展
创新模式	单个企业孤立分散突破创新，创新与生产相分离，高成本、高风险、长周期，忽视客户需求	形成了各种创新模式，创新与生产结合，单个企业创新与联合创新、合作创新结合，满足市场需求，低成本、短周期
对区域经济的贡献	点对点的贡献，对区域经济贡献、带动作用小	依托创新极的创新持续性，持续支撑和引领区域经济的发展

*之所以叫区域创新体系，是因为在区域创新系统形成的早期，企业技术创新规模，产业规模相对较小，难以形成系统协同效应，主要依靠政府的规划来提高系统性，发展到一定阶段后才能称之为区域创新系统。

创新极的创新与发展培育了区域的产业发展与壮大，极化效应强化了以产业技术创新为本根的企业网络综合体，使企业具有较高的投资回报率、创新产出率，带动社会文化和观念朝着鼓励创新与合作的方面发展，强化了社群创新意识。由此可见，创新极对区域创新系统，对区域经济的带动作用巨大，对产业经济、区域经济起到示范带动作用，与周围经济加强联系，使整个区域获得外部经济，带动区域经济发展。

第四章　创新极形成条件、临界规模与类型

4.1　创新极形成条件

创新极的形成在客观表征上与产业创新网络的形成是一致的,由创新极的含义可知,只要达到临界规模的相对完善的产业创新体系就称之为区域创新系统中的创新极,引领区域创新系统的演化与发展。因此促进产业创新网络达到和超越临界规模的外部环境条件就是创新极的形成条件。我们认为在一定时期内,不是区域内任何产业都能形成创新极。创新极的形成需要一定的内部条件和外部条件,内部条件主要是产业技术创新主体网络的状况,外部条件主要是产业外部环境、产业市场机会和技术机会。

4.1.1　创新极形成的内部条件

1. 创新极内的网络完善

创新极的形成与发展同产业的发展息息相关。在一个产业形成的初期,资源、技术创新、新行动者的加入等因素起着重要作用,创新极的形成主要表现为纵向产业链的发展,产业内社会分工结构的形成,各种行动者厂商数量的不断扩大,围绕产品的产、供、销及专业服务体系的逐步形成和发展。随着产业中专业分工的不断深入、细化等演变,产业中从事同一分工的行动者不断增多,它们之间的关系也不断演变,相互之间既有合作与互补,也有竞争与制约,这样,产业中的横向关系逐步延伸和扩大,一个创新极的雏形就显现出来了。相反,当某一产业面临资源枯竭、技术落后、市场萎缩等条件变化时,产业中的网络关系也在发生变化,行动者之间的行动交流减少、关系退化,这使得一些行动者成为"孤岛",不得不退出产业,最终导致行动者数量的减少以

及整个产业的衰退。创新极的形成、发展及衰退过程相当漫长，可以说，是一个产业演化的过程，而且大多数情况下，表现为产业的转移和产业结构的不断升级，新的创新极不断从原有的创新极中独立出来，改变着产业结构，不断赋予产业结构以新的内容。创新极的结构与产业的组织结构相对应。

对于简单的信息沟通，市场是快速和有效的，但对于复杂技术的学习和知识转移而言，市场则是拙劣和低效的。企业通过将交易和资源内部化，垂直整合的等级结构——清晰的部门边界、规整的沟通信息流动路径、详细的报告机制及决策程序——能够反复按一定质量提供大量产品或服务，在可靠性和负责性上有明显的效率优势，特别适用于大批量的标准化产品的生产和销售。但面对市场及技术的快速发展，其复杂的决策与响应机制使组织适应性降低，此时网络的优势则得以显现。

网络中企业通过长期的交流合作所产生的共同语言，能使隐含（缄默性）知识得到很好的传播。而 Quinn 等认为知识尤其是隐含知识是企业最具战略意义的资源，企业间的战略联盟被视为知识传递和形成网络知识的有效方式。上述分析表明，企业网络关系可以降低网络中的信息获取和交易成本，有助于促进信息和知识的流动，有利于隐含知识和敏感信息的传播，从而带来技术创新优势。因此，完善的网络是产业创新体系突破临界规模形成创新极的条件。

2. 创新极内互动的动力因素

影响创新极网络完善与发展的因素有多个，其中主要的就是创新极内促使网络互动的动力因素，如创新主体之间的信任程度、知识渴求程度、知识交流获取的途径、网络内部的创新氛围及公平机制等，都是创新极内形成网络互动的重要的动力因素。创新主体之间的信任程度不但是创新极内创新主体互动的动力因素，也是创新主体互动、创新网络顺畅的前提和基础，只有各创新主体相互信任，才能很好的互动与合作。创新氛围也是创新极内互动的主要动力因素之一，良好的创新氛围表示创新主体具有较高的知识渴求度，激励创新主体开展技术创新，并鼓励创新主体间的合作，硅谷的成功很大程度上就归功于这一点。此外，知识交流的途径畅通与否也是创新极内创新主体互动的动力因素之一。

Meyer – Stamer（2001）认为企业间的动力因素总的来说可以分为竞争和合作两大动力，其中合作包括合同合作、信息交流和共同行动。无论是竞争或是合作，都离不开良好的创新氛围和公平的交流机制，比如说现代企业制度的建立，企业的分权机制等。

企业内部的动力因素、企业外部的动力因素以及网络内的动力因素都只是影响因素，而要想使网络充分互动，则各因素之间需要相互协调、相互作用、和谐共存才能促进网络的良性互动。如高技术产业，其影响因素有：市场机制、投资及投资环境、国家政策、人力资源、相关产业的支撑、软支撑结构、宏观管理因素等多个影响因素。只有各影响因素和谐运行，才能促进高技术产业创新网络的创新主体良性互动，使临界规模快速形成。因此，这也再次说明了，网络的结构与运行机制的重要性，二者直接决定着创新极内的科技资源配置能力及创新极的发展。

4.1.2 创新极形成的外部条件

相对于内部条件，创新极形成的外部条件要复杂得多。创新极的外部环境的复杂性和多样性决定了创新极形成外部条件的复杂性。

1. 创新极外部条件的层次性

如图4.1所示，创新极外部条件一般分为以下四个层次：（1）创新极或产业层次的环境条件，指创新极内部企业之间，通过合作开发制造产品或使用特定部门的技术，彼此关联并形成协作竞争的网络关系。这个层次创新活动的主体是成员企业，在彼此的网络关联中实现专业化分工和知识共享，促进劳动力市场的形成和公共设施的建设，为成员企业的技术创新活动提供条件（陈赤平，2006）。（2）区域层次的环境条件，是区域内的创新极、研究机构或高校，在区域性的制度安排、文化习俗影响下所形成的区域性创新系统。在一定的区域范围内，地方政策、法规等正式制度安排同样也发挥着作用。（3）国家层次的环境条件，是一国境内的政府机构、研究机构、大企业、公共企业、私营企业及其他组织方式（如集群、联盟）之间彼此相互作用，形成促进科学技术发展的国家创新系统。通过构建国家层次的创新系统，可以实现国家综合竞争力和创新能力的增强，并在此基础上提升创新极的创新能力。（4）国际层次的环境条件，是创新极适应全球化发展的需要，在外向型经济中拓展与他国企业或其他组织之间的合作关系，形成的一种开放式的创新系统，有利于创新极在更广泛的协作竞争关系中实现技术创新能力的进步。此外，利用跨国公司的全球化网络，为创新极实现全球化战略提供便捷的途径，也是创新极得以进入以技术为核心的国际战略联盟，享受知识转移和外溢带来的积极影响。

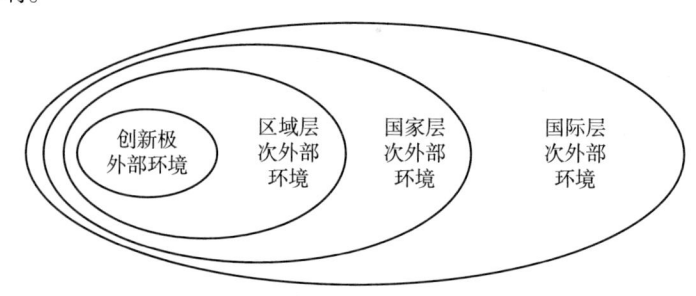

图 4.1　创新极形成的四层次环境条件

2. 创新极形成的外部环境条件

依据不同的划分标准大致将创新极形成的外部环境条件分为三类：一是创新极的融资环境条件，二是创新极的生存环境条件，三是创新极内鼓励技术创新的环境条件（详见图 4.2）。

创新极的融资环境。按照融资分为直接融资和间接融资两种方式（唐五湘，2005），创新极融资环境可进一步细分为直接融资环境和间接融资环境。研究直接融资环境就必须了解直接融资渠道。直接融资渠道包括债权融资、股权融资和风险投资。直接融资渠道的健全、畅通与完善程度代表着直接融资环境的好坏，目前我国的直接融资环境较以前有了大幅度的提高。间接融资主要包括银行贷款、其他金融机构贷款等。其中银行贷款是世界各国间接融资的主要渠道。在我国科技企业大多为民营的规模较小的新创企业，财务状况缺乏透明度，信息不对称，科技企业间接融资困难。为改善间接融资环境，应当培养专门的金融机构为资产信用不足的企业开辟一条融资渠道，应当加快国家信用体系建设。

创新极的生存环境。创新极的生存环境包括创业环境（科技企业准入制度、与风险投资结合的环境、社会文化环境）、孵化环境（主要由高新技术开发区和各种类型的孵化器、大学科技园、创业服务中心、留学人员创业园、农业科技园区等组成）、成长服务环境（科技中介服务体系、技术市场、生产力促进中心、技术评估机构、信息服务体系）。

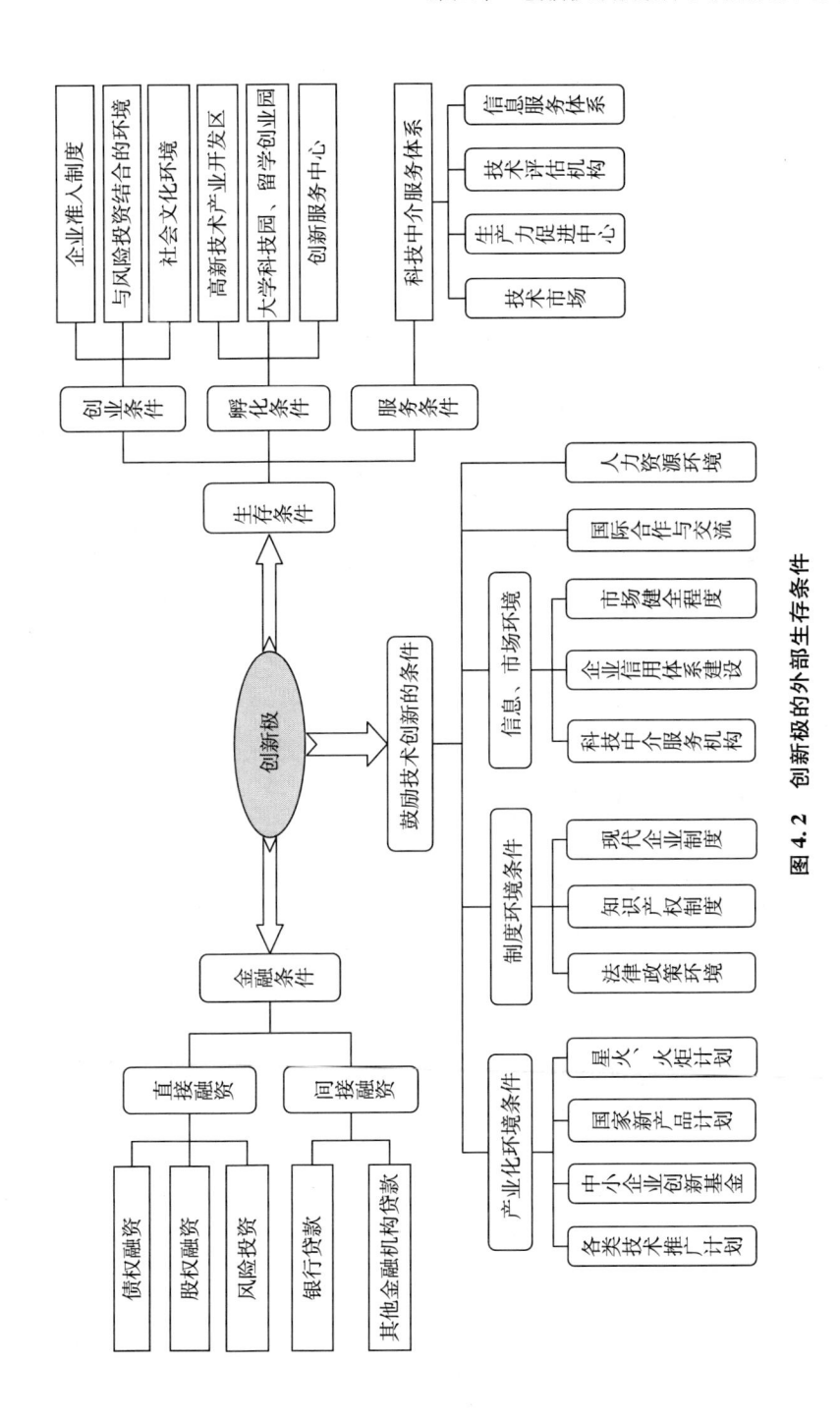

第四章 创新极形成条件、临界规模与类型

图 4.2 创新极的外部生存条件

创新极内鼓励技术创新的环境。经济学家熊彼特的创新理论认为，创新是指建立一种新的生产函数，把一种从没有过的关于生产要素和生产条件的组合引入生产体系，技术创新是一个将科技成果转化为商品的动态过程，大多数企业进行技术创新的直接目的是盈利。技术创新一旦成功，不仅会使企业盈利，而且会给社会创造巨大收益。因此，必须营造一个良好的技术创新环境。主要包括：国家科技产业化环境建设、法律政策环境、制度环境、信息环境、市场环境、国际合作与交流、人力资源等方面。

3. 创新极外部政府作用条件

本章单独讨论政府对创新极的作用，这不同于政府的法律和制度环境，由于政府作用的权威性和特殊性，后者侧重于客观的环境因素，而前者更强调政府的主观导向行为。

李子彪（2007）认为政府在创新极创导和完善过程中发挥着至关重要的作用。虽然创新极大都是在市场机制的作用下自发形成的，但是在引导创新极合理有序发展、创造一个有利于创新的良好外部环境以及防止创新极退化甚至走向衰退等方面，政府政策的作用都是十分重要的。当然，无论是中央政府还是各级地方政府，对创新极的这种"干预"必须建立在市场经济体制的基础之上，而不能取市场机制而代之，这样只能会起到相反的效果。政府在创新极的产生和发展过程中起到了非常重要的作用。主要体现在：（1）创新极的产生需要政府的间接参与。根据市场规律，政府不应该直接参与创新极的发展。但是，在创新极产生的时期，其各方面的优势还没有体现出来。在激烈的市场竞争中，如果没有政府的有效帮助，创新极的产生就会很艰难，甚至有可能出现夭折。（2）创新极氛围的改善需要政府。社会化服务体系的完善、产业的升级和企业的机会主义行为以及创新极外部的市场环境建设均离不开政府的参与。制度创新是实行创新极战略的关键。地方政府主要通过制度创新为创新极、科技进步与企业创新提供良好的内外部环境。

政府政策的着力点是努力加强和建立现存的和正在出现的创新极，而不是刻意去创造或者复制一个创新极。因为创新极的产生有着深厚的历史社会文化背景，一个成功的创新极都是从现有的条件和基础上脱颖而出的，不能想象它会在毫无基础的真空中产生。所以，企图通过强制力创造或复制一个成功的创新极，只能是得不偿失。事实上，创新极在多数情况下是独立于政府行为而存在的,它之所以存在是因为它能经受住市场的考验,并有浓厚的地方化特征。由此看来,我国通过制定产业政策来培植政府合意的产业目标,在这样的基础上来构建区域创新极的政策思路是值得探讨的。在这方面,政府努力打破市场分割和行业垄断,建立统一开放市场,促进地方专业化分工以及为已有的创新极提供高质量投入供给、完善竞争规则等,可能比政府刻意去创造一个不合适的创新极更为有效。

制度创新是我国实行创新极战略的关键。判别创新极是否成功的标准是,聚集区内经济关系和社会关系是否具有高度的内在联系,即企业在一个地方相邻而结网,能否产生信任或合作的意愿。进行制度创新,努力推动区域创新极中企业间建立联系,以促进学习和交流,增强企业间信任与承诺显得非常必要。目前摆在地方政府面前的任务是,消除市场机制不健全、法规不完善、社会资本缺乏、交易成本高昂等制度顽症,促成区域创新极中企业间的交流与合作,推动产业群战略的实施。

4.2 创新极临界规模

创新极在形成的过程中会经历孕育、形成、发展、成熟、衰退的过程。其中从形成阶段开始才称之为创新极,而形成阶段对创新极的发展又至关重要,研究创新极的形成阶段,尤其是形成的临界点、临界规模等,对实践具有重要意义。

临界规模原本是物理学中的概念,用来描述系统由发展演化的低速转向高速时的行为特征和内在动因。系统各影响因素的相互和谐作用可使系统积累能量,并在一定条件下使系统发生相变,完成从量变到质变的过程。因此,将使系统的输出(外在行为模式)发生显著变化,而临界规模是对系统处于相变临界点时各要素投入的综合度量。

创新极的临界点是指区域内产业技术创新网络的规模、结构和发展特征达到了创新极内涵要求的时点,在这一时点,创新极的发展与演化从无序转向有序,从低速增长转向高速增长,这一时点的创新极的创新资源总量与结构称为创新极的临界规模。这一概念包括两方面含义:(1)临界规模是创新极形成阶段前的临界时点对应的创新资源规模水平;(2)临界点是创新极由孕育阶段向成长阶段转变的时点。

从系统学的角度看，系统的自组织是一个不可逆的动态过程，其内容是由原来分散、独立、平衡的事物或"元件"，在特定的内部或外部条件作用下，无需外部输入特殊的组织指令，自行结合为一个有机的整体，并在此基础上一步步生长、发展，直至这个整体消亡或转化。创新极是一个开放的系统，它作为社会经济系统的一个子系统，不断和外界进行着物质、能量和信息的交换，因此具备了自组织系统的基本条件。创新极的初始规模（孕育规模）和临界规模分别代表着两种有序状态。如图4.3所示，创新极从初始规模到临界规模的转化过程实际是系统从低的有序状态向高的有序状态跃迁的过程。具体来说，在创新极形成过程中，技术创新网络作为关键影响因素，与其他影响因素协同作用从而使创新极成为稳定有序的结构，因素间的耦合作用不断加强，实现了创新极内知识和信息平稳流动。

图 4.3　复杂系统临界点简单表征

自然界中多种复杂系统具有临界性，如：固体到相变到液体；秩序到复杂性到混沌；喧闹到生命/智能到稳定；农村到城镇化到城市，等等。创新极的发展也具有类似过程，先是工业企业群落形成初具规模的产业组织，产业组织经过发展形成了更高阶段的产业创新网络，产业创新网络经过临界点形成创新极。创新极旨在描述和研究区域内产业的创新特性和创新绩效，因而不能将产业的发展规模作为单一的判断标准，应该充分考虑产业技术创新的网络特征和特性。鉴于此，如图4.4所示，本章认为创新极的临界状态和临界规模判定应依据如下两个方面的内容，综合判定是否形成创新极。

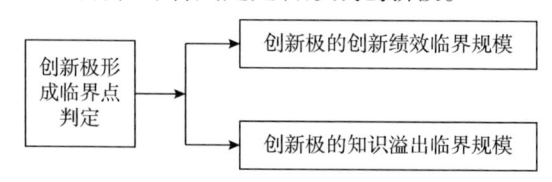

图 4.4　创新极形成临界点的判定标准

4.2.1 创新极的创新绩效临界规模

创新极的创新绩效临界规模就是指区域内产业创新网络发展的过程中，创新绩效增长速度由低速向高速转变时所对应时点的产业技术创新的投入总量，达到临界规模后产业创新网络具有了网络效应和创新绩效等一系列特性，此时认为创新极达到临界状态。在创新极没有形成之前其创新绩效的增长速度慢，而在越过临界规模之后，创新绩效随着投入的增加增长速度明显加快，研究临界规模对产业发展、区域创新系统建设是非常关键的。如找到临界点的时点则临界规模就不难求出。

1. 创新极的形成阶段

我国有学者利用产业发展的增长率作标准，对单一产业发展的结构进行分析。蔡莉等 1999 年对高技术产业临界规模及影响因素进行了研究。英国学者 R.P. 奥基（1988）认为，一个产业发展所经历的生命周期可以分为三个阶段：成长阶段、成熟阶段和衰退阶段。从已有的研究可知除技术创新的产业要经历孕育期外，一般单一产业可经历四个阶段：成长阶段、成熟阶段、饱和阶段和衰退阶段，各个发展阶段都具有相应的增长率指标。而创新极主要是从技术创新的角度考察产业组织和产业网络，所以其具有明显技术创新特性，通过对创新极发展、形成的案例分析，认为创新极的寿命周期可划分为四个阶段（如图 4.5 所示）：创新极孕育、创新极形成、创新极发展、创新极迭代（产业技术的升级导致新创新极出现）。每个阶段都存在相应的规模和演变时点，创新极由孕育到形成的需要经历临界规模和临界时点。

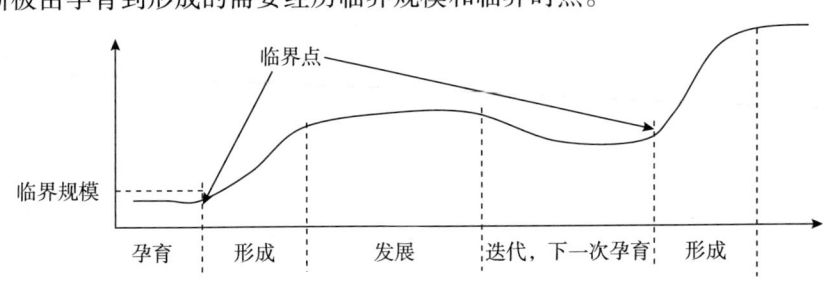

图 4.5 创新极的发展阶段划分

创新极是一个复杂的适应系统，一般有较长的孕育期，且在孕育期内发展缓慢，主要处于能量积累状态。在孕育期内，创新极还没有具备创新极的诸多特征，网络的效应和动态规模经济、集聚经济都不明显，甚至没有出现，产业组织仅仅是企业集合。创新极的孕育期对创新极的发展至关重要，直接关系着创新极的创新绩效和产业竞争力。

2. 创新极的创新绩效临界规模

创新极由孕育期过渡到形成阶段时创新绩效的增长由低速转向高速。创新极的创新绩效临界规模就是创新极由孕育阶段转向形成阶段时点对应的创新绩效"阀值"规模。"阀值"规模的大小与内容与选取代表创新绩效的指标关联，选取不同的创新绩效指标其"阀值"就具有不同的内容，如选取新产品产值为创新绩效指标则"阀值"就为万元。若以 Q 表示创新极的创新产出量，以 U 表示创新极的 n 个要素投入的综合量，则 Q 与 U 的关系如图4.6所示。

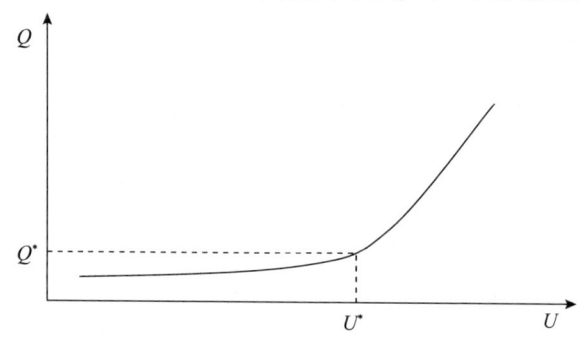

图4.6 创新极的临界规模"阀值"示意图

由上图可知，U^* 为临界投入量，所对应的 Q^* 即为临界规模。其具有以下特性：

$$\left.\frac{dQ}{dU}\right|_{U \geqslant U^*} \gg \left.\frac{dQ}{dU}\right|_{U < U^*} \tag{4.1}$$

即创新极的创新产出在临界投入量以上速度要远远大于在临界投入量之前的速度。由此可见，创新极的绩效要发挥到最大，关键在于使创新极迅速达到临界时点，形成创新极。

3. 唐山钢铁创新极形成的创新绩效临界规模判定

作为目前唐山第一支柱产业的钢铁产业已经有70余年的历史，但唐山钢铁产业的真正快速发展是近20年的事情。唐山钢铁工业的发展具有阶段性的特征，其发展历程大致可以分为如下几个阶段（刘文彬，2006）：

（1）唐钢孤立发展时期（20世纪80年代中期以前）。黑色冶金工业总产值、利税、就业人数等多项指标自1982年以后一直居于唐山市各行业之首。但是，80年代中期以前，国有大型企业唐钢在全市钢铁产业中占据着绝对控制地位，1985年生铁、钢、钢材的产量分别占到全市产量的82.12%、96.46%、88.32%，工业总产值占到同行业的80%左右。

（2）地方工业快速发展时期（20世纪90年代初期）。80年代末到90年代初，国家支持农村工业发展，并鼓励国有大企业扶持地方工业，唐钢的技术人员帮助地方企业上项目，周边地区通过各种关系从唐钢找到废料、钢坯，相继建立起来了一批小轧钢厂、电炉炼钢厂，北部矿区建起一批小炼铁厂。1992年以后，随着全国基建开始大规模启动，钢铁市场需求旺盛，在市场拉动下唐山钢铁企业进入了量的大发展阶段，乡以上企业数1992年为168家，到1993年就达到334家，唐山市企业的总量规模快速提高。1993年全市黑色冶金工业的总产值、增加值、就业人数分别是1985年的16倍、14.8倍、3倍，均高于全市工业的增长速度6.17倍、6.8倍、1.58倍，也快于唐钢。

（3）钢铁工业整体水平提高时期（20世纪90年代中后期以来）。唐钢自"七五"以来，一直进行技术改造，经过自我积累、滚动发展，综合生产能力由200万吨/年增加到600万吨/年，2002年居于全国钢铁企业第六位。通过市场竞争机制的优胜劣汰，生存下来的地方企业实力加强。1998年以后，一些地方企业由工序单一的作坊式经营发展成为烧结、炼铁、炼钢、轧钢一条龙生产集团公司，生产能力不断扩大。

结合以上实际，选取唐山钢铁产业科技论文发表数量为创新产出指标，数据来源于CNKI数据库期刊1985~2006年期刊数据库和学术会议论文集数据库。唐山钢铁创新极的创新绩效临界规模判定图如图4.7所示。

从图4.7可以看出，唐山市钢铁创新极的创新绩效临界点是1993年左右，这与实际基本相符。从上面的发展阶段我们可以看出，唐山市地方工业快速发展时期（20世纪90年代初期）是其钢铁产业整体繁荣的转折点，是钢铁产业大发展阶段，尤其是在1993年钢铁产业内的乡镇企业达到334家，形成了真正意义上的产业创新网络，而前述创新极的概念和内涵就体现在其网络性。

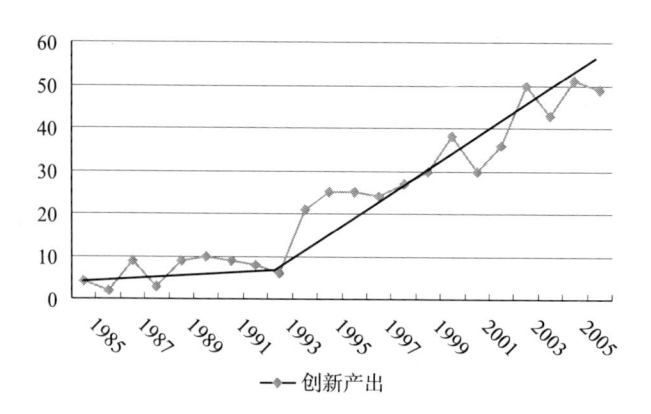

图 4.7 唐山钢铁创新极的创新绩效临界规模判定图

在临界规模到达之前,唐山市钢铁产业处于低的无序状态,系统行为表现为增长缓慢,系统主体少联系,系统内的活动多表现为个体的孕育发展,随着系统能量的增加,系统主体数量的增加和活跃度的提高(由于开放式发展的结果),系统对涨落做出反应,由无序进入有序状态,此时唐山市钢铁产业便达到临界规模,进入高速的成长期。由于临界点是系统在因素间、因素与环境经济的相互作用下产生的,所以研究影响临界点出现的因素,引导创新极临界点出现对实践具有重要意义。

4.2.2 创新极的知识溢出临界规模

创新极发展到一定阶段,极内各创新主体间的知识溢出效应也呈现出由低效应向高效应的转变,对应这个转变的时点,有一个创新极内的主体互动与联系程度,这个程度称为创新极的知识溢出临界规模。

创新极内的知识可分为隐性知识和显性知识,而决定创新极内知识溢出效应的主要是隐性知识的溢出与传播。进一步分析表明,影响隐性知识溢出的因素有很多,有知识传播的双方学习特征与知识水平差距、知识溢出的途径、知识溢出的介质与环境、知识的可移植性和缄默性,但主要的是创新极的网络结构与各创新主体之间的互动、交流情况。在网络竞争环境下,为了更有效地利用企业内、外部资源,原有的生产组织形式和资源配置方式发生了根本变化,企业开始朝着开放、合作、网络和动态整合的方向迈进(张方华,2006)。同时,技术创新资源和过程的复杂不确定性决定了它不仅仅局限于企业内部,而是需要资源多元化，加强与用户、供应商以及相关企业间的联系（Walsh S T, 2004）。整个网络表现为创新主体的互动、耦合，这个过程伴随着知识溢出的进行。

1. 创新极内组织网络

区域的创新极内企业网络是指创新极内各类创新主体在关于产品设计、开发、生产、销售等价值创造活动中，相互有选择的形成一种长期的稳定的关系，包括基于产业链本身上下游各环节间所形成的物质联系，如通过合资、分包、战略联盟等组成的市场交易网络、供应商网络、分包商网络、技术创新网络等，还包括企业与大学、科研机构共同参与的技术合作网络，以及各类中介服务机构参加的教育、培训等方面的支撑网络。这个网络体现为一种组织学习的特征（徐占忱，2006）。

创新极形成的网络具有有利于知识学习和创新产生的四种功能：一是网络的知识平台效应，它使得网络中的成员能够获得彼此的知识，尤其是获得正式协议范围之外的知识，企业网络本身就成为各创新主体间相互作用的平台，也是重要的知识源（张毅，2005）。二是网络的学习途径关系，创新极形成的本身就伴随着网络学习途径关系的建立，伙伴企业间的紧密联盟和拥有共同技术基础的伙伴间的联盟是创新极网络中的重要学习关系途径。比如日本的丰田公司的供应商网络就是一个典型的能够相互激励、学习和创新的开放式客户—供应商系统（张钢，2005）。三是网络的学习保障机制，主要包括创新网络的激励机制、各创新主体的竞争合作机制，网络契约规则等。四是使创新极成为一个整体参与国际竞争，提升产业竞争力，提高产品竞争能力，这一点在上面丰田的案例也可以体现。

2. 创新极网络内的创新主体间互动强度

区域的创新极作为知识创新网络，其生成离不开两个基础性要素：即网络主体间的接近性耦合和紧密互动。耦合表示主体间的接近性条件，互动学习则是创新实现的过程特征，耦合是学习的基础，良好的耦合是学习效率的保证。而学习也有增强耦合的作用，学习能够增强主体间的自组织性，当前一些最有价值和最复杂的技术更多的是通过自组织网络创新实现的，这些网络通过连结各类机构而组织起来，创造、获取、整合不同知识和技能，形成创新网络。创新极中的主体互动有个人间互动、个人与组织间互动以及组织与组织间互动等多种形式，其最终还是人与人之间的互动，尤其是人与人之间面对面的交流。以这两个变量为指标，可以构建一个概念化的创新极的创新网络模型。

接近性耦合与创新极创新网络密不可分，其内生于互动网络的结构—关系—行为之中，而不是游离于主体的网络活动过程之外。创新极的本质就是互动创新网络，它的形成及创新实现的基础是网络主体之间良好的地理、社会及产业技术上的接近性。

接近性耦合可以用主体间的广义距离来表示，它的含义为能动的主体间在某种属性上的相近性。在创新极的创新网络中，广义距离则是指创新主体间在知识背景、制度与文化、产业技术与产品等方面的接近性程度。以创新极主体间的地理、社会和产业技术三个方面的接近性耦合代表广义距离。

假定创新极中有 n 个创新主体，即 $A_1, A_2, A_3, \cdots, A_n$，$A_i$ 与创新极内其他主体存在着不同的互动联系，令 D_{ij} 表示创新极内两主体 A_i 与 A_j 间的耦合密度。它实际上是要表示一种距离关系，一种是用两点特性值之差来表示，可表示成 $x_j - x_i$；另一种用两点特性值之比来表示，则表示为 $\frac{x_j}{x_i}$；还有一种用对数形式表示，为了简单起见，本章采用差的形式来表示创新极内两个创新主体间的广义距离，因为耦合密度和广义距离在量化的表示上具有相反的含义，所以企业集群两主体间的耦合密度表示为：$(x_j - x_i)^{-r}$，这里 r 为大于 1 的常数。两主体接近性方面的特性值 x_i, x_j 越接近，其耦合密度也越大。

王铮（2001）在总结前述研究的基础上，对中国的知识网络进行研究，提出一个知识网络动态作用的一般形式：$\omega = g(ke^{\beta x}, r)$。其中 $e^{\beta x}$ 为网络空间作用函数的共有项，因此称 $e^{\beta x}$ 为网络空间相互作用的"核"。r 表示两结点间的距离，k 和 β 为有关参数。可以看出，该知识网络模型具有一般性，同样适应用于区域创新极内各创新主体耦合互动创新网络的描述。

创新极主体间的交互学习与其耦合密度紧密相关，根据网络中结点间状态变化具有的指数函数形式，创新主体耦合互动创新网络中，任意两点间主体相互作用的效度就可以表示为：

$$E_{ij} = \omega_i e^{\beta i (x_j - x_i)^{-r}} \tag{4.2}$$

式（4.2）中的 E_{ij} 代表创新极中的两企业 A_i 和 A_j 间的互动作用的效度。ω_i 表示创新极规模和知识生产能力的大小；为互动强度，反映主体基于知识溢出和流动的强弱关系；$(x_j - x_i)^{-r}$ 则反映两主体间的耦合密度。

3. 创新极耦合互动引起的知识溢出度的数学表示

基于前边的分析，这里从耦合互动两个方面给出创新极创新网络的总体数学表示。可得，在 $t+1$ 时刻：创新主体 A_i 与其他 $n-1$ 个主体互动获得的知识溢出效应是：

$$A_{i,t+1} = \sum_{j=1}^{n} \omega_i e^{\beta i (x_j - x_i)^{-r}} A_{j,t} \qquad (4.3)$$

上式是创新极某一时点的一个主体获得知识溢出效应的总度量，代表了创新极内主体间知识溢出的效应程度。设创新极的发展周期为 T，任意 t 时刻整个创新网络的各创新主体知识溢出效应的时间累积值为 Q_t。则创新极整个创新网络在 t 时刻累积的知识溢出效应为下式：

$$Q_t = \int_0^t \sum_{i=1}^{n} A_{i,t} \mathrm{d}t = \int_0^t \sum_{i=1}^{n} \sum_{j=1}^{n} \omega_i e^{\beta i (x_j - x_i)^{-r}} A_{j,t-1} \mathrm{d}t \quad (0 \leqslant t \leqslant T) \quad (4.4)$$

由上述研究可知，创新极的整个发展过程的主体接近性耦合程度可以类比表示创新极内主体间知识溢出效果，创新极内创新主体间耦合程度、互动程度越高，网络的密度也越大，其知识学习的效度越好。而创新极的创新网络的任意时刻的知识溢出效应总量（式4.4）随着时间的发展从图形上又表现为 e 指数递增的趋势。如图 4.8 所示。

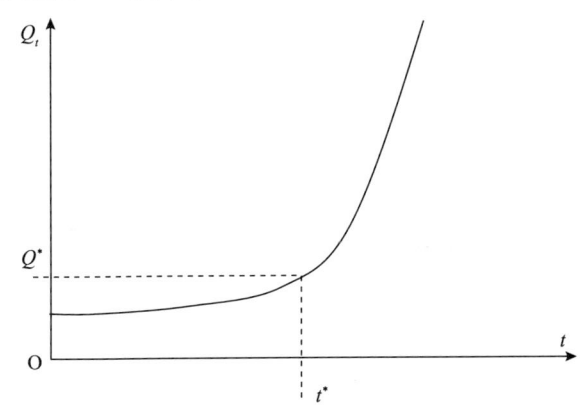

图 4.8　创新极知识溢出临界规模示意图

由图 4.8 可知，创新极发展到 t^* 时刻时其网络主体互动产生知识溢出效应累积量达到了低速向高速增长的转变，这个时点就是创新极的知识溢出临界点，而这个时刻点对应的知识溢出总量为 Q^*，就是创新极的知识溢出临界规模。研究创新极的临界规模至关重要，因为网络的特性就体现在主体互动产生的正外在性和强的系统特性，突破临界点后，创新极的网络特性才充分表现出来，而我们建设创新极的目的也正在于此。

4.3 创新极的类型

按照不同的划分标准创新极可以分为多种类型，本章重点从产业技术特性的方式、产业 R&D 密度、技术扩散的模式等角度对创新极进行归类。

4.3.1 依据产业划分标准划分

创新极是引领区域创新系统演化发展、跨越临界规模的产业创新体系，它是以创新系统内的产业为依托的，因此我们可以参考三次产业的划分标准，对创新极进行分类。国家统计局 2003 年 5 月 20 日公布《三次产业划分规定》，重新划分第一、第二、第三产业范围：第一产业是指农、林、牧、渔业。第二产业是指采矿业，制造业，电力、燃气及水的生产和供应业，建筑业。第三产业是指除第一、二产业以外的其他行业。

1. 农业型创新极

农业型创新极是指区域创新系统内围绕农、林、牧、副、渔形成的引领区域创新系统演化发展的产业创新网络，这种类型的创新极通常出现在县一级的县域创新系统中，如广东省顺德花卉产业创新体系。顺德市是华南著名的花卉产地，具有优越的花卉种植条件。但在改革开放前，顺德的花卉产销完全由政府控制，花卉产业处于萎缩状态，生产技术也主要依赖传统经验。改革开放之后，政府放开了花卉的生产和交易，顺德花卉产业走上快速发展的道路，已经成为顺德市创新系统内的农业型创新极。经过二十年的发展，顺德市花卉产业已经形成了以地方政府、具备新产品开发能力的园艺公司和研究机构（简称技术龙头公司）、种养大户为主体的技术创新和扩散体系。

然而，目前我国多数县域创新系统还很不完善，尤其是中西部的落后贫困县，因此在这些地区的农业产业创新体系只是萌芽和雏形期，若要促进这些农业产业创新体系早日发展壮大成为推动县域经济增长、农民致富的创新极，需要各地政府采取适当政策。为深入落实全国县市科技工作会议精神，进一步贯彻"三个代表"重要思想和科学发展观,把科教兴国战略落实到基层,以科技为支撑,推动县域经济持续发展,促进农民增收致富和缓解县乡财政困难。科技部、财政部于2005年在深入调研和分析当前县域经济社会发展对科技需求的基础上,共同研究制定了《科技富民强县专项行动计划实施方案(试行)》,这一方案的顺利实施将会推动我国县域范围内农业产业创新体系完善成熟,跨越临界规模成为引领县域创新系统发展的创新极,并最终实现县域经济实力增强和农民收入提高。

2. 工业型创新极

工业型创新极是指高效低耗、少污染、高协作、创新能力强、持久稳定并且跨越了临界规模,在演化过程中能够随着区域创新系统地发展不断地调整和创新,能够长期地保持其持续竞争优势,能够为区域的长期繁荣做出贡献的产业创新体系。唐山钢铁产业创新体系就属于这种工业创新极的典型。唐山地处环渤海中心地带,是一座具有百年历史的重工业城市,被誉为"中国近代工业的摇篮"以唐山为核心的冀东地区是全国三大铁矿区之一,具有发展钢铁工业得天独厚的区位和资源优势。唐钢2001年工业总产值、增加值、销售收入、总资产、实现利税等五项指标均位居唐山市大型企业榜首;地方企业得力于低成本优势,经济效益普遍较好。钢铁工业成为唐山市最主要的利税大户。同时,对增加当地就业机会、加快小城镇建设等方面都起着支撑作用。如唐山津西钢铁股份有限公司1999年上缴的税收占全县财政收入的41.15%,并且带动了全县铁矿开发、交通运输、餐饮等产业的发展。国丰钢铁公司自1999年起,上缴增值税占整个丰南市的1/3,2001年税收突破1亿元(李文君,2003)。

3. 服务业型创新极

按照国家最新产业划分的标准,广义的服务业包括交通运输、仓储和邮政业,信息传输、计算机服务和软件业,批发和零售业,住宿和餐饮业,金融业,房地产业,租赁和商务服务业,科学研究、技术服务和地质勘察业、水利、环境和公共设施管理业,居民服务和其他服务业,教育,卫生、社会保障和社会福利业,文化、体育和娱乐业,公共管理和社会组织,国际组织。顾名思义,我们所提到的服务业创新极是指区域中引领区域创新系统发展演化方向,对区域经济做出突出贡献的服务业产业体系。然而由于中国服务业起步较晚，在一个区域创新系统中，服务业产业体系多数都还很不完善，因此，在我国绝大多数地方，服务业产业体系和工业产业体系是互动发展的，服务业产业体系为该区域内的工业产业体系成为创新极起着积极的辅助和推动作用。工业创新体系的发展与当地的知识型基础设施，特别是知识密集型服务业的发展有密切的关系。在多数集群内出现技术中心、行业协会、商会等服务机构，如绍兴纺织工业创新体系中出现的专业技术服务提供商、技术服务中心、生产力促进中心等知识密集型服务业；慈溪家电产业中出现的孵化器、保税仓、行业检测中心等知识型服务机构。

4.3.2 依据自然形成划分

由于区域创新系统中的创新极是产业创新网络达到临界规模并发展到一定阶段的产物，因此可以依据产业创新网络的自然形成来划分，将创新极分为垂直型创新极和水平型创新极。垂直型创新极一般是以产业链或价值链为主导形成的垂直一体化网络生产体系。水平型创新极一般是以相关企业、互补企业等联结，以共享资源为纽带形成的竞争——互补的网络生产体系。

在以价值链为主导的垂直网络体系中，当产品是由多种零配件组装或由多道工序加工而成，而且任何一个企业都无法单独完成或由于成本过高单独完成不经济时，与产品生产的有关企业自然走到一起，形成一个专业化分工的网络生产合作体系。他们将围绕产品生产的进度、质量、供应等方面进行合作，形成典型的产业垂直上下互动的"供应商——生产商"联结关系。如绍兴的纺织业，形成了化纤、织造、印染、服装加工和市场销售完整的产业链关联的纺织创新极，并围绕产业链出现了纺机制造、染料助剂和纺织技术服务业等辅助创新极，使绍兴纺织形成以产业链为主导联结的"大纺织"概念的产业组织结构。

在相关企业、辅助企业的水平联结网络中，由于经济体内部同类企业的生产具有相似性，从而产生竞争。同时企业在生产和创新能力上又具有差异性，形成互补，从而形成竞争——互补的产业组织关系。这类企业能够在一定的区域内集聚，主要是相似产品生产过程要素投入的相同和相似，为企业之间的资源共享产生可能，这种资源同时包括有形资源如原材料，更包括无形资源如技术、信息、市场和人力资源等。

4.3.3 依据组织形式划分

在组织形式上,创新极的构建主体可采用两种模式:一种是以产品为纽带,另一种是以技术为纽带。

以产品为纽带的创新极可以分为三种组织方式:一是"中心—卫星"模式。"中心"是指区域内部的竞争优势企业。这类企业一般技术创新能力强、资金势力雄厚、品牌声誉高并具有较强市场营销网络,而"卫星"则一般是配套企业或辅助企业。河北省区域创新系统中唐钢模式就是典型的"中心—卫星"模式,大量的配套企业集聚在唐钢公司周围为其提供配套供应。考察各区域创新系统中的创新极,我们发现"中心"企业往往不是唯一的,而存在多中心的现象,如北京中关村、河北省清河的羊绒产业集群等。"中心—卫星"模式也可以放大应用在区域创新系统内不同产业创新体系之间的整合,在这里,"中心"则是产业集聚引力场相对较大的产业创新体系。二是以价值链为基础的联结模式。即围绕区域内主导产业价值链的延伸,整合区域内产业,这种联结模式中主要包括产业供应商、生产商和用户三者之间的关联和牵制。三是竞争—合作互动方式,这种方式一般是指同类产品或相似产品的集聚,大都是同类终端产品的生产,如浙江永康的五金产业和河北省枣强玻璃钢产业,这些企业能形成地方创新极的原因是同类产品的生产存在形成资源共享的可能,如销售渠道、投入要素的供给、熟练劳动力、生产技术和其他无形资产的共享。

以技术为纽带的创新极,其构建主体是根据产品生产技术的关联加以组织的。由于产业发展对技术发展的依赖性,创新极可以通过区域技术发展的优势加以组合。以技术为纽带构建创新极的可行性,主要是因为技术成员能够容易地接近创新资源,推进集群成员创新合作并充分享用创新的外部经济性,提高创新学习效率,加快产业升级,并在产业升级的同时,有效地促进产业创新网络的发展。如浙江省的氟化工产业就可以通过巨化的有机氟加工技术、省化工院 ODS 技术等加以整合,辐射范围包括衢州、东阳、武义、建德、杭州等。由于在技术体系中单元技术内在的关联性及其技术发展的连锁效应,任何一项单元技术的发展,都会打破原来技术系统的平衡,引起其他单元技术的发生适应性的调整,从而推动该领域技术体系的升级,并带动产业技术的升级。区域创新系统内成员企业便可以通过这种纽带关系从中得到益处。

4.3.4 依据企业网络形式划分

1. 按成员间的合作关系和潜在冲突的程度

按照成员间的合作关系和潜在冲突程度划分，创新极可分为竞争创新极和非竞争创新极。其中，竞争创新极指的是创新极中的成员企业在终极产品的市场竞争中，可能成为直接的竞争对手；非竞争创新极指的是由非竞争性的企业之间所结成的创新极伙伴关系，即网络中各个企业间存在较大的差异分工，不会产生直接的竞争活动。

2. 按成员企业在创新极中所贡献的资源

按照成员企业在创新极中所贡献的资源划分，创新极可分为相似资源创新极和互补创新极。其中，相似资源创新极是指在价值活动中，各个企业贡献的资源是类似的，通过整合相似的资源，各个企业可以获得规模经济；互补创新极是指各个企业用各自的资源完成价值链中的不同活动，通过互补资源的共享，形成一条更优化的生产经营价值链，从而享受范围经济和规模经济。

3. 按企业核心能力

按企业核心能力划分，创新极可分为主导式创新极、平行式创新极以及主导与平行同在式创新极。其中，主导式创新极以生产某一种或几种产品的大型企业为中心，以众多的中小型企业作为卫星工厂（供应商），按照生产流程的垂直联系组成多层次的专业化分工协作网络；平行式创新极是指无明显强势、拥有不同技术资源的各中小企业通过相互合作进行生产经营活动所形成的平等互利、优势互补的创新极形式；主导与平行同在式创新极具有了主导型创新极、平行型创新极的特征，更为复杂，也更为现实。

4. 按形成方式

按照形成方式划分，创新极可分为横向结网创新极、纵向结网创新极以及混合结网创新极。横向结网是指相同行业、相同生产阶级或贸易阶段的企业实行联合；纵向结网指的是同一价值链上的不同企业由于相互之间的关联度和依存度较高而形成的联合；混合结网则是跨行业、跨地区、跨所有制甚至跨国界的不同企业之间的联合。

5. 按关系契约的不同形成途径

按照关系契约的不同形成途径划分，创新极可分为契约型创新极和关系型创新极。契约型创新极是指关系契约以正式契约为基础，企业之间依靠资产专用性的纽带联系在一起。分包制、连锁/特许经营、虚拟企业、战略创新极、合资企业、企业集团和企业集群等典型的创新极属于这种类型。关系型创新极是指关系契约以社会资本为基础，正式契约的作用相当有限。以人际关系为特征的家族企业集团和华人中小创新极应归为这种类型。

6. 按网络内各企业的相对地位

按网络内各企业的相对地位划分，创新极可分为领导型创新极和平行型创新极。领导型创新极指的是以某个或某几个大企业为核心的创新极，大多出现在汽车制造等复杂的工业行业及具有广泛知名度的专利产品的生产和销售领域。平行型创新极是指各企业无明显的强弱势之分，各自拥有不同的技术资源，依靠相互合作来完成生产经营活动，企业间是平等互利和优势互补的关系。

4.3.5 依据产业 R&D 密集度划分

产业研究与开发（R&D）密集度是指某一特定产业研发资金占单位生产总值的比率，这一指标基本上可以解释区域创新系统内特定产业的创新情况。实证研究表明，研究与开发是产业技术创新的基础，因此，从某种意义来讲，研发就是创新（殷醒民，2005）。根据产业 R&D 密集度，可将引领区域创新系统发展演化方向的创新极划分为高 R&D 密集度创新极、中 R&D 密集度创新极、低 R&D 密集度创新极。

1. 高 R&D 密集度创新极

我们很难对高 R&D 密集度创新极的概念进行精确量化，我们将满足高水平的创新活动（包括正在研发）、通过中间投入或资本投资，在生产过程中高强度利用已有技术和创新、劳动力的高知识密集型特征条件的区域创新系统内的创新极称为高 R&D 密集度创新极。结合我国区域创新系统发展的现状，本章将高密集度创新极大致分为电子信息创新极、生物医药创新极和生物技术创新极。

（1）电子信息创新极。所谓的电子信息创新极，既有很好的生产技术平台，同时也是专利产出较多，概念和知识不断发展的产业，拥有庞大的信息资源库和高水平的信息收集和分析能力。产业界人士和科学家们通常将信息产业定义为信息收集、传播、处理、储存、流通、服务新兴产业群。我国的中关村经过20年的发展已经形成了电子信息创新极。

从要素资源来看，中关村位于全国智力资源和科技人员最密集的地区，具有丰富的教育、科技资源。区内有以清华、北大为代表的各类高等院校68所，有以中科院研究院所为代表的各类科研机构213家，科技人员近38万人，两院院士人数占全国院士总数的36%。以2002年为例，中关村实施国家"863"计划、基础研究计划、攻关计划、科技型中小企业创新基金项目分别约占全国的四成、四成三、三成八和一成五，均为全国第一。从市场条件来看，中关村是国外高科技产品进入中国市场的枢纽，是世界知名高科技产品特别是产品的销售中心。这里集聚着几乎所有国外高科技著名品牌的代理商、分销商，其分公司、子公司遍布全国，这里的国外知名品牌产品成为全国价格的参照系。从产品销售区域分布情况看，2002年本市销售占55.4%，销往外省市占31.5%，销往国外及港澳台仅占13.1%。从企业类型来看，中关村的企业可分为两类：一类是以技工贸起家的，包括联想、方正、四通、时代等；另一类是技术开发企业。通过孵化器产生企业是中关村企业来源的一个重要渠道（李文清、贾岷江，2006）。

（2）生物医药创新极。就医药产业而言，其生产活动和其他行业一样，通过将各种投入要素（资本、劳动、土地、技术等）通过不同方式进行组合，最终形成社会所需产品。而组合的过程（即生产活动本身）又必须借助一定的技术才能得以实现。不同于其他传统产业，生物医药产业的生产活动更依赖于新技术的内在发展动力，而非资本和劳动。生物医药产业是创新聚集性产业，是研发投入最多的行业之一，产品创新与知识产权密切相关，与工艺创新相互依存，技术创新对产业成长阶段的促进作用既与创新的速度有关，也与产品、工艺、竞争和组织等方面密切关联。在医药产业发展不稳定阶段，较高的产品创新率常常伴随较低的工艺创新，具有知识产权原始新药昂贵且安全性受到质疑，伴随产业发展到稳定阶段，创新率逐渐下降，由原始创新过程过渡为新剂型、新型适应症、新合成方法的创新，而产品价格下降，有许多领先的可靠产品。在成熟阶段，生产工艺的改进使得生产率提高，企业处于市场的驱动与追逐新的利润增长点，以及保持竞争优势的需要，需要进行同类产品的创新以保持其领先地位，研发下一代产品，形成企业的优势产品簇乃至产品群（吴曙霞等，2006）。

上海张江高科技园区生物科技产业园是典型的生物医药创新极。张江生物医药科技产业基地创建于1996年8月，它由国家科技部、卫生部、药监局和上海市政府共同发起，中科院也于同年加盟建设。经过八年发展，一个由研究开发、中试孵化、规模生产、营销物流四大产业链构筑的现代生物医药创新体系已经形成。2003年基地内生物医药企业实现产值32.4亿元，同比增长39%。2004年1到10月，实现产值30.28亿元。目前基地内共有10个具有自主知识产权的上海新药进入临床试验，实验室阶段新药超过20个。张江基地完成生物医药工业总产值37.07亿元，占浦东新区生物医药产值的41.68%。目前园区生物医药企业累计已达210家，特别是上海药物所整体迁入投入运行，上海中医药大学新校区建成开学，中药创新园和国家生物芯片工程研究中心等相继建成，礼来公司重点实验室运行，上海市检测中心开工建设，一批制药公司通过国家GMP论证并投产。几年间，药谷已抛出多个重磅产品，而且基地已经拥有一批发展良好的公司如药明康德公司2004年销售收入达1.6亿元。在基因技术研究领域，上海睿星基因公司也承接下多项外包业务（洪燕，2006）。行业龙头地位已初步突现，突破了临界规模，成为上海创新系统内的生物医药创新极。

（3）生物技术创新极。生物技术产业是继信息技术产业后发展最快的产业之一，是极具发展潜力和最富活力的先导性、战略性产业。加快推进生物技术产业化，实施生物经济强国战略，已成为我国迎接新一轮科技革命和产业革命的必然选择。

我国生物技术起步晚，研发基础薄弱，因此多数生物技术产业创新体系还处于起步期，不能称其为创新极。美国存在很多典型的生物技术创新极。在把著名研究机构周围的一群新创企业，转变成为一个真正的地区性生物技术创新极方面，一个有着巨大成功故事的龙头公司起着画龙点睛的作用。因为生物技术产业知识效应明显，龙头企业往往赢者通吃。此外生物技术领域的企业规模优势非常明显，通常一个生物技术子领域的领袖，其规模在研究阶段是追随者的5~10倍，在商业化阶段可以是追随者的30~100倍。正是这种规模效应为一个地区性创新极吸纳和配备了一些关键性的资源，如产业化必需的工艺和管理人才以及支持配套性产业。成功的地方企业跃居领导地位，是最好的榜样（李志能等，2006）。

2. 中 R&D 密集度创新极

中技术产业是指电气机械及设备、汽车、化学工业、铁路车辆及其设备、机械及其设备。这些产业的研究经费占销售的比率在 3.5~8.5% 之间。除化学工业外，其他均属于机械类行业。因此，本章中所提及的中 R&D 密集度创新极主要是指跨越临界规模引领区域创新系统演化发展的制造产业创新体系。

机械制造产业及其相关联的产业之间存在着有助于创新的联系。这种联系既有横向的，如行业内对原材料、技术、劳动力和市场的共享；又有纵向的，主要是产业链上游企业对机械制造产业原材料的供应。制造产业创新体系不是一般的企业扎堆，集群的重要特征是它有积极的渠道来促进商业交易、对话和交流。制造产业创新体系的严格含义应该是指企业集结体中已经同意建立一种合作机制来达到某种共同目的的一些企业。具有创新潜力的集群的主要特征是内部结网和联系以及正式和非正式的互动（孙鹏程、屈小宁，2006）。

湖南省的机械制造业产业集群就属于本章提及的制造创新极。在湖南省，有大量的知名企业和熟练劳动力集中于机械制造产业。中联重科 2003 年已经实现销售收入翻番，2004 年预计销售收入将达到 65 亿元，2007 年要达到 120 亿元；三一重工上市后很快解决了资金的瓶颈，实现低成本扩张，2003 年销售收入相比 2002 年成倍增长；而长丰集团家庭越野车投产，长沙片区产能扩大，零部件园区建设进展迅速，2003 年产量接近 3 万辆，销售收入突破 50 亿元。2004 年目标 5 万辆，销售收入 80 亿元；北汽福田长沙汽车厂也得到快速发展，2003 年生产销售汽车 213 万辆，销售收入 8125 亿元，并加大投资在长沙建设南方最大的轻卡、农用车生产基地，2007 年销售收入将达到 70 亿元以上（中国工程机械信息网，2004）；长重机器更是与德国公司合作，共谋发展；还有株洲电力机车引进技术，力拓海外市场。这些国内知名大公司集聚在一起构成了湖南省区域创新系统中的机械制造创新极，影响湖南省区域创新系统的创新绩效和创新行为。

3. 低 R&D 密集度创新极

这一类创新极所属的产业通常是农业和相应的农产品加工产业，农业创新极内的创新行为有助于带动县域创新系统的创新方向，促使县域经济系统增加财政收入，并在促进农民致富方面发挥着重要作用。这里我们选取河北省赵县的淀粉加工业产业集群为例重点描述一下以农产品加工业为主的低 R&D 密集度创新极。

赵县是一个传统的农业大县，玉米播种面积 50 万亩，年产量约 25 万吨。该县玉米淀粉加工业起步于 20 世纪 80 年代初，经过 20 多年的发展，该县淀粉业取得了长足发展，实现了由量的积累到质的进步，目前已发展为县工业经济的第一支柱产业，并被省政府确定为全省 22 条龙型经济之一。

继辽宁、山东之后，河北省淀粉产量目前位居全国第三位，该县淀粉群体规模和产量位居河北省首位。截至 2004 年底，全县淀粉及深加工企业 38 家，其中单一淀粉生产企业 26 家，综合性生产企业 8 家，深加工生产企业 4 家，淀粉生产能力 75 万吨，并具有 30 万吨液体葡萄糖、5 万吨结晶糖、3 万吨麦芽糊精、1 万吨白糊精、30 吨阿维菌素、7 万吨山梨醇的生产能力，全县淀粉及深加工产品的产销总量约占全国总量的近 10% 份额，产品销售区域遍及河北、河南、山东、江苏、福建、北京、天津、上海、河北、江西、四川等 20 多个省市，已经形成了一个较为完整的销售网络。

2004 年全县淀粉企业实现销售收入 30 亿元，实现利税 3.08 亿元，转移农村剩余劳动力 4500 人。淀粉加工业产生了明显的社会效益。全县 38 家淀粉及深加工企业，安置了 4500 余名当地农民就业，据统计这些农民每年的工资性收入 3000 万元，加上其带动的交通运输、养殖业等行业的，每年为农民增加收入不低于 8000 万元。淀粉加工业经济效益可观。按照 2004 年赵县淀粉企业玉米购进和产品销售的平均价格计算，全年加工玉米 100 万吨，实现销售收入 30 亿元，玉米转化增值 3 亿~3.5 亿元，上缴本地税金 3000 万元，销售收入上缴税金分别占全县 GDP 和财政收入的 33% 和 20%，是全县国民经济和财政收入的重要支柱。显然赵县淀粉加工业产业集群是典型的低研发密度的创新极，对赵县县域创新体系的演化与发展起着至关重要的引领作用。

4.3.6 依据技术扩散的模式划分

蔡希贤、史焕伟在《技术创新扩散及其模式研究》一文中，站在全球的角度，从宏观层面上进行分析，提出三种技术创新扩散模式：技术引进模式、中心企业技术创新向外围企业扩散模式和科技推广模式。不同类型的产业有最适合自己的有效技术创新扩散模式。在一区域创新系统内，创新技术传播的渠道和机制的不同必然导致形成不同类型的产业创新体系，随着创新技术在产业创新体系内扩散程度的提高，产业创新体系逐渐发展壮大突破产业临界规模，成长为引领区域创新系统创新活动开展以及影响区域创新系统演化发展方向的创新极。从这个角度看，我们可以依据技术创新扩散模式将创新极分为三种类型：技术引进型创新极、中心企业向外围扩散型创新极和科技推广型创新极（罗桂芳，2004）。

1. 技术引进型创新极

这种模式指多数传统中小企业到市场上获取技术信息，以交易方式得到技术实体，从而一项新技术能够在市场机制作用下扩散。技术引进型创新极多数是出现在研发密集度较低的产业创新体系中。由于该产业创新体系内缺少高校科研院所，而且该体系内以中小企业为主，这些企业受资金、人才等创新条件的制约，不具备自主创新的能力。因此只能通过从体系外引入先进适用的科学技术，然而企业的技术引进有时不是完全的，即不是将原有企业的技术原封不动地照搬过来，在多数情况下，进行技术学习的企业会根据本企业自身的特点通过模仿而达到技术学习的目的。并且会依据实际情况，将不符合本企业技术能力的部分进行改进。这样无形之中就对原有技术进行了改进，成为一个可供别企业学习的新的技术。然后结合企业的实际情况对引进的新技术进行二次创新，使之成为更具地域性的技术。通过产业创新体系的企业之间的技术创新扩散，使技术能够在更广的范围上得到传播应用。在新技术创播扩散的过程中，实现了对产业创新体系所引入的创新技术的自我提升，产业创新体系的整体技术水平得到提高，产业创新体系实现了优化升级。

河北省清河羊绒产业集群就属于典型的技术引进型创新极。1978年，清河农民戴子禄从外地购买了181型梳棉机，并将其改造成梳绒机，清河的羊绒加工从此开始。此后，清河农民创造了单机作业，多次梳绒的新工艺，不仅能梳出大机器梳不出的短绒，使出绒率提高20%，而且还可以把长绒提取出来，防止因长短混杂降低质量（徐大海，2005）。清河是一个没有信息围墙的地方，技术诀窍的空气在群内充分地流动。这对清河集群的发展起到了重要的作用：技术信息的高度流通，为大量参与者迅速而且低成本的掌握相关知识，提供了最大的便利，这迅速地促进了集群的经济发展。不几年，在没有草地、没有羊群的清河县，羊绒加工从业人员就达到10万人。自此，原材料羊毛就源源不断地流入清河，羊绒也源源不断地销往世界，清河逐步发展成为世界最大的羊绒加工集散地。

2. 中心企业向外围扩散型创新极

这种类型的创新极通常是地区内原本就存在从事某一产业的生产企业，并且多以国有企业为主。在改革开放之后，这些原有企业的职工纷纷脱离出来，独立办厂，而且带动了周围的人加入到这一行业中来，形成现在的生产规模。如永年的标准件行业，其技术以及最初的从业人员主要来源于邯郸市原有的生产标准紧固件的国有企业。改革开放之后，这些人员纷纷脱离原厂，依靠自身掌握的生产技术和销售网络，自主办厂。同时他们的示范作用也带动了周围的人加入到这一行业中来，使得永年的标准件产业不断发展壮大。目前，永年县标准件市场已成为全国最大的标准件集散地，永年已成为全国产量最高、交易额最大、营销网络最广、种类最全、价格最优的紧固件经济区，成为永年县域创新体系中的创新极，对于永年县财政增收，农民致富起到了关键的促进作用。

3. 科技推广型创新极

这类创新极内的技术创新扩散模式又可以称为政府导向型的政策式扩散模式。政府通过兴建科技园区来创造良好的孵化环境、对园区里的高新技术企业进行政策优惠，引导高新产业群集，形成区域技术优势，带动区域经济的发展。它以科技园区与优惠政策为导向、以高新技术中小企业为主体、以当前阶段前沿技术为载体来扩散技术。

熊彼特在《经济周刊》中指出，创新随着时间趋于形成团簇。在成功的创新之后，首先是一些，接着是大多数企业步其后尘。从熊彼特的观点出发，政府兴建科学园区的真正目的是创造良好的孵化环境，形成技术创新团簇，促进高新技术企业不断地繁衍和集聚，区内供应商、制造者、客户等相互作用，产生协同效应，从而促进整个区域的产业结构转换，产业创新体系发展壮大为引领区域创新系统演化发展的创新极。

第五章 创新极的网络结构

5.1 创新极网络结构分析方法选择

关于网络结构的测度与描述方法,从方法论的发展历程看,多为大型理论或具体的因果模型。大型理论应用比较简单,但难以具体刻画事物的因果关系,具体的因果模型虽然清晰刻画事物因果关系,却又深陷其中,难以从宏观和外界环境联系中发现规律。对于创新极的网络结构测度来说,大型理论或具体的因果模型都不是最佳的测度方法。中层理论可以很好地解决这类问题,中层理论的提出正是要在大型理论与因果模型之间建立一座桥,为一组概念找到具体可测量的被解释变量,也提供这组概念如何解释被解释变量的因果结构。

如上所述,社会网络分析方法就是中层理论的一种,它恰到好处地将宏观与微观的问题连接起来,为测度、描述网络结构提供了一个崭新的工具。社会网络分析是以行动者之间关系为研究对象的一整套新的社会学方法论(刘军,2004)。可以认为社会网络分析理论来源于社会学方法和新经济社会学的融合(Scott,J,2000)。社会网络的研究一般被认为产生于英国人类学,英国人类学家拉德克利夫—布朗首次使用了"社会网"概念。20 世纪 50 年代,一些人类学家如 S. F. Nadel,巴恩斯 J. A. Barnes 开始系统地发展网络概念。1954 年,巴恩斯(J. A. Barnes)用"社会网络"(social network)去分析挪威一个渔村的跨亲缘和阶级的关系。不久后,博特(Elizabeth Bott)第一次发展出了网络结构的明确测量工具——结(knit),她的《家庭与社会网络》使网络概念引起了社会科学家的广泛注意,这本著作堪称英国社会网络研究典范。这一系列成就的取得,使得网络分析受到许多社会学家的注意。而深受齐美尔(Georgy Simmel)影响的美国社会学家,在英国人类学家著作的影响下,也兴起了应用网络分析的热潮。到 70 年代中期,"网络分析"的国际网络得以形成,《Social

Networks》杂志创刊，网络分析成为社会学中有影响力的领域。

近年来，随着图论、概率论以及各种几何学的发展和完善，社会网络分析作为一种应用性很强的社会学研究方法（取向）越来越受人瞩目。国外的伯特（Ronald Burt）、格兰诺维特（Mark Granovetter）[3]、诺科（David Knock）[4]、马斯登（Pete Marsden）、维尔曼（Barry Wellman）[5]、怀特（Harrison White）等学者都是活跃在这一领域中的重要人物。《社会网络》（*Social Networks*）和《关系》（*Connections*）这两本杂志的良好声誉巩固了社会网络分析的学术阵地，再加上 INSNA（International Network for Social Network Analysis）这一国际网站强大的辐射力，这一领域的影响更是日渐深远。

1. 社会网络分析方法的研究内容

社会网络指的是社会行动者（social actor）及其之间的关系的集合。换句话说，一个社会网络是由多个点（社会行动者）和各点之间的连线（行动者之间的关系）组成的集合。用点和线来表达网络，这是社会网络的形式化界定。

社会网络这个概念强调每个行动者都与其他行动者有或多或少的关系。社会网络分析者建立这些关系的模型，力图描述群体关系的结构，研究这种结构对群体功能或者群体内部个体的影响。

社会网络分析主要是研究社会实体的关系连结以及这些连结关系的模式、结构和功能，同时也可用来探讨社会群众个体间的关系以及由个体关系所形成的结构及其内涵。换句话说，社会网络分析的主要目标是从社会网络的潜在结构（latent structure）中分析发掘其中次团体之间的关系动态（吴齐殷，2004）。

社会网络分析这种方法从诞生伊始，即表现出两种不同的研究取向。一种是整体网络分析。主要研究的是群体中不同角色的关系结构，学术渊源主要来自于莫雷诺创立的社会测量学。在莫雷诺时期，主要是引进数学的图论，使用社会关系图来代表小群体间的人际关系。然而，这种方法仅仅适用于小群体，一旦研究人数超过十个以上，图形将变得格外复杂，从而失去它本来简明的优势。之后，研究者引进数学中的矩阵方法，才为研究更多的被试提供了可能。目前，整体网络分析集中于社会心理学中的小群体内部关系研究，探讨网络结构随时间的变迁和网络中成员的直接或者间接的联系方式，使用的主要概念有：侧重衡量整体网络结构的簇（clusters），桥梁（bridges），紧密性、中距性、中心性等；侧重网络中不同角色地位的：明星（stars），联络人（liaisons），孤立者（isolates），结合体（coalitions），小集团（cliques）等。这一领域的代表人物是 Linton Freeman 以及 SAI（社会网络调查表）的作者 Treadwell（1993）等人。

另一种研究取向则是自我中心网络分析。主要关心的问题是个体行为如何受到其人际网络的影响，进而研究个体如何通过人际网络结合成社会团体，学术渊源主要来自于英国人类学家的社区研究。这一类研究目前集中在社会学尤其是新经济社会学的研究之中，并且逐渐拓展到社区、社会阶层、流动人口、社会变迁等整个社会学研究领域。在此使用的核心概念则主要有：网络的范围；网络的密度以及网络的多元性；强弱联系。可以说，在这一研究领域，社会学领域的人才辈出，著名人物至少有：提出嵌入性概念的格拉诺维特（Granoveter，1973）；提出市场网络观的怀特（White，1988）；提出社会资源理论的林南（Lin，Nan）以及提出结构空洞理论的博特（Burt，1992）。

目前，两种网络分析方法都得到了广泛运用，国外社会网络一词已经广泛运用于社会学、经济学、人类学以及心理学等领域。并且创办有专门的国际学刊：《社会结构》（*Journal of Social Structure*）、《社会网络》（*Social Networks*），同时由多学科研究者组成专门的国际学会：INSNA（International Network for Social Network Analysis），探讨网络话题。1997 年的《管理科学杂志》，1998 年的《管理与组织的国际研究》、《组织科学》、《组织研究》、《战略管理杂志》等都针对网络问题进行了专题讨论。欧洲 1998 年设立了"欧洲管理与组织结构转型"的专门研究项目，加拿大多伦多大学的 Wellman（1996，2001）等人近年来则对计算机网络支持的社会网络情有独钟。

2. 社会网络分析方法论

社会网络分析理论的主要理论体系和方法论有以下几方面：

（1）中心性——权利的量化分析。中心性是社会网络研究的重点之一。个人或者组织在其社会网络中具有怎样的权力，或者说居于怎样的中心地位，这一思想是社会网络分析者最早探讨的内容之一。这种观点最初体现在社会计量学的一个重要概念——"明星"中。巴乌拉斯首先对中心性的形式特征进行了开创性研究，验证了如下假设，即行动者越处于网络的中心位置，其影响力越大。研究发现，中心度与群体效率有关，也与参与群体的个人的满意度有关。随后的学者利用这一概念解释复杂的社会系统。主要包括：点度中心度及点度中心势、中间中心度、接近中心度和权利指数计算等。

（2）凝聚子群分析。在社会网络研究中，没有比较明确的凝聚子群的定义，它不是一个有明确含义的概念。大体上说，凝聚子群是满足如下条件的一个行动者子集合，即在此集合中的行动者之间具有相对较强的、直接的、紧密的、经常的或者积极的关系。在社会网络文献中，存在多种对凝聚子群进行概念化处理的方法。但是，我们可以从四个方面考察凝聚子群，这四个方面也恰恰体现了网络分析者对凝聚子群进行形式化处理的四个角度：①关系的互惠性；②子群成员之间的接近性或者可达性；③子群内部成员之间关系的频次（点的度数）；④子群内部成员之间的关系的相对于内、外部成员之间的关系的密度。

成分、派系、n—派系、n—宗派、k—丛、k—核等都属于凝聚子群范畴，都可以看成是凝聚子群分析的各个类型。

（3）网络位置和社会角色：对等性思想。所谓角色，指的是各个人在特定的社会和群体中，与其社会地位或身份相联系并按规范执行的行为，因而是一系列与其社会行为相关联的由社会来规定的属性和期待。总的来说存在两类角色理论。一类是符号互动论的先驱米德的研究。他认为，角色是一系列创造性的互动。第二类研究是由美国社会人类学家林顿给出的，认为角色是与特定位置相联系的活动。后来，帕森斯和默顿进一步发展了这个概念，并将其应用到社会结构研究之中。

在社会网络分析中，社会角色指的是网络角色，社会位置指的是网络位置。网络分析者在谈论角色以及位置的时候，他们更多的是为了把握行动者之间的关系模式的相似性，而不是行动者的个人属性及其类别和个体变量。

网络位置指的是一系列嵌入相同关系网络中的个体行动者，是一系列在社会活动、社会关系或者互动中相似的行动者。网络角色指的是把各个社会位置联系在一起的关系组合，是存在于行动者之间或者各个位置之间的关系模式。这样，角色是根据一系列关系以及关系之间的联系来定义的。像对于大多数关注行动者或者行动者子集的社会网络方法来说，网络角色分析关注的是关系之间的联系。

由于位置、角色或社会类别是根据行动者之间的关系来定义的，我们可以用网络资料定义社会位置。从直觉上讲，如果两个行动者与其所有行动者之间的关系模式相同,我们就说这两个行动者具有相同的位置或者角色。总的来说,在社会网络研究中,相似性至少有如下三种不同的类型:结构对等性、自同构对等性和规则对等性。这三类相似性有不同的抽象程度,前者更具体一些,后来则更抽象,自同构对等性的抽象程度居中。

简单地说,在一种网络关系中,如果两个行动者相互替代之后不改变整个网络的结构,我们就说这两个点是完全结构对等的。在结构对等性中,如果两个行动者可以相互替换位置而不影响网络,就可以把二者组合在一起成为一类行动者,并且称二者在结构上对等。自同构对等性与之类似,但是它要求,如果调换两个行动者之后,并且其他行动者也变动的情况下,仍然不改变网络的性质,或者说对于图中所有点之间的距离没有任何影响,我们就说这样的两个点是自同构对等的点,这样的行动者就叫做拥有自同构对等性的行动者。

(4)核心——边缘结构分析。社会网络分析者是从模型的角度研究核心——边缘结构的。核心——边缘结构分析的目的是对现实社会现象中表现出来的核心——边缘模式进行量化处理。在刘军(2004)看来,根据关系数据的类型(定类数据和定比数据),核心——边缘结构有不同的形式。如果数据是定类数据,可以构建离散的核心——边缘模型;如果数据是定比数据,可以构建连续的核心——边缘模型。离散的核心——边缘模型有两类:核心——边缘关联模型以及核心——边缘关系缺失模型。

3. 社会网络分析方法的应用进展

经过 70 多年的发展,社会网络分析的理论、方法在国内外的社会科学领域得到了广泛的应用。在人类关系网、社会组织结构等经典社会问题自然不必多说。近期更是扩展到了所有的包涵行动者和其关系的社会结构问题中。在我所关心的经济管理领域也有广泛的应用,如在国际贸易关系、市场体系、产业集群研究中的应用等。安金辉利用社会学的网络分析方法对我国基因工程制药企业的技术创新合作活动进行了实证分析。边燕杰(1997)在叙述网络资本论时,提出了强关系假设。黄文静在她的硕士论文《基于社会网络的特色产业群发展能力研究》中借鉴社会经济学的社会网络观点,运用网络分析法将米切尔的社会网络四维框架结合文章研究对象进行有机调整,从而构建研究的逻辑体系和相应概念系统的内涵。王霄宁和王轶为产业集群研究开辟了新的视角(2005)。蔡铂和聂鸣认为产业集群具有基于社会联系、信任和共享互补资源等特别管理特征的网络特性，扩大了自己的社会网络和积累了社会资本。此外，刘军（2006）运用社会网络分析方法对法村的社会支持网络进行了系统研究，林竞君（2005）从社会网络角度对产业集群的发展周期进行了研究，更有甚者，罗家德（2005）所著的《社会网络分析讲义》作为教材在高校教育中开设课程。这些都标志着社会网络分析在我国已有初步的应用和推广。

随着国外社会网络模型的发展，社会网络分析的应用范围和应用深度势必越来越广。社会网络的不断推广加之各种分析软件的应用，使得社会网络分析的应用爆炸般地扩张，已经完全能够对网络主体间关系和网络特征进行定性、定量研究。

4. 社会网络视角下的产业创新网络探讨

（1）创新主体社会性。创新是个广义的概念。它是一个过程，是对新的思想、新的理念探寻和发掘的过程；是把发现、发明变成产品，形成生产能力的过程；是实现一种想法，产生经济成果的过程。创新系统是多个行为主体参与、多重环节构成的复杂社会网络系统。

创新极乃至区域创新系统的主体要素包括区域内的企业、大学、科研机构、地方政府和中介机构等。这些主体本身就是由具有社会特征的人组成，并且是一种社会现象，它们之间存在社会关系：人与人之间相互交流与影响。在企业中，正是由于企业家的存在，才使得企业创新活动能够实现。人的本质是社会性，即人与人之间的关系，创新主体通过个体行为嵌入到具体的社会性网络中。它们总是以正式的、非正式的形式存在于各种联系当中。创新是生产要素的一种重新组合，这种组合只有企业通过市场来实现，靠单个的某一企业是实现不了的。大学和科研机构是主要的技术知识创新源，企业的创新活动越来越依赖于它们生产的知识。政府是实现区域创新系统效能的重要保证，中介机构则是其他主体要素沟通的重要环节。总之，创新主体在网络中存在着相互联系，这些联系有时是基于共同的社会化背景和共同信任基础上结成的正式或非正式关系，有时是发生在市场交易或知识、技术等创造过程中的正式合作关系。正是在主体的互动中，创新才得以实现。

（2）创新过程的社会性。过去，创新仅仅被看做一种经济活动。近二十年来，创新过程的社会性质越来越受到人们的关注。这是因为对创新性质本身的认识发生了进化。当代的技术创新被看做一种社会过程，这是因为孤立的创新性企业，或者高度专业化的研究与开发部门本身，都很难迅速创新并开发足够的重要的新产品，需要在与其他企业或机构建立社会联系的基础上互动。这一点已经得到明确的认识。

企业价值链中的所有活动都有可能发生创新。创新不仅来自多学科的、系统的研究成果，还包括很多不同的、能够解决问题的技术，甚至由原有技术重新组合而成的技术。各种技术信息和知识是频繁反馈的。特别是信息和通讯系统，交通和能源系统，遗传和生物工程系统等所谓大技术系统，更需要通过公司之间的长期的大量的互动。而且，复杂技术的应用特别需要植根于当地的社会文化。

（3）创新极网络具有社会性。创新极的主体交流与知识流动体现了区域创新系统网络具有社会性。创新极网络的运行过程体现在知识流动、产业集聚和空间集聚三个方面。知识流动主要有五种形式：企业间合作，科研院所、大学和企业间合作，技术扩散，人员流动和国际知识流动。虽然研究知识流动的方法正处于不断发展和完善之中，但是有一点是肯定的，即通过正式及非正式联系、规范分析创新系统组成成分和建立多种创新指标等形式，在从事创新系统研究的人员之间建立广泛的联系实现的。罗杰斯（Rogers，1995）指出，创新的传播是一种社会过程。任何一种新观念、新技术以及新的管理经验都是透过一组关系来进行传播。史泼尔、林顿与魁默在2001年的研究中调查了跨产业的38个团队，研究个体在工作咨询网络的中心性（centrality）、群体的集中性（group centrality）以及群体密度（team density）对于工作绩效的影响。

（4）社会网络分析的四维度。米歇尔（Michael，1997）对种种不同的社会网络概念进行整合，发展出社会网络分析的四个维度，同样也可以看做社会网络的四个基本构成要素：

① 结构要素。结构要素的主要关注点是网络的行动者及其之间关系的结构。所有的行动者都用结点来表示，他们会受到网络中的社会关系和其他行动者的影响。产业创新网络的结构是指系统内部各组成要素之间在空间和时间方面的有机联系与相互作用的方式或顺序，体现了要素之间的关系。

② 资源要素。资源是行动者可以用来实现目标的帮助性和支持性事物，资源要素包括行动者自身的资源和他/她所处的联系中的资源，既可以体现个人特性也可以体现网络特性。资源的流动与交汇形成新的网络节点。在产业创新网络中，拥有资源越丰富的主体，其创新活动就越顺利，成功的机会也就

越大。

③ 规则要素。社会网络的规则要素由标准、协调性规则和特定网络中政府对行动者的有效约束组成（Coleman 1988；1990）。这些标准、规则和约束能够促进或阻碍信息交换的实现。在产业创新网络中，规则要素可以扩展成创新环境；环境因素既是网络系统运行的动力，又是其运行的条件。影响产业创新网络的环境因素包括制度环境、政策环境、市场环境、社会文化环境、法律环境和国际环境。在每一种环境因素中，都存在着标准、规则需要创新主体在创新活动中遵守，这些规则的制定有助于促进主体间知识的流动，为创新绩效的实现提供保证。

④ 动态要素。随时间变化，原有关系有可能解散，还会产生新的联系，因此网络总是处于不断发展变化当中。动态要素指的就是影响到网络形成与变化的各种机会与约束因素。作为一种社会网络的特例，产业创新网络也处于不断地发展之中，它的结构、资源和规则要素并不是一成不变的，而是会随着社会经济条件的变化进行调整。

社会网络分析的四个纬度与创新极系统的组成部分的对应情况见图 5.1：

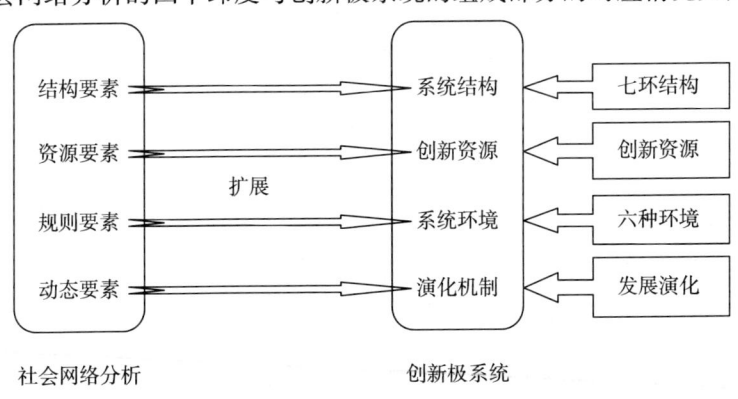

图 5.1　社会网络分析与创新极系统的对应关系

5.2　基于 SNA 的创新极网络评价方法

对于社会网络术语的分类，刘军（2006）认为应该遵从三分法：微观层次的个体网络术语（个体网络、密度、强度、中心度）、中观层次属于（二人组、三人组、块）和宏观层次的整体网络术语（结构对等性、派系、块模型、中心势等)。根据刘军的这一分法,我们可以将社会网络评价指标体系的层次分为:个体网络指标体系(微观层次)和整体网络指标体系(包括中观层次和宏观层次)。

5.2.1 个体网络指标体系

微观层次术语表达的是个体网络的情况,据此我们建立个体网络指标体系,包括度数、网络密度、强度和中心度。

1. 度数

我们用 N 表达一系列创新主体:$N = \{1, 2, \cdots, n\}$。如果创新主体 i 与创新主体 j 存在联系,则称 i 是 j 的邻点;一个创新主体 N_i 的邻点的个数称为该点的度数(nodal degree),记作 d_i。实际上,一个创新主体的度数也就是与其相连的线的条数。如果两个创新主体之间存在联系,即它们之间由一条线相连,则称它们是相邻的(adjacent)。如果一个创新主体的度数为 0,则称之为孤立点。

创新极网络的点度平均值测量的是一个图中所有创新主体的度数的平均值,其表达式为

$$\bar{d} = \frac{\sum_{i=1}^{g} d(n_i)}{g} = \frac{2l}{g} \tag{5.1}$$

在式(5.1)中,g 代表创新极网络的规模,即创新主体的个数;l 是创新极网络图中线的条数。

2. 网络密度

密度(density)是社会网络分析中最常用的一种测度,在社会网络分析中占据重要地位。密度反映的是一个网络图中各个创新主体之间联系的紧密程度。简单地说,固定规模的创新主体之间的连线越多,则创新网络图的密度越大。

从不同的角度出发,密度有多种形式化的定义。我们采用适合大样本网络的测量方法,即密度是创新网络中实际存在的关系数目与可能存在的最多关系数目之比。如果某创新网络的密度是 1,则此网络中每个创新主体都与其他创新主体相连;密度为 0 则表示网络任何创新主体之间都不相连。密度的表达式(无向无值图的密度)为:

$$m = \frac{g * \bar{d}}{g(g-1)} = \frac{2l}{g(g-1)}, \quad m \in [0,1] \qquad (5.2)$$

3. 强度

格兰诺维特（1973）认为："一个关系的强度有可能是实践的多少、情感的紧密性、亲密性以及互惠性的服务这些刻画关系特点的属性构成的线性组合"。在实际分析中，他把不对称关系看成是"弱关系"，把对称关系看成是"强关系"。马岑（Mardsen，1990）认为对关系强度的测量有两个方面：关系维持的时间和关系的深度。在本研究中只涉及关系的深度。关系的远近是测量深度的最好指标，其可以用关系发生的频次来表示。

4. 权力和中心性测度

北卡罗来纳大学的教授诺克（Knoke.D，1990）从关系网络的角度对权力进行了分析。他认为，权力是社会行动者之间的实存或者潜在的互动模式。网络成员间的大多数关系都是不平等的，网络中的权力集中在少数成员手中。因此，网络分析者从关系的角度出发，定量地界定权力，他们更倾向于用中心性来表达权力的概念。中心性是社会网络研究的重点之一。

个人或组织在其社会网络中具有怎样的权力，或者说具有怎样的中心地位，是社会网络分析最早探讨的内容之一。行动者的中心性涉及两个纬度：局部的和全局的。说一个点是局部中心的，这指的是在其紧邻的环境中，很多点与之有关联。例如，如果某创新主体有许多相关的邻点，我们便说该行动者是局部中心点。另一方面，如果某创新主体在创新极系统网络中占据战略上的重要地位，我们就说该行动者是整体中心点。即局部中心度指的是局部某点对其邻点的重要性，整体中心度指的是该点在总体网络中的战略重要性。

美国加州大学尔湾分校弗里曼教授（Freeman，1979）将行动者个体中心度区分为点度中心度、中间中心度、接近中心度三个指标。其中，前两个是局部中心度指标，后一个是整体中心度指标。

在创新网络中，可依据社会网络分析方法，引入以下模型对创新主体的中心性进行测量。某一创新主体的点度中心度测度模型是

$$C_{RD}(i) = \frac{d_i}{(g-1)} \qquad (5.3)$$

其中，d_i 为创新主体 i 的度数，g 为网络的规模。

如果 $C_{RD}(i) = 0$，该行动者就是一个孤立点；如果 $C_{RD}(i) = 1$，它就是网络的核心点之一，很可能是创新网络中的明星企业，许多企业都与之发生着联系，是模仿创新的焦点。这种以度数为基础的对点的中心度的测量也可以超越点与点之间的直接联系，进而考虑间接关系。

创新主体 i 的中间中心度测度模型为

$$C_{ABi} = \sum_{j}^{n} \sum_{k}^{n} b_{jk}(i), j \neq k \neq i, 且 j < k \tag{5.4}$$

其中，$b_{jk}(i)$ 表示创新主体 i 处于创新主体 j 和 k 之间的测地线上的概率。

这一指标可用于研究创新主体在多大程度上居于其他两个行动者之间，即它是一种刻画对网络资源控制能力的指数。

不管网络中的行动者处于哪个层次（个体、群体或者组织），通过对行动者的分析获得关于整个网络的信息都是网络分析的一个重要目的。这就要用到接近中心度的概念。

如果一个创新主体通过较短的路径与许多其他创新主体相连，我们就说该主体具有较高的接近中心度，此时，该主体会接受到较多的创新信息，因而容易出现创新火花。弗里曼（1979）给出的量化定义是：一个点的接近中心度是该点与网络中的所有其他点的测地线距离之和。因而某一创新主体的接近中心度测度模型为

$$C_{APi}^{-1} = \sum_{j=1}^{g} d_{ij} \tag{5.5}$$

其中，d_{ij} 为创新主体 i 和 j 之间的测地线距离（即测地线中包含的线数）。

创新极网络的点度中心度测量的是一个创新主体与其他创新主体发展交往关系的能力，接近中心度和中间中心度测量的则是一个创新主体控制整个创新网络中其他主体的交往能力，它依赖于创新主体与网络中所有主体之间的关系，而不仅仅是与邻点之间的直接关系。三种中心度测度指标侧重于不同的方面，但总的来说，测度结果相差不大。

5.2.2 整体网络指标体系

在社会网络分析中，我们可以根据结构对等性对行动者进行分类，这就是块模型分析过程。块模型（blockmodels）分析最早是由怀特、布尔曼和布雷格（White, Boorman & Breiger, 1976）提出来，它是一种研究网络位置模型的方

法，是社会角色的描述性代数分析。

刘军（2006）从三个层次上给出了块模型的定义，并从个体层次、位置层次和整体层次对其进行了解释。对于创新极网络，我们可以给出创新块的定义：

一个创新块是由如下两项组成的：①把一个创新极网络中的各个创新主体按照一定的标准分成几个离散的子集，称这些子集为创新块，或者聚类；②考察每个创新块之间是否存在关系。

在一个创新极网络图中，如果某创新主体消失，那么整个图的结构成分分为两个互不相关联的子图，则该创新主体在图中扮演着切点的角色，各个子图就是创新块。切点在创新极网络中占据着重要的位置，起到中介的作用。如图5.2中，d点和e点就是切点，因为，不论去掉这两点中的任何一点，整个网络都将分为两个成分，即两个创新块。

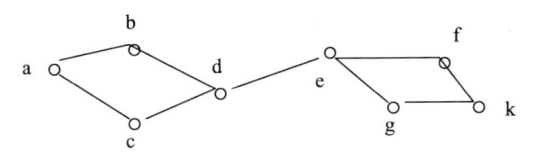

图5.2 切点和创新块

上面引入了有关创新极网络中心度的三个指标，分别是点度中心度、中间中心度和接近中心度。这三个指标分析的都是创新主体个体的中心度趋势。实际上，我们还可以对整个网络的整体中心趋势进行测量，这就要用到中心势这一概念。如果把中心度这一术语严格的限定为点的中心度，则中心势特制一个作为整体的图的中心度，它指的并不是点的相对重要性，而是图的整合成都或者一致性。创新网络的中心势也有与创新主体的中心度对应的三个测度指标：点度中心势、中间中心势和接近中心势。这三个指标的数学表述如下：

$$C_1 = \frac{\sum_{i=1}^{n}(C_{RD\max} - C_{RDi})}{n-2}, \quad n = 1, \cdots, g \tag{5.6}$$

式中，C_{RDi}为创新主体i的点度中心度；$C_{RD\max}$为创新极网络中所有创新主体的点度中心度的最大值；g为创新极网络的规模。

$$C_2 = \frac{\sum_{i=1}^{n}(C_{ABmax} - C_{ABi})}{n^3 - 4n^2 + 5n - 2}, \quad n = 1, \cdots, g \tag{5.7}$$

式中，C_{ABi} 为创新主体 i 的中间中心度；C_{ABmax} 为创新极网络中所有创新主体的中间中心度的最大值；g 为创新极网络的规模。

$$C_3 = \frac{\sum_{i=1}^{n}(C_{RPmax} - C_{RPi}) \times (2n - 3)}{(n - 2)(n - 1)}, C_{RPi} = \frac{n - 1}{C_{APi}^{-1}}, n = 1, \cdots, g \tag{5.8}$$

式中，C_{APi} 为创新主体 i 的中间中心度；g 为创新极网络的规模。

5.2.3 分析工具简介

社会网络分析是社会科学中的一种独特视角，因为社会网络分析建立在如下假设基础之上：在互动的单位之间存在的关系非常重要。社会网络理论、模型以及应用的基础都是关系数据，关系是网络分析理论的基础。社会网络分析坚持如下认识论原则（刘军，2006）：

（1）世界是由网络而不是由群体组成的。从网络而不是群体出发，可以把世界看成是网络的结构，把行动者之间的关系看成是资源流动的渠道，从而可以通过分析发现复杂的资源流动网络，而不是简单的分层结构。

（2）社会结构决定二人关系的运作。网络分析者认为，只有在由各种联系构成的结构脉络中才能理解二人之间的互动关系。

（3）行动者所遵循的规范产生于社会关系结构中的各个位置。

社会网络研究涉及的理论概念是关系性的，相关数据也是关系性，对数据的假设检验也使用关系属性的分布。无论利用的模型是为了理解关系背景下的个体行动，还是直接研究结构，网络分析都根据关系对结构进行操作化。当代社会网络分析技术正在取得重大进展，不但可以揭示关系的结构，分析网络结构对行动者的影响，还可以分析行动者的个人因素变量对行动产生的影响。

目前最流行的社会网分析软件是博卡提、埃维瑞特以及弗里曼（Borgatti, Everett and Freeman）制作的 UCINET 网络分析集成软件，其中包括一维与二维数据分析的 NetDraw，还有正在发展应用的三维展示分析软件 Mage 等，同时集成了 Pajek 用于大型网络分析的 Free 应用软件程序。

5.3 创新极网络结构分析实例

此处以唐山市区域创新系统为分析对象，首先选择唐山市主导产业，然后以第一主导产业为例，进行创新极网络结构分析。

5.3.1 唐山市主导产业选择

1. 主导产业选择指标评价体系的构建

根据相关理论，结合唐山市工业发展现状从主导产业特征评价、主导产业领域内区域比较优势评价等方面来构建主导产业指标评价体系（王鑫，2007），参见表5.1。

表5.1 主导产业选取指标体系

主导产业选取指标体系		
得分	经济规模和效益（a）	工业总产值比重（a1）
		固定资产比重（a2）
		工业增加值率（a4）
	技术创新（b）	科研经费投入比率（b1）
		科技人员投入比率（b2）
		新产品产值率（b3）
		专利申请比率（b4）
	产业关联效应（c）	影响力系数感应度系数（c1）
		感应度系数（c2）
	区域优势（d）	区位商（d1）
		利税比重（d2）

2. 建立评价模型

根据前面设定的评价指标体系及其中的11项指标，分别赋予它们权重，然后再计算最终的主导产业综合得分。根据综合得分大小来确定主导产业。具体方法为：根据各指标的相应数据可得到唐山市工业主导产业选择的18项指标值，然后在此基础上构建唐山市工业主导产业的评价模型：

$$F_j = \sum A_i ZX_{ij}(i=1,2,\cdots,11; j=1,2,\cdots,35) \qquad (5.9)$$

式中　F_j 为唐山市 j 产业的综合得分；

X_{ij} 为 j 产业的第 i 个指标值；

ZX_{ij} 为 X_{ij} 的标准化值；

A_i 为 i 指标标准化后的权重。

此模型的关键是各标准化指标权重的确定，本节采用主成分分析法确定权重。通过主成分分析，选出 m 个主分量即综合因子 F_1，F_2，$\cdots$，Fm，然后对综合因子进行因子分析，考察各综合因子与原始指标集之间的联系和数量关系，从而确定各综合因子的内部结构以及确定各综合因子的经济含义，之后以每个综合因子的方差贡献率作为权重，至此，可以构建唐山市工业主导产业的综合评价模型。

$$F_j = W_1 F_{1j} + W_2 F_{2j} + W_3 F_{3j} + \cdots, W_i F_{ij} \qquad (5.10)$$

式中　F_j 为产业的综合得分（$j=1$，2，$\cdots$，35）；

F_{ij} 为第 j 产业第 i 个主因子得分，该得分是根据各主因子内部主要指标的载荷系数计算。

W_i 为区域 j 产业的第 i 个主因子得分 F_{ij} 之权重。

最后根据 F_j 的大小来确定主导产业。

3. 唐山市主导产业选择

参考近十年《唐山统计年鉴》选择 35 个工业产业，通过计算相应数据，可得到需要评价的 11 项指标数据，利用 SPSS 统计分析软件进行主成分分析。

由主成分列表可见前 4 个主成份的累积贡献率达到 90.453%，置信度检验为 100%。按照特征值大于 1 的原则选择 4 个主因子。由表 5.2 可知第一个主因子解释了总变异的 51.352%，第二个主因子解释了总变异的 16.331%，第三个主因子解释了总变异的 13.261%，第四个主因子解释了总变异的 9.509%。

因子负荷矩阵，反映各个变量的变异可以主要由哪些因子解释。可以由此计算出各主因子在原始变量上的载荷值。由表 5.3 可见各主因子在原始变量上的载荷值差别不是太明显，因此需进一步进行因子旋转。选用方差极大正交旋转，默认为 25 次，得到旋转后的因子载荷矩阵，见表 5.4。

表5.2 主成分列表

Component	Initial Eigenvalues			Extraction Sums of Squared Loadings			Rotation Sums of Squared Loadings		
	Total	% of Variance	Cumulative %	Total	% of Variance	Cumulative %	Total	% of Variance	Cumulative %
1	7.218	65.619	65.619	7.218	65.619	65.619	5.649	51.352	51.352
2	1.056	9.598	75.216	1.056	9.598	75.216	1.796	16.331	67.683
3	0.905	8.223	83.439	0.905	8.223	83.439	1.459	13.261	80.944
4	0.771	7.013	90.453	0.771	7.013	90.453	1.046	9.509	90.453
5	0.469	4.260	94.713						
6	0.321	2.920	97.633						
7	0.162	1.471	99.104						
8	0.067	0.606	99.709						
9	0.029	0.266	99.975						
10	0.002	0.021	99.996						
11	0.000	0.004	100.000						

表5.3 因子载荷矩阵

	Component			
	1	2	3	4
x_1	0.970	0.022	-0.137	0.028
x_2	0.924	-0.130	0.055	-0.046
x_3	0.948	-0.064	0.133	0.058
x_4	0.941	0.116	0.001	0.034
x_5	0.524	0.134	0.652	0.480
x_6	0.923	0.027	0.051	-0.106
x_7	0.899	-0.149	0.106	-0.176
x_8	0.010	0.984	0.015	-0.144
x_9	0.699	-0.001	0.009	-0.527
x_{10}	0.560	0.105	-0.622	0.435
x_{11}	0.951	0.022	-0.197	0.063

由表5.4可以看出各主因子的经济含义及其与其中主要指标间的数量关系。

表 5.4 旋转因子载荷矩阵

	Component			
	1	2	3	4
x_1	0.819	0.488	0.223	0.015
x_2	0.841	0.275	0.281	-0.120
x_3	0.810	0.298	0.416	-0.074
x_4	0.391	0.395	0.726	0.106
x_5	0.252	0.039	0.938	0.046
x_6	0.854	0.260	0.259	0.046
x_7	0.886	0.151	0.226	-0.114
x_8	-0.009	0.022	0.036	0.994
x_9	0.862	-0.046	-0.107	0.096
x_{10}	0.230	0.920	0.017	0.018
x_{11}	0.583	0.744	0.196	0.008

主因子FACTOR1，载荷值较大的指标主要有总产值比重、固定资产比重、工业增加值比重，这一因子主要反映产业规模状况。

主因子FACTOR2，载荷值较大的指标有区位商和利税比率，这些因子反映区位优势状况。

主因子FACTOR3，载荷值较大的指标主要是新产品产值率和专利申请比率，这些因子主要反映产业技术创新状况。

主因子FACTOR4，在其中载荷值较大的指标主要有影响力系数，这一因子主要反映产业关联度状况。

根据各主因子的方差贡献率 $w_i \left(w_i = \dfrac{\lambda_i}{\sum_{i=1}^{4} \lambda_i} \right)$ 其中 λ_i 为第 i 个主因子所对应得特征根（$i = 1, 2, 3, 4$）（见表5.2）以及各主要因子内部主要指标的载荷系数，可以构造唐山市主导产业的综合评价模型：

$$F_j = W_1 F_{1j} + W_2 F_{2j} + W_3 F_{3j} + W_4 F_{4j} \tag{5.11}$$

式中 F_j 为 j 产业的综合得分（$j = 1, 2, \cdots, 35$）；

F_{ij} 为 j 产业第 i 个主因子得分（$i = 1, 2, 3, 4$）；

w_i 为 j 产业的第 i 个主因子的权重。

由公式（5.11）及由主因子分析方法得：

$$F_j = 0.5677F_{1j} + 0.1805F_{2j} + 0.1466F_{3j} + 0.1051F_{4j}$$

其中，F_{ij} 可根据各主因子内部主要指标的载荷系数（见表 5.4）结合公式（5.9）进行计算。

通过计算可以得出唐山市 35 个产业的各主因子得分，利用评价模型，可以计算唐山市 35 个产业综合得分并进行排序，其结果见表 5.5。

表 5.5　35 个产业因子综合得分及排名

编号	排名	部门名称	因子综合得分	编号	排名	部门名称	因子综合得分
1	2	煤炭采选业	0.770591	19	7	化学纤维制造业	0.158371
2	29	石油和天然气开采业	-0.27919	20	19	橡胶制品业	-0.15724
3	11	黑色金属矿采选业	-0.02835	21	8	塑料制品业	0.037142
4	31	有色金属矿采选业	-0.29586	22	4	非金属矿物制品业	0.346344
5	33	非金属矿采选业	-0.35854	23	1	黑色金属冶炼及压延加工业	3.276156
6	28	食品加工业	-0.26537	24	20	有色金属冶炼及压延加工业	-0.19472
7	18	食品制造业	-0.12277	25	9	金属制品业	-0.00534
8	34	饮料制造业	-0.39394	26	17	普通机械制造业	-0.10792
9	13	纺织业	-0.0737	27	14	专用设备制造业	-0.09118
10	23	服装及其他纤维制品制造业	-0.20638	28	5	交通运输设备制造业	0.234228
11	26	皮革皮毛羽绒及其制造业	-0.23373	29	16	电气机械及器材制造业	-0.09702
12	22	木材加工业	-0.20588	30	30	电子通信及设备制造业	-0.2805
13	25	家具制造业	-0.21929	31	10	仪器仪表及文化办公用机械制造业	-0.0242
14	12	造纸及纸制品业	-0.04343	32	21	其他制造业	-0.19759
15	32	印刷业	-0.33013	33	6	电力蒸汽热水的生产和供应业	0.170277
16	15	石油加工及炼焦业	-0.0946	34	24	煤气生产和供应业	-0.21648
17	3	化学原料及化学制品制造业	0.402259	35	35	自来水的生产和供应业	-0.54891
18	27	医药制造业	-0.26311				

根据唐山市35个工业产业的综合得分及排名（表5.5），充分考虑唐山市经济发展水平和未来发展方向，通过对唐山市35个产业的各主因子进行分析，我们选取了排名首位钢铁产业（统计年鉴称黑色金属冶炼及压延加工业）创新极作为第一主导产业，并对其创新极网络进行了实证分析。

5.3.2 河北省唐山市钢铁创新极现状

1. 发展现状

钢铁产业是唐山市第一大主导产业，已形成集采矿、选矿、烧结、炼铁、炼钢、轧钢、焦化、耐火材料和冶金机具等门类齐全、功能配套的钢铁工业体系，构建了以中档市场为主、兼顾上游产品、适应多层次市场需求的钢铁产品结构。主要产品有热轧薄板、中宽带钢、窄带钢、高线、型钢、棒材、建筑材等。

2003年完成增加值204.1亿元，销售收入720.1亿元，利税94.5亿元，分别占全市规模以上工业的51%、58%和60%，从业人员14.5万人，占27.5%。现有钢材生产能力2000万吨，品种主要以螺纹钢、型钢等建筑用钢材和热轧带钢为主，唐山已经成为全国热轧窄带钢最大的生产基地。唐钢1943年建厂，我国转炉炼钢发祥地，是全国10大钢铁企业之一，具有铁、钢、材600万吨配套生产能力。经过调整改造和淘汰落后，唐山市地方钢铁工业的技术装备水平和产业集中度有了很大提高，骨干钢铁企业已经全部实现机械化烧结，全铁水热装炼钢，全连铸、全热送轧制，全一火成材，全连轧或半连轧，最大高炉2650立方米，最大转炉210吨，主要经济技术指标优于全国平均水平。地方钢铁工业主要生产能力明显向国丰、津西、建龙、港陆等8家地方骨干钢铁企业集中，这8家骨干企业钢产量占全市地方钢铁总量的80%左右。2004年完成销售收入1201亿元，利税131亿元，分别占全市规模以上工业的63%和63.6%，从业人员17万人，占27.5%。重点钢铁企业基本实现了"五全一喷"，高炉平均利用系数达到3.6，高于全国重点大型钢铁企业1.04，连铸比均达到100%。2005年，钢铁行业实现增加值388亿元，占规模以上工业增加值49.1%，占GDP的19.1%。全市钢铁冶炼企业整合至30家，单产生产能力均达到100万吨以上。唐山钢铁公司是全国重要的钢铁生产企业之一，首钢、唐钢联合在曹妃甸建设1500万吨精品钢材生产基地即将开工建设。

唐山市钢铁产业结构调整取得实效。钢铁冶炼企业整合至20家，450m³以上高炉、40吨以上转炉已占到总产能的70%以上；高炉平均利用系数达到3.6，连铸比均达到100%，全年关停200m³及以下高炉11座、20吨以下转炉8座、电炉14座，淘汰落后产能铁205万吨/年、钢255万吨/年。全年钢铁工业完成工业增加值553.8亿元、利税274.2亿元、利润185.21亿元，同比分别增长了27.6%、40%和48.1%。

2. 发展历程

作为目前唐山第一主导产业的钢铁产业已经有70余年的历史，但唐山钢铁产业的真正快速发展是近20年的事情。唐山钢铁产业的发展具有阶段性的特征，其发展历程大致可以分为如下几个阶段：

（1）唐钢孤立发展时期（20世纪80年代中期以前）。黑色冶金工业总产值、利税、就业人数等多项指标自1982年以后一直居于唐山市各行业之首。但是，80年代中期以前，国有大型企业唐钢在全市钢铁产业中占据着绝对控制地位，1985年生铁、钢、钢材的产量分别占到全市产量的82.12%、96.46%、88.32%，工业总产值占到同行业的80%左右。

（2）地方工业快速发展时期（20世纪90年代初期）。80年代末到90年代初，国家支持农村工业发展，并鼓励国有大企业扶持地方工业，唐钢的技术人员帮助地方企业上项目，周边地区通过各种关系从唐钢找到废料、钢坯，相继建立起来了一批小轧钢厂、电炉炼钢厂，北部矿区建起一批小炼铁厂。1992年以后，随着全国基建开始大规模启动，钢铁市场需求旺盛，在市场拉动下唐山钢铁企业进入了量的大发展阶段，乡以上企业数1992年为168家，到1993年就达到了334家，唐山市企业的总量规模快速提高。1993年全市黑色冶金工业的总产值、增加值、就业人数分别是1985年的16、14.8、3倍，均高于全市工业的增长速度6.17、6.8、1.58倍，也快于唐钢（总产值、就业人数的增长速度分别是9.08、1.89倍）。

（3）钢铁工业整体水平提高时期（20世纪90年代中后期以来）。唐钢自"七五"以来，一直进行技术改造，经过自我积累、滚动发展，综合生产能力由200万吨/年增加到600万吨/年，2002年居于全国钢铁企业第六位。通过市场竞争机制的优胜劣汰，生存下来的地方企业实力加强。1998年以后，一些地方企业由工序单一的作坊式经营发展成为烧结、炼铁、炼钢、轧钢一条龙生产集团公司，生产能力不断扩大。

3. 发展特征

（1）产品结构相似。除贝氏体钢厂等个别企业外，产业群内多数地方企业选择以高炉、转炉为主体设备的长流程生产工艺。除唐钢规模较大、品种较多外，地方企业高炉型号以 120m^3、179m^3、380m^3 为主，转炉吨位多为 15 吨或 30 吨。产品以窄带钢、焊管、螺纹钢和连铸钢坯为主。

（2）生产规模不断扩大。唐钢 1995 年以来共完成固定资产投资 60174 亿元，已建成 2560m^3 高炉和 150 吨转炉等近 200 个技改项目，主要炼铁高炉、炼钢转炉实现了大型化和现代化，高速线材轧机和棒材轧机的引进使工艺结构进一步优化，2002 年钢产量突破 500 万吨。8 家地方重点企业发展成为集烧结炼铁、热装炼钢、连铸连轧一体化的综合性钢铁企业。正在建设中的新丰钢铁集团，2004 年将具备年产铁、钢、钢材各 500 万吨以上的综合生产能力。新丰、建龙、恒通等企业已开始建设先进的板、带或冷轧生产线。工艺改进提高了产品质量，产品结构不断得以优化。

（3）多种性质的企业并存。唐山钢铁产业的龙头企业是特大型国有企业唐山钢铁集团有限责任公司，除此之外，大多数企业都是非公有制企业，民营、中外合资、股份制等多种企业形式并存。2001 年唐山市国有及 500 万元以上非国有钢铁企业总数为 132 家，其中国有及国有控股企业只有 13 家。

（4）带动地方经济的发展。唐钢 2001 年工业总产值、增加值、销售收入、总资产、实现利税等五项指标均位居唐山市大型企业榜首；地方企业得力于低成本优势，经济效益普遍较好。钢铁工业成为唐山市最主要的利税大户。同时，对增加当地就业机会、加快小城镇建设等方面都起着支撑作用。如唐山津西钢铁股份有限公司 1999 年上缴的税收占全县财政收入的 41.15%，并且带动了全县铁矿开发、交通运输、餐饮等产业的发展。国丰钢铁公司自 1999 年起，上缴增值税占整个丰南市的 1/3，2001 年税收突破 1 亿元。

唐山钢铁集团为本地区主导企业，是国有控股特大型钢铁企业集团，历史悠久，在国内外有一定的影响。2000 年唐钢产量国际排名 64 位，国内排名第 9 位，但与发达国家大型钢铁公司相比实力悬殊，与宝钢等国内前 4 名相比也有很大差距，属于第二梯队。

唐钢产品结构主要以建筑钢为主,高附加值产品只有40%,其在国内市场的定位主要为普通建材,在国内有一定的品牌知名度。

除唐钢集团外的其他钢铁企业绝大多数是改革开放以来发展起来的,这些企业以乡镇企业、民营企业以及合资企业为主,企业规模为中小企业,除少数企业有特色优势产品外,大多数企业产品为普通建材,市场以农村和中小城镇为主。这些企业对当地经济的发展有重要影响。

5.3.3 分析数据的来源及相关说明

在创新极中,创新主体间的交流互动,会导致其合作的范围、频次增大。当然,也会导致合作的科研成果(主要是合作专利、合作论文、合作项目)增多。这些合作的创新成果很大程度上也代表了网络的密度与状况。

在社会网络资料和数据的收集中,问卷调查、深度访谈、被调查者的自我汇报等是常用的方法,也可以利用日记、观察法、文献研究、档案资料收集关系方法的收集资料。在本研究中,我们主要使用了问卷调查和文献研究的方法。

为测度特定的创新极网络,我们研究该产业的合作科研成果网络,用合作的成果网络代表创新极的网络。由于网络中各种创新合作的样本数据量大,为操作方便,选取科技论文合作网络表示创新极创新合作的网络主框架,并辅以实地调查问卷统计结果相结合、补充网络主体交流关系。通过分析创新极内合作发表论文的关系,找到创新主体之间的关系,作为本章网络分析的主要数据来源。

本章使用1979年至2007年期间CNKI、万方等学术论文数据库。经过检索获得论文样本,假设有一次知识创新的合作,即表示一次创新主体间合作关系,建立创新主体关系矩阵。同时依据得到网络框架,随机发放100份调查问卷进行网络主体间关系的验证和补充,调查问卷提供的是属性资料(调查问卷样卷见附录A),调查结果证明了本章的基本假设,即"如果两个单位之间存在一次知识创新合作,就认为他们有关系,频次为1";另一方面也为我们进行数据处理、数据分析提供支持及参考:依据调查问卷的结果,对创新主体关系网络进行修正(王蕾,2007)。

实证对象选择河北省唐山市和邯郸市钢铁产业创新网络(其中对唐山钢

铁创新极网络共发放调查问卷 100 份，回收 82 份，有效问卷 76 份。同时对邯郸钢铁创新极网络共发放调查问卷 100 份，回收 75 份，有效问卷 72 份）。使用 EXCEL 表格，将查询到的每一个样本的时间和作者单位整理出来，我们就会得到样本原始信息。如果两个单位共同完成了一篇论文，我们就认为这两个单位之间就存在一次科学合作，即它们有关系，频次为 1；如果一篇论文是由多个单位共同完成的，我们就认为这几个单位两两之间存在科学合作，即它们两两之间都存在联系，频次均为 1。按照这一原则，我们在样本原始信息基础上建立创新主体关系矩阵，然后将这一矩阵对称化（因为创新主体关系矩阵是一个方阵，并且它们之间的关系是无指向性的，所以最终矩阵应该是对称阵），即得到我们进行社会网络分析所需要的邻接矩阵。

本章以 2000 年为分界点，分两个时间段对唐山钢铁产业创新网络的结构进行测度，由于 1976~1979 年的数据是缺失的，所以这两个时间段分别是 1979~1999 年与 2000~2007 年。

5.3.4 唐山市钢铁创新极网络测度（1979~1999）

本章定义反映唐山市钢铁产业创新网络的科学合作网络是无向关系网络，并且是对称的，因为创新主体之间的关系是相互的，不存在指向问题。当我们考虑创新极之间有无合作关系时，它是无向二值图（"1"表示有关系，"0"表示没有关系），当我们考虑创新主体之间的合作频次时，它则是无向赋值图。本节中首先对前 20 年的数据进行了分析探讨。

1. 度数

在前面我们已经详细介绍过了，通过这个参数来找到创新网络中与其他结点连接数目比较多的结点，这些结点所代表的行为主体在创新网络中具有很强的创新能力，它们与网络中很多成员都有合作关系。

在唐山市钢铁产业创新网络中（1979~1999），网络规模 $g=70$。在这 70 个行为主体（参见附录 B）中，度数比较大的前二十个如表 5.6：

表 5.6 唐山市钢铁创新极网络度数（1979~1999）

编号	1	51	17	49	3	19	37	35	4	13	50	33	32	65	31	44	6	54	58	68
度数	59	23	23	20	20	14	12	10	9	8	8	7	7	7	7	7	5	4	4	4

表 5.6 中编号为 1、3、4 的创新主体分别是唐钢总部、唐钢股份公司和唐钢各子分公司,可见唐钢在唐山市钢铁产业创新网络中占据着重要位置,是网络中参与知识合作的重要成员,其他编号代表的主体见附录 B。

在该网络中,存在着 19 个"独立者",即在 70 个创新主体中,有 51 个创新主体之间存在着联系。从 1979~1999 年的二十年间,这 19 个"独立者"与这 51 个创新主体之间从未进行过知识合作,可见那时的唐山市钢铁产业创新网络密度比较低,并且创新主体的交流频率也比较低,这对知识交流、技术创新是不利的。

2. 网络密度

唐山市钢铁产业创新网络是无向赋值图,有理由认为,赋值高的线对于网络密度的贡献要比赋值低的线的贡献大。也就是说,在一个赋值图中,连线的个数应该根据线的多重性来赋予权数。在一个图中,可以根据线的赋值的大小给出实际线数的权重总数。在唐山市钢铁产业创新网络(1979~1999)中,唐钢总部与北京科技大学之间的关系权重最大,为 13,运用 UCINET6.0 软件计算出的网络平均密度是:0.0627。

从直观上来看,这一密度比较小,但是密度是一个相对值,网络规模、有联系的创新主体数目以及关系的权重对网络密度的大小都会产生影响,在下面的章节中,我们将与后八年(2000~2007)的唐山市钢铁产业创新网络进行比较。

3. 关系强度

运用 UCINET6.0 软件包中 NETDRAW,绘制出唐山钢铁产业创新网络图(参见图 5.3)。图中的点代表各个行为主体,点之间的连线表示各主体之间合作关系的存在,线的粗细表示关系的强弱。

从图 5.3 中可以看出,1 和 51、1 和 19 之间的连线最粗,其表示行为主体唐钢总部与北京科技大学、唐钢总部与河北理工学院之间的知识合作关系最紧密,八年间的合作频次分别达到 13 次和 7 次。

4. 中心性量化分析

在社会网络分析中对权力的探讨集中体现在对中心度和中心势的量化分析上。创新网络的中心度刻画的是单个创新主体在网络中所处的核心位置。

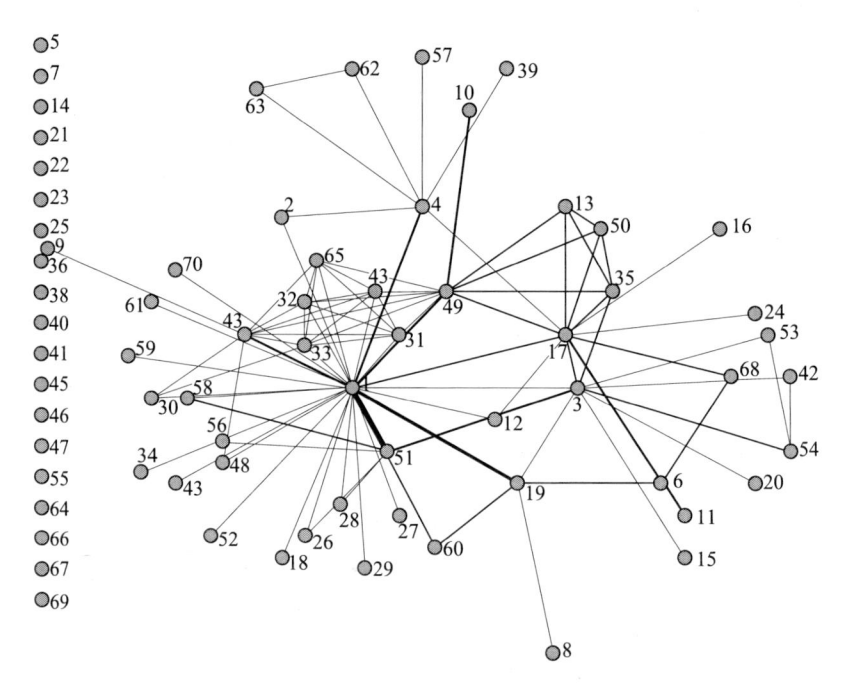

图 5.3 唐山市钢铁产业创新网络图（1979~1999）

中心势刻画的则是一个创新网络所具有的中心势趋势。需要指出的是，点度中心性、中间中心性以及接近中心性是从三个侧面测量创新网络中各个创新主体的中心度。它们有时候是重叠的，但是其意义稍有不同。

为了对唐山市钢铁产业创新网络（1979~1999）进行中心性分析，我们选取中间中心性的相关指标。中间中心性研究的是一个创新主体在多大程度上居于其他两个创新主体之间，是一种控制能力指数，即它可以测度创新主体在多大程上控制创新网络中资源的流动。唐山市钢铁产业创新网络的中间中心性分析如表 5.7 所示。

表 5.7 唐山市钢铁创新极网络中间中心度数值（前 10 位）

编号	1	17	3	4	49	19	37	51	35	6
中间中心度	1615	584	503	381	228	134	112	76	23	12

中间中心势指数 = 33.78%

由表 5.7 可以看出，1、17、3、4 和 49 的中间中心度是所有创新主体中最大的，它们是创新网络中比较关键的元素；它们所代表的唐钢总部、唐钢股份公司、唐山工程技术学院、冶金部钢铁研究总院和北京钢铁学院在创新网络中对于控制信息与知识的流动起着至关重要的作用。虽然有时中间中心度高的主体与其他主体之间的连接可能不会太多，但是如果失去这些元素，网络就会分散。唐钢总部等五个创新主体与其他创新主体之间有着较多的联系，它们的点度中心度也较高，即它们除了在创新网络中最能控制资源，还具有较强的知识创新能力以及与其他主体合作的能力。就整个创新网络来说，中间中心势等于33.78%，这说明，整个创新网络的中心势不太高，并且具有关键位置的创新主体对其他主体的影响程度不太大。

5. 创新块分析

我们采用CONCOR方法研究唐山市钢铁产业创新网络（1979～1999）中的创新块。在UCINET6.0中，沿着Network—Role & Positions—Structural—CONCOR这条路经展开，进行分析即可得到下述结果。

总的来说，在唐山市钢铁产业创新网络中（1979～1999），包括7个创新块，各个创新块的成员如下：

第一创新块：1、58、3、56、26、8、28；

第二创新块：2、48、27、59、12、4、18、19、51、17、43、61、52、29、34、70、60；

第三创新块：49、30、9；

第四创新块：65、44、37、32、10、33、31；

第五创新块：22、7、5、38、41、14、23、67、21、46、55、40、47、36、66、64、45、25、69；

第六创新块：11、16、24、13、6、35、50、68；

第七创新块：20、42、54、63、62、15、39、57、53。

各个创新块之间的密度见表5.8：

由表5.8分析结果可知，第四个创新块的密度系数最大，数值为0.714，这表明第四个创新块的成员之间的在知识合作问题上联系紧密；而第五个创新块密度系数为0，表明其成员之间的没有产生联系。从唐山市钢铁产业创新网络图中可以看出，第五个创新块中的创新主体都是"独立者"，它们之间不存在联系，与其他创新主体之间也没有联系。

表5.8 七个创新块的密度矩阵

编号	1	2	3	4	5	6	7
1	**0.310**	0.454	0.190	0.163	0.000	0.036	0.095
2	0.462	**0.037**	0.039	0.008	0.000	0.118	0.026
3	0.190	0.039	**0.000**	0.571	0.000	0.250	0.000
4	0.163	0.008	0.571	**0.714**	0.000	0.000	0.000
5	0.000	0.000	0.000	0.000	**0.000**	0.000	0.000
6	0.036	0.118	0.250	0.000	0.000	**0.286**	0.000
7	0.095	0.026	0.000	0.000	0.000	0.000	**0.083**

R – squared = 0.099

5.3.5 唐山市钢铁创新极网络测度 (2000~2007)

1. 度数

在唐山市钢铁产业创新网络中 (2000~2007),网络规模 $g=130$。在这130个行为主体 (参见附录C) 中,度数比较大的前二十个见表5.9:

表5.9 唐山市钢铁创新极网络度数 (2000~2007)

编号	度数	编号	度数
40	243	64	17
3	203	47	16
1	135	38	15
94	52	109	15
2	48	16	14
4	47	22	11
95	43	58	10
45	31	63	9
79	21	39	8
116	19	80	8

编号为40的创新主体是河北理工大学,编号为1、2、3、4的创新主体分别是唐钢总部、唐钢技术中心、唐钢股份公司和唐钢各子公司,可见河北理工

第五章　创新极的网络结构

大学和唐钢在这一时期的唐山市钢铁产业创新网络中占据着重要位置，是网络中参与知识合作的重要成员（其他编号代表的创新主体见附录C）。

在该网络中，存在着 12 个"独立者"，并且从 2000 年到 2007 年的八年间，这 12 个创新主体与其他创新主体之间从未进行过知识合作。

2. 网络密度

网络密度，可以反映网络图中各个结点之间联络的紧密程度，固定规模的点之间连线越多，网络图的密度越大。在唐山市钢铁产业创新网络（2000～2007）中，河北工业大学与唐钢股份公司、唐钢总部的关系权重最大，分别为 51、46，网络密度为 0.0714。

3. 关系强度

运用 UCINET6.0 软件包中 NETDRAW，绘制出唐山钢铁产业创新网络图（见图 5.4）。图中的点代表各个行为主体，点之间的连线表示各主体之间合作关系的存在，线的粗细表示关系的强弱。

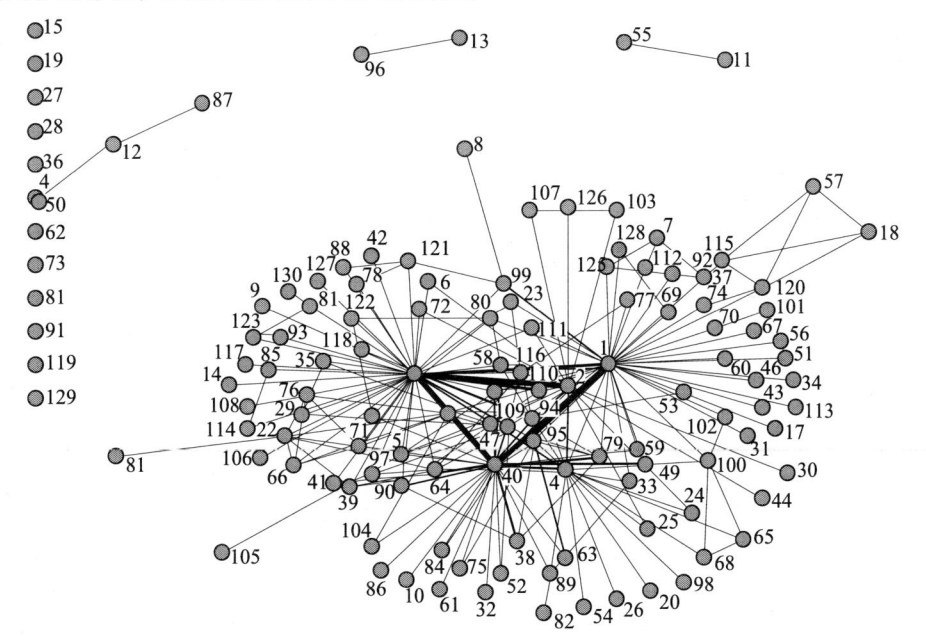

图 5.4　唐山市钢铁产业创新网络图（2000～2007）

从图 5.4 中可以看出，3 和 40、1 和 40、3 和 45 之间的连线最粗，其表示行为主体唐钢股份公司与河北理工大学、唐钢总部与河北理工大学、唐钢股份公司与唐山科技职业技术学院之间的知识合作关系最紧密，八年间的合作频次分别达到 51 次、46 次和 22 次。

4. 中心性量化分析

运用社会网络分析软件 UCINET 对唐山市钢铁产业创新网络（2000～2007）进行中间中心行分析，部分分析结果见表 5.10。

表 5.10 唐山市钢铁创新极网络中间中心度数值（前 20 位）

编 号	中间中心度	编 号	中间中心度
1	5576	5	224
3	5008	120	217
40	2455	116	212
4	1672	47	161
2	1444	100	80
99	248	109	65
94	247	80	50
95	236	64	48
16	232	45	32
22	225	38	31

中间中心势指数 = 33.15%

由上表可以看出，1、3、40、4 和 2 的中间中心度是所有创新主体中最大的，它们所代表的唐钢总部、唐钢股份公司、河北理工大学、唐钢各子分公司和唐钢技术中心是创新网络中比较关键的元素，对于控制信息与知识的流动起着至关重要的作用。唐钢总部等五个创新主体与其他创新主体之间有着较多的联系，它们的点度中心度也较高，即它们除了在创新网络中最能控制资源，还具有较强的知识创新能力以及与其他主体合作的能力。就整个创新网络来说，中间中心势等于 33.15%，这说明，整个创新网络的中心势不太高，并且具有关键位置的创新主体对其他主体的影响程度不太大。

5. 创新块分析

采用 CONCOR 方法研究唐山市钢铁产业创新网络（2000～2007）中的"创新块"。总体来说，该网络可分为 8 个创新块，如下：

第一创新块：1、83、3、4、5、71、39、104、41、10、75、52、110、79、63、16、49、58、84、89、86、38、116、32、90、95、61、64；

第二创新块：21；

第三创新块：23、47、109、130、2、124、93、118、66、14、85、9、42、76、40、78、111、35、121、97、114、123、88、117、22、108、106、122、127、29、45、94；

第四创新块：72、6、126、44、30、103、107；

第五创新块：77、101、60、100、17、113、56、43、37、34、80、112、33、74、67、51、69、70、31、7、125、53、99、59、46、102、92、128；

第六创新块：120、115、18、57；

第七创新块：105、68、24、8、20、98、12、11、87、26、50、96、82、55、54、25、13、65；

第八创新块：81、48、36、119、73、91、28、19、62、27、129、15。

各个创新块之间的密度见表5.11：

表5.11 七个创新块的密度矩阵

	1	2	3	4	5	6	7	8
1	**0.204**	0.000	0.422	0.010	0.057	0.018	0.022	0.000
2	0.000		0.063	0.000	0.000	0.000	0.000	0.000
3	0.422	0.063	**0.074**	0.036	0.006	0.000	0.003	0.000
4	0.010	0.000	0.036	**0.095**	0.000	0.000	0.000	0.000
5	0.057	0.000	0.006	0.000	**0.013**	0.009	0.006	0.000
6	0.018	0.000	0.000	0.000	0.009	**1.167**		0.000
7	0.022	0.000	0.003	0.000	0.006	0.000	**0.033**	0.000
8	0.000	0.000	0.000	0.000	0.000	0.000	0.000	**0.000**

R – squared = 0.019

由表5.11分析结果可知，第六个创新块的密度系数最大，为1.167，这表明第四个创新块的成员之间的在知识合作问题上联系紧密；从图5.4中可以看出，其成员120（北京冶金设备研究设计总院）、115（北京钢铁设计研究总院）、18（唐山华科冶金技术开发有限公司）和57（本溪钢铁集团公司）两两之间都互有联系，不难理解其密度系数最大。而第八个创新块密度系数为

0，表明其成员之间的没有产生联系，它们都是"独立者"，与其他创新主体之间也没有联系。第二个创新块中只含有一个成员，因此其密度系数为空。

5.3.6 两个时段的唐山市钢铁产业创新网络的比较分析

1. 总体比较

总体来看，唐山市钢铁产业论文发表总数和论文合作总数都是呈现出上涨态势，到2000年达到一个小的峰值，2001年都有所回落，之后都是稳步上涨，并且最近两三年内的数值涨幅较大。这说明，唐山市钢铁产业创新网络的整体知识创新能力随时间而逐步加强，并且创新主体之间的合作越来越紧密，发展趋势良好。见图5.5。

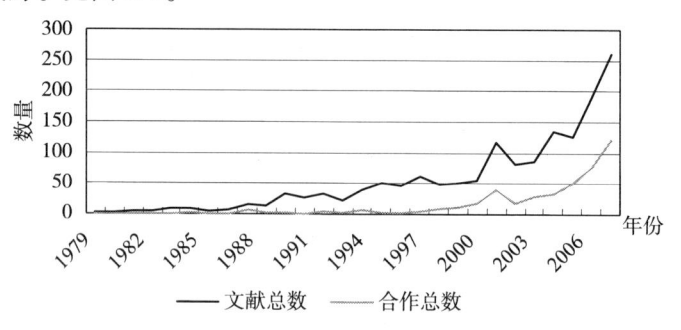

图 5.5 唐山市钢铁产业科技论文发表情况（1979～2006）

从相对值来考虑，相对于论文发表总数，每年的论文合作总数变化比率浮动比较大（见图5.6）。1997年之前这一比率变动比较大，1980年、1984年和1987年达到较大峰值，但这不能说明当时的创新主体之间的关系密切，因为其联系频次的绝对值相对很小。1997年之后，这一比率值呈波浪线状上升，表明这一时期相对于唐山钢铁产业论文发表总数的增长，创新主体之间合作发表论文的数量以更大的比率增长，唐山市钢铁产业创新网络呈现出创新合作越来越紧密，越来越频繁的良好态势。

2. 关系强度比较

马岑（Mardsen，1990）认为对关系强度的测量有两个方面：关系维持的时间和关系的深度。在本研究中只涉及关系的深度。关系的远近是测量深度的最好指标，可以用关系发生的频次来表示。

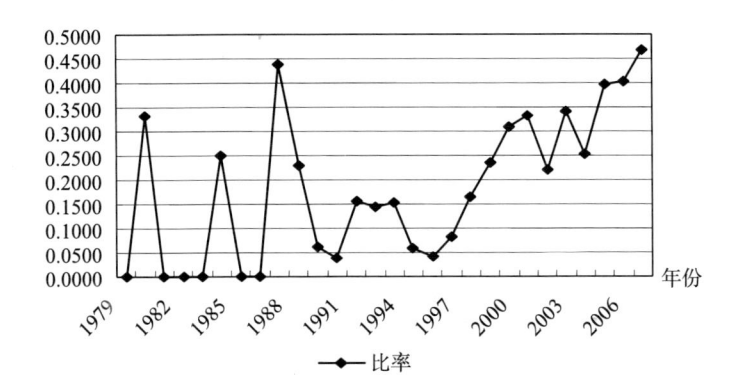

图 5.6 唐山市钢铁产业科技论文发表增长率（1979~2006）

表 5.12 唐山市钢铁产业创新网络两个时期的创新主体交往频次部分比较

年份	创新主体 A	创新主体 B	交往频次
1979~1999	唐钢总部	北京科技大学	13
	唐钢总部	河北理工大学	7
	唐钢股份公司	北京科技大学	5
	唐钢总部	唐钢各子分公司	3
	唐钢总部	冶金部钢铁研究总院	3
	唐钢总部	北京钢铁学院	3
	遵化市钢铁厂	唐山工程技术学院	3
	唐钢股份公司	河北理工大学	3
	唐山市冶金锯片厂	北京钢铁学院	3
2000~2007	唐钢股份公司	河北理工大学	51
	唐钢总部	河北理工大学	46
	唐钢股份公司	唐山科技职业技术学院	22
	唐钢技术中心	唐钢股份公司	21
	河北理工大学	东北大学	20
	唐钢股份公司	北京科技大学	17
	滦河集团	石家庄钢铁有限公司	13
	唐钢总部	唐钢股份公司	11
	唐钢各子分公司	河北理工大学	11
	宣化钢铁公司	河北理工大学	11

表 5.12 中反映了两个时期唐山市钢铁产业创新网络中交往频次较大的创新主体，总的来看，后一时期的交往频次要远大于前一时期。

前后两个时期的唐山市钢铁产业创新网络的主要创新主体变化不大，有唐钢、唐山大学、河北理工大学、北京科技大学（作为创新网络的外围联系主体）等，但是后一时期的创新网络的规模比前一时期要大得多。从横向上来看，创新主体之间的知识交流合作频次越来越大，比如唐钢总部和河北理工大学之间的合作频次由 7 次上升到 46；从纵向上看，随着时间进展，创新网络中的主体越来越多，与同一创新主体产生联系的创新主体数量增多，这是由度数来反映的，比如，唐钢总部的度数由 59 增到 135，河北理工大学的度数由 14 增至 243。

3. 小结

通过对上面各项进行分析，我们可以得出唐山市钢铁产业创新网络的特征如下：

（1）在 1979~1999 年间的唐山市钢铁产业创新网络中，有 41 个创新主体是高校和科研机构，除去 19 个独立者之后，高校和科研机构在创新主体中占的比例仍能够占到 52.9%；在 2000~2007 年期间，高校和科研机构的数量达到了 54 个。这充分说明在唐山市钢铁产业创新网络中，高校和科研机构是主要的知识创新的主体，产学研合作的局面正在形成。在创新网络中，作为知识创新主体的高校和科研机构的主要功能是向社会提供新的科学知识，为企业提供技术来源。除此之外，高校是人才培养的场所，可帮助企业进行知识更新，培养创新人才。

（2）虽然唐山市钢铁产业创新网络的密度值比较小，但我们从其创新网络图中就可以看出，创新主体之间的合作、知识流动是比较频繁的，并且频次绝对值较高。众所周知，创新的本质在于知识的创造和流动，创新是知识流动的结果，因此，作为一个重要环节，知识流动在创新极系统中占据重要地位。知识流动顺畅，则创新容易发生，创新网络的总体创新绩效也较高，转而推动知识更好地流动，形成一个良性循环。

（3）由于创新网络的最大特点是开放性，唐山钢铁产业创新网络的主体中就有相当于部分是区域外的主体。虽然从地理位置上来说，它们处于创新网络的外缘，但它们对唐山钢铁产业知识创新的影响不容忽视，占据重要地位。

比如北京科技大学、北京钢铁学院和冶金部钢铁研究总院等，它们在创新网络中与唐钢、唐山国丰钢铁有限公司等区域内企业有着密切的合作关系，对唐山钢铁产业的知识创新有着非常重要的作用。

（4）唐山市钢铁创新极已突破临界规模，初步形成唐山市区域创新系统的主导创新极。从科技论文合作的网络发展看，唐山钢铁产业经历了飞速的发展，创新网络的主体也涵盖了产、学、研各类机构，形成了以唐钢等几个主导企业为核心的开放的、完善的创新极，很好地带动了唐山区域创新系统的创新绩效。

第六章　区域创新极演化模型

由多个企业组成的企业群体即为产业，我们将这些产业中具有一定规模、对区域有带动作用且具有发展持续力的产业看做创新极。按照企业创新及其扩散的机制进行归类集合，这些创新极可以分为全部由 non–R&D 企业构成的无精英企业创新极、由少数 R&D 企业与多数 non–R&D 企业构成的存在精英企业的创新极、全部由 R&D 企业组成的创新型企业创新极三种。每一种类型的创新极的创新扩散速率和演化情景是不同的。本章我们主要介绍前两种创新极类型：以专业化的供应商企业、以供应商为主导的企业为构成的基本无差别的 non–R&D 企业共存群体，即无精英企业创新极，和以新技术为依托的企业、以高新技术为基础的技术密集型企业为构成的少数精英 R&D 企业与多数 non–R&D 企业构成的精英共存群体，即精英企业创新极。

6.1　无精英企业创新极演化模型与仿真

6.1.1　无精英企业创新极概述

无精英企业创新极往往是专业化的供应商企业和以供应商为主导的企业构成，它的特点是由供应性生产主导企业构成。无精英企业创新极包括以下企业：

（1）生产要素的专业化供应商企业。例如仪器、元件等供应商，主要以机械、软件、设备不断更新或增加等方式，设计研发专业化的生产投入要素，并且和大型企业有紧密的相关性。它们往往很少进行自主研发，规模通常较小，以调整、改进的形式向高级用户及大型企业学习，并将积累的新技术和消费者的需求联系在一起。所以生产要素的专业化供应商企业要时刻关注消费者的需求变化来调整自己的机械、仪器以及软件等。

有"中国丝网之乡"和"中国丝网产业基地"之称的河北省安平县就是生产要素的专业化供应商企业的典型，安平丝网是河北安平县的特色产业，已经发展成为省级龙头经济，丝网特色产业集群已初具规模。安平丝网作为全国丝网界的主要供应商，从最初的应用于工农业部门和科研领域，后来根据不同消费者的需求不同，生产研发了各种类型的丝网，满足各种领域的消费者的需求特点。因为安平丝网产业内的企业产品、工艺、规模、市场基本相同，这就决定了企业的创新手段主要是依靠引进新设备来完成的，安平丝网将不同消费者的需求反馈和从高级客户中得来的技术积累与自身的技术联系起来，通过设备的不断更新发展壮大，成为生产要素的专业化供应商企业获得成功的一个典型案例。

（2）以供应商为主导的企业。大多数中小型企业都是以供应商为主导的，例如一些传统产品和服务。这些企业往往总是依靠供应商的生产投入来进行技术创新。这就是我们下面所提到的产业关联效应，作为供应商的下游企业进行创新主要取决于上游的供应商，因而无法将自身的技术转化为竞争优势，但是随着信息技术的应用与普及，在以供应商为主导的中小型企业中，信息技术在未来发展中的作用越来越大，尤其是在进行协调和流水式生产线的服务部门，这样这些企业可以通过购买、维护供应商提供的信息技术来提高自己的技术竞争优势。但是这样就会出现一个问题，购买、采用、维护这些信息技术可能会被所有小企业模仿，那么独特的竞争优势还存在吗，还会有核心竞争力吗？答案是肯定的，因为只要供应商提供的软件技术难以模仿，具有高度的保密型和技术专业性，那么独特的竞争优势还是存在的。所以以供应商为主导的企业的竞争优势来源主要是整合和适应供应商的创新。所以供应商和其下游企业之间是存在紧密的影响关系的。例如，唐山的支柱产业之一是黑色金属矿采选业，金属制造业和专用设备制造业是黑色金属矿采选业的下游产业，黑色金属矿采选业通过采取技术创新提高工业产值，那么相应的下游企业也会增加工业产值。通过唐山相关工业行业总产值我们可以知道下游产业的产值趋势和上游产业的产值趋势保持一致。所以供应商采用了创新技术使得工业产值增加，会导致下游以供应商为主导的企业工业产值保持增加态势。

（3）信息密集型企业。信息密集型企业主要是服务部门，包括金融业、零售业、出版业、电信业和旅游业。这些产业主要是由大规模的具有高信息技术密度的企业组成和流通企业组成的服务部门。创新可能聚焦在服务的交互作用上，应用信息系统和信息技术更快捷地为客户服务是信息密集型大型企业的主要竞争优势。通过不断更新和完善 IT 技术和信息技术来提供更便捷、更具有人性化的产品，来不断满足客户的需求。

综上所述，无精英企业创新极中的三种企业类型的创新特点都不一样，进行创新研发的方式与方法不同，并且区域的环境不同，使得不同的企业类型进行创新的技术轨迹和创新战略任务不同（杨旻，2007），如表 6.1 所示。

表 6.1　无精英创新极企业的技术轨迹及创新战略选择

企业类型	创新技术轨迹	创新战略选择（或任务）
专业化供应商企业	这种企业的规模一般较小，以机械、仪器、软件增加或更新的形式，为复杂的生产系统、信息处理系统和产品开发系统提供高效益的投入。该种类型企业的技术创新轨迹是不断尝试生产设备的调整与改进，满足不同消费者的需求偏好，并且从消费者中得到反馈信息并进行技术积累，不断适应不同消费者或同一消费者的新需求	专业化供应商企业的技术积累主要来源于消费者的需求和信息反馈，并且与高级用户（通常是大企业）联系紧密并从中得到益处，它们自身往往很少从事研发创新工作，所以专业化供应商企业应该将关注度更多地投入与高级用户和消费者的关系上，使得自身的技术更能满足用户需求
以供应商为主导的企业	以供应商为主导的企业创新主要来源于供应商机械、仪器、软件的增加和更新。该类型的企业一般具有专业性技术，然而这种专业性技术应用的范围相对比较稳定，所以技术创新轨迹是以改进和调整生产方式和相关投入作为重点	以供应商为主导的企业进行创新主要依赖供应商企业，供应商企业会提供越来越广泛的信息技术，所以以供应商为主导的企业要通过购买或合作方式获得这些信息技术，提高自身的竞争力，并且开发以信息技术为基础的新机会
信息密集型企业	信息密集型企业的技术创新轨迹是采用其他部门的技术，很多创新活动形式都表现为"供应商驱动"，随着信息产业的兴起，信息密集型企业越来越广泛地应用了 IT 技术，在分配、协调部门应用和完善信息系统和信息技术成为信息密集型企业创新的焦点。所以创新主要来源于提供软件的供应商，设计和操作复杂的信息处理系统，来更好地提升顾客服务质量	通过信息密集型企业创新轨迹我们可以看出这种类型的企业进行创新是使得部门服务形成工业化和模块化。那么信息密集型企业的创新战略任务就是使这些以信息技术为基础的服务与用户需求相匹配，提供更便捷、更全面、更具人性化的服务种类

无精英企业创新极中企业的产品、工艺、规模、市场基本相同,这种企业群体的特点是产业中没有企业进行创新领先战略,全部使用创新学习战略,创新轨迹主要是新技术、新设备的引进,属于单纯的技术扩散问题。

在无精英企业创新极中,由于企业的产品、工艺、规模、市场基本相同,所以一种新设备或新技术出现的时候,产业内的企业往往都会采用,相对的不确定性或风险性较少。例如清河羊绒是县域的特色产业,产业内的企业规模都相对较小,是一个小创新极,且生产工艺和产品类型都很相似,这种创新极进行创新的来源主要是依靠互相学习模仿,产业创新往往来源于设备的更新或新技术的引进,当一种新设备出现并比起旧设备来说,得到更高的经济效益的时候,那么产业内的所有企业均会采用。这类创新极的创新演化情景往往演变成技术替代问题,即何时更新设备或何时引进新技术的问题。

赵国杰(1997)曾经就设备更新问题提出了动态沉没成本概念,他认为沉没成本不计原则应该是一种动态的,动态沉没成本是指在确定了设备更新时间是在 t_n 年,那么从选定的基础比较年份 t_0 开始到 t_n 年的所有费用都是沉没成本,所谓动态沉没成本不计原则是指该成本不应计入旧设备继续使用时的费用现金流之中。那么怎么确定更新时机呢?若现有设备的总成本大于使用新设备的总成本,往往就会进行设备的更新换代,所以我们首先要计算出来现有设备的剩余经济使用寿命为 t^* 年,然后计算新设备的经济寿命,对新旧设备的年均总费用(AC)进行比较来确定设备的更新时机,用系统框架图 6.1 来描绘出来。

从宏观层面上看,当企业比较了新旧两种设备的总成本和带来的经济效益时,就会确定出是否进行设备更新和何时进行设备更新,由于这种创新极是由基本无差别的 non-R&D 企业组成的,企业面向的市场以及自身的工艺产品基本相同,这种创新极主要以专业化的供应商企业和以供应商为主导的企业为主,所以创新沿价值链进行扩散,专门化分工是这些创新极的基本特征,价值链上的企业之间由于长期的交易合作关系形成了相互之间的依赖,使创新知识更容易沿着价值链向上下游扩散,当价值链中有一家企业采用了新设备或其他技术替代时,上下游的相关企业为了能够跟它保持相同的技术水平,必然会加强对创新设备或其他技术替代学习的主动性,并且采用新设备或其他技术替代的企业出于自身利益的考虑也会尽力帮助价值链上相关企业进行学习。所以无

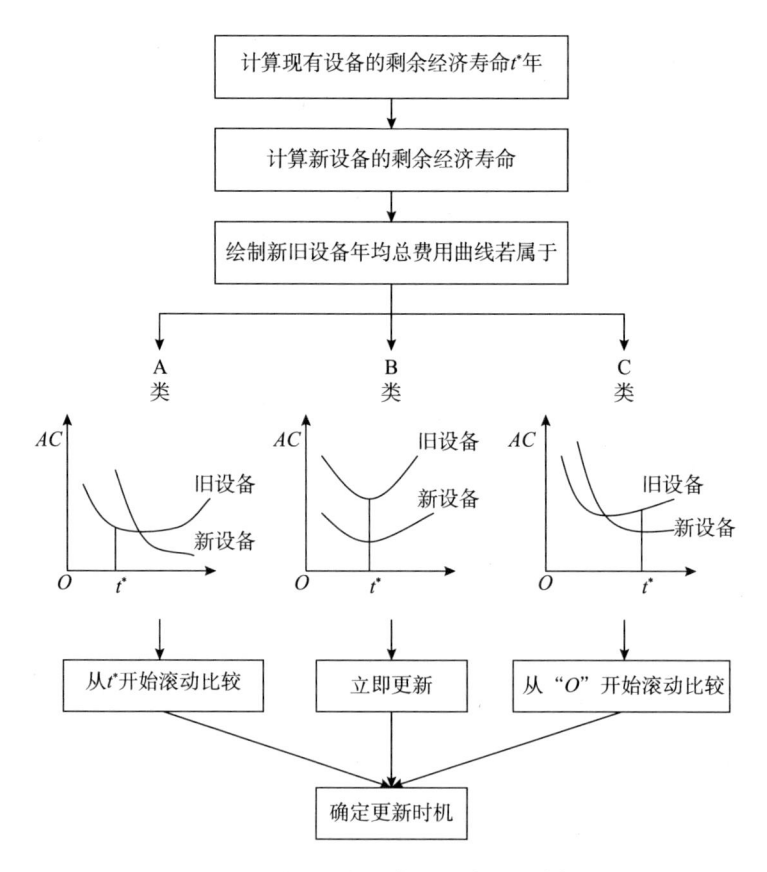

图 6.1 企业进行设备更新的时机选择

精英企业创新极只要有一个企业进行了设备更新，势必会波及整个产业，并在整个产业及上下游产业中进行普及。这种创新极中企业采用新设备或引进新技术并取得成功后，其他企业首先处于观望态度，继而进行学习，在同行业内得到迅速普及，学习型的企业数量迅速增加直至在同行业中得到全部应用，这一过程符合蚁群算法中的正反馈机制。这类创新极的特点是信息的透明度是最高的，所以达到统一的创新水平，即达到统一的技术经济指标优度（技术经济指标优度包括三个方面：技术经济指标、企业面向未来的战略和企业的财务绩效）的时间最短，创新技术扩散速率也是最快的。

从微观层面上看，无精英企业创新极的创新是在我们前面提到的更替性技术创新扩散的情景下展开研究的，也就是说企业采用创新的行为依据是经济决策分析。设 T_0 表示企业继续沿用现在的技术，T_1 表示企业采用新设备等技术替代创新，那么在某一时刻 t 不同的企业采用决策取决于企业对 T_0 和 T_1 的比较以及企业之间的相互作用，换句话说就是考虑了创新成本后的经济效益的比较和整个产业内所有企业的创新状态。无精英企业创新极的创新主要依赖于随大流，因为自身并不具有自主研发能力，即当出现一种新设备或其他替代技术时，企业会选择学习模仿并且引进这种设备来达到高一级的技术经济指标优度，不同的仅仅是选择更新设备的时机不同。

6.1.2 蚁群算法

创新极内的技术扩散问题，类似于生物界中蚁群觅食现象。每一只蚂蚁类似于一个企业，每一个蚁群类似于一个创新极，其觅食留下的路线类似于技术扩散。本章拟用蚁群算法模型，来探索创新极内的技术扩散问题。蚁群算法的相关理论如下。

1. 蚁群算法的特征

在生物界中蚂蚁视盲，但是从巢穴到食物源的发现过程中，往往存在着最佳路线，那么觅食就具有一定的规律，它们通过何种媒介进行信息传递的呢？就是蚂蚁留下的分泌物。当一只蚂蚁沿着一条路线寻找食物时，它会释放分泌物，在其他蚂蚁觅食时，就会检测到这种分泌物，同时又会释放自己的分泌物，这样这条路线上的分泌物浓度就会加强，随着蚂蚁的数量越来越多，该条路径上的分泌物浓度就会远远超过其他路径，那么最佳路径就逐渐形成了。蚂蚁留下的分泌物我们将之称为信息素。蚂蚁能够在前方几条不同通往食物的路线中觉察出哪条路线上的信息素浓度较高，并沿着该条路径移动同时释放自身的信息素，而且当其移动遇到障碍物时，它会随机选择另一个方向或其他路径上的信息素浓度指引进行觅食行为（张纪会，徐心和，1999）。

但是有一个问题存在，当生物界中的蚂蚁遇到障碍物时，假设有另外两个方向进行选择，其中一条长度是 6，另一条长度是 7，理论上说在相同的时间内，应该是选择长度 6 的蚂蚁数量最多，即信息素浓度最强，但是实际上生物界中如果蚂蚁率先接触了较长的路径之后，那么较长的路径上就已经有了信息素浓度，即使再出现较短路径，蚂蚁仍会选择该较长路径，不会选择捷径的。所以人们就模仿生物界中的蚂蚁，模拟了人工蚂蚁，即人工蚂蚁即使先选择了较长路径,通过发明信息素衰减,使信息素浓度迅速蒸发,人工蚂蚁仍能选择较短路径。

蚂蚁觅食是一个群体集聚行为,人工蚂蚁具有群体智能性,那么人工蚂蚁群体具有以下特点:

(1) 群体涌现。最佳路径的形成并不是一两只蚂蚁探索出来的,这是一个群体选择行为,每个蚂蚁不是孤立的,它们之间进行着信息传递,从而表现出整体大于部分的功能,最佳路径的形成是在一个复杂系统中群体涌现的结果。

(2) 正反馈机制。这是蚁群算法的核心思想,蚂蚁在觅食过程中总是选择路径上信息素浓度最高的路径,路径上的信息素浓度越高,蚂蚁选择这条路径的概率越大,随之经过该条路径的蚂蚁逐渐增加,该条路径上的信息素浓度也越来越高,这就是一种正反馈机制,信息素浓度高的路径浓度越来越高,信息素浓度低的路径浓度越来越低,最后形成了一条最佳路径。

(3) 信息传导溢出机制。如果每个蚂蚁觅食后不留下自身的分泌物来引导其他蚂蚁也选择这条路径,那么蚂蚁的觅食过程将会是一种无序且没有任何规律的低级行为,正是由于蚂蚁之间的信息传导溢出使得最佳路径上的信息素浓度越来越高,使整个蚁群选择该条路径的概率增大。

(4) 随机性。蚂蚁在觅食过程中会选择不同的路径进行尝试,每条路径都是随机选择的,只不过选择信息素浓度高的路径的几率大,人工蚂蚁中引进随机因子,确保蚂蚁接触不同的路径,从而避免群体迷失或找到最优路径的替代路径。

这与创新极进行创新演化的特征不谋而合,产业创新正是由于企业对创新行为的正反馈机制作用,只不过蚁群中对于蚂蚁的种类没有进行区分,而在第二种创新极中的企业是不同的,一部分是创新型企业,一部分是模仿学习型企业。创新产业的形成过程,关键是单个企业技术创新的涌现和其他企业学习模仿行为,这个过程类似于蚁群觅食过程。首先,创新型企业实现技术创新并影响产业市场变化。其次,学习模仿型企业接受到创新型企业技术创新信息向量和产业市场变革信息向量,决策何时学习模仿创新型企业技术创新。最后,通过技术创新信息向量和产业市场变革信息向量的正反馈机制,使得学习模仿型企业均实现技术创新后则实现了一次产业技术创新。

2. 蚁群算法模型

因为蚁群算法有初值敏感，初始状态时某一条路径上的信息素浓度高会影响蚂蚁选择路径的判断，使蚂蚁选择该路径的概率增大，即使它并不是最佳路径，由于蚁群有正反馈机制，使得这条路径上的信息素浓度越来越大，这样会造成蚂蚁群体的迷失，所以初始信息素浓度会影响蚂蚁选择路径的结果（吴启迪，汪镭，2004）。

在应用蚁群算法时，我们通常假设初始各路径上的信息素浓度为 0 或某一常数，这样蚂蚁选择每条路径的概率都是一样的。

在蚁群算法的初始时刻，将 m 只蚂蚁随机地放到 n 个城市，令各边上的信息素量均等，即假设 $\tau_{ij} = 0$。蚂蚁通过每条路径上的信息素浓度和两个城市之间的距离进行路径的选择，在 t 时刻，蚂蚁 k 从 i 城市移动到 j 城市的概率为

$$p_{ij}^k(t) = \begin{cases} \dfrac{[\tau_{ij}(t)]^{\alpha} \cdot [\eta_{ij}(t)]^{\beta}}{\sum\limits_{x_s \in \text{allowsd}_k}[\tau_{is}(t)]^{\alpha} \cdot [\eta_{is}(t)]^{\beta}}, & x_j \in \text{allowsd}_k \\ 0, & 其他 \end{cases} \quad (6.1)$$

式中 allowsd_k 为第 k 只蚂蚁当前移动经历的第 s 个城市；

$\tau_{ij}(t)$ 为 t 时刻从 i 城市移动到 j 城市的信息素强度；

$\eta_{ij}(t)$ 为 t 时刻从 i 城市移动到 j 城市的可见度因数，α 和 β 为两个参数，分别反映了信息素和可见度因数的相对重要程度。

但是随着时间的推移，路径上的信息素会进行挥发，即信息素浓度会降低，所以我们应该将信息素进行更新，更新规则为

$$\tau_{ij}(t+n) = (1-\rho)\tau_{ij}(t) + \Delta\tau_{ij} \quad (6.2)$$

ρ 表示信息素的蒸发系数。

$$\Delta\tau_{ij}^k = \begin{cases} \dfrac{Q}{L_k}, & 若蚂蚁 k 在本次周游中经过边 l_{ij} \\ 0, & 其他 \end{cases} \quad (6.3)$$

式中 $\Delta\tau_{ij}^k$ 为第 k 只蚂蚁经过边 l_{ij} 上的单位信息素量；

Q 为蚂蚁释放在所经路径上的信息素量，是一常数。L_k 为第 k 只蚂蚁在本次周游中所走过的路径长度和。如果蚂蚁 k 没有经过边 l_{ij}，则 $\Delta\tau_{ij}^k$ 的值为 0。

6.1.3 创新极创新演化模型

1. 创新极发展演化概述

创新极发展演化是指产业的产生、生长、发展及其演化的过程。创新极发展演化既包括了单个创新极的发展演化，也包括了创新极总体的演进。然而，本节主要关注的是创新极的发展演进问题，也就是单个创新极的发展演进问题。就单个创新极而言，创新极的发展演化是指单个具体创新极的产生、生长、发展、繁荣直到衰亡的过程。

假设某创新极内企业的数量是 M，$M = m_1 + m_2$，其中 m_1 是创新型企业数量，m_2 是学习模仿型企业数量。m_1 和 m_2 中的企业在不同时间、不同技术创新项目上是可以变换的。认为 M 中的企业是可以有差异的，其差异主要用技术经济指标反映，因而这些企业可以形象地分布在该创新极技术变革路线图上。那么，这些企业在一定的考察观测时期内在其创新极技术变革路线图上技术经济指标状态呈现递进过程和现象，即企业技术创新活动与企业群体技术经济状态演进过程，我们称之为创新型创新极形成过程。

创新型创新极的形成过程，关键是单个企业技术创新的涌现和其他企业学习模仿行为，这个过程类似于生物界的蚁群觅食过程。首先，创新型企业实现技术创新并影响创新极市场变化。其次，学习模仿型企业接受到创新型企业技术创新信息向量和创新极市场变革信息向量，决策何时学习模仿创新型企业技术创新。最后，通过技术创新信息向量和创新极市场变革信息向量的正反馈机制，使得学习模仿型企业均实现技术创新后则实现了一次创新极技术创新。这个过程中，创新型企业的技术创新活动具有随机性，学习模仿型企业的学习模仿行为也具有随机性，创新极技术创新可以进行多次。因此，该创新极技术变革路线图是一定时期创新极内企业群体的技术创新活动轨迹，也具有随机性。

2. 创新型创新极演化模型

首先，有如下假设：

（1）企业状态。在创新极技术变革路线图上，企业 k 的状态为（A^*，B），$k = 1, 2, 3, \cdots, m_1 + m_2$，$A^*$ 表示企业技术经济指标向量，$B = (B_1, B_2)$ 代表企业技术创新战略，B_1 代表企业技术创新领先战略，B_2 代表企业技术创新学习模仿战略。

（2）企业技术经济指标优度与企业技术经济指标优度状态集合。某企业的技术经济指标优度为 x，则该企业技术经济指标优度集合为

$$\vec{x} = \vec{x}(t) = (x_0, x_1, x_2, \cdots, x_T), \qquad t = [0, T] \tag{6.4}$$

（3）企业技术经济指标优度增量 Δx，$\vec{\Delta x} = (\Delta x_1, \Delta x_2, \Delta x_3, \cdots, \Delta x_T)$，$\Delta x$ 代表企业实现一次技术创新的技术经济指标优度增量。

（4）创新极态势 $\vec{Z}$。创新极态势是指某企业实现一次技术创新带来的创新极技术变革信息、企业技术创新信息和创新极市场变革信息的综合，反映企业从一个技术经济指标优度状态跳跃到高一级的技术经济指标优度状态的难易程度。

创新极技术变革信息向量 $\vec{Q}$ 包括区域内本创新极内技术变革信息向量 $\vec{Q_1}$、本创新极国内技术变革信息向量 $\vec{Q_2}$、本创新极国际技术变革信息向量 $\vec{Q_3}$，则 $\vec{Q} = \vec{Q_1} + \vec{Q_2} + \vec{Q_3}$。

企业技术创新信息向量 $\vec{R}$，是指已实现技术创新的若干企业技术创新信息向量。

创新极市场变革信息向量 $\vec{S}$，包括创新极市场竞争效率信息向量 $\vec{S_1}$ 和创新极市场垄断效率信息向量 $\vec{S_2}$。

$$\vec{Z} = (\vec{Q}, \vec{R}, \vec{S}) \tag{6.5}$$

创新极态势会随着地区制度的变化、创新极市场需求变化和创新极新技术发明而衰减。那么，就有如下结论：

（1）技术经济指标优度状态序列 $\vec{x}$，代表该创新极企业群体 M 经过一段时间经历的创新极技术变革路线轨迹；

（2）企业技术创新目标函数

$$F = \max \sum_{t=0}^{T} \vec{\Delta x} \tag{6.6}$$

企业 k 从技术经济指标优度状态 x_i 到技术经济指标优度状态 x_j 的状态转移概率为：

$$p_{ij}^k(t) = \begin{cases} \dfrac{[z_{ij}(t)]^\alpha \cdot [\eta_{ij}(t)]^\beta}{\sum\limits_{x_s \in \text{allowsd}_k} [z_{is}(t)]^\alpha \cdot [\eta_{is}(t)]^\beta}, & x_j \in \text{allowsd}_k \\ 0, & \text{其他} \end{cases} \tag{6.7}$$

式中　allowsd_k 为企业 k 下一步选择的技术经济指标优度状态；

$z_{ij}(t)$ 为 t 时刻从技术经济指标优度状态 x_i 转移到技术经济指标优度状态 x_j 的创新极态势；

$\eta_{ij}(t)$ 为 t 时刻从技术经济指标优度状态 x_i 转移到技术经济指标优度状态 x_j 的可见度因数，α 和 β 为两个参数，分别反映了企业在创新过程中所积累的经验信息和受创新极态势的启发信息在到达下一技术经济指标优度状态的相对重要程度。该创新极发展演化的路径示意图如图 6.2：

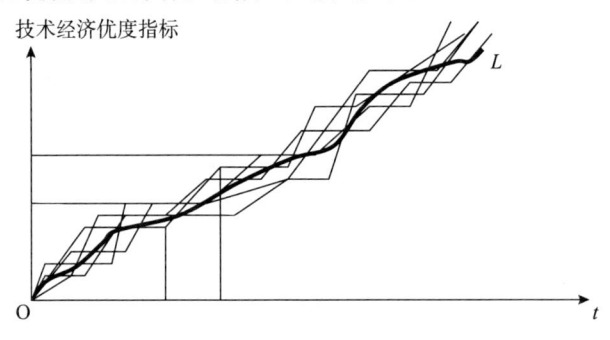

图 6.2　创新极发展演化的路径示意图

图 6.2 反映了创新极发展演化的路径图，它是通过研究中观层面的创新极与微观层面企业群体的构成及发展演化关系演变而来。通过将创新极看成是企业群体构成，并同假设具备一定的条件，进行推导演绎出以上创新极发展演化路径图，形象地反映了创新极的大体发展演化问题。

6.1.4　无精英企业创新极技术扩散

1. 创新极技术创新扩散建模

创新极的创新演化过程符合蚁群算法的正反馈机制原理，我们把创新极的技术创新扩散作为研究对象，在技术轨道不变的情况下采用蚁群算法进行建模。通过建模分析研究，我们可以用数学的语言对技术创新扩散的轨迹进行刻画。

创新极变革路线图是一个有效的技术创新规划工具，它能帮助我们很直观地观察到创新极的技术创新发展轨迹。进行建模必须要将复杂的实际问题进行必要的简化和假设，因此本节基于产业技术变革路线图 $G = \{V, E\}$ 来描述两种创新极的技术创新扩散过程，其中：G 表示创新极可行性技术变革路线图；$V = \{v_1, v_2, v_3, \cdots, v_n\}$ 为顶点集，表示技术创新路线中的 n 个企业状态。图中有且仅有一个开始节点和一个结束节点。$E = \{e_1, e_2, e_3, \cdots, e_m\}$ 为有向边集，表示状态之间的关联关系，即是技术变革效果增量。

其中，假设：

（1）蚁群算法中的蚂蚁即代表创新极内的企业；

（2）企业状态。在创新极技术变革路线图上，设企业数量为 M，企业 k 的状态为 (A^*, B)，$k = 1, 2, 3, \cdots, M$，A^* 表示企业技术经济指标向量，$B = (B_1, B_2)$ 代表企业技术创新战略，B_1 代表企业技术创新领先战略，B_2 代表企业技术创新学习模仿战略。企业在一段时期内的每一个技术水平状态为一个碑点，碑点集 $V = \{v_1, v_2, v_3, \cdots, v_n\}$ 是创新极技术变革路线图上的技术水平状态集合。

（3）企业技术经济指标优度与企业技术经济指标优度状态集合。某企业的技术经济指标优度为 J，则该企业技术经济指标优度集合为

$$\vec{J} = \vec{J}(t) = (j_0, j_1, j_2), t = [0, T] \qquad (6.8)$$

j_0 代表技术经济指标；

j_1 代表面向未来的企业战略；

j_2 代表企业的财务绩效。

（4）蚁群算法中的节点在技术创新扩散模型中我们称之为碑点，是企业的生产经营状态，用技术经济指标优度表示。

（5）企业技术经济指标优度增量 Δj，$\vec{\Delta j} = (\Delta j_1, \Delta j_2, \Delta j_3)$，$\Delta j$ 代表企业实现一次技术创新的技术经济指标优度增量。企业实现从一个技术水平状态跳跃到高一级的技术水平状态的幅度表示从碑点 v_i 到 v_j 的技术经济指标优度增量。

（6）企业技术创新目标函数

$$F_1 = \max \sum_{t=0}^{T} \vec{\Delta j} \qquad (6.9)$$

并且我们要设置创新投资限额，以创新投入、产值等为约束条件

$$F_2 = \min \frac{\sum_{i=1}^{n} x_i c_i}{\sum_{i=1}^{n} x_i q_i} \qquad (6.10)$$

c_i 为创新因素序列 i 的投资；q_i 为状态序列 i 的产值。

（7）创新极中企业集合 M 经过一段时间形成的创新极技术创新路线轨迹为 L。我们建立创新极技术创新扩散的模型，企业 k 从技术经济指标优度状态 j_i 到技术经济指标优度状态 j_j 的状态转移概率为式（6.7）。式中：allowsd$_k$ 表示企业 k 下一步选择的技术经济指标优度状态；$z_{ij}(t)$ 为 t 时刻从技术经济指标优度状态 j_i 转移到技术经济指标优度状态 j_j 的企业生产经营状态，企业生产经营状态，用技术经济指标优度表示（技术经济指标优度包括技术经济指标、企业面向未来的战略以及企业的财务绩效）；$\eta_{ij}(t)$ 为 t 时刻企业从前驱节点到后序节点的难易程度，即从技术经济指标优度状态 j_i 转移到技术经济指标优度状态 j_j 的难易程度，这与企业对新技术的投资多少、技术积累与学习的难度、组织实施的难度、市场变革的难度等风险有关，α 和 β 为两个参数，分别反映了注重模仿创新的重要性和强调自主创新的重要性。

蚁群算法的模型中很重要的概念：信息素浓度在企业群体技术创新扩散模型中表现为后序节点对前驱节点的影响力，用后序节点企业技术经济指标优度变化（信息素量之随机变量）和本企业从前驱节点到后序节点的技术经济指标优度期望值评价表示。信息素强度 Q 是信息素量之随机变量均值。我们前面提到，随着时间的推移，路径上的信息素会进行挥发，即信息素浓度会降低，企业群体的技术创新扩散也会有信息素的挥发，挥发因素为产业技术与创新政策的变化，市场需求的变化和新技术的威胁。

以唐山市为例，在无精英企业创新极中选取纺织业为代表（见表6.2～表6.4，来描述技术创新程度和技术创新速率的关系，用采用技术创新企业数量增长率来描述技术创新速率，见图6.3。用全员劳动生产率来描述技术创新程度（胡浩，2012），见图6.4。

企业增长率 = （本期企业数/上年同期企业数）×100% − 1

全员劳动生产率 = （工业增加值/从业人员人数）×100%

表6.2 唐山市纺织业企业数量

年份	2001	2002	2003	2004	2005	2006	2007	2008	2009	2010
企业数量（个）	22	24	25	27	29	33	39	43	60	69

表 6.3　唐山纺织业工业增加值

年份	1998	1999	2003	2004	2005	2006	2007	2008	2009	2010
工业增加值（万元）	26602	22490	28744	25647	27967	28054	31268	33567	34078	36012

表 6.4　唐山纺织业从业人员数量

年份	1998	1999	2003	2004	2005	2006	2007	2008	2009	2010
从业人数（人）	19674	16724	7167	6247	6586	5281	4004	4500	5078	6900

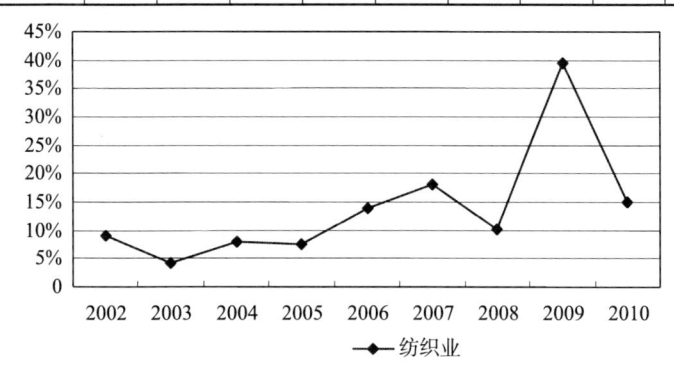

图 6.3　采用技术创新企业数量增长率

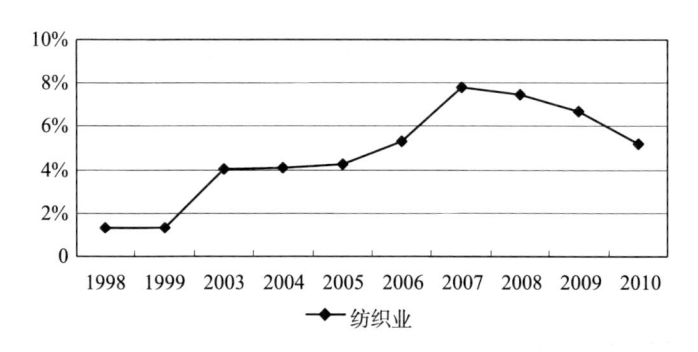

图 6.4　全员劳动生产率

模型预期结果：通过对无精英企业创新极进行技术创新及其扩散的研究，我们知道无精英企业创新极的技术创新路径是一条单一的不可逆递增曲线（参见图 6.5），并且技术创新扩散的速率较快。

2. 无精英企业创新极技术扩散的仿真研究

基于上述的蚁群算法模型，本节通过同一参照系下的各参数对技术创新扩

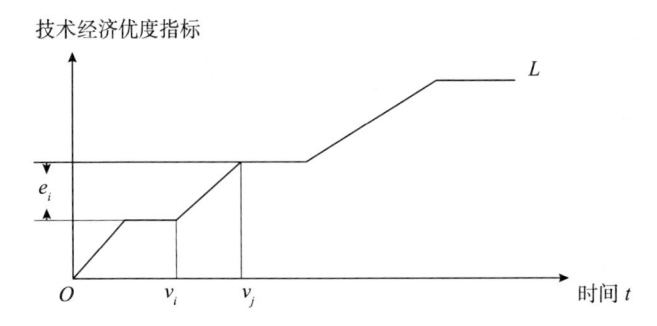

区域创新系统：多创新极共生演化模型与实证

图 6.5　无精英企业创新极实现技术创新的路径示意图 G_1

散的影响，分别仿真出两种创新极的最优技术变革路线图和技术创新扩散速率曲线[1,10]。

仿真系统主要参数有：我们假设技术创新扩散中的企业数量是一定的，$M=50$，迭代次数 $N=300$，企业的投资取 100 为限，并且对于信息素挥发原因，假定产业技术与创新政策变化的可能性为 10%，市场需求变化的可能性为 5%，新技术威胁的可能性为 20%，信息素强度 $Q=20$。我们用 MATLAB 软件进行仿真分析。在上面的研究中得知，对于两种不同的创新极，技术创新扩散效果主要取决于反映注重模仿创新重要性的 α 和强调自主创新重要性的 β，对于不同的 α 和 β，$\alpha \in [0,5], \beta \in [0,5]$，其模拟结果不同。

当 $\alpha > \beta$ 时，产业内企业更加注重创新的学习模仿，自主创新意识相对较弱，属于无精英企业产业。取 $\alpha=4$ 和 $\beta=1$，可得图 6.6 至图 6.7 模拟结果。

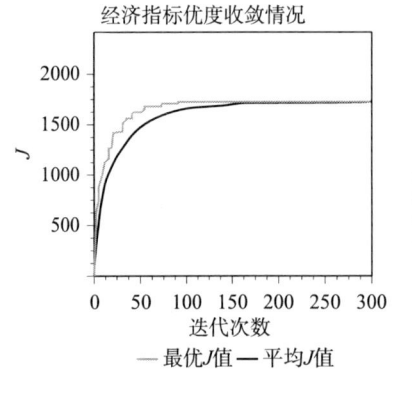

图 6.6　经济指标优度收敛情况
（$n=300$；$M=50$；$Q=20$）

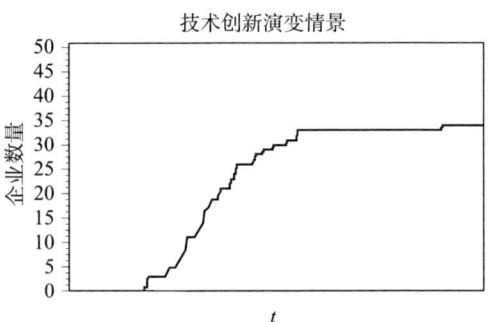

图 6.7　技术创新演变情景
（$n=300$；$M=50$；$Q=20$）

变换迭代次数 N、企业数量 M 和信息素强度 Q 的取值可得到图 6.8 至图 6.15：

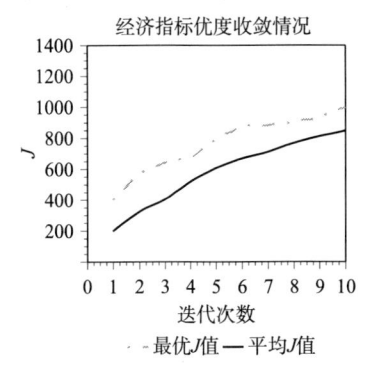

图 6.8　经济指标优度收敛情况
（$n=10$；$M=10$；$Q=20$）

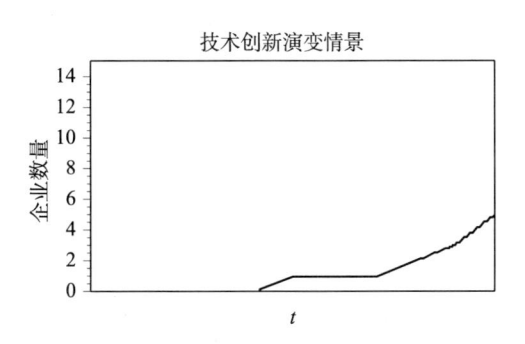

图 6.9　技术创新演变情景
（$n=10$；$M=10$；$Q=20$）

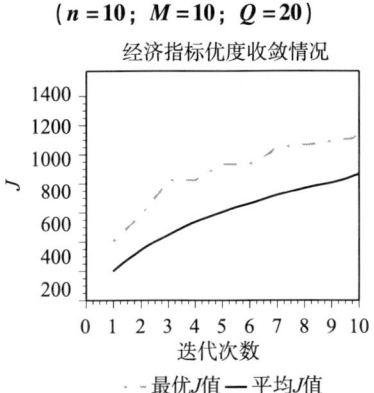

图 6.10　经济指标优度收敛情况
（$n=10$；$M=20$；$Q=20$）

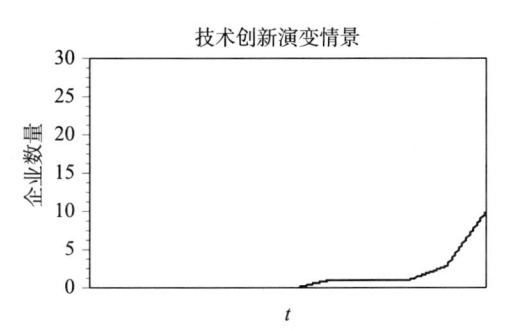

图 6.11　技术创新演变情景
（$n=10$；$M=20$；$Q=20$）

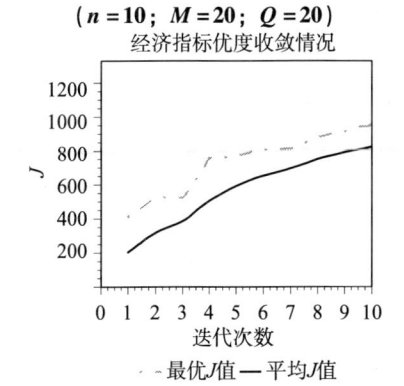

图 6.12　经济指标优度收敛情况
（$n=10$；$M=10$；$Q=60$）

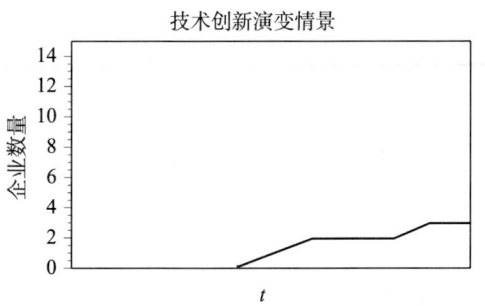

图 6.13　技术创新演变情景
（$n=10$；$M=10$；$Q=60$）

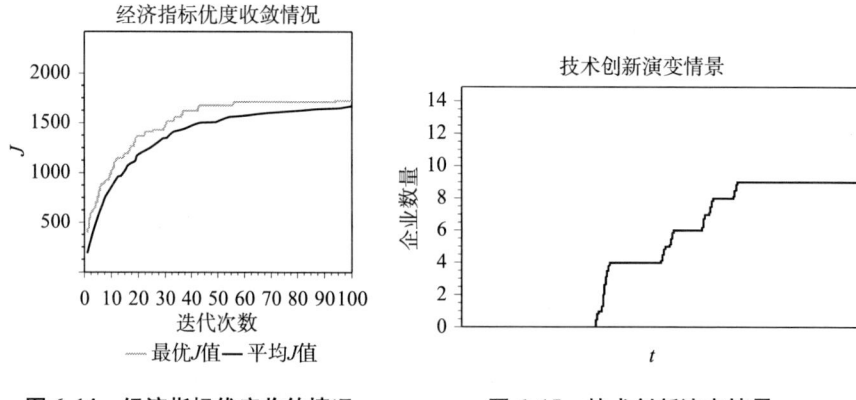

图 6.14　经济指标优度收敛情况
（$n=100$；$M=10$；$Q=20$）

图 6.15　技术创新演变情景
（$n=100$；$M=10$；$Q=20$）

图 6.16 展示了无精英企业创新极的技术创新路径是一条单一的不可逆递增曲线。随着时间的积累，产业的技术经济指标优度向上不断提高，同时仿真结果显示，无精英企业创新极的技术经济指标优度的提高较为清晰明朗，这表明产业内企业的创新活动和扩散具有同一性。

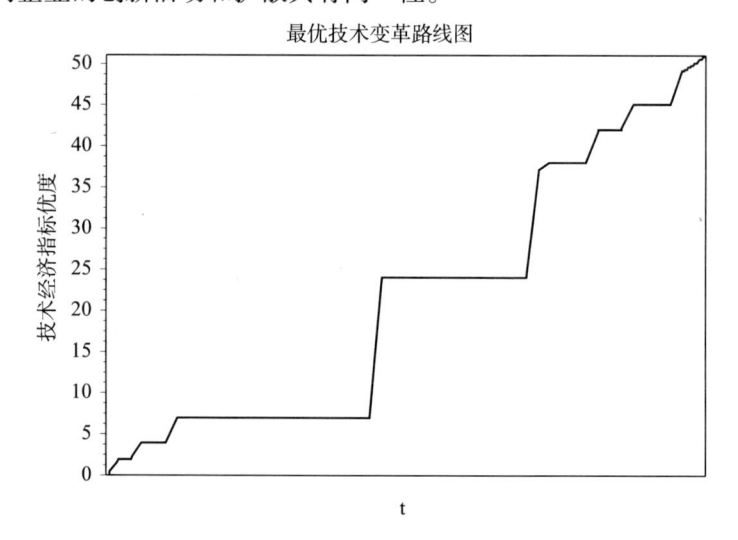

图 6.16　无精英企业创新极的技术变革路线图

通过反复变换迭代次数 N、企业数量 M 和信息素强度 Q 的取值，可以发现无精英企业创新极的成长规律和模式是一致的，都是从某一时点开始，技术经济指标优度明显提高，之后不久便较长时间内保持稳定，随后又在另一个时点开始，技术经济指标优度明显提高，如此周而复始，循环下去。这是因为这种创新极内没有进行自主研发的企业，企业从低一级的技术经济优度指标到达高一级的技术经济优度指标，都是通过引进新设备或新技术来实现的，这种模仿创新会迅速在产业内得到推广和扩散，因此产业的创新升级只有一条轨迹，具有较为清楚的可预见性。

由图 6.17 可知，无精英企业如果存在多条技术路线图，那么这些企业基本上都是沿着同一演化轨迹发展的，只有极个别的偶尔有所偏离，但最终的演化轨迹都是基本一致的。这与存在精英企业的产业技术演化路线图不同。

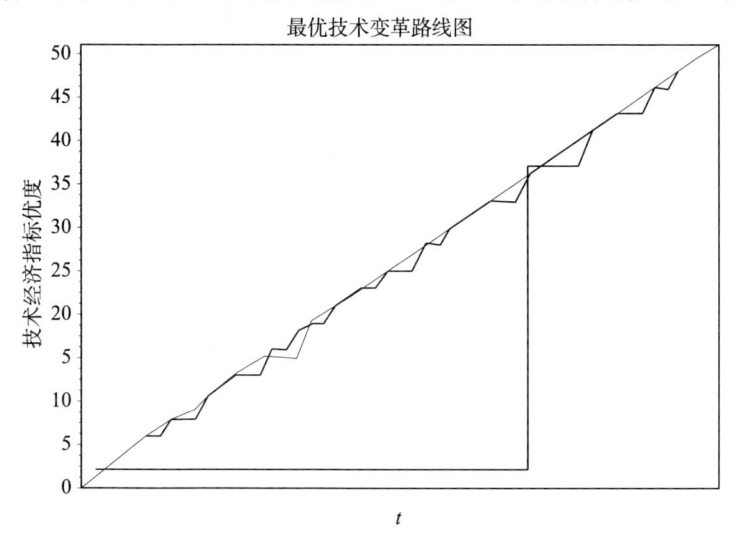

图 6.17 无精英企业创新极的多条技术变革路线图

从图 6.17 显示的技术创新演变情景中可以看出：无精英企业创新极的技术创新扩散呈 S 形曲线变化，创新活动一旦出现，扩散速率即以几何级数快速增长，在较短时间内完成扩散过程，技术扩散演化情景显示：产业内几乎全部企业采用新的技术创新。

这是因为在这种创新极中企业的产品、工艺、规模、市场基本相同，当某一企业通过引进新设备或新技术进行创新时，其他企业为了维持自身的市场地位，会选择随大流进行模仿学习，创新技术会迅速扩散到产业内，扩散演化的结果就是采用创新技术的企业数量越来越多，直至在创新极内得到普及。

6.2 存在精英企业创新极演化模型与仿真

6.2.1 精英企业创新极概述

存在精英企业创新极是目前存在最多的一种企业群体,主要由以新技术为依托的企业和以高新技术为基础的技术密集型企业构成。典型的精英企业包括:

(1) 超级明星企业。所谓的超级明星企业是由小企业发展而来的,这些企业的飞速发展是由于重大发明,或者通过比较适合自己的多样化的技术轨迹使自己得到发展壮大。这种企业往往发展自己独特的竞争力,有独特的创新认知能力,它们的竞争优势往往并不仅仅取决于产品的创新,而是很大程度上来源于出色的管理能力,能够使公司的科技研发和生产技术变成竞争力,从而使企业面对各种挑战时能把握机遇再创佳绩。这样注入了核心竞争力的产品也会使得公司拔得头筹,为其他的组织增添能量。打个比方,把终极产品看做一个胎儿,核心产品就是供给胎儿的营养,核心竞争力就是胎儿生存的母体。这个比喻充分说明了超级明星企业中高层管理人才的重要性,管理创新能力是这种企业的核心竞争力。这种企业的成功的创新者往往是利用先行者的许多优势,在自己进行创业之前就已经有了丰富的知识积累,并且这一行业在当时并不具普遍性,可以说是一类新兴行业,然后作为这一行业的领导者不断进行自主创新,使得企业不断从低级迈向高级。除此之外,这种企业的发展壮大往往并没有在横向产品创新上有突出的作为,它们对极少数的产品有高度的关注。最为典型的一个案例就是微软,它有非常出色的创建者和管理团队,在进行创新之前总是先采用先行者先进的技术进行模仿和学习,并且一直致力于操作系统的研发,逐渐发展壮大,成为 IT 产业的领头羊。

(2) 以新技术为依托的企业。这里主要是指以新技术为依托的中小企业,例如电子和生物技术往往有着自身独立的或者和高校、科研机构联合的创新实验室,它们通过何种途径发展成为大企业呢?依托技术优势进行创新的企业往往把目标定位在市场领先地位上,这就需要企业有卓越的创新能力和探索精神,它们奉行的是领导创新战略。但是以新技术为依托的企业并不是持续不断地进行技术创新,当做为市场开拓者进行研发活动并取得成功,在市场上得到认可的时候，其中一些企业会选择跟随战略创新，所谓跟随战略创新就是模仿学习领先企业的先进技术，选择和甄别对自身发展有利的创新方向进行模拟。换句话说，当以新技术为依托的企业不继续在市场上独树一帜、把成本投入关注在研发活动上的时候，它们往往就把关注点放在已有的能够带来增值效益的创新项目上，使得模型更加完善和成熟，接下来的目标定位在引进使得模型更加完善的相关改进技术上，这时在市场上它们就不再是领导型创新企业，而是跟随创新企业了。

以新技术为依托的企业较少能够成为超级明星，原因主要是它们往往在一个相对狭窄的领域提供专业化产品，没有和市场上其他领域合作协同发展，它们大多数来自于科研机构或大型组织，由高素质人才建立。它们的竞争优势来源于在迅速变化的专业领域开发产品和工艺，并且使得学术研究私有化，也就是说使得新技术研发具有极高的保密性和不易被模仿性。它们往往和高校或科研机构联系紧密，高校或科研机构是这类企业的孵化器，比如孕育出硅谷的斯坦福大学。其技术积累绝大部分都来自于组建的研发实验室的知识、技术和科技。这类企业的技术积累方向主要是新技术或与新技术有关的市场产品的横向研究。清华同方就是一个典型的以新技术为主的在迅速变化的专业领域中开发新产品和工艺，并且和高校联合的企业。

（3）以高新技术为基础的技术密集型企业。高新技术企业主要包括医药及精密医疗设备制造业、航空航天器制造业、电子信息行业等，这些企业群体是国家大力发展的高新技术行业。它们往往有国家政策和资金的支持，不断进行高新技术的创新升级。与以新技术为依托的企业相同的是，高新技术企业也会与高校或科研机构形成紧密的联系，但从高校或科研机构的母体中脱离，形成自己独特的创新竞争力和研发机构，是集合了技术密集型和知识密集型特点的企业。该类型的企业的核心竞争力来源于高投入，产品极具复杂性，技术不易被模仿，并且技术的保鲜时间相对较短，需要企业内及企业间的大力合作，更加频繁地和高校或科研机构进行研发合作。它与以新技术为依托的企业不同的是，以高新技术为基础的垄断型企业通常规模较大，工艺制造更加复杂，科技投入资金也相对较大。

（4）资源贡献型企业。资源贡献型企业以其得天独厚的资源优势必然成为当地的大型企业群体。这些企业是在资源的基础上发展起来的，它们往往更能集中资金优势进行研发工作。这些产业通常是进行工艺创新和产品创新,使得该产业的创新发展方向成为了区域内创新的发展方向。唐山的钢铁产业是其中一个较为典型的例子,唐山钢铁产业是地方的标志性产业,并首创了我国钒钛磁铁矿综合开发一整套技术,并自行研发了许多高科技水平的产品。

综上可知,精英企业产业是由超级明星企业、以新技术为依托的企业、以高新技术为基础的技术密集型企业、资源贡献型企业构成。这四种企业类型的创新特点都不一样,进行创新研发的方式方法不同,并且区域的环境不同,使得其进行创新的轨迹也不同(杨旻,2007)。如表 6.5 所示。

表 6.5 精英企业创新极中企业类型的技术轨迹及创新战略选择

企业类型	超级明星企业	以新技术为依托的企业	以高新技术为基础的技术密集型企业	资源贡献型企业
创新技术轨迹	超级明星企业往往在进行创新之前已经拥有丰富的技术积累,应用重大的发明使自己完成跨越式发展,不断创新开发出与技术相关的产品,并且对产品给予极高的关注度	以新技术为依托的企业往往通过和高校或科研机构的合作来完成创新,许多创新积累都来自于高校和科研机构的实验室中,它们的技术轨迹往往是在瞬息万变的专业化领域中开发产品和工艺,并且使得新技术具有较高的保密性,技术积累的主要方向是对新的及与技术有关的产品市场间的横向研究	以高新技术为基础的技术密集型企业创新轨迹主要是依靠资金的高投入、国家政策的支持,通过和高校或科研机构的合作,更加频繁地利用科研成果	资源贡献型企业高度专注于专业领域,利用区域内得天独厚的资源优势,与高校和科研机构联系紧密,进行产业升级,通常进行工艺创新和产品深加工,利用规模增长的经济优势以及产品和生产系统的复杂性,使其他企业进入的门槛提高,早期往往是在生产子系统的基础上不断发展完善,技术主要来源于专门供应商提供的资源和设备,随着发展壮大,技术主要来源于自己的研发设计部门以及和高校或科研机构的合作研发项目

续表

企业类型	超级明星企业	以新技术为依托的企业	以高新技术为基础的技术密集型企业	资源贡献型企业
创新战略选择（或任务）	超级明星企业的创新战略是选择可以替代明星产品或最初发明的产品，因为最初的重大发明使得公司完成了阶段式跳跃发展，容易使公司陷入缺乏创新动力的困境，所以要尽快地准备出替代明星产品的二级产品或替代一代明星管理者的新生代管理体系	以新技术为依托的中小企业需要培养出"巨星"企业，它们的创新战略任务主要是走出自己狭窄的专业领域，和其他市场形成显著的合作效应，追求最大化的长期利益，利用高校或科研机构的研发成果进行知识整合，并且依靠这些科研成果在市场上进行多渠道、大范围的融资，保证具有流动性较高的资金运作	以高新技术为基础的技术密集型企业今后的创新方向是加强企业之间的相互作用，形成科技网络拓展专业产品	资源贡献型企业的创新战略选择（或任务）主要是对复杂的生产子系统和操作流程不断进行改进，对复杂产品种类不断进行探索扩展，并且借助高校和科研机构的科研成果运用于企业的生产和设计过程中，使得最佳的生产和设计实践在企业内部得到广泛传播

这种创新极中没有特定的进行自主创新的企业，也就是说进行自主创新的企业并不是一个，所以创新技术在同一时期就会出现多个，就是上面我们提到的竞争性技术创新同时出现，但是其他企业何时学习何种新技术具有随机性。

假设某产业内企业的数量是 M，$M = m_1 + m_2$，其中 m_1 是自主研发创新的企业数量，m_2 是进行学习模仿的企业数量。m_1 和 m_2 中的企业在不同时间、不同技术创新项目上是可以变换的。认为 M 中的企业是可以有差异的，其差异主要用技术经济指标反映，因而这些企业可以形象地分布在该创新极技术变革路线图上。那么，这些企业在一定的考察观测时期内在其创新极技术变革路线图上技术经济指标状态呈现递进过程和现象，即企业技术创新活动与企业群体技术经济状态演进过程。进行自主创新研发的企业和其他企业相互作用，行为引导其他企业进行学习模仿，这个过程类似于生物界的蚁群觅食过程。首先，

区域创新系统：多创新极共生演化模型与实证

进行自主创新研发的企业实现技术创新并影响创新极市场变化。其次，non－R&D 企业接受到 R&D 企业技术创新信息向量和创新极市场变革信息向量，决策何时学习模仿 R&D 企业的技术创新。最后，通过技术创新信息向量和产业市场变革信息向量的正反馈机制，使得 non－R&D 企业均实现技术创新后则实现了一次产业技术创新。这个过程中，R&D 企业的技术创新活动具有随机性，进行学习模仿的企业学习模仿行为也具有随机性，创新极技术创新可以进行多次。因此，该创新极技术变革路线图是一定时期创新极内企业群体的技术创新活动轨迹，也具有随机性。

我们认为一个区域中的创新极创新是一种企业的群体行为的结果，每一个企业都不是孤立的，它们之间相互联系又相互竞争，一个企业进行了技术创新，势必会给其他企业带来影响，所以作为整个产业的创新是产业内所有的企业集合相互渗透的过程。

在创新极内企业群体进行创新和学习模仿创新会经历 3 个阶段：寻找阶段、推广阶段和选择阶段。

创新极中往往存在创新的先行者，就像在蚁群中也存在精英蚂蚁，它们往往自己或通过合作先进行创新的寻找，创新有可能是针对技术的或组织的，也有可能是针对市场的，甚至还有可能是针对竞争对手的，通过知识整合和自身的发展状况找到了适合自己的创新模式并实施，使得自己从创新的低级碑点上升到了一个高级碑点，但是精英企业创新技术会进行扩散，其他企业就会获取相应的知识，通过四种技术扩散渠道可以使其他企业学习并模仿精英企业的先进技术。那么技术就会在产业内进行推广（除保密性极强的技术在短时间内可能不能推广普及），但是精英企业的技术创新并不总是只是一个，有可能同时有几项创新技术，多种竞争创新技术同时产生，其他企业无需掌握所有的创新资源，何时创新、在哪儿创新、选择何种创新资源，可能行业内创新极的选择会有所不同，那么其他企业就会选择适合自己发展特点的可接受的创新技术进行模仿，这就是到了最后的选择阶段，这种选择具有随机性。

在创新型创新极中，我们把 R&D 企业看做是创新型的企业，那么这种企业就作为创新极中的创新极点，当一个产业中出现了创新型企业，其他企业因为存在着竞争机制，迫于压力不得不追赶创新型企业，那么 R&D 企业就带动了整个创新极的创新，这种带动方式包括其他 non－R&D 企业对 R&D 企业的学习模仿，也包括 non‑R&D 企业参考 R&D 企业进行自主研发。non‑R&D 企业进行模仿或自主研发取决于创新型企业所影响的对象各自的基础条件、创新投入、各自的知识经验积累和企业战略等因素。

从宏观角度看，这种创新极的特点是 R&D 企业数量并不是固定的，并且谁是 R&D 企业谁是学习型企业也不是固定的，non‑R&D 企业学习何种创新是随机的，何时学习、学习到何种程度也是随机的，所以这种创新极在 R&D 企业进行创新尝试后，大部分企业处于长期观望中，在某一种创新取得良好经济效益取得成功后，才有大批企业进行跟进，符合正反馈机制，所以达到统一的创新水平观望时间较长，创新信息的透明度较差，所以创新技术扩散速率较慢。

从微观角度看，精英企业创新极是在竞争性技术创新扩散的情景下展开研究的，也就是说企业采用创新的行为依据是经济决策分析和企业的需求偏好，这种创新极中存在着自主研发能力的行为个体，精英个体并不是只有一个，因此同一时期可能会出现多种技术创新，那么其他企业进行学习模仿具有随机性，选择依据是自身的需求偏好和知识积累程度，因此要达到统一的高一级的技术经济指标优度，就需要较长的时间。

6.2.2 精英企业创新极的技术扩散

1. 精英企业创新极的技术创新扩散建模

以唐山市为例，在精英企业创新极中选取医药制造业为代表，来描述技术创新程度和技术创新速率的关系，用采用技术创新企业数量增长率来描述技术创新速率，用全员劳动生产率来描述技术创新程度（谢梦，2011），见图 6.18 ~ 图 6.19，表 6.6 ~ 表 6.8。

企业增长率 =（本期企业数/上年同期企业数）×100% ‑ 1

全员劳动生产率 =（工业增加值/从业人员人数）×100%

表 6.6 唐山市医药制造业企业数量

年份	2001	2002	2003	2004	2005	2006	2007	2008	2009	2010
企业数量（个）	12	13	13	14	15	16	18	22	30	45

表6.7 唐山市医药制造业工业增加值

年份	1998	1999	2003	2004	2005	2006	2007	2008	2009	2010
工业增加值（万元）	7587	3010	19303	28345	48878	58462	41525	57020	60587	65700

表6.8 唐山市医药制造业从业人员数量

年份	1998	1999	2003	2004	2005	2006	2007	2008	2009	2010
从业人数（人）	4233	3850	3276	2673	3238	2498	2671	3003	3100	4218

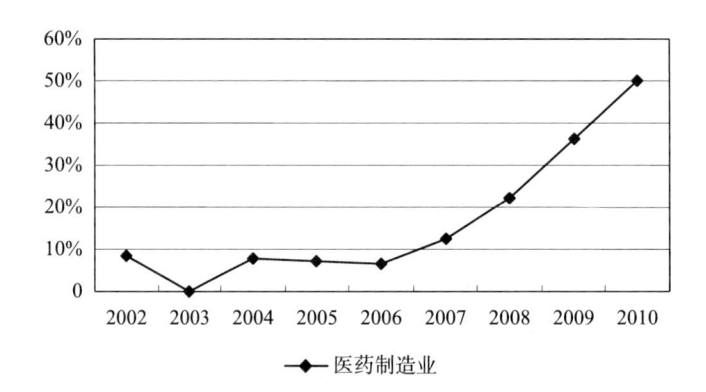

图6.18 采用技术创新企业数量增长率

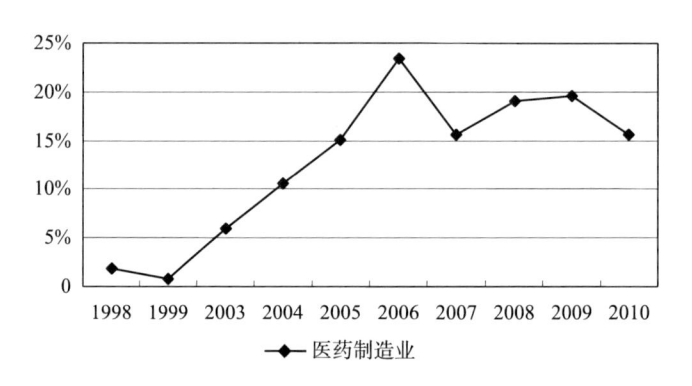

图6.19 全员劳动生产率

模型预期结果：通过以上精英企业产业技术创新及其扩散的研究，我们知道精英企业产业的产业创新升级路径是在所有企业创新路径中综合体现出来的，这个时间会相对漫长一些，它的技术创新扩散速率相对较慢，参见图6.20。

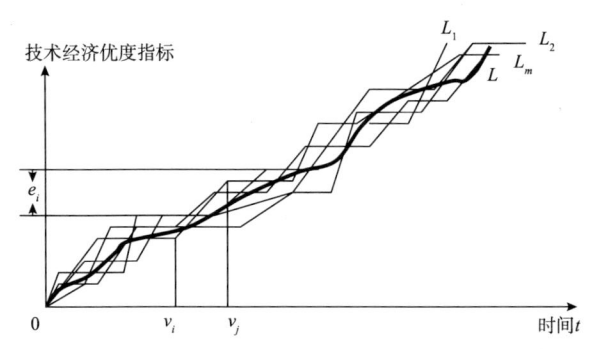

图 6.20　精英企业创新极实现技术创新的路径示意图

2. 存在精英企业创新极技术创新扩散的仿真研究

利用蚁群算法，根据无精英企业产业的建模方法，对精英企业产业的技术扩散进行仿真研究（谢梦，2011；胡浩，2012）。我们假设技术创新扩散中的企业数量是一定的，$M=50$，迭代次数 $N=300$，企业的投资，我们取 100 为限，并且对于信息素挥发原因中，假定产业技术与创新政策变化的可能性为 10%，市场需求变化的可能性为 5%，新技术威胁的可能性为 20%，信息素强度 $Q=20$。我们用 MATLAB 软件进行仿真分析。技术创新扩散效果主要取决于反映注重模仿创新重要性的 α 和强调自主创新重要性的 β，其中 $\alpha \in [0,5], \beta \in [0,5]$。

当 $\alpha < \beta$ 时，产业内企业更加注重自主创新，学习模仿的重要性相对较弱，属于精英企业创新极。取 $\alpha=1$ 和 $\beta=4$，可得图 6.21、图 6.22 模拟结果。

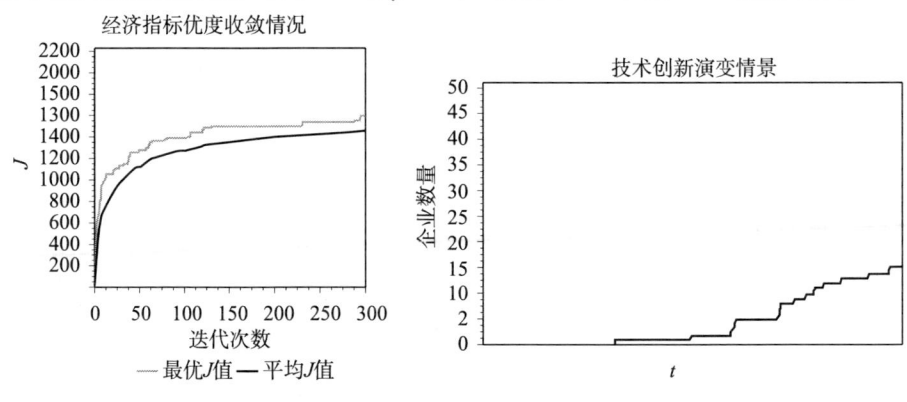

图 6.21　经济指标优度收敛情况	图 6.22　技术创新演变情景
（$n=300$；$M=50$；$Q=20$）	（$n=300$；$M=50$；$Q=20$）

变换迭代次数 N，企业数量 M 和信息素强度 Q 的取值可得到如图 6.23 至

图 6.30：

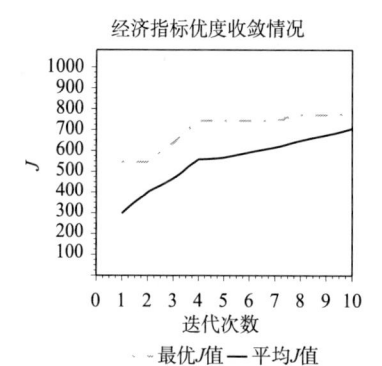

图 6.23　经济指标优度收敛情况
（$n=10$；$M=10$；$Q=20$）

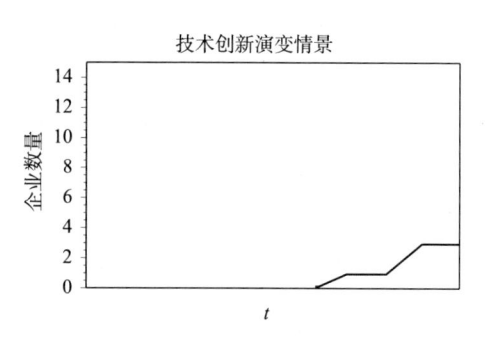

图 6.24　技术创新演变情景
（$n=10$；$M=10$；$Q=20$）

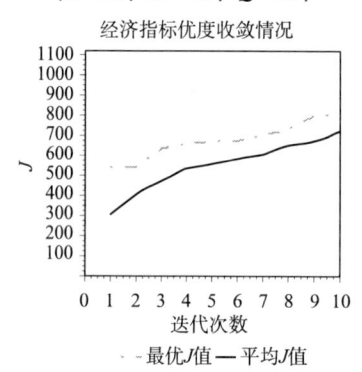

图 6.25　经济指标优度收敛情况
（$n=10$；$M=10$；$Q=60$）

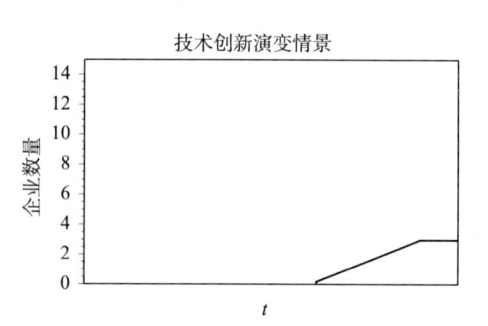

图 6.26　技术创新演变情景
（$n=10$；$M=10$；$Q=60$）

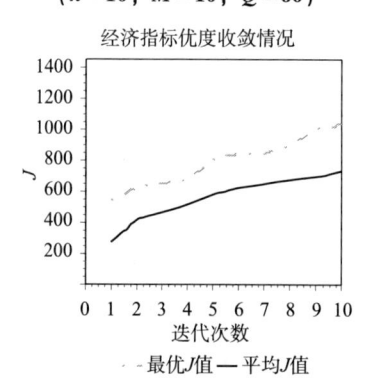

图 6.27　经济指标优度收敛情况
（$n=10$；$M=20$；$Q=20$）

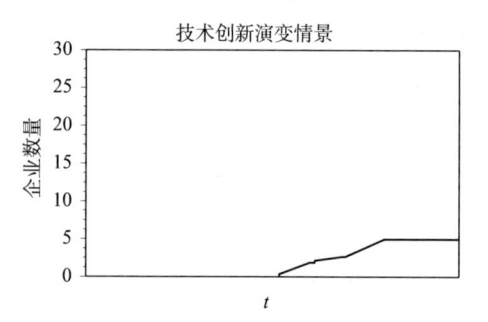

图 6.28　技术创新演变情景
（$n=10$；$M=20$；$Q=20$）

图 6.29　经济指标优度收敛情况
（$n=100$；$M=10$；$Q=20$）

图 6.30　技术创新演变情景
（$n=100$；$M=10$；$Q=20$）

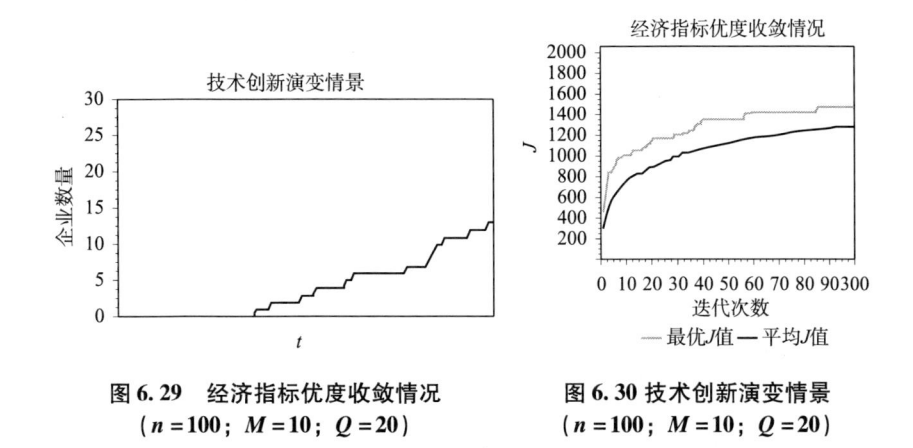

观察图 6.21 至图 6.30，我们不难发现：三个参数发生变化时，企业群体演化图都会发生变化。当信息素强度 Q 变大时，企业群体技术创新演变的速率将会下降；当企业数量增多时，产业技术创新将会减少；当迭代次数 N 增大时，企业群体创新增多，且技术演变的波动性增大，反之亦然。

参数变化时，对应的产业技术变革路线图的模拟结果如组图 6.31 至图 6.34：

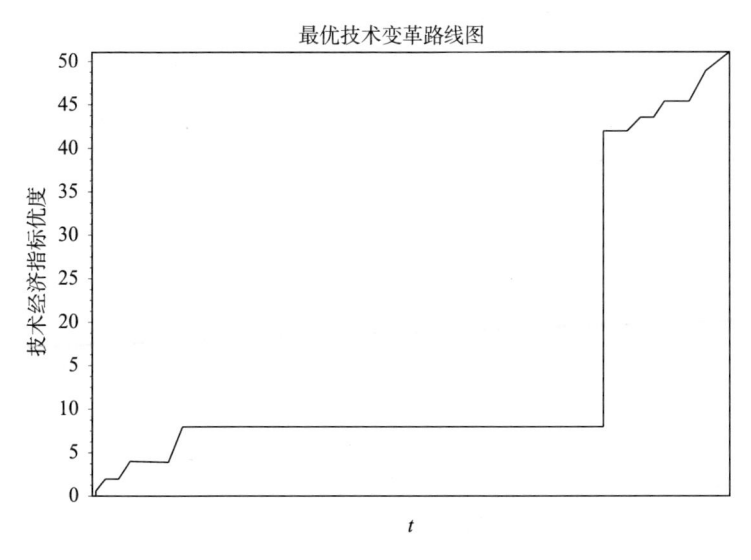

图 6.31　存在精英企业的创新极技术变革路线图（$N=10$，$M=10$，$Q=20$）

最优技术变革路线图

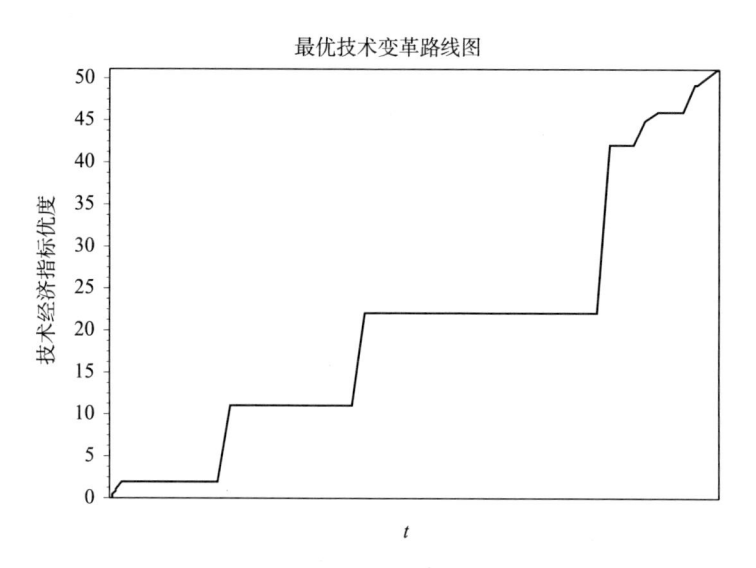

图 6.32　存在精英企业的创新极技术变革路线图（$N=10$，$M=10$，$Q=60$）

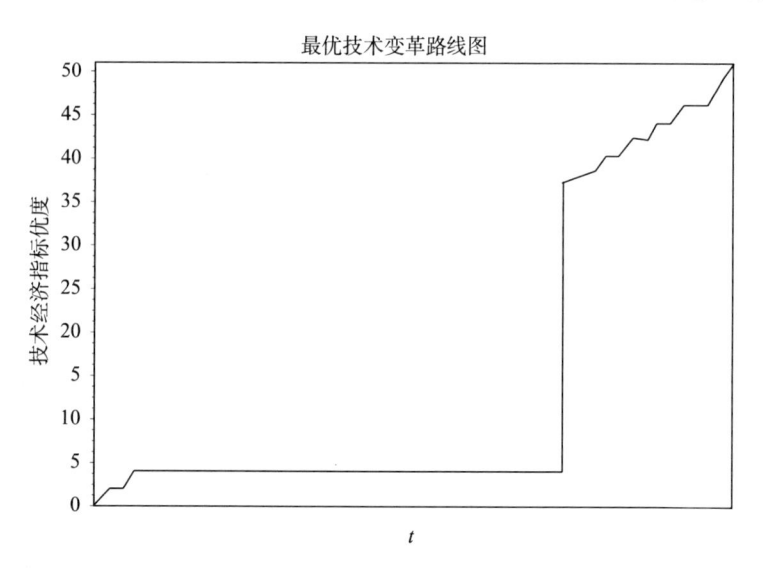

最优技术变革路线图

图 6.33　存在精英企业的创新极技术变革路线图（$N=10$，$M=20$，$Q=60$）

从上述组图看，当 N，M，Q 取值不同时，产业技术变革路线图有所变化。当信息素强度 Q 越高，产业技术变革的次数越少；迭代次数 N 越大，在短期内完成的技术变革数越多；企业数量 M 越多，当大的技术进步发生后，产业的技术水平要经历更多的小规模的波动，直到下一个大的技术变革发生为止。

最优技术变革路线图

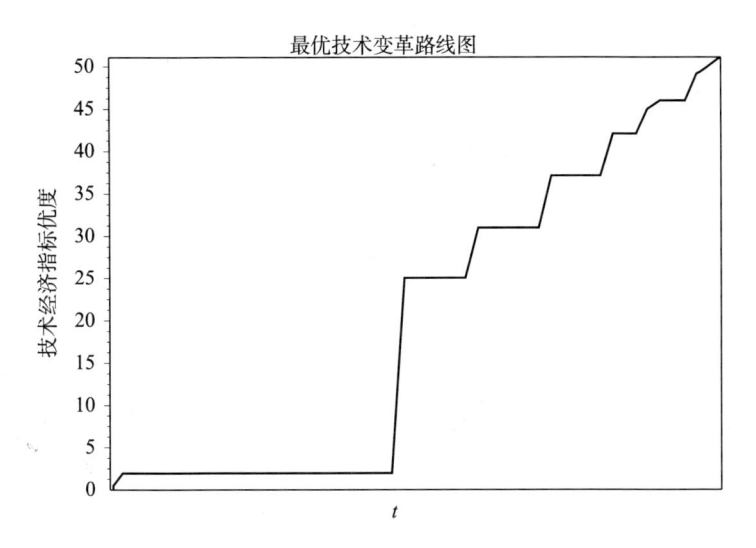

图 6.34 存在精英企业的创新极技术变革路线图（$N=100$，$M=10$，$Q=20$）

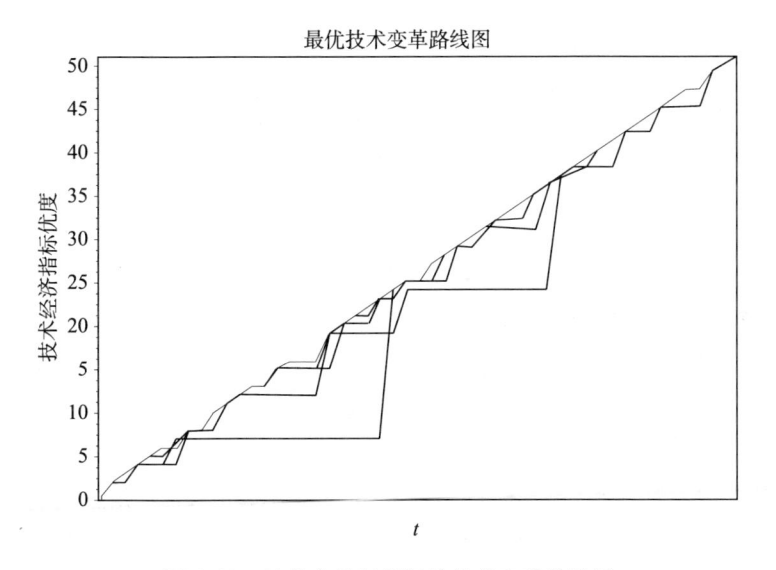

最优技术变革路线图

图 6.35 精英企业创新极的技术变革路线图

由图 6.35 可知，精英企业创新极的产业创新升级路径是在所有企业创新路径中综合体现出来的。随着时间的积累，产业的技术经济指标优度也是向上不断提高的，但仿真结果显示，精英企业共存群体的技术经济指标优度的提高较为模糊，这表明创新极内企业的创新活动和扩散具有随机性。

因为这种创新极内有少数进行自主创新的企业，创新企业并不是固定不变的，也就是说在某一阶段进行自主创新的企业下一阶段可能就会变成模仿创新的企业，并且因为同时可能会出现多种竞争性的技术创新，企业的学习模仿具有随机性，也就是说并不是所有企业都会模仿同一种技术创新，不同的企业根据自身的偏好选择不同的技术创新进行模仿学习，所以不同的企业进行技术创新的轨迹不同，不同时刻达到的技术经济指标优度也会不同。这就导致了产业的创新升级路径具有随机性和不可预见性。

从上图显示的技术创新演变情景中可以看出，少数精英 R&D 企业与多数 non-R&D 企业共存的精英企业创新极的技术创新扩散也呈 S 形曲线变化，但和无精英企业创新极相比之下，扩散速率明显减缓。技术创新演化情景也显示出：一项技术创新产生后，并不能扩散到产业内的所有企业之中。

这是因为在这种创新极中企业个体都想通过自身的研发创新来获得市场上的超额利润，导致了进行自主创新的企业并不是一个，甚至是多个，就会产生竞争性技术创新同时出现的情况，但是其他企业根据自身偏好何时学习何种新技术具有随机性，表现为采用技术创新的企业占到多数或者采用现行技术的企业占到多数的结果，限制技术创新在产业内的普及，从而减缓技术创新扩散的速率。此外，这种创新极技术创新扩散的广度和深度都远远大于第一种创新极，这也会导致技术创新扩散速率的变慢。

采用 MATLAB 软件技术对技术创新扩散进行仿真，拟合出最优技术变革路线图和创新技术扩散演化情景，通过仿真我们得知：（1）无精英企业创新极最有技术变革路线图中技术经济指标优度的提高较为清晰明朗，创新极内企业的创新活动和扩散具有同一性。精英企业创新极的最优技术变革路线图中技术经济指标优度的提高较为模糊，这表明创新极内企业的创新活动和扩散具有随机性。（2）情景演化结果显示：无精英企业创新极和存在精英企业创新极的技术创新扩散都呈 S 形曲线变化，但是前者的扩散速率以几何级数快速增长，在较短时间内完成扩散过程，较短时期内几乎所有企业都采用创新技术。后者的扩散速率明显减缓，一项新技术并没有完全扩散到所有企业。

第七章　区域创新极间技术溢出概率研究

7.1　创新极技术溢出研究文献评述

7.1.1　溢出理论背景

技术的溢出最初并没有作为一个独立的内容加以研究,它是伴随着技术创新理论发展的,起源于学者们对外商直接投资(Foreign Direct Investement, FDI)的一般福利效应的外溢分析。

在20世纪60年代,Arrow(1962)提出"干中学"和"学习曲线"两个重要概念,认为知识是投资的副产品,是具有"溢出效应"的公共产品,他假定新投资具有溢出效应,不仅进行投资的厂商可以通过积累生产经验提高生产率,其他厂商也可以通过学习提高生产率,同时指出发明与创新或更一般的知识与信息具有公共产品的一些特征,由于黏性知识固有的以非对抗性为特定的应用目的,而开发的知识很容易溢出并用于其他用途。当新技术成为公共商品而不为创新企业所独占时,溢出的效果就会出现。Griliches(1979)把知识溢出分为两种:产品的输出和纯粹的知识溢出,这两种方式区别在于纯粹的知识溢出是一种信息交流,不需要直接付费,而产品输出型则需要直接付费。Verspagen(1999)定义了两类不同的技术溢出类型。第一类是租溢出,是关于企业间产品流的。这种观点认为新产品的价格不能全面反映产品创新的增加量,不能全面反映竞争压力和需求弹性。如果这些产品是应用于其他企业生产的投入型产品,那么后面的企业会接受产品创新的溢出。第二类叫做纯知识溢出,并不直接与产品流有关,而是通过其他渠道的操作(例如,专利信息、反向工程、企业间人员流动等)。纯知识流通常认为能够增强部门自身R&D能力。后来又把溢出的时间滞后效应考虑进去,以专利引用统计数据为依据,得出专利的引用速度在 0~2 年内增长很快,然后稳定递减,其均值为 4.67 年。但是以专利引用统计数据为基础的溢出分析存在两个问题,即不同部门在专利倾向方面的差异性,即专利统计不能很好地测定小企业的创新活动。

早期的溢出理论研究主要集中在 FDI 导致的技术扩散领域,科克(Kokko)1992 年认为技术溢出效应的发生来自两个方面:其一来源于示范、模仿和传播,其二来源于竞争。前者是技术信息差异的增函数,后者主要取决于跨国公司(MNC)与当地企业的相互影响。之后有关溢出的理论研究已经突破了以 MNC 为分析核心的旧框架,不但将博弈论大量引入技术溢出理论的分析,有效地解决了理论分析的技术性问题,而且将技术溢出理论广泛地应用于合作创新领域。

7.1.2 技术溢出的研究

研究技术溢出的文献较多,研究的思路与方法也有多种。Romer(1986)较早地将技术溢出作为独立要素纳入生产函数,并建立包含技术溢出的内生经济增长模型。多数学者通过直接测度社会收益率来进行技术溢出的经验检验,如 Mansfieldetal(1977)研究了制造业创新所带来的社会收益率的问题,Bresnahan(1986)研究了计算机行业对金融行业技术溢出的状况,还有一些学者对技术溢出与集聚、创新、经济增长之间的关系进行了探讨。如 Jaffe 等(1993)从专利引用、创新产出、创新活动空间分布等不同角度论证了知识溢出的存在性和可度量性,并研究了知识溢出在促进创新和集聚过程中的作用机理。

1920 年 Pigou 在研究福利经济学时将外部经济与外部不经济都当做溢出的积极效应和消极效应,他认为溢出是明显存在的。美国经济学家 Baumol(1952)也认为溢出是存在的。他发现:"由子工业规模的扩大,特别是在该工业中其他厂商情况不变之下增加了生产,使得一家厂商生产成本降低(增高)了——其结果是一家厂商的行为对该产业中其余厂商的影响,不能通过价格的变动而得到补偿"。该观点的提出,强调了产业内一个厂商通过提高生产技术降低生产成本的行为会对产业内其余厂商产生影响,其实质是对产业内横向技术溢出的解释,认为溢出是存在的。

Bart Verspagen（1999）认为溢出效果具有均等效应倾向，源自于OECD曾经采用投入产出表计算R&D流（部门间），从中间需求、资本物资需求和进口的效应中对R&D流进行区分。显然，这种以交易为基础的方法必须清楚地被定义为一种租溢出。对比分布式R&D与"直接"（或自己的）R&D来看，中、低技术产业比高技术产业获利更多，由此带来三方面的密切合作。租溢出的这种特殊属性表明，R&D倾向于减少各部门在技术上的分歧的假设是成立的，这样一个过程可以称为"溢出的均等效应"。在纯知识溢出的情况下这种效应不是很明显。正如上文所解释的，这种类型的溢出和租溢出相比，与知识的生产过程关系更为密切。因此，对各个部门而言，租溢出比知识溢出可能更加贴切，租溢出的均衡效果比知识溢出更加明显。然而，在某些情况下，高科技与低科技有很多等级，在现实生活中知识溢出或许会有一些均衡效应，但不是很明显。

Spence（1984）利用一个简单的静态模型说明，当衡量企业间技术溢出程度的参数（θ）上升时，技术溢出企业进行研究开发的激励将下降，因为它所获得部分新知识已经流入到自己的竞争企业，而自己不能获得任何回报；但是另一方面，这一溢出企业也会得到来自其他企业的技术溢出，因此为减少同样的生产成本而需要的研发投入会下降，技术溢出对企业研究开发决策的这两方面影响是反向的。

Jaffe（1998）发现产业间技术溢出的传导方式不同导致技术溢出类型不同。他依据产业间技术溢出传导方式的不同，将产业技术溢出分为知识性溢出（knowledge spillover）、产业关联性溢出（network spillover）和市场性溢出（market spillover）。该划分是对产业间技术溢出较全面的总结，继承和发展了前人产业技术溢出分类理论。

现有的技术溢出的研究文献大多集中在对企业间技术溢出的探讨。企业间溢出的研究主要针对产业内部企业间的相互溢出。产业内的企业间溢出效应分析是指某技术创新在企业创造新的经济增长点的同时也给本产业其他企业带来了市场拓展和技术进步的机会，产业内企业在技术创新的启发下，迅速从事相关的创新活动，也可以模仿类似产品或采取其他方式来提高业内整体创新能力和创新水平。产业内溢出效应表现为产权共域内发生的外部性，产业部门的边际收益率都大于企业边际收益率，其差值就是收益溢出率。德国奥格斯堡大学经济管理学院的 Uwe Cantner 和 Andreas Pyka 教授于 1998 年提出了企业技术演进理论模型，在四个假设下：A1，企业日常进行搜索实验活动（S&E）的动机是利润；A2，企业按照产业技术轨道增加技术开发机会；A3，技术认知的特征是技术可以按照技术轨道转移；A4，创新的成功性是不确定的。他们提出了以下理论模型（图 7.1）：

图 7.1　企业技术演进模型

同时，Uwe Cantner 和 Andreas Pyka 又提出了企业在技术水平 X_i 上的发展动力学模型（图 7.2）：

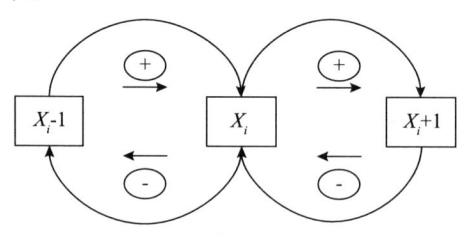

图 7.2　企业技术发展动力学模型

目前国外学者已经对技术溢出展开了国家间、区域间、产业间及企业间多层面立体式研究，虽然关于技术溢出的研究角度与研究方法不同，但有关技术溢出的大量研究得出同一个结论：技术溢出是现实、广泛存在的，在不同的产业内及产业间溢出的程度不同，研发溢出的社会回报率远远高于私人回报率。

7.2　创新极技术溢出定义

从经济学的角度看，溢出概念是 Marshall 于 1890 年在《经济学原理》中最早提出的，他把溢出等同于外部性。溢出是经济外在性的一种特定情况，它既不是在经济活动本身内获得利益，也不是由该项活动的产品的使用者获得利益，它产生的根本原因在于技术本身是公共产品，具有公共性质（Chen‐ray Fang, Li‐hsuan Huang, Ming‐cheng Wang, 2008）。溢出也是一个部门在对外进行经济、业务交往活动时，在非主动意愿的情况下，其技术活动对他人或社会所产生的溢出效果，且没有得到任何回报。另一方面，该部门也会得到来自于其他部门的溢出（Linghui Tang，Peter E. Koveos，2008）。Marshall 的外部经济包括了产业群落所产生的外部经济，并且他注意到了具有分工性质的工业行业在特定地区的集聚，并指出产生产业集聚的原因在于为了获取外部经济提供的好处。他发现企业聚集有利于技术、信息、技术诀窍和新思想在群落内企业之间的传播与应用。他在书中指出："当一种工业已这样地选择了自己的地方时，它是会长久地设在那里的。因此，从事需要同样技能的行业的人，相互从邻近的地方得到的利益是很大的。行业的秘密不再成为秘密，而似乎是公开了，同行们不知不觉学到了许多秘密。"这里的秘密，可以理解为就是知识、技术、技能等，它在产业集群内是可以传播的。Marshall 所描述的产业群落中知识、技术、技能在相互邻近的行业内传播的经济现象与规律，就是经济意义上的技术溢出，他最早发现了溢出的现象，并进行了描述，发现了技术溢出的存在。真正的技术溢出提出者当属 Arrow（1962），他最早解释了技术溢出的概念。他用外部性解释了溢出效应对经济增长的作用。

同年，Buchanan 对技术溢出进行了解释，他认为："外部性（溢出）是指某个人的效用函数的自变量中包含了他人的行为。一个人的效用不仅取决于自身能控制的活动，同时还在他人行为的控制之下，产生外部效应。"认为技术溢出是广泛存在的还有美国经济学家 E. stiglitz（1997），他把"溢出"定义为"未被市场交易包括在内的额外成本及收益"，并认为溢出是个人或厂商没有承担其行为的全部成本或没有享有其全部收益时所出现的一种现象。

在实际的区域创新系统中，各创新极之间也存在着相互之间的技术溢出，技术溢出效应是指不同创新极之间可能存在的相互影响，创新效果会从一个创新极溢出到另一个创新极。创新极溢出可能存在于不同区域的创新极之间，如唐山钢铁创新极与邯郸钢铁创新极之间，也能存在不同产业技术特征的创新极之间，如唐山钢铁创新极与唐山煤炭创新极之间。而在区域创新系统中，各创新极之间的技术溢出对整个区域的发展是非常重要的，各创新极之间的互动与耦合效果通过创新极之间的技术溢出表现出来。在实际的区域创新系统政策决策中，对于一个创新极来说，不仅需要获得创新极本身的资源、网络、创新绩效等情况，为提高决策水平，还需要获得其他创新极产生的技术溢出影响，这个影响是构成区域创新系统创新绩效的重要组成部分，如图 7.3 所示。

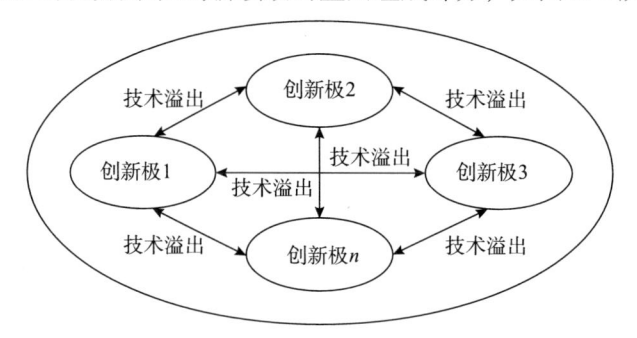

图 7.3 创新极技术溢出示意图

目前学术界对区域创新系统创新主体的互动和创新主体的创新绩效相互影响研究已有一定的文献，研究也正从定性分析向定量研究转变，但是提出创新极并研究创新极间相互技术溢出的文献还较少，定量研究的方法也寥寥无几，基本是借用系统科学、自然科学等。由于已有创新极之间技术溢出研究方法存在着不同程度的缺陷，所以很难获得比较满意的技术溢出分析结果，因此改进现有创新极技术溢出的方法，不仅在理论上是十分必要的，而且对实际的区域创新系统和产业技术创新发展决策也有着深远的意义。

7.3 创新极间技术溢出概率模型

为了研究区域创新极间技术溢出的概率，首先需要说明创新极之间的影响概率问题。

7.3.1 创新极之间的影响概率

设 X 和 Y 是两个随机变量，则对固定的 x、y，随机变量 Y 的条件分布函数 $F_Y(y|x)$ 为（张瑞锋，张世英，2006）：

$$F_Y^- = (y|x) = p(Y \leq y | X \leq x) = \frac{p(Y \leq y, X \leq x)}{p(X \leq x)}$$

$$F_Y^+ = (y|x) = p(Y > y | X > x) = \frac{p(Y > y, X > x)}{p(X > x)} \quad (7.1)$$

如果 $\{x_t\}$ 和 $\{y_t\}$ 是区域创新系统中两个不同创新极 X 和 Y 的年创新收益

率序列，其中，$t=1$，…，T，T是样本容量。引入序列$\{x_t\}_{t=1}^T$和$\{y_t\}_{t=1}^T$的分位数来表示创新极溢出风险，令θ是置信度，$q_\theta(x_t,\Omega_t),q_\theta(y_t,\Omega_t)$（$i=1$，2，…）分别表示$x_t$和$y_t$的$\theta$分位数，其中$\Omega_t$是t时刻以前对分位数产生影响的信息集，分别记为$q_\theta(x_t),q_\theta(y_t)$。若$\Omega_t$是空集，即没有任何信息对分位数产生影响，则$q_\theta(x_t),q_\theta(y_t)$是常数，否则就不一定是常数。则考虑创新极溢出风险前提下，创新极X对创新极Y的影响概率$p_t(\theta)$可通过条件分布函数的形式表示为（张瑞锋，2006）：

$$p_t(\theta) = F_t[q_\theta(y_t) \mid q_\theta(x_t)]$$
$$= \begin{cases} p[y_t \leq q_\theta(y_t)x_t \leq q_\theta(x_t)] = F_t^-[q_\theta(y_t) \mid q_\theta(x_t)], \theta \leq 0.5 \\ p[y_t > q_\theta(y_t)x_t > q_\theta(x_t)] = F_t^+[q_\theta(y_t) \mid q_\theta(x_t)], \theta > 0.5 \end{cases} \quad (7.2)$$

其中当$\theta \leq 0.5$时，$p_t(\theta)$表示了条件分布的左侧概率，当$\theta > 0.5$时，$p_t(\theta)$表示了条件分布的右侧概率。所以$p_t(\theta)$就表示了在创新极X满足不同风险程度的条件下，对创新极Y的影响概率。

依据两个随机变量密切程度是通过相关系数（线性相关性）来判断的，将这一思想引入判断两个创新极密切程度中。如果$\{x_t\}_{t=1}^T$和$\{y_t\}_{t=1}^T$之间的线性相关系数$\rho_{YX}=1$，就认为创新极X与创新极Y是完全正相关的；$\rho_{YX}=-1$，就认为创新极X与创新极Y是完全负相关的；$\rho_{YX}=0$，就认为创新极X与创新极Y是独立的。

定理7.1 对$\theta \in (0,1)$，$p_t(\theta)$满足下面的性质（张瑞锋，张世英，2006）：

① 两个创新极完全正相关$\Rightarrow p_t(\theta)=1$；

② 两个创新极完全负相关$\Rightarrow p_t(\theta)=0$；

③ 两个创新极完全独立$\Rightarrow p_t(\theta) = \begin{cases} \theta, & \theta \leq 0.5 \\ 1-\theta, & \theta > 5 \end{cases}$；

④ $F_t^-[q_\theta(y_t) \mid q_\theta(x_t)] = F_t^-[q_\theta(x_t) \mid q_\theta(y_t)]$

$F_t^+[q_\theta(y_t) \mid q_\theta(x_t)] = F_t^+[q_\theta(x_t) \mid q_\theta(y_t)]$；

证明：

① 当$\theta \leq 0.5$时，有

$$p_t(\theta) = p[y_t \leq q_\theta(y_t) \mid x_t \leq q_\theta(x_t)] = \frac{p[y_t \leq q_\theta(y_t), x_t \leq q_\theta(x_t)]}{p[x_t \leq q_\theta(x)]}$$

若两个创新极完全正相关，即 $\rho_{YX}=1$，表明：如果条件 $x_t \leq q_\theta(x_t)$ 成立，则 $y_t \leq [q_\theta(y_t)]$ 同时成立。又由于 θ 是置信度，即

$$p[x_t \leq q_\theta(x_t)] = \theta$$

$$p[y_t \leq q_\theta(y_t)] = \theta$$

$$p[y_t \leq q_\theta(y_t), x_t \leq q_\theta(x_t)] = \theta$$

所以，$p_t(\theta)=1$。

反之，如果 $p_t(\theta)=1$，就说明 $p[y_t \leq q_\theta(y_t), x_t \leq q_\theta(x_t)] = p[x_t \leq q_\theta(x_t)]$，即条件 $x_t \leq q_\theta(x_t)$ 发生的概率与 $x_t \leq q_\theta(x_t)$ 和 $y_t \leq [q_\theta(y_t)]$ 同时发生的概率是相同的，即两个创新极是完全正相关的。

同理可证 $\theta > 0.5$ 时的情况。

② 当 $\theta \leq 0.5$ 时，有

$$p_t(\theta) = p[y_t \leq q_\theta(y_t) \mid x_t \leq q_\theta(x_t)] = \frac{p[y_t \leq q_\theta(y_t), x_t \leq q_\theta(x_t)]}{p[x_t \leq q_\theta(x)]}$$

若两个创新极完全负相关，即 $\rho_{YX}=-1$，表明：如果条件 $x_t \leq q_\theta(x_t)$ 成立，则 $y_t \leq [q_\theta(y_t)]$ 一定不成立，即

$$p[y_t \leq q_\theta(y_t), x_t \leq q_\theta(x_t)] = 0$$

所以，$p_t(\theta)=0$。

同理可证 $\theta > 0.5$ 时的情况。

③ 当 $\theta \leq 0.5$ 时，有

$$p_t(\theta) = p[y_t \leq q_\theta(y_t) \mid x_t \leq q_\theta(x_t)] = \frac{p[y_t \leq q_\theta(y_t), x_t \leq q_\theta(x_t)]}{p[x_t \leq q_\theta(x)]}$$

若两个创新极独立，即 $\rho_{YX}=0$，表明：条件 $x_t \leq q_\theta(x_t)$ 成立与 $y_t \leq [q_\theta(y_t)]$ 是否成立无关，因此有

$$p[y_t \leq q_\theta(y_t), x_t \leq q_\theta(x_t)] = p[y_t \leq q_\theta(y_t)]p[x_t \leq q_\theta(x_t)]$$

又由①的证明可知：$p[x_t \leq q_\theta(x_t)] = \theta$、$p[y_t \leq q_\theta(y_t)] = \theta$

所以，$p_t(\theta) = \dfrac{\theta^2}{\theta} = \theta$。

④ 当 $\theta > 0.5$ 时，有

$$p[x_t > q_\theta(x_t)] = 1 - p[x_t \leq q_\theta(x_t)] = 1 - \theta$$

$$p[y_t > q_\theta(y_t)] = 1 - p[y_t \leq q_\theta(y_t)] = 1 - \theta$$

所以，$p_t(\theta) = \dfrac{(1-\theta)^2}{1-\theta} = 1-\theta$。

⑤ 两个创新极独立，则有
$$F_t^-[q_\theta(y_t) \mid q_\theta(x_t)] = \theta$$
$$F_t^-[q_\theta(x_t) \mid q_\theta(y_t)] = \theta$$

所以，$F_t^-[q_\theta(y_t) \mid q_\theta(x_t)] = F_t^-[q_\theta(x_t) \mid q_\theta(y_t)]$。

两个创新极完全正相关有 $p_t(\theta) = 1$，完全负相关有 $p_t(\theta) = 0$。

所以，$F_t^-[q_\theta(y_t) \mid q_\theta(x_t)] = F_t^-[q_\theta(x_t) \mid q_\theta(y_t)]$。

同理：$F_t^+[q_\theta(y_t) \mid q_\theta(x_t)] = F_t^+[q_\theta(x_t) \mid q_\theta(y_t)]$。证毕。

根据定理 7.1，可以对两个创新极 X 和 Y 的相关性进行分析。如果两个创新极是独立的，即 $\rho_{YX} = 0$，$\theta \in (0, 0.5)$ 时，$p_t(\theta)$ 是斜率为 1 的直线；$\theta \in (0.5, 1)$ 时，$p_t(\theta)$ 是斜率为 -1 的直线；当两个创新极完全正相关，即 $\rho_{YX} = 1$，有 $p_t(\theta) = 1$，是与 θ 轴平行的直线；如果两个创新极完全负相关，即 $\rho_{YX} = -1$，有 $p_t(\theta) = 0$，是与 θ 轴平行的线，如图 7.4 所示。此外定理 7.1 的 3 则说明了两个创新极之间的影响概率是对称的，即创新极 X 对创新极 Y 的影响概率与创新极 Y 对创新极 X 的影响概率是相等的。

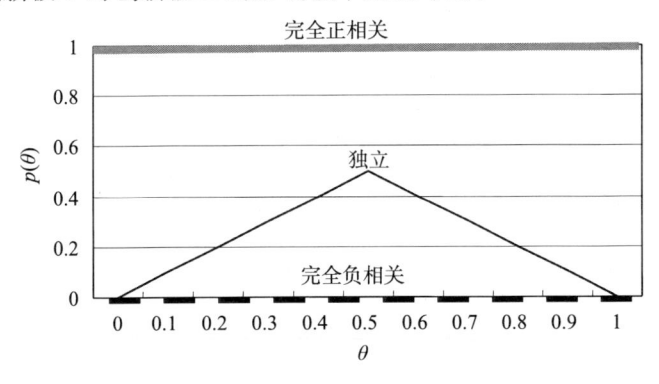

图 7.4　$P_t(\theta)$ 的几种特例情况

如果创新绩效的溢出或影响从一个创新极波及到另一个创新极，则说明两个创新极之间存在着技术溢出。然而，如果创新极不进行创新活动时仍会相互影响，这时的影响称为溢出。创新极不进行创新活动时的溢出的可能性称为溢出概率。则对应有：创新极进行创新活动或取得创新绩效时，创新绩效对其他创新极的溢出称为技术溢出，相应的，创新极进行创新活动时或取得创新绩效时技术溢出的可能性称为技术溢出概率。如果两个创新极进行创新活动时的影响概率比不进行创新活动时的影响概率大，则表明两个创新极之间存在技术溢出。

对不同的置信度 θ_i，令 $p^V(\theta_i)$ 是在 $\theta_i (i = 1, 2, \ldots)$ 下两个创新极间技术溢出的影响概率，V 是一个创新极发生技术创新的时期数，用技术创新活动时期 $p_t(\theta_i)$ 的平均值表示，即 $p^V(\theta_i) = V^{-1} \sum\limits_{t \in (波动时期)} p_t(\theta_i)$；$p^B(\theta_i)$ 是在 θ_i 下两个创新极间无技术创新活动时期影响概率，B 是一个创新极未发生技术创新活动的时期数，用非创新活动时期 $p_t(\theta_i)$ 的平均值表示，即 $p^B(\theta_i) = B^{-1} \sum\limits_{t \in (波动时期)} p_t(\theta_i)$。对确定的置信度 θ_{m1}、$\theta_{m2} (\theta_{m1} < \theta_{m2})$，就可以通过计算 $p^V(\theta_i)$ 与 $p^B(\theta_i)$ 之差来判断创新极之间是否存在技术溢出，即：

$$s(\theta_{m1}, \theta_{m2}) = \sum_{i=\theta_{m1}}^{\theta_{m2}} (p^V(\theta_i) - p^B(\theta_i)) \tag{7.3}$$

如果 $s(\theta_{m1}, \theta_{m2}) > 0$，就说明两个创新极之间在技术创新活动时期的影响概率大于无技术创新活动时期的影响概率，即两个创新极之间存在技术溢出。$p^V(\theta_i) - p^B(\theta_i)$ 就是两个创新极在置信度 θ_i 下的技术溢出概率。反之，$s(\theta_{m1}, \theta_{m2}) \leq 0$，就说明两个创新极之间在技术创新活动时期的影响概率不大于无技术创新活动时期的影响概率，即两个创新极之间不存在技术溢出。

为了估计不同创新极技术溢出概率，对不同的置信度 θ_i，首先，需要估计每个创新极指标序列的分位数 $q_{\theta_i}(x_t), q_{\theta_i}(y_t)$，对区域创新系统中的创新极，就是估计年创新收益率序列的分位数。其次，对每个创新极指标序列构造示性变量：

$$I_{y_i}^{\theta_i} = \begin{cases} 1, & y_t \leq q_{\theta_i}(y_t) \\ 0, & y_t > q_{\theta_i}(y_t) \end{cases}, \quad I_{x_i}^{\theta_i} = \begin{cases} 1, & x_t \leq q_{\theta_i}(x_t) \\ 0, & x_t > q_{\theta_i}(x_t) \end{cases}$$

$I_{y_i}^{\theta_i}$ 表示了在置信度 θ_i 下 y_t 所对应的示性值，$\{y_t\}_{t=1}^T t = (1, \cdots, T)$ 是创新极 Y 的指标序列；$I_{x_i}^{\theta_i}$ 表示了在置信度 θ_i 下 x_t 所对应的示性值，$\{x_t\}_{t=1}^T t = (1, \cdots, T)$ 是创新极 X 的指标序列。

再次，为了表示创新极的技术溢出性，对创新极指标序列构造示性变量：

$$D_{x_t} = \begin{cases} 1 & x_t \in \left(\bar{x} - 1.96 \frac{\sigma_x}{\sqrt{T}}, \bar{x} + 1.96 \frac{\sigma_x}{\sqrt{T}} \right) \\ 0 & x_t \notin \left(\bar{x} - 1.96 \frac{\sigma_x}{\sqrt{T}}, \bar{x} + 1.96 \frac{\sigma_x}{\sqrt{T}} \right) \end{cases}$$

其中，D_{x_t} 表示了 x_t 所对应的示性值，$\bar{x}$ 是 $\{x_t\}_{t=1}^T$ 的均值，σ_x 是 $\{x_t\}_{t=1}^T$ 的标准差。

最后，对变量 $I_{y_t}^{\theta_i}$、$I_{x_t}^{\theta_i}$、D_{x_t} 构建回归模型。

7.3.2 分位数

国外有较多的学者讨论研究了分位数的估计方法。主要有三类方法，第一类是使用最多的传统回归计量模型估计方法，如 Dhrymes（1970）及 Blundell R. W. 和 Smith（1994）的研究论文；第二类是采用半参数的估计方法，如 Powell（2001）的研究论文；第三类是采用非参数的估计方法，如 Florens、Heckman、Meghir 和 Vytlacil（2003）的研究论文。

由于使用非参数的估计方法来估计分位数更准确，且方法更容易实现，因此，采用非参数的估计方法来估计单一创新极指标序列的分位数。为了估计 $q_{\theta_i}(y_t)$，选 $\{y_t\}_{t-n}^t$ 对 y_t 有影响，令随机变量 $\{z_j\}_{t-n+1}^t$ 是均匀独立分布，$z_j \in (0,1)$，首先建立如下非参数回归模型：

$$y_j = m(z_j) + u_j, j = t-n, t-(n-1), \cdots, t-1, u_j \sim N(0,1) \quad (7.4)$$

其次采用式（7.5）估计 $m(z)$：

$$\hat{m}(z) = \sum_{j=t-n}^{t-1} w_j(z) y_j \quad (7.5)$$

其中，核权函数 $w_j(z) = \dfrac{h_n^{-1} K(uh_n^{-1})(z_j - z)}{\sum_{l=t-n}^{t-1} h_n^{-1} K(uh_n^{-1})(z_l - z)}$，窗宽 $h_n > 0$，核函数 $K(\cdot)$ 采用高斯核函数，$K(u) = (2\pi)^{-1/2} \exp\left(-\dfrac{1}{2} u^2\right)$。

最后计算 θ_i 分位数 $q_{\theta_i}(y_t)$：

$$q_{\theta_i}(y_t) = \inf\{\hat{m}(z_j): z_j \geq \theta_i\} \quad (7.6)$$

7.3.3 构建回归模型

为了估计技术溢出概率，构建回归模型[19]：

$$I_{y_t}^{\theta_i} = \beta_{1\theta_i}I_{x_t}^{\theta_i} + \beta_{2\theta_i}D_{x_t}I_{x_t}^{\theta_i} + u_t \tag{7.7}$$

$\beta_{1\theta_i},\beta_{2\theta_i}$是未知参数，$u_t$是随机误差项，满足回归模型的基本假定。

式（7.8）的矩阵形式是：

$$I_y = X\beta_{\theta_i} + U \tag{7.8}$$

其中 $I_y = [I_{y_1}^{\theta_i}, \cdots, I_{y_T}^{\theta_i}]'$，$X = \begin{bmatrix} I_{x_1}^{\theta_i} & D_{x_1}I_{x_1}^{\theta_i} \\ \vdots & \vdots \\ I_{x_T}^{\theta_i} & D_{X_T}I_{x_T}^{\theta_i} \end{bmatrix}$，$\beta \equiv [\beta_{1\theta_i}, \beta_{2\theta_i}]'$，$U = [u_1, \cdots, u_T]'$。

利用 OLS 进行估计得：$\hat{\beta}_{\theta_i} = (X'X)^{-1}X'I_y$。

定理 7.2 当 B 和 V 充分大时有（张瑞锋，张世英，2006）：

① 两个创新极完全正相关 $\Rightarrow \hat{\beta}_{1\theta_i} = p^B(\theta_i), \hat{\beta}_{1\theta_i} + \hat{\beta}_{2\theta_i} = p^V(\theta_i)$；

② 两个创新极完全负相关 $\Rightarrow \hat{\beta}_{1\theta_i} = p^B(\theta_i), \hat{\beta}_{1\theta_i} + \hat{\beta}_{2\theta_i} = p^V(\theta_i)$；

③ 两个创新极独立 $\Rightarrow E[\hat{\beta}_{1\theta_i}] = p^B(\theta_i), E[\hat{\beta}_{1\theta_i} + \hat{\beta}_{2\theta_i}] = p^V(\theta_i)$。

证明：首先令 $\sum_V(\cdot)$ 表示创新极技术创新活动时期 $I_{y_t}^{\theta_i}$ 或 $I_{x_t}^{\theta_i}$ 的求和算子，则对方程（7.7）一般的 OLS 估计是：

$$\hat{\beta}_{1\theta_i} = \frac{\sum_B I_{y_t}^{\theta_i} I_{x_t}^{\theta_i}}{\sum_B (I_{x_t}^{\theta_i})^2} \qquad \hat{\beta}_{1\theta_i} + \hat{\beta}_{2\theta_i} = \frac{\sum_V I_{y_t}^{\theta_i} I_{x_t}^{\theta_i}}{\sum_V (I_{x_t}^{\theta_i})^2}$$

① 两个创新极完全正相关，即 $\rho_{YX} = 1$，表明：如果条件 $x_t \leq q_\theta(x_t)$ 成立，则 $y_t \leq q_\theta(y_t)$ 同时成立。即：$I_{x_t}^{\theta_i} = I_{y_t}^{\theta_i}$，则：

$$\hat{\beta}_{1\theta_i} = \frac{\sum_B I_{y_t}^{\theta_i} I_{x_t}^{\theta_i}}{\sum_B (I_{x_t}^{\theta_i})^2} = 1$$

$$p^B(\theta_i) = B^{-1} \sum_{t \in (\text{非波动时期})} p_t(\theta_i) = B^{-1}\sum_B p_t(\theta_i) = 1$$

所以，$\bar{\beta}_{1\theta_i} = p^B(\theta_i)$。

同理：$\bar{\beta}_{1\theta_i} + \bar{\beta}_{2\theta_i} = p^V(\theta_i)$。

② 若两个创新极完全负相关，即 $\rho_{YX} = -1$，表明：如果条件 $x_t \leq q_\theta(x_t)$ 成立，则 $y_t \leq q_\theta(y_t)$ 一定不成立，即 $I_{x_t}^{\theta_i}$ 与 $I_{y_t}^{\theta_i}$ 取值相反，则：

$$\hat{\beta}_{1\theta_i} = \frac{\sum_B I_{y_t}^{\theta_i} I_{x_t}^{\theta_i}}{\sum_B (I_{x_t}^{\theta_i})^2} = 0$$

$$p^B(\theta_i) = B^{-1}\sum_B p_t(\theta_i) = 0$$

所以，$\hat{\beta}_{1\theta_i} = p^B(\theta_i)$。

同理：$\hat{\beta}_{1\theta_i} + \hat{\beta}_{2\theta_i} = p^V(\theta_i)$。

③两个创新极独立，则：

$I^{\theta_i}_{x_t} = 1$ 取值概率是 $p(x_t \leq q_\theta(x_t)) = \theta_i$，即当 B 充分大的时候有：

$$E\Big[B^{-1}\sum_B I^{\theta_i}_{x_t}\Big] = E\Big[B^{-1}\sum_B p(x_t \leq q_{\theta_i}(x_t))\Big]$$

同理有：$E\Big[B^{-1}\sum_B I^{\theta_i}_{y_t}\Big] = E\Big[B^{-1}\sum_B p(y_t \leq q_{\theta_i}(y_t))\Big]$

$$E\Big[B^{-1}\sum_B I^{\theta_i}_{y_t} I^{\theta_i}_{x_t}\Big] = E\Big[B^{-1}\sum_B p(y_t \leq q_{\theta_i}(y_t))p(x_t \leq q_{\theta_i}(x_t))\Big]$$

所以：

$$E[\bar{\beta}_{1\theta_i}] = E\left[\frac{\sum_B I^{\theta_i}_{y_t} I^{\theta_i}_{x_t}}{\sum_B (I^{\theta_i}_{x_t})^2}\right] = E\left[\frac{\sum_B I^{\theta_i}_{y_t} I^{\theta_i}_{x_t}}{\sum_B (I^{\theta_i}_{y_t})}\right]$$

$$= \frac{E[\sum_B p(y_t \leq q_{\theta_i}(y_t))p(x_t \leq q_{\theta_i}(x_t))]}{E[\sum_B p(x_t \leq q_{\theta_i}(x_t))]}$$

$$= \frac{\theta_i^2}{\theta_i} = \theta_i$$

而 $p^B(\theta_i) = B^{-1}\sum_B p_t(\theta_i) = \theta_i$

所以，$E[\bar{\beta}_{1\theta_i}] = p^B(\theta_i)$。

同理：$E[\bar{\beta}_{1\theta_i} + \bar{\beta}_{2\theta_i}] = p^V(\theta_i)$。

证毕。

根据定理 7.2 及式（7.3），容易知道 $\hat{\beta}_{1\theta_i}$ 表示了创新极间无创新活动时期的影响概率；$\hat{\beta}_{1\theta_i} + \hat{\beta}_{2\theta_i}$ 表示了创新极间有技术创新活动是时的技术溢出概率。

$$\frac{\mathrm{d}p}{\mathrm{d}t} = kp(1-p)$$

其中 p 为扩散强度，t 为时间，k 为参数。

7.4 创新极间技术溢出概率实证研究

7.4.1 数据描述

本章选取唐山市区域创新系统中的钢铁创新极、陶瓷创新极、煤炭创新极、化工创新极、机械创新极以及邯郸市区域创新系统中钢铁创新极六个创新极之间的技术溢出情况为实证对象。假设技术溢出是双向对等的，则这些创新极有如图 7.5 所示关系。图中箭头所示仅为可能存在的路径，另邯郸钢铁与唐山煤炭、唐山化工之间图示不直观，故用虚线箭头使邯郸钢铁创新极与唐山市区域创新系统相连，通过这条路径传递技术溢出。

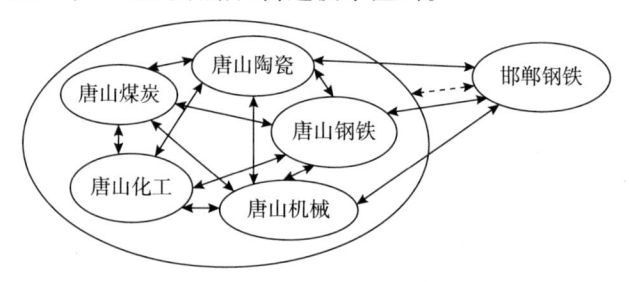

图 7.5　六个创新极之间技术溢出示意图

我们取 1996～2006 年期间的唐山钢铁产业创新网络、陶瓷产业创新网络、煤炭产业创新网络、化工产业创新网络、机械产业创新网络以及邯郸钢铁产业创新网络的年科技论文发表数为原始数据表示区域内创新极的年创新收益。由于不同地区和不同产业的情况不同，我们将论文数量转换为论文增长率代表创新极年创新增长（收益）率，$R_t = \dfrac{P_t - P_{t-1}}{P_{t-1}}$，其中 P 为年论文发表量。由于不同地区、不同产业的情况不同，对原始数据进行预处理，最终每个创新极均得到 10 个数据。数据的统计特性见表 7.1：

表 7.1　各创新极的数据统计量

统计量	唐山钢铁	唐山陶瓷	唐山煤炭	唐山化工	唐山机械	邯郸钢铁
均值	0.0172	-0.0048	0.0161	0.002	-0.0179	0.0021
中位数	-0.4129	-0.3482	0.0802	0.4211	0.1732	0.0261

续表

统计量	唐山钢铁	唐山陶瓷	唐山煤炭	唐山化工	唐山机械	邯郸钢铁
标准差	1.0344	0.9934	1.0026	1.0005	1.0216	0.9625
峰度	-0.0616	0.1122	-0.7656	-0.6488	-0.4679	-1.4284
偏度	1.1085	1.0477	-0.1998	-1.032	-0.2599	-0.0607

7.4.2 创新极间论文增长率技术溢出模型估计

针对不同地区、不同创新极增长率数据，首先对每个创新极论文增长率利用式（7.4）~（7.6）求出其在 θ_i 下的分位数，见表 7.2。其次，由式（7.7）构建产业间技术溢出模型，并利用 OLS 得到 $\hat{\beta}_{1\theta_i}$ 和 $\hat{\beta}_{2\theta_i}$。绘制出不同创新极论文增长率间影响的概率图，如图 7.6~图 7.16 所示。图中横轴是置信度，纵轴是论文年增长率间影响概率 $P_t(\theta)$。两个创新极之间年增长率在无创新活动时期的影响概率，是由式（7.7）中 $\hat{\beta}_{1\theta_i}$ 绘制；两个创新极之间有创新活动时年增长率在创新活动时期的影响概率（技术溢出概率），是由式（7.7）中（$\hat{\beta}_{1\theta_i} + \hat{\beta}_{2\theta_i}$）绘制。最后，判断两个创新极之间是否存在技术溢出，需要求出 $s(\theta_{m1}, \theta_{m2})$，由式（7.3）及定理 7.2 可得：

$$s(\theta_{m1}, \theta_{m2}) = \sum_{i=\theta_{m1}}^{\theta_{m2}} [P^V(\theta_i) - P^B(\theta_i)] = \sum_{i=\theta_{m1}}^{\theta_{m2}} (\hat{\beta}_{2\theta_i})$$

表 7.2 分位数表

各创新级的分位数	唐山钢铁	唐山陶瓷	唐山煤炭	唐山化工	唐山机械	邯郸钢铁
0.1	-0.912	-0.7598	-1.174	-1.6228	-1.2449	-0.9862
0.2	-0.6573	-0.6937	-0.6397	-0.9369	-0.7882	-0.9654
0.3	-0.5094	-0.5325	-0.4297	0.3251	-0.1593	-0.6066
0.4	-0.4653	-0.5245	-0.0362	0.3251	-0.1593	-0.0783
0.5	-0.378	-0.1719	-0.0362	0.38	0.1702	-0.0783
0.6	-0.0904	0.0954	0.1965	0.4623	0.1761	0.1305
0.7	0.5916	0.0954	0.5069	0.5446	0.218	0.7299
0.8	0.5916	0.327	0.7303	0.6681	0.5954	0.788
0.9	1.594	1.5328	1.1362	0.7915	1.1404	0.9967

如果 $s(\theta_{m1},\theta_{m2})>0$，就说明两个创新极之间存在着技术溢出，$\hat{\beta}_{2\theta_i}$ 就是两个创新极在置信度 θ_i 下的技术溢出概率。

为了更清楚地、全面地分析判断在不同置信度 θ_i 下创新极之间的技术溢出性，我们选择了几组置信度 $(0,0.5),(0,0.3),(0.3,0.5),(0.5,0.9)$，$(0.5,0.7),(0.7,0.9)$，如表 7.3 所示。

表 7.3 创新极技术溢出数据

创新极	$s(0,0.5)$	$s(0,0.3)$	$s(0.3,0.5)$	$s(0.5,0.9)$	$s(0.5,0.7)$	$s(0.7,0.9)$
唐山钢铁－唐山陶瓷	0.667	0.997	0.997	0.12	−0.08	0.45
唐山钢铁－唐山煤炭	0.334	0	0.334	1.584	1.084	0.75
唐山钢铁－唐山化工	0.167	0.334	0.334	1.054	0.337	1.384
唐山钢铁－唐山机械	−0.667	−0.007	−0.007	1.86	1.16	1.2
唐山钢铁－邯郸钢铁	0	−0.33	−0.33	0.867	0.417	0.867
唐山陶瓷－唐山煤炭	−0.33	−0.33	−0.33	−0.584	−0.334	−0.417
唐山陶瓷－唐山化工	0.33	0.493	−0.493	−0.58	−0.58	−0.083
唐山陶瓷－唐山机械	−0.667	−1.334	−1.334	0.164	0.497	−0.003
唐山煤炭－唐山化工	−0.33	−0.99	−0.99	0.917	0.417	0.917
唐山煤炭－唐山机械	0.667	0.997	0.997	0.62	0.17	0.95
唐山化工－唐山机械	−0.33	−0.66	−0.66	0.614	0.497	0.284

图 7.6 至图 7.16 分别绘制了不同创新极间创新增长（收益）率影响的概率图，由于数据选取时间序列范围、指标值、模型的局限等原因，概率图局部出现不规则，将概率小于等于零的均取 0，得到如下：

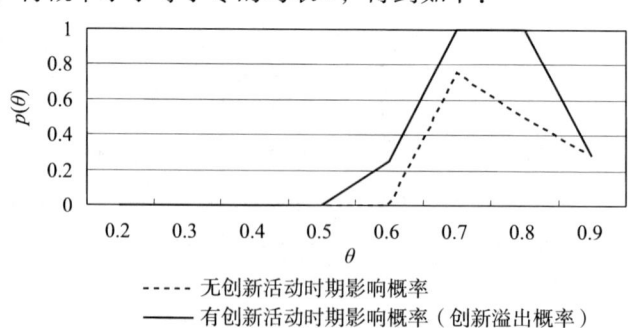

----- 无创新活动时期影响概率
—— 有创新活动时期影响概率（创新溢出概率）

图 7.6 唐山钢铁－邯郸钢铁创新极间影响概率图

从图 7.6 可以看出，在 θ 取值超过 0.5 时，唐山市钢铁产业与邯郸市钢铁产业创新新增长的相互影响概率明显。特别是唐山市钢铁产业有创新活动时，当 θ 在 0.7~0.9 之间时，两个创新极技术溢出概率为 1，即意味着两个创新极之间肯定存在技术溢出，即使无创新活动时，两个创新极的创新增长率之间也有较大的影响概率，意味着存在溢出的可能性很大。这在现实中不难理解，虽然两个创新极分处两地，但由于两个创新极之间的技术特征，创新活动高度相关，加之现在地区间经济联系又比较紧密，在第四章已证明两地的钢铁产业即有相同的产业技术特征又具有相似的规模、结构等相似点，两个创新极之间出现高溢出概率合情合理。

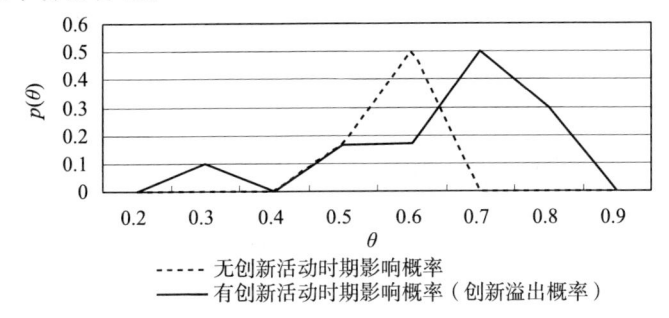

图 7.7 唐山钢铁 – 唐山陶瓷创新极间影响概率图

从图 7.7 可以看出，唐山市钢铁创新极与区域内陶瓷创新极之间的影响概率在 θ 取值范围内普遍较小，主要是因为两个创新极的技术特征、产业特征甚至市场需求并非特别相关，甚至无较大的联系，两个创新极间的创新主体联系多为业务上的买卖关系，这种简单的客户关系发生变化时对创新的增长影响相对较小。

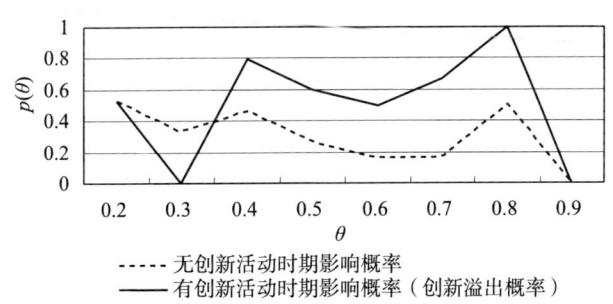

图 7.8 唐山钢铁 – 唐山煤炭产业间影响概率图

唐山市钢铁创新极与煤炭创新极之间的联系相比上述两类，介于中间，钢铁产业与煤炭产业除去纯业务的联系外，也有多层的影响关系，比如煤炭作为炼钢的主要燃料来源，左右着钢铁的产品成本和价格，进而对产业技术创新产生影响，这种影响虽不及同类技术之间影响大，但由于它贯穿了产业生产的各环节，故具有普遍的影响，但影响的概率不及同为钢铁产业的邯郸钢铁产业与唐山钢铁创新极之间的影响概率。

——— 有创新活动时期影响概率（创新溢出概率）

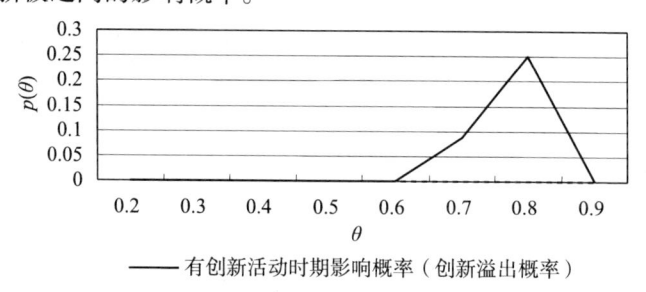

图7.9 唐山钢铁－唐山化工产业间影响概率图

唐山钢铁创新极与区域内化工创新极之间的影响概率出现上图所示的结果应该归因于两个创新极无明显的技术联系，两个创新极之间的创新只有在化工设备研发环节才能产生技术溢出，其他时期则不明显。

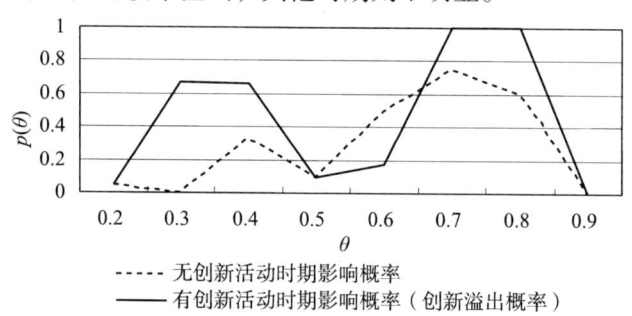

----- 无创新活动时期影响概率
——— 有创新活动时期影响概率（创新溢出概率）

图7.10 唐山钢铁－唐山机械产业间影响概率图

唐山钢铁产业与唐山机械产业（这里的机械指一些专有设备、装备制造等行业组成的产业，不含钢铁冶炼业务）之间的联系相对紧密，所以两个创新极之间的影响概率明显较其他几种情况大，两个产业的企业之间市场开展一些创新合作，建立战略联盟等。不难看出，两个产业无论从技术特征、产业特征，还是从业务关系、人力资源关系具有高度相关性和同向性，钢铁产业的发展影响着机械产业，机械产业的发展又为钢铁产业增加需求和支持，这在同一个区域创新系统内更加明显。

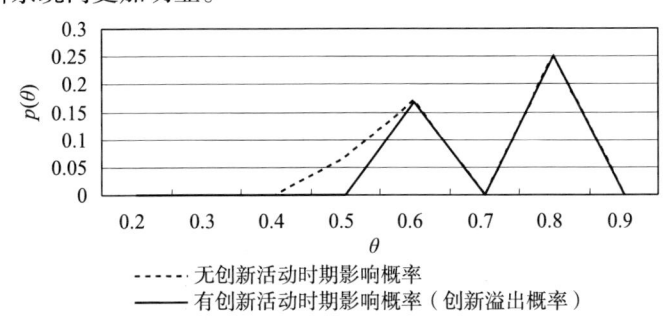

图 7.11　唐山陶瓷－唐山煤炭产业间影响概率图

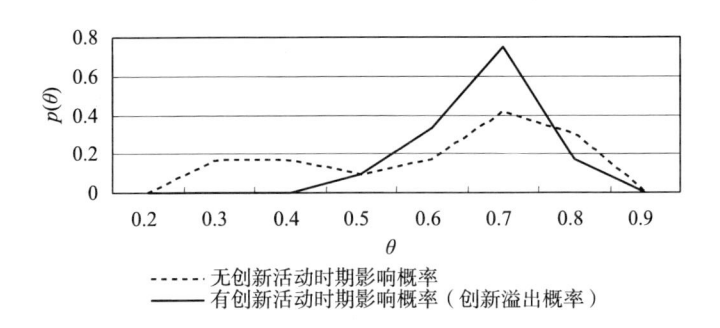

图 7.12　唐山陶瓷－唐山机械产业间影响概率图

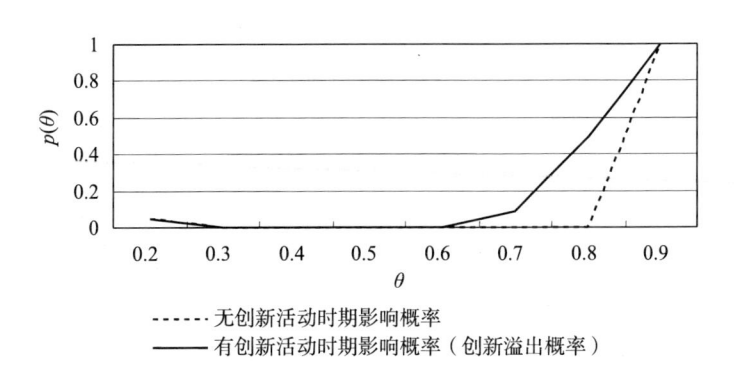

图 7.13　唐山煤炭－唐山化工产业间影响概率图

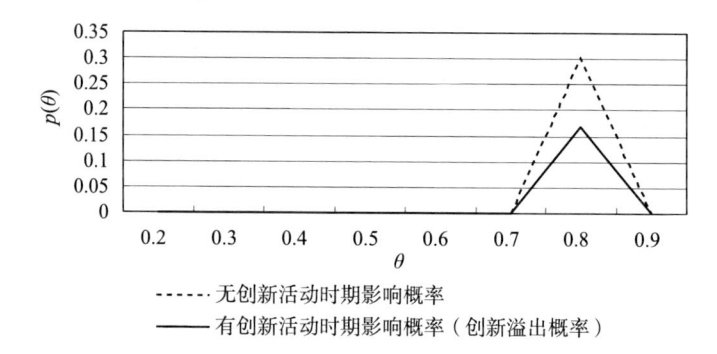

图 7.14 唐山化工-唐山机械产业间影响概率图

从图形（图 7.11 至图 7.14）上看，基本共同点是创新极之间的影响概率均较小，甚至 θ 在部分范围内取值为 0，从实际的产业发展情况看，也有类似结论。化工产业与机械产业、陶瓷产业与煤炭产业、煤炭产业与化工产业、陶瓷产业与机械产业，两两之间均无明显的技术关系，产业特征也基本不同，创新联系微弱，仅有产业采购业务上的联系，这对创新增长率的指标来说，影响概率自然较小。

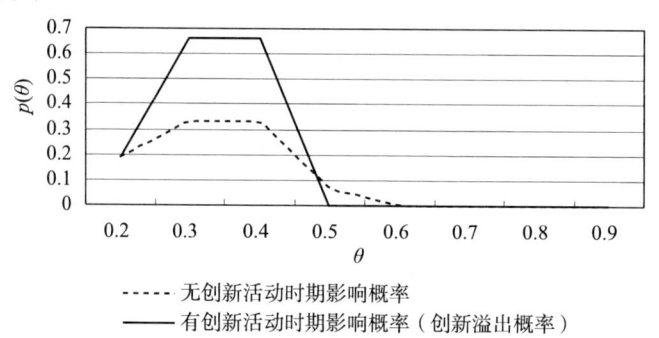

图 7.15 唐山陶瓷-唐山化工产业间影响概率图

唐山陶瓷产业与唐山化工产业在 θ 较小时有不大于 0.7 的技术溢出概率，无创新活动时的影响概率很小，当 θ 值较大时，超过 0.5 后，两个概率迅速降为 0，出现不规则的原因可能是数据序列不够长，或者指标数据普遍较小且不规则。总体说明两者影响概率仍较小，原因同图 7.9 至图 7.12 情况。

唐山煤炭产业与唐山机械创新极之间的影响概率与唐山煤炭产业与唐山钢铁创新极之间的影响概率类似，原因是煤炭与机械产业也具有非常密切的联系。在实际中，无论是创新还是业务往来，两个产业总是紧密相连，互动发展，所以，唐山区域创新系统内煤炭产业创新与机械创新极之间有明显的技术溢出。

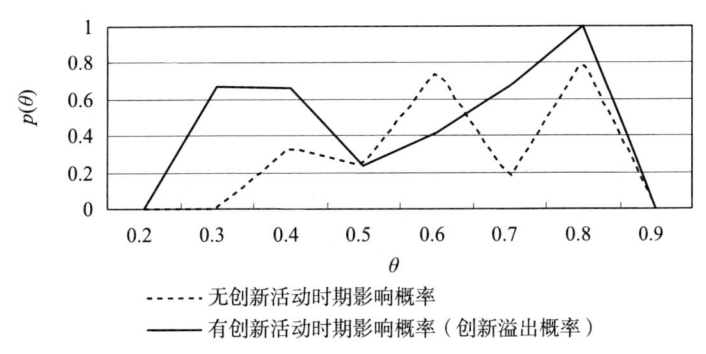

图 7.16　唐山煤炭－唐山机械产业间影响概率图

7.4.3　结论分析

从上述的实证结论可以得到如下三点：

（1）创新极之间的技术溢出强度和溢出概率，与产业特征、技术特征、创新活动的特性高度相关。如图7.6、图7.8、图7.10、图7.16所示，在产业特征类似、技术特征高度趋同、创新活动关联的钢铁产业（唐山）与钢铁产业（邯郸）、唐山钢铁产业与煤炭产业、唐山钢铁产业与机械产业、唐山煤炭产业与机械产业，两两之间的影响概率较大，而在机械产业与陶瓷产业等技术和产业特征联系不明显的创新极之间，影响概率基本都比较小。这也说明，创新的溢出是在技术匹配合适的技术主体与客体之间进行的，创新知识的传播是通过微观的、具体的技术创新活动进行的。

（2）创新极之间的技术溢出在时空与技术、产业特征之间，更依赖于后者。邯郸市钢铁产业与唐山市钢铁产业时空相对较远，但两个创新极的技术特征相同，产业特征相同，甚至产业组织结构等其他方面都类似，这时两个创新极之间仍具有明显的技术技术溢出（两个创新极的技术溢出概率大），而同在唐山一区域内的唐山化工产业与钢铁产业、化工产业与机械产业，尽管时空相连，位于同一区域，但两两之间的影响概率很小，也意味着两个创新极之间的技术溢出并无明显痕迹。

(3) 如果两个创新极之间有明显技术溢出时，有创新活动时的技术溢出概率要高于无创新活动时的影响概率。从图 7.6、图 7.8、图 7.10、图 7.16 中可以看出，有创新活动时的技术溢出概率普遍大于无创新活动时的创新增长影响概率。实际中，技术创新活动具有高的外部溢出性，所以技术创新的技术溢出往往明显，造成了上述研究结果。

鉴于上述研究结论，本节认为，在实际制定区域创新系统发展决策时，应致力于提高产业特征、技术特征关联明显的创新极的创新绩效，这样会较快、较明显地在全区域内使创新扩散，使整个区域创新系统绩效提升。

此外，本节研究也具有明显的局限性，首先，只是研究不同创新极之间的技术溢出概率问题，而没有讨论技术溢出的途径、方式，更没有量化研究创新极间的技术溢出。其次，在研究技术溢出概率时，仅讨论了两个创新极相互影响的关系为线性相关关系，对于两个创新极之间的非线性相关关系并未涉及。在后续的研究中笔者将致力于此。

7.5 创新极间技术溢出效应分析

本节前部分主要对测度溢出效应的方法进行分析，后部分根据选择的方法与研究对象进行了实证研究。

7.5.1 测度溢出效应的方法

1. 技术流矩阵方法

技术流方法主要注重的是租金溢出的测度（叶安宁，2007）。对于产业间的租金溢出，利用 R&D 供给者直接提供给使用者而产生的流量，现在常用的是 Yale patent Matrix（Putnam & Evenson，1994）。

为了纠正测度误差 ε_i，假设测度误差是和第 i 部门产品导向的 R&D（product — oriented R&D）密度成正比

$$\varepsilon_i = \gamma \frac{RD_i}{X_i} \tag{7.9}$$

这里，X_i = 第 i 部门的产值；RD_i = 第 i 部门以产品导向的 R&D 的支出；由此得：

$$TPF_j = TPF_j^* + \sum_i S_{ij}\gamma \frac{RD_i}{X_i} = TPF_j^* + \sum_i \frac{X_{ij}}{X_j}\gamma \frac{RD_i}{X_i}$$

$$= TPF_j^* + \gamma \frac{1}{X_j} \sum_i \frac{X_{ij}}{X_i} RD_i \quad (7.10)$$

$\frac{X_{ij}}{X_i}$ 是第 i 部门提供给第 j 部门作为中间使用的比例，是 Ghosh 分配系数。$\left(\frac{X_{ij}}{X_i}\right)RD_i$ 就是第 i 部门的 R&D 溢出到第 j 部门，将所有部门的溢出到 d_{ij} 部门相加再除本部门的产出就得到了第 j 部门的接受效应。

可以通过投入产出模型来计算溢出效应：

$$X = (I - A)^{-1} Y \quad (7.11)$$

$(I-A)^{-1}$ 的第 i 列表示第 i 部门的最终产出变化单位（其他部门的最终产出不变），各部门的产出变化多少，那么第 i 列乘以第 i 部门的最终产出，就表示各部门的最终产出。将 $(I-A)^{-1}$ 左乘以最终产出对角阵 $\hat{Y}$ 再右乘以总产出倒数对角阵 $\hat{X}^{-1}$，由此得到的矩阵每个行向量的和为 1。该矩阵称为 S—算子（S—Operator）（Schnabl, 1995）：

$$\hat{X}^{-1} = (I - A)^{-1} \hat{Y} \quad (7.12)$$

如果对该矩阵再左乘以矩阵 $\widetilde{R\&D}$ 得到 R&D 流量系数矩阵，

$$X_{R\&D} = \widetilde{R\&D}\, \hat{X}^{-1}(I - A)^{-1} \hat{Y}, \quad (7.13)$$

R&D 是各部门的 R&D 投入向量，$\widetilde{R\&D}$ 是由 R&D 生成的对角阵，有了 R&D 流量系数矩阵则可以得到，第 i 部门的溢出贡献者效应就是 R&D 流量系数矩阵的第 i 行之和，溢出受益效应就是 R&D 流量系数矩阵第 i 列之和。

针对有可能最终使用可能为负，给分析带来不便，定义后向 R&D 流量系数矩阵：

$$BX_{R\&D} = \widetilde{R\&D}\, \hat{X}^{-1}(I - A)^{-1} \quad (7.14)$$

后向 R&D 流量系数矩阵第 i 列之和就是溢出受益效应。为了克服利用投入系数矩阵分析溢出贡献者效应的不明确，定义前向 R&D 流量系数矩阵：

$$FX_{R\&D} = \widetilde{R\&D}\, \hat{X}^{-1}(I - D)^{-1} \quad (7.15)$$

D 是产出系数矩阵，前向 R&D 流量系数矩阵的第 i 行之和就是贡献者效应。

方法分析：利用该方法来测度产业间的租金溢出是一种比较粗糙的方法。该方法认为部门 i 作为中间使用和固定资产投资对所有部门的溢出效应是等价的，但实际上不同部门接受来自部门 i 的溢出效应能力是不同的。根据选取的数据来源不同，如选择专利信息、创新纪录等，该方法也可以在一定程度上测量纯知识溢出（许丽丽，2009）。

2. 技术距离

对于纯知识溢出，多采用技术距离来定义溢出效应，引入技术距离成为研究不同行业企业间知识溢出的关键途径。部门之间并不直接产生交易的流量。我国学者王玉灵与张世英构建了纯知识溢出模型：假设纯知识溢出的量取决于溢出接受企业（acceptor）的吸收消化能力和模仿创新（或技术引进）的投入水平（王玉灵，张世英，2001）。由于直接测定一个企业对新技术的吸收消化能力的困难，通常借助于"速度"来分析企业的吸收消化能力，即认为接受溢出企业的吸收消化速度越快，反映吸收消化能力越大。考虑单向溢出、技术势差的存在是溢出的前提条件，接受溢出企业的模仿创新或技术引进是溢出实现的必要条件。假设吸收消化速度主要取决于溢出企业与接受企业之间的技术差距（技术势差）和其他因素（如特定的文化、学习效果、职工素质等），则可构造如下的纯知识溢出的模型，即

$$\frac{\mathrm{d}T_{\mathrm{AL}}}{\mathrm{d}t} = r\alpha(T_{\mathrm{AH}} - T_{\mathrm{AL}}) \tag{7.16}$$

其中，$T_{\mathrm{AH}} - T_{\mathrm{AL}}$ 为创新企业 AH 与溢出接受企业 AL 之间的技术差距；α 为其他影响因素（$0 < \alpha < 1$）。

实际上，α 可以看做是接受溢出企业的影响吸收消化其他因素的实际水平与"理想水平"之比，因此，α 是一个无量纲量。$\mathrm{d}T_{\mathrm{AL}}/\mathrm{d}t$ 是总的消化吸收速度；r 是溢出接受企业模仿创新（或技术引进）的投入水平。

Klaus（2005）构建的模型最显著特点就是对地理和技术的共同关注上，强调企业间相互学习的应该是异质知识和技术，但是，异质知识技术的差距不能很大，否则知识不可能在企业间顺利地流动和吸收。

Klaus 基于地理距离和技术距离的知识溢出模型如下（周华，韩伯棠，2009）：

$$SP_{i,k,t} = \sum_{l=1}^{nt} \sum_{i \neq j} \left[(1 - d_i^{geo})(1 - d_j^{geo}) \cdot \frac{1}{1 + d_{k,l,t}^{tech}} \cdot G_{i,j,k,l,t} \cdot e^{\frac{G_{i,j,k,l,t}}{ac_{i,t}}} \right] +$$
$$\sum_{t=1}^{n_t} \left[\frac{1}{1 + d_{k,l,t}^{tech}} \cdot G_{i,j,k,l,t} \cdot e^{\frac{G_{i,j,k,l,t}}{ac_{i,t}}} \right] \qquad (7.17)$$

式（7.17）表示了在 t 时间，企业 i 可以获得与知识 k 有关的溢出效应。技术距离对知识溢出效应的影响较大。通常技术距离越大，知识溢出效应越小。

方法分析：测量纯知识溢出主要是利用技术距离来定义溢出效应，技术距离的测定目前没有统一的指标与工具，这对实证研究的可比性造成一定的障碍。

3. 生产函数

基于生产函数所构建的各种溢出效应度量模型代表了目前度量"可度量因素"的主流方法。使用推广的 C—D 生产函数来测量溢出最早由 Griliches（1979）提出，其基本假设是把创新成果与产出看做 R&D 投入的函数，这个函数通常用柯布—道格拉斯生产函数的形式表示：

$$Q_{it} = (S_{it})^\gamma (S_{it}^\alpha)^\mu \qquad (7.18)$$

其中，Q_{it} 用来表示经济主体 i 在 t 时刻的创新产出；S_{it} 是经济主体 i 在 t 时刻的知识存量；S_{it}^α 是 i 在 t 时刻所获取的来自其他主体在 t 时刻对 i 的溢出知识量。γ 和 μ 分别是 S_{it} 和 S_{it}^α 作为"知识资本"的产出弹性，说明当经济主体自身的知识存量增加 1 时，创新产生增加 γ，而经济主体每从外部获取 1 的溢出知识量，创新产生增加 μ。

式（7.18）中的 S_{it} 代表溢出知识接受者自身（$\omega_{ij} = 1$）在 t 时刻的知识存量，而 S_{it}^α 代表着 t 时刻经济主体所获取的来自其他主体（$\omega_{ij} \neq 1$）的知识量，所以

$$S_{it}^\alpha = \sum_{j \neq i}^{N} \omega_{ij} S_{jt} \qquad (7.19)$$

对式（7.18）两边取自然对数后，可得到以下形式的函数：

$$\ln Q_{it} = \gamma \ln S_{it} + \mu \ln \sum_{j \neq i} (\omega_{ij} S_{jt}) \qquad (7.20)$$

式（7.20）就是很多实证研究中经常用来度量溢出效应的基本数理模型框架，原来式（7.18）中代表外部获取知识量产出弹性的系数 μ 在式（7.20）

代表着主体 i 接受外部知识的程度,也就是溢出效应的强度。在具体应用中,研究者会根据自己的不同观点和实证数据可获得性来选择创新产出 Q_{it} 和经济主体知识存量 S 的代理变量,其中以学者 Jaffe（1989）提出的模型为代表,他以企业专利数作为创新产出的代理变量,用产业 R&D 投入和大学基础研究经费各自作为两类主体的知识存量代理变量,从而利用改进后的知识生产函数对大学基础研究的溢出效应进行实证分析,具体模型如下：

$$\ln P_{ikt} = \beta_{1k}\ln I_{ikt} + \beta_{2k}\ln U_{ikt} + \beta_{3k}\ln U_{ikt}\ln C_{ikt} + \varepsilon_{ikt} \quad (7.21)$$

式中,变量 P 是企业专利数；I 是产业 R&D 投入；U 是大学基础研究经费投入；C 用来衡量大学和产业的"地理一致性（geographic coincidence）",其实就是衡量从大学到企业知识溢出程度的权重系数 ω_{ij},C 的度量方法采用了大学和产业科研人员共享程度的偏心相关系数；β_{1k} 和 β_{2k} 分别是产业 R&D 投入和大学基础研究经费投入的系数,β_{3k} 是特定产业接受外部知识溢出程度的系数,ε 是残差项。此外,指数 i 代表观察单位,指数 k 代表特定的技术领域,指数 t 则代表时间。应用这个模型,对指定时间内,处于某一技术领域的大学基础研究投入总量、相同技术领域内产业 R&D 投入总量和该技术领域内的企业专利总量进行回归,就可以获知大学基础研究对于产业的知识溢出效应程度。

方法分析：在对知识溢出发生的机制没有明确认识的情况下,以 Griliches-Jaffe 为代表的生产函数的测度方法以一般企业为研究对象,从个人或企业等极其微观的层面对知识溢出进行了测度,由于抽象或忽略了具体企业的规模、人力资本与产业类型等因素对知识溢出的影响,所以说得结论具有片面性。

7.5.2 唐山市九类主导创新极间的技术溢出效应分析

本章根据前面的理论和方法的分析,结合实证的科学性与可行性原则,选用最为合适的生产函数法来测量唐山市的主导创新极间的技术溢出效应,进行实证分析。

1. 模型构建的方法

首先,Cobb—Donglas 生产函数（简称 C—D 生产函数）是由芝加哥大学经济学家道格拉斯（P. H. Donglas）与数学家柯布（C. W. Cobb）在 1928 年提出的。它是应用最广泛的一种生产函数,其模型为：

$$Y = AK^{\alpha}L^{\beta} \quad (7.22)$$

其中：Y 为产出量；K 为资本投入量；L 为劳动投入量；A 为效率系数；α 为资本的产出弹性（$0 < \alpha < \beta$）；β 为劳动的产出系数（$0 < \beta < 1$）。

根据 $C—D$ 生产函数的基本原理，本节构建了测量两个创新极之间技术溢出效应模型。设：

$$Y_i = Y_i(L_i, K_i, Z_j), i \neq j \tag{7.23}$$

其中，Y_i、L_i、K_i 分别表示产业 i 的产出、劳动力投入和资本投入，Z_j 表示对产业 i 有技术溢出作用的产业 j 的有关影响要素。

对式（7.23）求微分，得到

$$dY_i = \lambda_L \cdot dL_i + \lambda_k \cdot dK_i + \lambda_Z \cdot dZ_i \tag{7.24}$$

其中，λ_L、λ_K、λ_Z 分别表示产业 i 中 L_i、K_i、Z_j 的边际生产率。对（7.24）进行变形，得到

$$\frac{dY_i}{Y_i} = \frac{\lambda_L \cdot L_i}{Y_i} \cdot \frac{dL_i}{L_i} + \frac{\lambda_L \cdot K_i}{Y_i} \cdot \frac{dK_i}{K_i} + \frac{\lambda_L \cdot Z_i}{Y_i} \cdot \frac{dZ_i}{Z_i} \tag{7.25}$$

这里，假设 L_i、K_i、Z_j 满足不变产出弹性，则上式可以改写为

$$\frac{dY_i}{Y_i} = a \cdot \frac{dL_i}{Y_i} + b \cdot \frac{dK_i}{K_i} + c \cdot \frac{dZ_i}{Z_i} \tag{7.26}$$

考虑到数据的可获得性和计算的方便性，在进行回归分析时，本章对上式采用对数处理以后的形式，即

$$\lg Y_i = A_i + a \lg L_i + b \lg K_i + c \lg Z_i + \mu_i \tag{7.27}$$

其中，a、b、c 分别表示 L_i、K_i、Z_j 的产出弹性，μ_i 表示回归方程随机误差项。上述模型为本论文实证采用的主要模型。

2. 实证分析

实证所需九类主导创新极的数据情况如下进行简单的介绍。

为使创新极数据统计指标的口径符合一致性要求，本章采用 1999～2007 年的唐山统计年鉴数据，并做了一定的行业合并，利用黑色金属冶炼及压延加工业和黑色金属采矿业代替钢铁产业，煤炭采选业代替煤炭产业，石油和天然气开采业、石油加工及炼焦业、化学原料及化学制品制造业、医药制造业、橡胶制品业、塑料制品业与煤气生产和供应业代替化工产业，金属制品业、普通机械制造业、专用设备制造业、交通运输设备制造业与电气机械及器材制造业代替机械产业，水泥制造业代替水泥产业，陶瓷制品业代

替陶瓷产业，纺织业与化学纤维制造业代替纺织产业，造纸及纸质品业与印刷业代替造纸产业，电子及通信设备制造业代替电子产业。具体情况如表 7.4 及表 7.5 所示：

表 7.4 行业分类

黑色金属冶炼及压延加工业 黑色金属采矿业	钢铁产业
煤炭采选业	煤炭产业
石油和天然气开采业 石油加工及炼焦业 化学原料及化学制品制造业 医药制造业 橡胶制品业 塑料制品业 煤气生产和供应业	化工产业
金属制品业 普通机械制造业 专用设备制造业 交通运输设备制造业 电气机械及器材制造业	机械产业
水泥制造业	水泥产业
陶瓷制品业	陶瓷产业
纺织业 化学纤维制造业	纺织产业
造纸及纸质品业 印刷业	造纸产业
电子及通信设备制造业	电子产业

表 7.5 代号及产业名称

1. 钢铁	2. 煤炭	3. 化工
4. 机械	5. 水泥	6. 陶瓷
7. 纺织	8. 造纸	9. 电子

采用模型

$$\lg Y_i = A_i + a\lg L_i + b\lg K_i + \mu_i, \quad i = 1, 2, 3, \cdots, 9 \quad (7.28)$$

对唐山市的九类创新极进行回归分析，采用 1999~2007 年《唐山统计年鉴》的数据为样本，使用 SPSS11.5 软件，对合并行业后的唐山市 9 个主导创新极的总产出（由工业总产值代替）、资本投入（由资本合计代替）和劳动力投入（由从业人员平均人数代替）的回归关系如表 7.6 所示：

表 7.6 唐山市 9 个主导创新极的生产函数估计

产业	钢铁	煤炭	化工	机械	水泥	陶瓷	纺织	造纸	电子
a	0.931 (3.993)	0.028 (0.094)	1.188 (4.690)	1.524 (6.584)	1.499 (7.074)	1.563 (10.276)	0.448 (4.330)	0.942 (7.050)	-1.304 (-1.083)
b	0.610 (1.410)	-2.361 (-0.640)	-0.091 (-0.137)	0.493 (0.491)	0.256 (0.429)	0.534 (1.677)	-0.239 (-2.151)	-0.195 (-5.437)	7.391 (2.423)
常数	-2.638 (-3.819)	17.313 (0.941)	-0.966 (-0.422)	-5.468 (-1.510)	-4.283 (-2.399)	-6.013 (-3.802)	3.477 (9.115)	1.059 (1.547)	-11.494 (-2.498)
R^2	0.994	0.065	0.856	0.947	0.949	0.950	0768	0.915	0.688
$\overline{R^2}$	0.992	-0.247	0.808	0.929	0.932	0.934	0.691	0.887	0.584
F	469.883	0.207	17.884	53.211	55.712	57.157	9.945	32.299	6.625
DW	1.041	0.322	2.492	2.207	0.892	1.015	1.363	2.159	2.402

注：( ) 内的数字是该变量的 T - 统计量；R^2 和 $\overline{R^2}$ 分别是模型的相关系数和修正过的相关系数；F 和 DW 分别是 F - 统计量和 Durbin - Watson 统计，下同。

根据表 7.6 可以得出 9 类主导创新极的生产函数估计。例如，钢铁产业的生产函数就是：

$$\lg Y = -2.638 + 0.931\lg K + 0.610\lg L \quad (7.29)$$

具体含义是，每增加 1% 的资本投入，能增加 0.931% 的产出；每增加 1% 的劳动投入，能增加 0.610% 的产出。模型的相关系数为 99.4%，其他统计量也符合要求。

样本采用 1999~2007 年《唐山统计年鉴》的数据，使用 SPSS11.5 软件，对唐山市的九类主导产业间的技术溢出效应模型的参数估计如下（见表 7.7 至表 7.15）。

钢铁产业：如表 7.7 所示结果，通过回归分析发现，符合条件的产业有煤炭、水泥、造纸和纺织四个产业，四个创新极对钢铁的技术溢出效应分别是煤炭0.216，水泥0.195，造纸0.449，纺织0.081，即煤炭、水泥、造纸和纺织分别增加1%的工业中间投入，钢铁的产出将分别提高0.216%，0.195%，0.449%，0.081%。由计算得出工业中间投入对钢铁的技术溢出水平较高的是造纸产业，四类产业对钢铁的技术溢出平均值为0.235。

表7.7 对钢铁创新极的技术溢出效应

产业	a	b	c	常数	R^2	$\overline{R^2}$	F	DW
煤炭	0.673 (1.008)	0.823 (1.190)	0.216 (0.417)	-3.156 (-2.179)	0.994	0.990	270.174	0.874
水泥	0.762 (2.245)	0.691 (1.484)	0.195 (0.712)	-2.936 (-3.522)	0.994	0.991	287.666	1.534
造纸	0.709 (2.315)	0.956 (1.801)	0.449 (1.092)	-5.211 (-2.125)	0.995	0.992	323.695	0.647
纺织	1.028 (3.990)	0.416 (0.860)	0.081 (0.933)	-2.696 (-3.846)	0.995	0.991	306.789	1.280
电子	0.957 (3.725)	0.575 (1.222)	-0.045 (-0.454)	-2.465 (-2.956)	0.994	0.990	271.884	1.261
化工	0.988 (3.308)	0.614 (1.312)	-0.065 (-0.355)	-2.673 (-3.547)	0.994	0.990	267.686	1.246
机械	1.063 (3.764)	0.569 (1.282)	-0.155 (-0.870)	-2.463 (-3.361)	0.994	0.991	300.843	1.490
陶瓷	1.000 (3.981)	0.733 (1.579)	-0.248 (-0.866)	-2.441 (-3.294)	0.994	0.991	300.410	1.581
钢铁	-0.021 (-0.543)	-0.003 (-0.080)	1.011 (28.756)	0.198 (1.728)	1.000	1.000	43709.06	2.805

煤炭创新极：如表7.8所示结果，由回归分析发现，除了煤炭本身对煤炭创新极有技术溢出效应，其他创新极都对煤炭创新极没有技术溢出效应，而创新极本身的技术溢出在此不做讨论，所以煤炭创新极与其他创新极的技术溢出关系值得我们进一步关注。

表7.8 对煤炭创新极的技术溢出效应

创新极	a	b	c	常数	R^2	$\overline{R^2}$	F	DW
电子	-1.098 (-2.438)	0.699 (0.254)	2.112 (2.797)	0.831 (0.060)	0.635	0.416	2.903	0.861
纺织	0.024 (0.074)	-2.328 (-0.575)	0.052 (0.105)	16.930 (0.827)	0.067	-0.493	0.119	0.328
钢铁	0.015 (0.188)	-0.312 (-0.297)	0.456 (8.562)	4.164 (0.783)	0.940	0.904	26.240	1.882
化工	-0.081 (-1.189)	0.894 (1.004)	0.649 (10.582)	-1.935 (-0.426)	0.960	0.936	40.016	1.748
机械	-0.174 (-2.378)	0.930 (0.993)	0.833 (10.039)	-2.453 (-0.510)	0.956	0.929	36.031	2.574
水泥	0.067 (0.580)	-0.290 (-0.194)	0.845 (5.823)	2.291 (0.299)	0.880	0.808	12.198	2.384
陶瓷	-0.106 (-1.144)	0.607 (0.507)	1.067 (7.658)	-2.152 (-0.347)	0.927	0.882	21.012	1.914
造纸	-0.143 (-0.589)	1.877 (0.542)	3.408 (2.199)	-20.397 (-0.912)	0.524	0.239	1.838	1.059
煤炭	0.017 (0.716)	0.615 (2.014)	0.898 (31.080)	-2.362 (-1.496)	0.995	0.992	344.349	1.854

化工创新极：如表7.9所示结果，通过回归分析发现，符合条件的创新极有钢铁、煤炭两个创新极，两个创新极对化工的技术溢出效应分别是钢铁0.651，水泥1.040，即钢铁、水泥和造纸分别增加1%的工业中间投入，化工的产出将分别提高0.651%、1.040%。由计算得出工业中间投入对化工的技术溢出水平较高的是水泥创新极。

表7.9 对化工创新极的技术溢出效应

创新极	a	b	c	常数	R^2	$\overline{R^2}$	F	DW
钢铁	0.019 (0.075)	0.874 (2.544)	0.651 (5.155)	-2.433 (-2.343)	0.977	0.964	71.605	2.132
水泥	0.164 (0.367)	1.057 (1.601)	1.040 (2.529)	-5.296 (-2.220)	0.937	0.899	24.781	2.947
电子	1.206 (6.960)	-0.563 (-1.167)	0.654 (2.802)	-1.531 (-0.970)	0.944	0.911	28.150	1.444
纺织	1.182 (4.464)	-0.044 (-0.064)	0.210 (0.706)	-2.121 (-0.732)	0.869	0.791	11.093	2.692
机械	0.356 (2.057)	-0.085 (-0.328)	0.971 (5.871)	-1.299 (-1.452)	0.982	0.971	89.925	1.635
煤炭	-0.413 (-1.504)	1.069 (3.469)	1.628 (6.212)	-5.257 (-4.800)	0.984	0.974	99.472	2.314
陶瓷	0.197 (1.455)	-0.152 (-0.832)	1.526 (8.566)	-2.513 (-3.813)	0.991	0.985	180.193	2.155
造纸	1.030 (3.433)	-0.025 (-0.037)	1.254 (0.992)	-6.786 (-1.077)	0.880	0.808	12.220	2.361
化工	0.002 (0.044)	0.081 (1.203)	1.018 (24.108)	-0.288 (-1.233)	0.999	0.998	1358.493	2.454

机械创新极：如表7.10所示结果，通过回归分析发现，符合条件的创新极有钢铁、化工、陶瓷、造纸、电子五个创新极，五个创新极对机械的技术溢出效应分别是钢铁0.121，化工0.589，陶瓷0.982，造纸1.307，电子0.055。即钢铁、化工、陶瓷、造纸和电子分别增加1%的工业中间投入，机械的产出将分别提高0.121%、0.589%、0.982%、1.307%、0.055%，机械对钢铁、化工、陶瓷、造纸和电子的吸收度平均为0.611，由计算得出工业中间投入对机械的技术溢出水平较高的是造纸创新极。

表7.10 对机械创新极的技术溢出效应

创新极	a	b	c	常数	R^2	$\overline{R^2}$	F	DW
钢铁	1.156 (1.948)	0.803 (0.700)	0.121 (0.680)	-5.500 (-1.450)	0.951	0.922	32.446	2.141
化工	0.328 (0.935)	0.591 (1.034)	0.589 (3.681)	-2.258 (-1.010)	0.986	0.977	114.183	2.075
陶瓷	0.419 (1.055)	0.084 (0.126)	0.982 (3.013)	-2.229 (-0.859)	0.981	0.970	86.259	1.484
造纸	1.072 (4.529)	1.596 (1.937)	1.307 (2.641)	-14.541 (-3.393)	0.978	0.964	73.138	1.422
电子	1.509 (5.859)	0.388 (0.335)	0.055 (0.271)	-5.126 (-1.240)	0.947	0.916	30.020	2.226
纺织	1.526 (5.615)	0.478 (0.392)	-0.005 (-0.029)	-5.395 (-1.146)	0.947	0.915	29.567	2.196
煤炭	-0.072 (-0.072)	2.414 (1.631)	0.881 (1.625)	-9.554 (-2.344)	0.965	0.944	46.044	2.067
水泥	1.634 (3.112)	0.392 (0.335)	-0.070 (-0.240)	-5.291 (-1.319)	0.947	0.916	29.920	2.198
机械	-0.306 (-0.625)	-0.366 (-0.617)	1.212 (3.874)	2.374 (0.838)	0.987	0.979	123.287	2.049

水泥创新极：如表7.11所示结果，通过回归分析发现，符合条件的创新极有钢铁、煤炭、化工、机械、陶瓷、造纸、电子七个创新极，七个创新极对水泥的技术溢出效应分别是钢铁0.392，煤炭0.597，化工0.232，机械0.262，陶瓷0.319，造纸1.070，电子0.131。即钢铁、煤炭、化工、机械、陶瓷、造纸和电子分别增加1%的工业中间投入，水泥的产出将分别提高0.392%、0.597%、0.232%、0.262%、0.319%、1.070%和0.131%。七个创新极类对水泥的技术溢出度的平均值为0.429，由计算得出工业中间投入对水泥的技术溢出水平较高的是造纸创新极。

表7.11 对水泥创新极的技术溢出效应

创新极	a	b	c	常数	R^2	$\overline{R^2}$	F	DW
钢铁	0.059 (0.079)	0.965 (1.587)	0.392 (1.972)	-1.471 (-0.719)	0.971	0.954	56.308	1.288
化工	0.872 (2.467)	0.773 (1.415)	0.232 (2.033)	-4.100 (-2.827)	0.972	0.955	57.916	1.410
机械	1.016 (3.879)	0.441 (0.962)	0.262 (2.337)	-3.705 (-2.695)	0.976	0.961	66.573	1.661
煤炭	0.285 (1.227)	1.205 (4.093)	0.597 (5.628)	-4.425 (-6.123)	0.993	0.989	237.585	2.085
陶瓷	1.010 (2.902)	0.591 (1.053)	0.319 (1.666)	-4.480 (-2.848)	0.967	0.947	49.052	1.286
造纸	1.066 (4.876)	1.239 (2.236)	1.070 (2.696)	-11.347 (-3.910)	0.979	0.967	78.379	1.646
电子	1.473 (7.030)	0.205 (0.349)	0.131 (1.101)	-4.439 (-2.522)	0.959	0.934	38.865	1.561
纺织	1.602 (8.392)	0.051 (0.098)	-0.171 (-1.774)	-3.236 (-1.971)	0.969	0.950	51.478	1.407
水泥	-0.198 (-0.736)	-0.044 (-0.206)	1.047 (6.573)	1.219 (1.164)	0.995	0.992	312.822	2.327

陶瓷创新极：如表7.12所示结果，通过回归分析发现，符合条件的创新极有钢铁、煤炭、化工、机械、水泥、造纸、电子七个创新极，七个创新极对陶瓷的技术溢出效应分别是钢铁0.148，煤炭0.461，化工0.510，机械0.471，水泥0.212，造纸0.645，电子0.113。即钢铁、煤炭、化工、机械、水泥、造纸和电子分别增加1%的工业中间投入，陶瓷的产出将分别提高0.148%、0.461%、0.510%、0.471%、0.212%、0.645%和0.113%。七个创新极类对陶瓷的技术溢出度的平均值为0.366。由计算得出工业中间投入对水泥的技术溢出水平较高的是造纸创新极。

表7.12 对陶瓷创新极的技术溢出效应

创新极	a	b	c	常数	R^2	$\overline{R^2}$	F	DW
钢铁	0.991 (1.524)	0.574 (1.759)	0.148 (0.906)	-3.894 (-1.373)	0.957	0.931	37.243	0.889
化工	0.114 (0.252)	0.280 (1.325)	0.510 (3.281)	0.523 (0.236)	0.984	0.975	103.692	1.868
机械	0.535 (2.653)	0.278 (1.960)	0.471 (5.375)	-1.591 (-1.503)	0.993	0.988	224.890	2.587
煤炭	0.622 (1.831)	0.701 (3.180)	0.461 (2.904)	-3.893 (-3.031)	0.981	0.970	88.122	1.937
水泥	1.165 (3.529)	0.637 (2.062)	0.212 (1.338)	-5.312 (-3.371)	0.963	0.941	43.719	0.997
造纸	1.352 (6.173)	0.815 (2.184)	0.645 (1.285)	-9.407 (-3.097)	0.963	0.940	42.800	1.494
电子	1.492 (8.928)	0.482 (1.500)	0.113 (1.011)	-5.820 (-3.660)	0.959	0.934	38.582	1.492
纺织	1.610 (11.547)	0.518 (1.817)	-0.131 (-1.575)	-5.595 (-3.883)	0.967	0.947	48.343	1.762
陶瓷	-0.565 (-3.321)	-0.207 (-2.457)	1.272 (12.685)	2.940 (3.832)	0.998	0.998	1107.281	2.825

纺织创新极：如表7.13所示结果，对纺织创新极，所选的主导创新极没有对其有技术溢出效应。

表7.13 对纺织创新极的技术溢出效应

创新极	a	b	c	常数	R^2	$\overline{R^2}$	F	DW
电子	0.464 (4.440)	-0.244 (-2.199)	0.200 (1.011)	2.636 (2.878)	0.808	0.692	6.994	1.460
钢铁	0.383 (3.271)	-0.051 (-0.255)	0.159 (1.116)	2.060 (1.556)	0.814	0.703	7.316	1.435
化工	0.429 (4.466)	-0.094 (-0.661)	0.210 (1.452)	1.847 (1.570)	0.837	0.739	8.557	1.581

续表

创新极	a	b	c	常数	R^2	$\overline{R^2}$	F	DW
机械	0.442 (4.465)	−0.135 (−1.004)	0.216 (1.257)	1.932 (1.507)	0.824	0.718	7.797	1.427
煤炭	0.424 (3.645)	−0.161 (−0.923)	0.140 (0.602)	2.548 (1.598)	0.784	0.654	6.046	1.460
水泥	0.429 (3.470)	−0.177 (−0.846)	0.105 (0.363)	2.794 (1.449)	0.774	0.639	5.714	1.336
陶瓷	0.427 (4.625)	−0.093 (−0.707)	0.365 (1.637)	1.167 (0.804)	0.849	0.759	9.382	1.520
造纸	0.450 (3.993)	−0.229 (−1.832)	0.211 (0.280)	2.339 (0.572)	0.772	0.635	5.638	1.383
纺织	−0.035 (−0.639)	0.016 (0.437)	0.958 (9.798)	0.430 (1.324)	0.898	0.892	143.623	1.692

造纸创新极：如表 7.14 所示结果，造纸创新极从结果上分析没有吸收其他创新极的技术溢出效应现象。

表 7.14　对造纸创新极的技术溢出效应

创新极	a	b	c	常数	R^2	$\overline{R^2}$	F	DW
电子	1.045 (6.199)	−0.212 (−5.357)	−0.044 (−1.005)	0.750 (1.000)	0.929	0.887	21.907	2.381
纺织	0.946 (6.252)	−0.194 (−4.824)	0.004 (0.106)	1.015 (1.189)	0.915	0.864	17.988	2.181
钢铁	1.234 (6.496)	−0.604 (−2.781)	−0.148 (−1.902)	2.102 (2.655)	0.951	0.921	32.136	2.458
化工	1.080 (4.664)	−0.285 (−2.260)	−0.046 (−0.746)	0.944 (1.297)	0.924	0.878	20.127	2.402
机械	1.236 (6.856)	−0.361 (−4.174)	−0.110 (−2.040)	0.769 (1.344)	0.954	0.926	34.272	2.772
煤炭	1.295 (3.673)	−0.438 (−1.923)	−0.167 (−1.081)	1.060 (1.570)	0.931	0.890	22.531	2.609

续表

创新极	a	b	c	常数	R^2	$\overline{R^2}$	F	DW
水泥	1.086 (8.375)	-0.412 (-3.717)	-0.155 (-2.030)	1.961 (2.757)	0.953	0.925	34.107	1.685
陶瓷	1.089 (5.913)	-0.301 (-3.017)	-0.093 (-1.136)	1.174 (1.736)	0.932	0.892	23.003	2.618
造纸	0.334 (3.512)	-0.060 (-2.718)	0.637 (7.171)	0.436 (1.821)	0.992	0.988	219.629	2.286

电子创新极：如表 7.15 所示结果，电子创新极为唐山市规划的主导创新极，从回归分析的结果可知，没有创新极对电子创新极有技术溢出贡献。

表 7.15 对电子创新极的技术溢出效应

创新极	a	b	c	常数	R^2	$\overline{R^2}$	F	DW
纺织	-0.870 (-0.619)	5.940 (1.559)	-0.413 (-0.696)	-7.246 (-0.933)	0.716	0.545	4.199	2.197
钢铁	-1.416 (-0.878)	7.466 (2.200)	0.042 (0.120)	-11.502 (-2.285)	0.689	0.503	3.696	2.432
化工	-1.721 (-0.996)	7.434 (2.253)	0.236 (0.367)	-11.140 (-2.199)	0.696	0.514	3.824	2.491
机械	-1.516 (-0.938)	7.229 (2.125)	0.197 (0.225)	-11.190 (-2.154)	0.691	0.506	3.734	2.444
煤炭	-0.760 (-0.390)	6.970 (2.002)	-0.326 (-0.376)	-10.867 (-2.073)	0.697	0.515	3.831	2.255
水泥	-1.283 (-0.863)	7.385 (2.207)	-0.019 (-0.032)	-11.468 (-2.247)	0.688	0.501	3.681	2.392
陶瓷	-1.465 (-0.945)	7.322 (2.188)	0.189 (0.195)	-11.569 (-2.297)	0.691	0.505	3.721	2.439
造纸	-1.671 (-0.769)	7.889 (1.938)	0.784 (0.212)	-15.394 (-0.808)	0.691	0.506	3.728	2.406
电子	-1.347 (-1.022)	7.186 (2.118)	0.200 (0.283)	-11.497 (-2.299)	0.693	0.509	3.766	2.331

3. 结果分析

（1）图表分析。为了方便对唐山市的 9 类主导创新极进行分析，我们将 9 类创新极间的技术溢出情况列举在表 7.16 中，行代表对其他创新极有产生技术溢出效应的行业，列代表对其他创新极有吸收技术溢出效应的行业。

表 7.16　技术溢出矩阵

创新极	钢铁	煤炭	化工	机械	水泥	陶瓷	纺织	造纸	电子
钢铁			0.651	0.121	0.392	0.148			
煤炭	0.216				0.597	0.461			
化工				0.589	0.232	0.510			
机械					0.262	0.471			
水泥	0.195		1.040			0.212			
陶瓷				0.982	0.319				
纺织	0.081								
造纸	0.449			1.307	1.070	0.645			
电子				0.055	0.131	0.113			

根据上述矩阵图，我们将结果归纳为以下关系图并进一步讨论：（图中箭头左边为技术溢出产生方，箭头右边为技术溢出吸收方，箭头所标数字为技术溢出值或吸收值）。

钢铁创新极（见图 7.17）：在创新极间技术溢出效应中表现活跃，不仅吸收了煤炭、水泥、造纸和纺织四类主导创新极的技术溢出，吸收度平均值为 0.235，并且钢铁对化工、机械、水泥和陶瓷也有着比较明显的技术溢出，对化工的技术溢出最高，达到 0.651，对机械的技术溢出最低，但也达到 0.121，平均技术溢出度为 0.328。

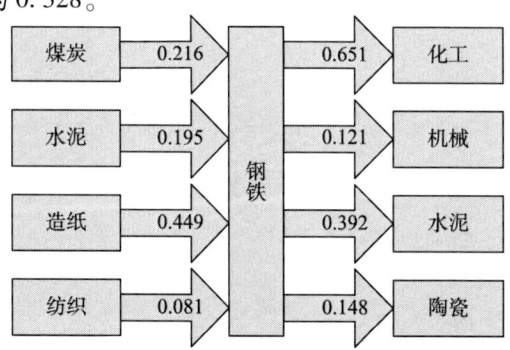

图 7.17　钢铁和其他创新极的技术溢出效应关系

第七章　区域创新极间技术溢出概率研究

煤炭创新极（见图 7.18）：煤炭创新极虽然没有吸收其他创新极的技术溢出，但是煤炭创新极对其他创新极的技术溢出贡献表现活跃，对钢铁，水泥和陶瓷都有技术溢出效应，分别为 0.216、0.597、0.461，平均值高达 0.425。

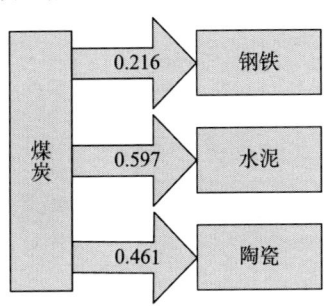

图 7.18　煤炭和其他创新极的技术溢出效应关系

化工创新极（见图 7.19）：化工创新极只吸收了钢铁和水泥创新极的技术溢出，但是吸收度平均为 0.8455，对其他创新极的技术溢出表现活跃，对机械，水泥和陶瓷有技术溢出贡献，技术溢出度分别为 0.589、0.232 和 0.510，技术溢出度平均值为 0.444。

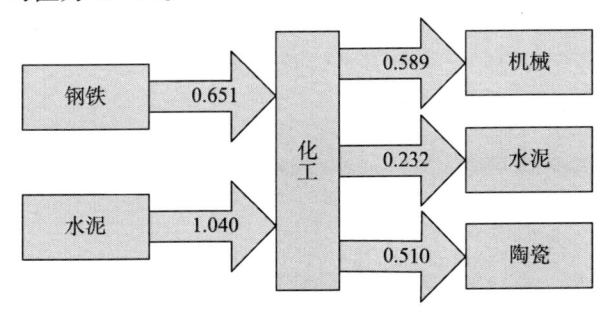

图 7.19　化工和其他创新极的技术溢出效应关系

机械创新极（见图 7.20）：机械创新极对吸收技术溢出效应表现活跃，对钢铁、化工、陶瓷、造纸和电子五类创新极都有吸收技术溢出的效应，其中对造纸创新极吸收度最高，吸收度为 1.307，对电子创新极的吸收度最低，吸收度为 0.055，对五类创新极的吸收度平均为 0.611，但是机械创新极对其他创新极的技术溢出贡献相对较弱，只对水泥和陶瓷两个创新极有技术溢出贡献，对两者的技术溢出度都没有超过 0.5，技术溢出贡献度平均为 0.367。

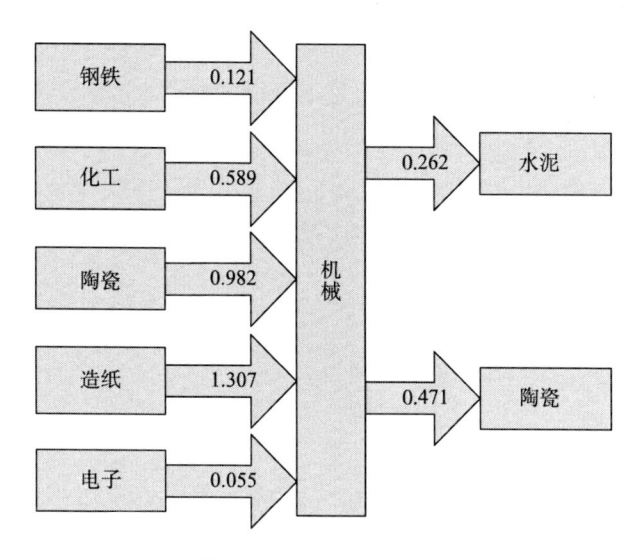

```
       钢铁  0.121 ┐
       化工  0.589 ┤
       陶瓷  0.982 ├─ 机械 ─┬─ 0.262 → 水泥
       造纸  1.307 ┤         └─ 0.471 → 陶瓷
       电子  0.055 ┘
```

图 7.20　机械和其他创新极的技术溢出效应关系

水泥创新极（见图 7.21）：水泥创新极在吸收其他创新极的技术溢出方面表现的较为活跃，除了纺织创新极之外对其他七个创新极都有不同程度的吸收技术溢出，吸收度的平均值为 0.429，在对其他创新极的技术溢出贡献方面，水泥对钢铁、化工和陶瓷有技术溢出效应，技术溢出平均度为 0.482。

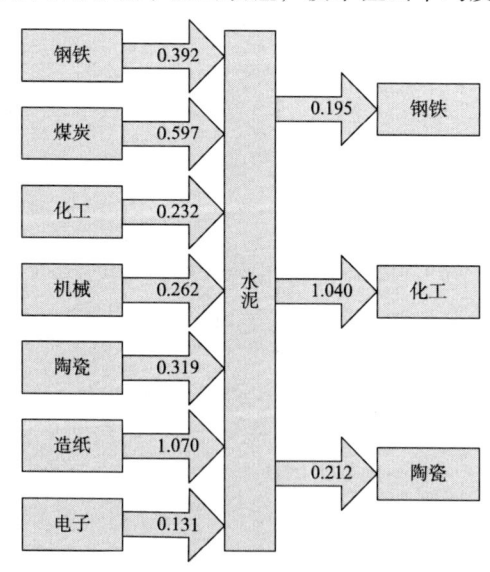

```
       钢铁  0.392 ┐
       煤炭  0.597 ┤
       化工  0.232 ┤         ┌─ 0.195 → 钢铁
       机械  0.262 ├─ 水泥 ──┼─ 1.040 → 化工
       陶瓷  0.319 ┤         └─ 0.212 → 陶瓷
       造纸  1.070 ┤
       电子  0.131 ┘
```

图 7.21　水泥和其他创新极的技术溢出效应关系

陶瓷创新极（见图 7.22）：陶瓷创新极在吸收其他创新极的技术溢出方面表现同陶瓷类似，除了对纺织创新极没有吸收技术溢出外，对其他七个创新极都有不同程度的吸收技术溢出，吸收度的平均值为 0.366。而陶瓷只对机械和水泥创新极有技术溢出贡献，平均技术溢出度为 0.651。

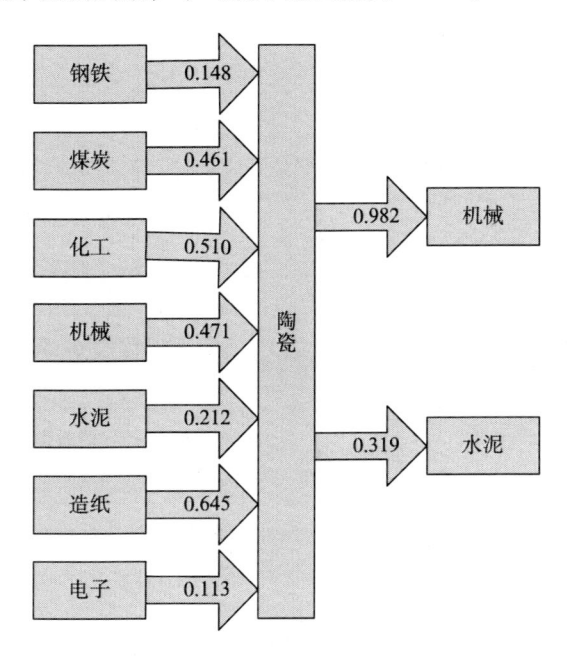

图 7.22　陶瓷和其他创新极的技术溢出效应关系

纺织创新极（见图 7.23）：纺织创新极只对钢铁创新极有微弱的技术溢出效应，为 0.081。没有吸收其他创新极的技术溢出。

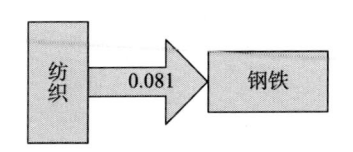

图 7.23　纺织和其他创新极的技术溢出效应关系

造纸创新极（见图 7.24）：造纸创新极对其他创新极的技术溢出效应表现得相当活跃，对钢铁、机械、水泥和陶瓷 4 类创新极有技术溢出效应，技术溢出度平均为 0.868，但是造纸创新极没有吸收其他创新极的技术溢出。

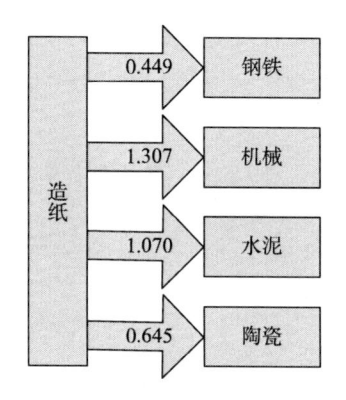

图 7.24　造纸和其他创新极的技术溢出效应关系

电子创新极（见图 7.25）：电子创新极对机械、水泥和陶瓷 3 类创新极有技术溢出效应，技术溢出度平均值为 0.100；没有吸收其他创新极的技术溢出。

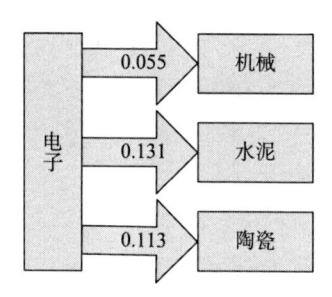

图 7.25　电子和其他创新极的技术溢出效应关系

（2）主要结论。根据本节的唐山市九类创新极的技术溢出效应的实证分析，九类创新极创新极之间确实存在着不同程度的技术溢出效应。并且我们得出以下主要结论：

① 钢铁创新极（对其他创新极技术溢出的吸收与贡献能力两者都表现活跃）：钢铁创新极在接受其他创新极的技术溢出与对其他创新极产生技术溢出贡献的方面表现活跃，钢铁创新极对化工、机械、水泥和陶瓷四类创新极有不同程度的技术溢出贡献，同时钢铁创新极也吸收来自煤炭、水泥、纺织和造纸四类创新极的不同程度的技术溢出，表现相对活跃。分析其原因，首先，钢铁素有"工业粮食"之称，钢铁材料是诸多工业领域中的必选材料，既是许多

领域不可替代的结构材料,也是产量最大、覆盖面极广的功能材料。其次,钢铁创新极作为一个原材料的生产和加工部门,处于创新极链的中间位置。它的发展与国家的基础建设以及工业发展的速度关联性很强,与钢铁创新极关联度较大的创新极主要有:房地产投资、基建投资、机械工业、汽车工业等,钢铁工业将随着这些行业的发展而发展,随着这些行业衰退而衰退。钢铁工业提供的产品又是其他许多下游创新极的基本原材料,主要包括机械电子工业、汽车制造业、建筑业、五金制品业、交通运输业等。

② 水泥创新极、陶瓷创新极和机械创新极(对其他创新极技术溢出的吸收能力明显多于贡献能力):水泥创新极和陶瓷创新极在接受其他创新极的技术溢出方面表现明显,两者都是对除了自身与纺织创新极两类创新极外,都不同程度地接受着其他七类创新极的技术溢出,并且两者接受技术溢出程度最高的创新极都是造纸创新极,造纸创新极对水泥创新极的技术溢出度对 1.070,造纸创新极对陶瓷创新极的技术溢出度为 0.645,但是水泥创新极和陶瓷创新极对其他创新极的贡献技术溢出作用相比于其吸收其他创新极的技术溢出效应明显不够活跃,水泥创新极只对钢铁、化工和陶瓷创新极有技术溢出贡献,技术溢出度分别为 0.195、1.040、0.212,陶瓷创新极则只对机械和水泥创新极有技术溢出贡献,技术溢出度分别为 0.982 和 0.319。类似情况的还有机械创新极,其吸收来自钢铁、化工、陶瓷、造纸和电子五类创新极的技术溢出,但是机械创新极只对水泥和陶瓷创新极有技术溢出贡献。水泥、陶瓷和机械创新极都是吸收技术溢出活跃,贡献技术溢出相对较弱。

③ 煤炭、纺织、造纸和电子(只对其他创新极的技术溢出有贡献能力):由技术溢出矩阵表可以明显看出,煤炭、纺织、造纸和电子四类创新极没有吸收其他创新极的技术溢出,但是四类创新极对其他创新极都存在技术溢出贡献,其中煤炭对钢铁、水泥和化工都有不同程度的技术溢出贡献,技术溢出度平均值为 0.425;纺织创新极只对钢铁创新极有微弱的技术溢出贡献,技术溢出度为 0.081;造纸创新极对其他创新极的技术溢出贡献表现活跃,分别对钢铁、机械、水泥和陶瓷创新极有技术溢出贡献,其中对机械和水泥创新极的技术溢出贡献度分别达到 1.307 和 1.070,技术溢出度平均值为 0.868;电子对机械、水泥和陶瓷创新极比较微弱的技术溢出贡献度,分别达到 0.055、0.131 和 0.113,技术溢出度平均值为 0.100,其中,纺织创新极是九类主导创

新极中技术溢出吸收与技术溢出贡献能力表现最弱的一类创新极。由整体结果分析,造纸创新极还有另外一个值得注意的地方,就是对钢铁、机械、水泥和陶瓷四类创新极的技术溢出贡献度都大于其他创新极对四类创新极的技术溢出贡献度。分析其原因,纺织的创新极链与其他创新极的关联度程度比较低,而电子创新极作为加速唐山工业创新极高级化、实现"信息化带动工业化"战略的主导创新极,没有吸收其他创新极的技术溢出,我们认为是电子创新极的发展路径问题。

④ 四对相互技术溢出的创新极对:由技术溢出矩阵表观察除对角线之外的对称元素,只有(钢铁、水泥)(化工、水泥)(水泥、陶瓷)(陶瓷、机械)四对创新极创新极之间有相互技术溢出。为了直观和讨论问题方便,我们将上述定量结果归纳为下列关系图(图7.26):图中 A→B 表示 A 创新极对 B 创新极有技术溢出效应,箭头内的数字是技术溢出度。

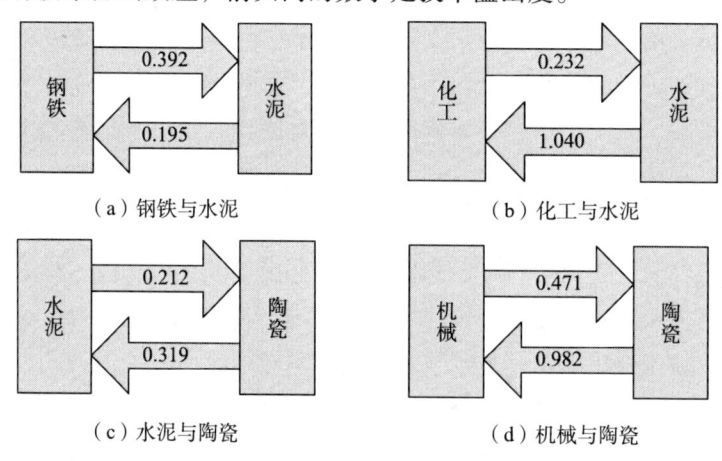

（a）钢铁与水泥　钢铁 0.392 / 0.195 水泥

（b）化工与水泥　化工 0.232 / 1.040 水泥

（c）水泥与陶瓷　水泥 0.212 / 0.319 陶瓷

（d）机械与陶瓷　机械 0.471 / 0.982 陶瓷

图7.26　四对相互溢出的创新极时

由图7.26可以看出,(钢铁、水泥)和(水泥、陶瓷)之间虽然存在相互技术溢出效应,但是技术溢出效应都相对较小,技术溢出度平均值分别为0.2935和0.2655,(化工、水泥)和(机械、陶瓷)之间的相互技术溢出平均值较高,分别达到0.636和0.7265,但是两组创新极创新极之间的技术溢出度相互差异比较显著,化工与水泥之间的技术溢出度相差为0.81,机械与陶瓷之间的技术溢出度相差为0.511。

另外值得注意的是,在四个创新极对中,有三个都包含水泥创新极;另外,陶瓷和水泥创新极虽然对其他创新极类的技术溢出贡献度种类不多,但是都从对这些有技术溢出效应贡献的创新极类中有吸收技术溢出的效应(许丽丽,2009)。

总之,通过对唐山市九类创新极创新极之间的技术溢出分析,我们发现,九类主导创新极间确实存在着一定的技术溢出效应,创新极创新极之间技术溢出效应不明显的结果也可以说明唐山市的主导创新极创新极之间在技术溢出吸收与技术溢出贡献方面还存在着许多问题需要解决。

第八章 区域创新极间技术溢出测度方法与实证

8.1 创新极技术溢出测度研究评述

8.1.1 技术溢出测度的提出

Griliches（1979）及 Jaffe（1986）是较早探讨构造技术溢出测度经济指标的学者。Griliches（1979）最早使用生产函数方法讨论了密集型产业产出的测算以及 R&D 资本存量的定义和测算等问题，通过产业技术距离的概念来研究产业技术溢出效应问题，并对产业间的研发溢出效应模型进行了讨论。而最早创造性构建产业技术溢出测度指标的要属 Jaffe（1986），他首次构造了产业技术相似度，提出了产业技术距离测度模型。由于恰当构造技术溢出指标较难，故多数学者最初只是从定性角度研究产业技术溢出，产业技术溢出的实证研究一直没有新突破。Jaffe（1986）在其博士论文中创新性地构造了测度技术溢出的指标，这为后人研究技术溢出、产业技术溢出提供了借鉴，是技术溢出研究领域的一大贡献。其基本思路是，把企业划分成两个产业束（cluster）：一个产业束是包含了 21 个不同的技术导向企业的产业束，其划分依据是企业在不同专利类别下的专利数。这样就构造了每个企业在各个技术导向部门的研发投入份额构成的向量，也就是每个企业的技术位置向量。另外一个是把所有企业划入 20 个市场导向的产业束，其依据是企业在不同产品市场上的销售收入，这样得到每个企业在各个技术导向部门的研发投入份额构成的向量，也就是每个企业的技术位置向量。他在此基础上，构造并计算了每个企业的技术溢出指标，判断出企业之间是否可能存在溢出关系，并在此基础上计算出行业间的技术相似性，从而得出行业间的技术溢出量。这为后来者研究产业间技术溢出测度问题提供了宝贵思路。

与 Jaffe 同年，Romer（1986）首次提出研究产业技术溢出测度的改进生产函数法，并将技术溢出作为独立要素纳入 Griliches 提出的生产函数中，并建立包含产业技术溢出的生产函数模型。

在上述学者之后从不同的角度对产业技术溢出方法进行创造性研究的学者是 Bart Verspagen（1997，1999）[1.5]，Bart Verspagen 首次提出了技术流矩阵的测度方法，该方法是在 Scherer（1982）提出的技术流矩阵的基础上改进而成的，他在矩阵中加入了时间维度，考虑了技术溢出的时间滞后性，应用改进的技术流矩阵方法测算了制造业间的技术溢出。

产业技术溢出测度的提出是对技术溢出研究领域的一大贡献，Griliches（1979）、Jaffe（1986）、Romer（1986）、Bart Verspagen（1997，1999）都是产业技术溢出测度研究的早期探索者，并做出了巨大贡献。现将产业技术溢出测度研究的主要贡献者汇总如表 8.1 所示：

表 8.1　产业技术溢出测度的主要研究情况

研究者	产业间溢出测度早期探讨	创造性研究方法
Griliches（1979）	最早使用生产函数方法讨论了密集型产业产出的测算，通过产业之间的技术距离来研究产业间技术溢出问题，并对产业研发溢出效应模型进行了讨论	生产函数产业技术距离
Jaffe（1986）	首次创造性地构造了产业技术溢出指标及产业技术相似度，提出了产业技术距离测度模型	产业技术距离产业技术相似度
Romer（1986）	首次提出产业技术溢出测度的改进生产函数法，将技术溢出作为独立要素纳入 Griliches 生产函数中，并建立包含产业技术溢出的生产函数模型	改进生产函数法
Scherer（1982）	首次提出"技术流矩阵"	技术流矩阵
Bart Verspagen（1997）	首次提出改进技术流矩阵方法，并测算了产业间的技术溢出	产业技术流矩阵测度

上述学者对产业技术溢出测度做出了创造性贡献，尽管研究角度与方法各有不同，但都认为产业间存在技术溢出，并创造性构建了反映产业技术溢出的

经济指标及测度方法。归纳起来主要是生产函数法、技术距离法及技术流矩阵方法，这些方法至今仍为主流的产业技术溢出测度方法，成为后续学者研究产业技术溢出测度的依据，多数学者在以上方法基础上进行改进研究测度产业间技术溢出。

8.1.2 产业技术溢出测度对象的评述

目前国外已经有大量学者对产业技术溢出测度进行了研究，测度方法主要有三类：产业技术距离法（Griliches，1979；Jaffe，1986；Los，2000；Autant，2002；Klaus，2005），生产函数及改进生产函数法（Griliches，1979；Scherer，1982；Romer，1986；Jaffe，1989；Feldma，Audretsch，1999；Los，2000；Henderson，2003）和技术流矩阵法（Scherer，1982；Bart Verspagen，1997；Dietzenbacher，2000）。

而1998年Jaffe依据产业间技术溢出传导方式的不同，提出产业技术溢出分为三类：知识性溢出、产业关联性溢出和市场性溢出。他提出产业技术溢出分类思想后，更多学者开始关注传统产业技术溢出三大方法的单一使用能否全面测度产业间技术溢出。如Griliches（1992）、Los（1997）在研究产业间技术溢出测度时就曾指出，Terleckyj（1974）、Sveikauskas（1981）和Wolff and Nadiri（1993）应用投入产出分析对产业间技术溢出测度主要是针对产业间市场性溢出的，他们在研究产业间技术溢出测度时并没有将全部三种技术溢出类型都考虑进去，也就不能完全反应产业间技术溢出。究其原因，这是因为市场性溢出与商品的流动有关，应用投入产出分析便于构造产业技术溢出测度指标与模型，而知识性溢出（纯溢出）是由新思想传播、人才流动等引起的，是较难把握与测度的一种溢出方式。

由此可见，产业技术溢出测度的全面性开始引起了学者们的关注。事实上，后续多数学者的研究也主要是针对市场性溢出进行的测度，少部分人研究了知识性溢出。从知识性溢出的形式来看，人才在相似度较高的产业之间流动，经常会把新产品与新技术带到另一产业中，进而在产业间产生较强的技术溢出。对于产业间知识性溢出测度的研究，Jaffe（1986）、Verspagen（1997）借助于专利数据进行过探讨，Goto and Suzuki（1989）对于知识性溢出的研究也是基于研发按产品领域分类的数据进行的，Adams（1990）则是通过研发人员的学科结构数据测度了产业间的知识性溢出。但上述学者在研究测度产业间的知识性溢出时又往往仅对知识性溢出本身进行测度研究。虽然多数学者对产业关联性溢出（Network spillover）的存在毋庸置疑，但基于产业关联性溢出研究产业技术溢出测度的人还是不多，那么将知识性溢出（knowledge spillover）、产业关联性溢出（Network spillover）和市场性溢出（market spillover）三种技术溢出全部考虑进去的产业技术溢出测度文献就更少了，本章将构造基于三种产业间技术溢出的经济指标与测度模型，全面测度产业间技术溢出。

近年来，无论学者们基于什么角度、构造什么样的经济指标与测度模型，对产业间的技术溢出测度对象不外乎于知识性溢出（knowledge spillover）、产业关联性溢出（Network spillover）和市场性溢出（market spillover）三大技术溢出类型。

尽管技术距离法、生产函数法及技术流矩阵法是当前产业技术溢出测度的三大主流方法，但单一测度方法的使用难以全面测度产业间三类技术溢出。技术流矩阵法虽然是主流方法之一，但由于方法比较粗糙且一般只用来测度市场性溢出，故使用该方法较难全面测度产业间技术溢出。技术距离法虽然没有统一的构造模型，但技术相似度、地理临近性、基于创新调研数据的直接度量已经成为构造技术距离模型常用的方法。技术距离模型中经济指标含义决定产业技术溢出测度对象，如用产业间相似度矩阵构造产业技术距离，则表征的测度对象就包含了知识性溢出和产业关联性溢出。对于生产函数法，由于间接R&D的构造经常借助于投入产出表的简单数据处理，故生产函数法主要测度的是市场性溢出，某种意义上并没有全面测度三类产业技术溢出，所以单独使用生产函数法测度产业间技术溢出也不是最佳选择。本章从反映市场性溢出的投入产出表入手，构造出能够反映知识性溢出、产业关联性溢出及市场性溢出的技术相似度矩阵，在此基础上计算产业技术距离及反映产业接受全行业技术溢出量的间接R&D，应用后续定义的技术距离法与改进生产函数法研究唐山市与邯郸市两地区产业聚类情况、产业技术溢出模式及产业技术溢出模式对产业增长的影响。

8.2 创新极技术溢出测度方法

8.2.1 方法模型

本章依据"创新极间技术溢出更容易在技术临近、地理临近的创新极间发生"这一理论，基于定义间接 R&D、测算间接 R&D 系数及引入间接 R&D 到生产函数的思想，应用投入产出表工具的直接消耗系数构造出能够反映知识性溢出、产业关联性溢出及市场性溢出的间接 R&D 系数向量及矩阵，即技术相似度向量及矩阵。在此基础上，一方面依据技术相似度向量及矩阵定义技术距离的概念，应用多维标度法测度创新极间的技术距离，画出产业聚类图，并给出创新极溢出模式；另一方面应用技术相似度矩阵计算产业间接 R&D，并将其引入生产函数中，进行创新极技术溢出效果分析。最后，对唐山与邯郸两地区创新极溢出模式特征进行比较，研究创新极技术溢出效果对经济增长的作用。研究过程如图 8.1 所示：

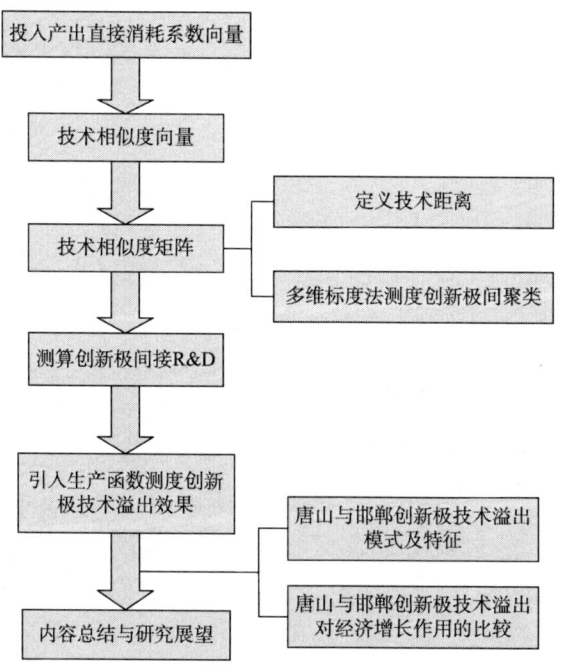

图 8.1 研究方法流程图

8.2.2 基于技术距离的产业聚类模型

本部分基于"投入结构相似的创新极间技术溢出可能大"的理论，构造测度创新极间聚类情况的技术相似度指标与技术距离模型，这是对创新极间关联度与聚类进行测度的关键部分，也是后文计算产业技术溢出指标的重要前提。

1. 产业技术相似度指标

产业技术相似度的测算是测度创新极间关联度的重要依据。产业技术溢出分为知识性溢出、产业关联性溢出和市场性溢出三大类。本章认为知识性溢出往往由于科研人员流动和专利信息传播等（本章认为科研人员往往在相似度高的创新极间流动，专利信息等是公开的）引起，而技术相似、关联度高的创新极间必然会发生产业关联性溢出，所以测算地区创新极间技术相似程度至少可以直接测度知识性溢出和关联性溢出。本章应用反映产业商品交易关系的地区产业投入产出表工具，构造这一指标，包含了知识性溢出、产业关联性溢出和市场性溢出三类产业技术溢出。

早在20世纪八九十年代，学者们就对产业技术相似度进行过探讨。Odagiri（1985）、Goto&Suzuki（1989）和Wolff（1997）等直接用产业间投入产出表的分配系数来表征产业技术相似度，其实质上仅仅反映了一个产业的分配比例结构，并没有真正反映所有两两创新极间投入结构的相似程度，故该经济指标也仅仅测度的是创新极间市场性溢出。

与Odagiri（1985）、Goto&Suzuki（1989）和Wolff（1997）的研究视角不同的还有Wolff&Nadiri（1993），他使用直接消耗系数来表征产业技术相似度，虽然把研究视角转到了创新极间投入结构上，但其实质上也仅仅反映了产业的投入结构消耗比例，并没有真正反映所有两两创新极间投入结构的相似度，故该经济指标也没能测度创新极间知识性溢出和市场关联性溢出。

从产业技术相似度角度研究最早的学者是Jaffe（1986），他提出了技术相似度矩阵，但他使用的是专利数据。在本章的文献中已经分析过，有些产业内企业为了能快速占领市场一般不会申请专利，故从数据来源上该方法有一定局限性。

Los（2000）提出用投入产出表直接消耗系数所表征的特征来刻画创新极

间技术相似度。该方法反映的是投入产出表中两两创新极间投入结构的相似程度，可以全面反映创新极间技术溢出的三种情况。

国内学者尹静和平新乔（2006）在研究创新极间技术溢出时，也关注了产业相似度，并构造了表征创新极间相似度的向量角余弦。虽然用的是R&D在各地区产业投资比例基础上的向量，而投资比例并不能真正反映产业技术相似度，但选用向量角余弦表征技术相似度的想法仍然是值得借鉴的。

潘文卿和李子奈等（2011）对中国35个工业部门1997～2008年的投入产出表进行分析，构建了基于投入产出消耗系数的技术相似度向量，该模型对产业技术溢出经济指标构建时考虑到了技术相似性产业容易发生产业技术溢出这一特点。他们不是简单运用技术消耗系数，而是用技术消耗系数构成的技术相似性向量的角余弦来衡量创新极间技术溢出大小，这能更好地全面地测度创新极间三类技术溢出，与Los（2000）的研究基本一致。但是，该模型的研究对象是宏观角度的中国创新极间技术溢出，而目前仍没有人对国内地区创新极间三种技术溢出进行全面测度，更没有文献对两地区创新极间技术溢出测度进行比较研究。本章将把这一思想应用到测度地区创新极间技术相似度上，给出如下测度地区创新极间技术相似度模型：

地区创新极间投入产出表是表征创新极间商品交易与投入结构的重要工具。从投入结构相似度角度来看，本章使用投入产出表直接消耗系数矩阵及直接消耗系数列向量进行建模。直接消耗系数矩阵第j列表示产业j生产单位总产品对其他各个产业产品作为中间投入品的消耗，因此它反映了创新极间商品的交易关系，故反映了创新极间市场性溢出。而两两产业直接消耗系数列向量，则反映的是两产业产品作为中间投入品的消耗技术结构。如果两产业中间投入技术结构相似，则认为它们有着较高的相似度，从而表征两创新极间也发生产业关联性溢出和知识性溢出（本章认为科研人员往往在相似度高的创新极间流动，专利信息等是公开的）。

为了构建创新极间技术相似度指标，首先研究投入产出表直接消耗系数：

直接消耗系数，是最基本的投入产出系数之一，也称为投入系数，记为 a_{ij}（$i, j = 1, 2, \cdots, n$）。它是指在生产经营过程中第j产品（或产业）部门的单位总产出所直接消耗的第i产品部门货物或服务的价值量，将各产品（或产业）部门的直接消耗系数用表的形式表现就是直接消耗系数表或直接消耗系数矩阵，通常用字母 A 表示。

直接消耗系数的计算方法为：

用第 j 产品（或产业）部门的总投入 X_j 去除该产品部门（或产业）生产经营中所直接消耗的第 i 产品部门的货物或服务的价值量 x_{ij}，数学公式表示为

$$a_{ij} = \frac{x_{ij}}{X_j}(i,j = 1,2,\cdots,n) \tag{8.1}$$

直接消耗系数充分揭示了国民经济各部门之间的技术经济联系，即部门之间相互依存和相互制约关系的强弱，并为构造投入产出模型提供了重要的经济参数。

从直接消耗系数的定义和计算方法可以看出，直接消耗系数的取值范围在 $0 \leq a_{ij} < 1$ 之间，a_{ij} 越大，说明第 j 部门对第 i 部门的直接依赖性越强；a_{ij} 越小，说明第 j 部门对第 i 部门的直接依赖性越弱；$a_{ij} = 0$ 则说明第 j 部门对第 i 部门没有直接的依赖关系。

由此可见，直接消耗系数体现了产业投入消耗关系，也就是反映了某个产业生产所需其他产业投入的相对量，但并不能直接反映两两产业技术结构的相似度。

本章认为两两产业直接消耗系数列向量的相似度反映的是投入结构的相似度，而投入结构的相似度在某种程度上反映了两产业技术结构的相似度。所以，这里所做的一个改进是用直接消耗系数构成的列向量角余弦来衡量创新极间技术相似度大小。两产业技术结构越相似两产业直接消耗系数构成的列向量越趋同，则两列向量角余弦越趋于 1，反之趋于 0。

为了不对计算产业技术相似度产生其他影响，本章仅仅使用投入产出表的中间投入部分。定义两产业部门 i、j 的相似度为该两产业部门直接消耗系数结构列向量的角余弦：

$$\omega_{ij} = \frac{\sum_k a_{ki}a_{kj}}{\sqrt{\sum_k a_{ki}^2 \sum_k a_{kj}^2}} \tag{8.2}$$

其中，a_{ki}、a_{kj} 分别表示第 i 产业部门与第 j 产业部门直接消耗系数结构列向量的第 k 个位置的元素。如果第 i 产业部门与第 j 产业部之间相似度很高，则 ω_{ij} 会接近 1。特别地，当 $i=j$ 时，$\omega_{ij} = 1$。

由此，本章得到反映创新极间技术相似程度的技术相似度矩阵 ω。

2. 多维标度法

（1）多维标度法起源与发展。1952 年 Torgerson 首先拓展了 Richardson 及 Klingberg 等人在三四十年代的研究，具有突破性地提出了多维标度法，最初多维标度法仅应用于心理学，后经 Shepard 和 Kruskal 的发展也应用于其他领域。20 世纪 60 年代多维标度法得到了快速发展，多维标度法开始应用于销售和消费领域中。20 世纪 70 年代以后多维标度法的应用范围迅速扩大，已应用于交通、社会学、生态学及地质学等领域，进入了较成熟的时期。当前，多维标度法已经成为经济管理领域中非常重要的研究方法。

（2）多维标度法定义。多维标度法（multidimensional scaling，MDS）是一类多元统计分析方法的总称，是一种把高维降为低维，在低维空间展示距离数据结构的多元数据分析技术，简称 MDS。它以多维研究对象之间某种亲近关系为依据（如距离、相似系数，亲疏程度的分类情况等），合理地将研究对象（样品或变量）在低维空间中给出标度或位置，以便全面而又直观地再现原始各研究对象之间的关系，同时在此基础上也可按对象点之间距离的远近实现对样品的分类。

（3）多维标度法解决的问题。当 n 个对象（object）中各对象之间的相似性（或距离）给定时，确定这些对象在低维空间中的表示（感知图 Perceptual Mapping），并使其尽可能与原先的相似性（或距离）"大体匹配"，使得由降维所引起的任何变形达到最小。多维空间中排列的每一个点代表一个对象，因此点间的距离与对象间的相似性高度相关。也就是说，两个相似的对象由多维空间中两个距离相近的点表示，而两个不相似的对象则由多维空间两个距离较远的点表示。多维空间通常为二维或三维的欧氏空间，但也可以是非欧氏三维以上空间。

（4）多维标度法的思想与步骤。多维标度法的基本思想是：用 r 维空间（r 待定）中的点分别表示各样品，使得各样品间距离的次序能完全反映原始输入的相似次序（两样品间的距离越短，则越相似）。一般，多维标度法通常要通过以下两步来完成：首先，构造一个 f 维坐标空间，并用该空间中的点分别表示各样品，此时点间的距离未必和原始输入次序相同，通常把这一步称为构造初步图形结构。其次，是逐步修改初步图形结构，以得到一个新图形结构，使得在新结构中，各样品的点间距离次序和原始输入次序尽量一致。下面是多维标度法实现的逻辑框图，如图 8.2 所示：

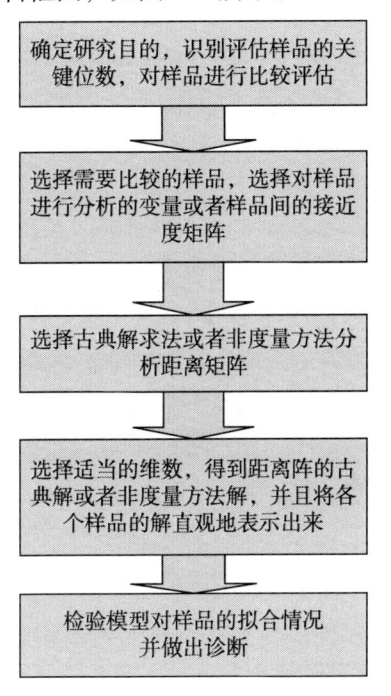

```
确定研究目的，识别评估样品的关
键位数，对样品进行比较评估
        ↓
选择需要比较的样品，选择对样
品进行分析的变量或者样品间的接近
度矩阵
        ↓
选择古典解求法或者非度量方法分
析距离矩阵
        ↓
选择适当的维数，得到距离阵的古
典解或者非度量方法解，并且将各
个样品的解直观地表示出来
        ↓
检验模型对样品的拟合情况
并做出诊断
```

图 8.2　多维标度法实现的逻辑框图

（5）评估有效性和可靠性。同其他多元分析方法一样，对采用多维标度法获得的结果也要进行可靠性和有效性评估。一般采用以下方法进行评估。首先，可计算拟合优度 R^2，即相关系数的平方。R^2 值越大，说明多维标度过程对数据的拟合程度越好。一般地，当 R^2 大于或等于 0.6 时，被认为是可接受的。其次，紧缩值也能反映多维标度法的拟合优度。R^2 是拟合良好程度的度量，而紧缩值是拟合劣质程度的度量，两个度量的角度相反，但目的相同。紧缩值随多维标度过程以及被分析资料的不同而变化。一般认为 stress > 20%，则拟合效果较差；10% < stress < 20%，则拟合效果一般；5% < stress < 10%，则拟合效果较好，2.5% < stress < 5%，则认为拟合效果非常好，stress < 2.5%，则拟合效果完美，具体如表 8.2 所示：

表 8.2 多维标度法拟合效果表

紧缩值（%）	20	15	5	2.5	0
拟合效果	差	一般	好	优	完美

3. 地区创新极间技术距离模型

研究创新极间技术距离有助于本章研究产业聚类，产业技术距离越小，则创新极间越容易发生溢出。本章认为创新极间技术距离大小与产业技术相似度有关，同一对产业，技术相似度越高，产业技术距离越小。为了更清晰地刻画产业技术距离，研究产业聚类分布，首先应用多维标度法（multi-dimensional scaling MDS）测算 61 个产业在二维平面中的欧氏距离。在多维标度法中，创新极间的欧氏距离是基于产业技术相似度测算的原始技术距离的真实反映。

基于产业技术相似度测算的原始技术距离定义如下：

$$Yd_{ij} = 1 - \omega_{ij} \tag{8.3}$$

其中，Yd_{ij} 表示产业 i、j 的原始技术距离，不难发现 $Yd_{ij} = Yd_{ji}$，特别地，当 $i=j$ 时，$Yd_{ij}=0$；公式中 ω_{ij} 是上文构建的产业技术结构相似度，用两产业部门直接消耗系数结构列向量的角余弦表示。

下面构建 n 个产业原始技术距离在 r 维欧氏空间中的对应的 n 个点的坐标及欧氏距离的测算模型。

首先给出如下定义：

定义 1 一个 $n \times n$ 阶的矩阵 $C = (c_{ij})_{n \times n}$，如果满足条件：

$$C = C'$$

$$c_{ij} \leq c_{ii} \quad i,j = 1,2,\cdots,n$$

则矩阵 C 为相似系数阵，c_{ij} 称为第 i 点与第 j 点间的相似系数。

定义 2 对于一个 $n \times n$ 的矩阵 $D = (d_{ij})_{n \times n}$，如果满足条件：

$$D = D'$$

$$d_{ij} \geq 0, d_{ii} = 0, \; i,j = 1,2,\cdots,n$$

则矩阵 D 为广义距离阵，d_{ij} 称为第 i 点与第 j 点间的距离。

定义 3 对于一个 $n \times n$ 的距离阵 $D = (d_{ij})_{n \times n}$，如果存在某个正整数 r 和 R^r 中的 n 个点 $X_1, X_2, \cdots, X_n$，使得

$$d_{ij}^2 = (X_i - X_j)'(X_i - X_j), i,j = 1,2,\cdots,n \tag{8.4}$$

则称 D 为欧氏距离阵。

在进行多维标度分析时，如果数据是多个分析变量的原始数据，则要根据聚类分析中介绍的方法，计算分析对象间的相似测度；如果数据不是广义距离阵，要通过一定的方法将其转换成广义距离阵才能进行多维标度分析。显然，上文已经构建了创新极间技术相似度的测算模型，且本章数据满足广义距离阵条件，无需转换，可以直接进行多维标度分析。

现给出如下测算模型：

设 r 维空间中的 n 个点表示为 $X_1, X_2, \cdots, X_n$，用矩阵表示为 $X = (X_1, X_2, \cdots, X_n)'$。在多维标度法中，本章称 X 为距离阵 D 的一个拟合构图，求得的 n 个点之间的距离阵 $\hat{D}$ 称为 D 的拟合距离阵，$\hat{D}$ 和 D 尽可能接近。如果 $\hat{D} = D$，则称 X 为 D 的一个构图。

假设有 n 个产业对应欧氏空间的 n 个点，其距离阵为 D，它们所对应的空间的维数为 r，第 i 个产业对应的点记为 X_i，则 X_i 的坐标记作 $X_i = (X_{i1}, X_{i2}, \cdots, X_{ir})$。

设 d_{ij}^2 为 i 产业与 j 产业之间的欧氏距离，$d_{ij}^2 = (X_i - X_j)'(X_i - X_j)$，$i,j = 1, 2, \cdots, n$。

令 $B = (b_{ij})_{n \times n}$，其中 $b_{ij} = \frac{1}{2}\left(-d_{ij}^2 + \frac{1}{n}\sum_{j=1}^{n} d_{ij}^2 + \frac{1}{n}\sum_{i=1}^{n} d_{ij}^2 - \frac{1}{n^2}\sum_{i=1}^{n}\sum_{j=1}^{n} d_{ij}^2\right)$

$$\tag{8.5}$$

$$\begin{aligned} d_{ij}^2 &= (X_i - X_j)'(X_i - X_j) \\ &= X'_i X_i + X'_j X_j - X'_j X_i - X'_i X_j \\ &= X'_i X_i + X'_j X_j - 2 X'_i X_j \end{aligned} \tag{8.6}$$

$$\frac{1}{n}\sum_{i=1}^{n} d_{ij}^2 = X'_j X_j + \frac{1}{n}\sum_{i=1}^{n} X'_i X_i - \frac{2}{n}\sum_{i=1}^{n} X'_i X_j \tag{8.7}$$

$$\frac{1}{n}\sum_{j=1}^{n} d_{ij}^2 = X'_i X_i + \frac{1}{n}\sum_{j=1}^{n} X'_j X_j - \frac{2}{n}\sum_{j=1}^{n} X'_i X_j \tag{8.8}$$

$$\begin{aligned} \frac{1}{n}\sum_{j=1}^{n}\left(\frac{1}{n}\sum_{i=1}^{n} d_{ij}^2\right) &= \frac{1}{n^2}\sum_{i=1}^{n}\sum_{j=1}^{n} d_{ij}^2 \\ &= \frac{1}{n}\sum_{i=1}^{n} X'_i X_i + \frac{1}{n}\sum_{j=1}^{n} X'_j X_j - \frac{2}{n}\sum_{i=1}^{n}\sum_{j=1}^{n} X'_i X_j \end{aligned} \tag{8.9}$$

由式（8.6）、(8.7)、(8.8) 和 (8.9)，得

$$b_{ij} = \frac{1}{2}\left(-d_{ij}^2 + \frac{1}{n}\sum_{j=1}^{n}d_{ij}^2 + \frac{1}{n}\sum_{i=1}^{n}d_{ij}^2 - \frac{1}{n^2}\sum_{i=1}^{n}\sum_{j=1}^{n}d_{ij}^2\right)$$

$$= \frac{1}{2}\left(2X'_iX_j - \frac{2}{n}\sum_{j=1}^{n}X'_iX_j - \frac{2}{n}\sum_{i=1}^{n}X'_iX_j + \frac{2}{n}\sum_{i=1}^{n}\sum_{j=1}^{n}X'_iX_j\right)$$

$$= (X'_iX_j - X'_i\bar{X} - \bar{X}'X_j + \bar{X}'\bar{X})$$

$$= (X_i - \bar{X})'(X_j - \bar{X}) \tag{8.10}$$

其中，

$$\bar{X} = \frac{1}{n}\sum_{i=1}^{n}X_i$$

用矩阵表示为：

$$B = (b_{ij})_{n \times n} = \begin{pmatrix}(X_1 - \bar{X})' \\ \vdots \\ (X_n - \bar{X})'\end{pmatrix}(X_1 - \bar{X},\cdots,X_n - \bar{X}) \tag{8.11}$$

这里称 B 为 X 的中心化内积阵。

于是，设 $\lambda_1 \geq \lambda_2 \geq \cdots \geq \lambda_r$ 为 B 的正特征根，$\lambda_1, \lambda_2, \cdots, \lambda_r$ 对应的单位特征向量为 $e_1, e_2, \cdots, e_r$，$\Gamma = (e_1, e_2, \cdots, e_r)$ 是单位特征向量为列组成的矩阵，则 $X = (\sqrt{\lambda_1}e_1, \sqrt{\lambda_2}e_2, \cdots, \sqrt{\lambda_r}e_r) = (x_{ij})_{n \times r}$，$X$ 矩阵中每一行对应空间中的一个点，第 i 行即为 X_i。令 $\Lambda = diag(\lambda_1, \lambda_2, \cdots, \lambda_r)$，那么，

$$B = XX' = \Gamma\Lambda\Gamma' \tag{8.12}$$

$$X = \Gamma\Lambda^{1/2} \tag{8.13}$$

因此，只要按公式（8.10）求出各个点对之间的内积，求得内积矩阵 B 的 r 个非零特征值及所对应的一组特征向量，据公式（8.13）即可求出 X 矩阵的 r 个列向量，也就是 n 个产业所对应的欧氏空间 n 个点的坐标。

本章考虑到研究的可操作性及结果的直观性，令维数 $r = 2$ 或 3，对上文创新极间投入产出表计算出的 61 个产业技术距离矩阵进行多维标度分析，分析结果将展现在二维平面坐标系及三维空间坐标系中。每个产业在平面直角坐标系及三维空间坐标系中对应一个点，两点间的直线距离反映了两个产业的技术距离，两个点直线距离越小表示两个产业技术相似度越高，若干个点集聚在一起表示若干技术相似的产业形成产业簇群。

8.2.3 创新极间技术溢出测度模型

创新极间技术溢出测度模型是测度创新极技术溢出效果的函数模型，本部分是对生产函数模型进行改进，来测度创新极间技术溢出效果。本章改进生产函数，是基于引入测度创新极间技术溢出效果的经济指标实现的，创新极技术溢出经济指标的构建是测度创新极间技术溢出模型的关键，一个好的经济指标能真实地反映创新极间技术溢出情况。下面首先构建创新极技术溢出经济指标。

1. 创新极技术溢出经济指标 IR&D

从本章掌握的文献来看，虽然学者们对创新极间技术溢出进行测度的方法各不相同，但都认为一个创新极所得到技术溢出量受其他创新极共同影响，并且该创新极所得到的溢出量是其他所有创新极溢出的加权和。

Los（1997）早在20世纪90年代就将一个创新极从其他所有创新极所得到的技术溢出量称为"间接R&D"，即为"IR&D"。他认为创新极 j 通过技术溢出获得的"间接R&D"为：

$$IR\&D_j = \sum_{i \neq j} \omega_{ij} R\&D_i \tag{8.14}$$

其中，$R\&D_i$ 表示第 i 创新极直接的 R&D 投入，权数 ω_{ij} 用来测度第 i 创新极的技术存量（technologystock）有多大的比例溢出到了第 j 创新极。

本章将采用 Los 的方法构造 IR&D。但这里应该指出的是，不同学者在研究 IR&D 时，虽然都认为一个创新极所得到的溢出量是其他所有创新极溢出的加权和，但对权数 ω_{ij} 的理解不同，这也是研究方法能否正确测度创新极间全部技术溢出量的决定因素。本章测度 IR&D 时使用的权数为上文已经测算的技术相似度经济指标 ω_{ij}，原因是创新后的技术相似度经济指标 ω_{ij} 能全面反映创新极间知识性溢出、创新极关联性溢出及市场性溢出。

2. 改进生产函数法

文献表明，影响创新极产出的不仅仅是劳动、资本，创新极 IR&D 也已经成为了重要因素。于是，将创新极技术溢出经济指标 IR&D 引入生产函数已经成为研究创新极技术溢出效果的重要方法。Los 在 2000 年指出将创新极技术溢出经济指标 IR&D 引入生产函数中，通过经济计量模型来研究创新极技术溢对创新极产出及创新极生产率的影响。

上文已经测算出全面反映创新极间三大技术溢出的 IR&D，那么下面将 IR&D 引入生产函数，对生产函数进行改进。

首先，Cobb—Donglas 生产函数，简称 C—D 生产函数，最早于 1928 年由芝加哥大学经济学家道格拉斯（P. H. Donglas）与数学家柯布（C. W. Cobb）提出。其模型为：

$$Y = AK^{\alpha}L^{\beta} \tag{8.15}$$

其中：Y 表示产出量；K 表示资本投入量；L 表示劳动投入量；A 表示效率系数；α 表示资本的产出弹性 $0<\alpha<1$；β 表示劳动的产出系数 $0<\beta<1$。

后续新增长理论者认为，影响创新极产出量 Y 的不仅仅有劳动投入量 L 和资本投入量 K，知识也是一个非常重要的投入因素，并用 R&D 表示知识投入量。故新增长理论者将生产函数发展为，创新极产出量 Y 受劳动投入量 L 和资本投入量 K 及知识投入量 R&D 影响。于是，创新极 i 的生产函数如下：

$$Y_i = f(K_i, L_i, R\&D_i) \tag{8.16}$$

其中，Y_i 表示第 i 创新极的产出，K_i、L_i、$R\&D_i$ 分别表示第 i 创新极资本、劳动及 R&D 的直接投入量。

后续创新经学者认为，创新极技术溢出是广泛存在的，并认为一个创新极的产出量受其他创新极对其技术溢出的影响，即将创新极技术溢出 IR&D 也纳入生产函数。于是，创新极 i 的生产函数如下：

$$Y_i = A(IR\&D_i)f(K_i, L_i, R\&D_i) \tag{8.17}$$

其中，Y_i 表示第 i 创新极的产出，K_i、L_i、$R\&D_i$、$IR\&D_i$ 分别表示第 i 创新极资本、劳动、R&D 的直接投入及其他创新极对 i 创新极技术溢出量加权和。这里的 $IR\&D_i$ 用上文构建的算法进行计算。

应该指出的是，虽然多数学者认为 IR&D 不是创新极的直接投入要素仍影响创新极产出量，但以何种形式引入生产函数却仁者见仁智者见智。这里所做的一个改进是将 IR&D 以幂函数形式引入生产函数，以便显著地观察创新极技术溢出对创新极产出量的影响。于是改进创新极 i 的生产函数，变形如下：

$$Y_i = \sigma \cdot IR\&D_i^{\eta} \cdot K_i^{\alpha}L_i^{\beta}R\&D_i^{\gamma} \tag{8.18}$$

其中，$IR\&D_i^{\eta}$ 表示创新极 i 来自于其他创新极 R&D 溢出量的加权和，即其他创新极 R&D 投入对第 i 创新极产出量的影响；σ 表示其他影响第 i 创新极产出量的因素；α、β、γ 分别表示资本、劳动及直接 R&D 投入的产出弹性。

这里应该指出，一般情况下认为生产函数具有规模报酬不变性，即 $\alpha + \beta + \gamma = 1$。但是 Los 在 2000 年指出，为了使生产函数具有广泛适用性，可以放松这一假设，即 $\alpha + \beta + \gamma = \lambda$，即便已经有学者（潘文卿，李子奈，2011）指出，放松这一假设后 H 检验结果显示中国创新极生产函数仍不拒绝规模报酬不变这一性质，本章为了使研究更具一般性，仍采用 Los 做法放松这一假设。于是，将上述生产函数模型两边同时除以 L_i，变形为：

$$\frac{Y_i}{L_i} = \sigma \cdot IR\&D_i^\eta \cdot \left(\frac{K}{L}\right)_i^\alpha \left(\frac{R\&D}{L}\right)_i^\gamma L_i^{\lambda-1} \tag{8.19}$$

上式表明，第 i 创新极的人均产量除受人均资本投入、人均 R&D 投入及劳动投入影响外，还受创新极创新极间技术溢出 IR&D 的影响。

为了研究方便，需要对上述模型进行简单处理，本章采用尹静、平新乔（2006）的处理思路，对唐山市与邯郸市 2002 年、2007 年采用截面数据研究。现对上式取对数，得到本章的最终估计模型如下：

$$\ln\left(\frac{Y}{L}\right)_{it} = \ln\sigma + \eta \ln IR\&D_{it} + \alpha \ln\left(\frac{K}{L}\right)_{it} + \gamma \ln\left(\frac{R\&D}{L}\right)_{it} + (\lambda - 1)\ln L_{it} + \mu_i$$

(8.20)

其中，Y_i 表示第 i 创新极的产出，K_i、L_i、$R\&D_i$、$IR\&D_i$ 分别表示第 i 创新极资本、劳动、R&D 的直接投入及其他创新极对 i 创新极技术溢出量加权和，$\ln\sigma$ 表示回归模型的常数项，η、α、γ、$(\lambda - 1)$ 分别表示 $\ln IR\&D$、$\ln\left(\frac{K}{L}\right)$、$\ln\left(\frac{R\&D}{L}\right)$、$\ln L$ 的系数。

于是，本节构建了测度地区创新极聚类、创新极间技术溢出量 IR&D 及创新极技术溢出效果的数学模型，后续两节将用该模型对河北省唐山市与邯郸市两地区 2002 年、2007 年创新极聚类、创新极技术溢出量及创新极技术溢出效果进行实证研究，探讨地区创新极技术溢出模式及其对经济增长的影响。

8.2.4 样市选取

后两节以唐山市与邯郸市制造业创新极为研究对象，研究两地区创新极溢出结构特征、创新极溢出网络结构特征、创新极技术溢出模式、创新极技术溢出量及创新极技术溢出效果。考虑到国内创新极投入产出表每五年编制一次，后两节从唐山市与邯郸市最新 2002 年与 2007 年投入产出表创新极中选取样本。为了尽量真实反映唐山市与邯郸市创新极技术溢出情况，本节依据国民经济行业分类（2002、2007）中的中类，从唐山市与邯郸市 2002 年、2007 年投入产出表中选取出相同的制造业创新极，对两地有细微差别的制造业创新极进行简单合并，剔除数据不全及唐山（邯郸）有而邯郸（唐山）没有的制造业创新极，最终得到 61 个创新极样本，编号及名称列于表 8.3：

表 8.3　61 个制造业创新极统一名称表

编号	创新极名称	编号	创新极名称
1	谷物磨制业	32	化学纤维制造业
2	饲料加工业	33	橡胶制品业
3	植物油加工业	34	塑料制品业
4	制糖业	35	水泥、石灰和石膏制造业
5	屠宰及肉类加工业	36	玻璃及玻璃制品制造业
6	水产品加工业	37	陶瓷制品制造业
7	酒精及酒的制造业	38	耐火材料制品制造业
8	软饮料及精制茶加工业	39	炼铁业
9	烟草制品业	40	炼钢业
10	棉、化纤纺织及印染精加工业	41	钢压延加工业
11	毛纺织和染整精加工业	42	铁合金冶炼业
12	麻纺织、丝绢纺织及精加工业	43	有色金属冶炼及合金制造业
13	纺织制成品制造业	44	有色金属压延加工业
14	针织品、编织品及其制品制造业	45	金属制品业
15	纺织服装、鞋、帽制造业	46	锅炉及原动机制造业
16	皮革、毛皮、羽毛（绒）及其制品业	47	金属加工机械制造业
17	木材加工及木、竹、藤、棕、草制品业	48	农林牧渔专用机械制造业
18	家具制造业	49	高技术专用及设备制造业
19	造纸及纸制品业	50	铁路运输设备制造业
20	印刷业和记录媒介的复制业	51	汽车制造业
21	文教体育用品制造业	52	船舶及浮动装置制造业
22	石油及核燃料加工业	53	电机制造业

续表

编号	创新极名称	编号	创新极名称
23	炼焦业	54	家用电力和非电力器具制造业
24	基础化学原料制造业	55	高技术电器机械及器材制造业
25	肥料制造业	56	通信设备制造业
26	农药制造业	57	电子元器件制造业
27	涂料、油墨、颜料及类似产品制造业	58	电子计算机制造业
28	合成材料制造业	59	家用视听设备制造业
29	专用化学产品制造业	60	仪器仪表制造业
30	日用化学产品制造业	61	文化、办公用机械制造业
31	医药制造业		

以上创新极将作为后两节实证研究的样本，为了研究方便在必要时后续研究将以创新极编号代表以上创新极进行实证研究。

8.2.5 数据与处理

在进行实证分析以前，本部分先对实证研究所需数据进行收集与处理。下面将完成以下两方面的工作：一方面，计算唐山与邯郸 2002 年、2007 年的投入产出表直接消耗系数、技术相似度矩阵、创新极技术距离矩阵；另一方面，按照国民经济大类收集整理唐山市与邯郸市 2002 年、2007 年制造业产业资本、劳动与 R&D 投入，测度反映创新极技术溢出量的 IR&D。本章所有数据均来自于《唐山统计年鉴》、《邯郸统计年鉴》、唐山统计局及邯郸统计局出版的其他统计资料等。

1. 2002 年唐山制造业创新极技术距离及 IR&D 的测算

（1）创新极技术距离测算。本部分依据上文构建的创新极技术距离测度模型，应用唐山 2002 年投入产出表计算创新极技术相似度矩阵，进而计算创新极技术距离矩阵。

2002 年唐山市 61 个制造业创新极技术距离矩阵的计算过程如下。

首先，计算出 61 个制造业创新极投入结构列向量。创新极投入结构列向量坐标为投入产出表 123 个创新极投入产品或服务表征的直接消耗系数。如果某两个创新极向量坐标趋于相同，也就是向量角余弦趋于 1，表明两创新极投入结构相似，容易发生技术溢出。

其次，计算 2002 年唐山市 61 个制造业创新极技术相似度矩阵。应用创新极相似度计算公式，对 2002 年唐山直接消耗系数表进行数据处理，计算出了 2002 年唐山 61 个制造业创新极的技术相似度矩阵，作为本章 61 个制造业创新极技术相邻程度的测度指标。技术相似度矩阵是后续研究创新极技术距离、创新极聚类及 *IR&D* 的依据。该矩阵为 61 行 61 列的对角方阵，表征的是 61 个创新极间任意两个创新极技术投入结构的相似程度。技术相似度数值越大，两创新极越接近，技术距离越小；技术相似度数值越小，两创新极差别越大，技术距离越大。特别地，本章定义创新极自身技术相似度数值为 1，技术距离为 0，创新极相似度数值为 0 的创新极间没有任何投入产出关联。技术相似度矩阵是关于主对角线对称的方阵，这是因为两个创新极技术投入结构列向量无论谁前谁后，创新极夹角余弦总是相等的。表中主对角线上的数值是 1，这是因为主对角线上数值表示同一创新极列向量夹角余弦值，显然是 1。

最后，由创新极技术距离计算公式，容易得到 61 个制造业创新极技术距离矩阵，该矩阵仍为 61 行 61 列的对角矩阵。技术距离矩阵也是关于主对角线对称的方阵，这是由创新极技术距离计算模型决定的。表中主对角线上的数值是 0，表明同一创新极没有技术距离，事实上也没有技术投入结构完全相同的两个创新极。

通过以上计算过程，应用 MATLAB 软件（代码见附录 D）计算出了 2002 年唐山 61 个创新极技术距离矩阵（数据庞大，略去）。考虑到直观性，本章将那些与其他 60 个创新极技术距离都大于 0.1 的创新极去掉，剩下 11 个创新极技术距离较小，创新极关联性较强，具有一定的代表性。他们是：

谷物磨制业 01、饲料加工业 02、植物油加工业 03、纺织制成品制造业 13、纺织服装、鞋、帽制造业 15、合成材料制造业 28、化学纤维制造业 32、钢压延加工业 41、金属制品业 45、锅炉及原动机制造业 46、金属加工机械制造业 47

下面给出关联性较强创新极的技术距离矩阵，创新极名称用创新极编号代替，创新极技术距离小于等于平均值的创新极对用颜色标出，颜色越深代表技术距离越小，如表 8.4 所示：

第八章 区域创新极间技术溢出测度方法与实证

表8.4 2002年唐山关联性较强创新极的技术距离矩阵

	1	2	3	13	15	28	32	41	45	46	47
1	0	0.06	0.005	0.982	0.98	0.985	0.981	0.952	0.98	0.98	0.967
2	0.06	0	0.06	0.978	0.978	0.985	0.985	0.933	0.975	0.973	0.954
3	0.005	0.06	0	0.986	0.986	0.99	0.992	0.957	0.983	0.972	0.952
13	0.982	0.978	0.986	0	0.022	0.993	0.983	0.971	0.982	0.982	0.974
15	0.98	0.978	0.986	0.022	0	0.989	0.984	0.977	0.988	0.988	0.983
28	0.985	0.985	0.99	0.993	0.989	0	0.025	0.983	0.988	0.991	0.987
32	0.981	0.985	0.992	0.983	0.984	0.025	0	0.971	0.978	0.984	0.975
41	0.952	0.933	0.957	0.971	0.977	0.983	0.971	0	0.081	0.113	0.212
45	0.98	0.975	0.983	0.982	0.988	0.988	0.978	0.081	0	0.041	0.173
46	0.98	0.973	0.972	0.982	0.988	0.991	0.984	0.113	0.041	0	0.071
47	0.967	0.954	0.952	0.974	0.983	0.987	0.975	0.212	0.173	0.071	0

表8.4为去掉了与其他创新极技术距离均大于0.1的创新极，为2002年唐山制造业创新极中关联性较强的11个创新极组成的技术距离矩阵。可以看出：

① 主对角线上是0，认为创新极自身的技术距离为零，发生完全的技术溢出。

② 创新极技术距离较小的创新极对，都分布在主对角线附近，说明创新极结构越相似，创新极技术距离就越小，也就越容易发生技术溢出。

③ 创新极技术距离小于0.1的创新极对有8个，分别是（1，2）、（1，3）、（2，3）、（13，15）、（28，32）、（41，45）、（45，46）、（46，47），具体如下：

谷物磨制业1与饲料加工业2、谷物磨制业1与植物油加工业3、饲料加工业2与植物油加工业3、纺织制成品制造业13与纺织服装、鞋、帽制造业15、合成材料制造业28与化学纤维制造业32、钢压延加工业41与金属制品业45、金属制品业45与锅炉及原动机制造业46、锅炉及原动机制造业46与金属加工机械制造业47。

以上说明2002年唐山这8对创新极技术相似度很高，发生了很强的技术溢出。

④ 另有3对创新极技术距离大于0.1但创新极技术距离相对较小的创新极对，他们是（41，46）、（41，47）及（45，47），具体如下：

钢压延加工业41与锅炉及原动机制造业46、钢压延加工业41与金属加工机械制造业47、金属制品业45与金属加工机械制造业47。

⑤ 其他创新极对技术距离都大于平均值,不易发生技术溢出。

(2) 创新极间 IR&D 的测算。

① 收集唐山制造业创新极相关指标数据。通过查阅唐山与邯郸统计年鉴及收集整理相关资料,对国有及规模以上非国有工业企业按照国民经济创新极大类划分整理出了本章样本创新极增长量、创新极资本、劳动力及 R&D。其中,创新极增长量用创新极工业增加值代替、创新极资本用创新极资本合计代替、劳动力用创新极全年平均劳动人数代替、R&D 用创新极科研活动经费支出代替。现将唐山 2002 年制造业创新极经济指标数据如表 8.5 所示:

表 8.5　2002 年唐山制造业创新极经济指标数据表

创新极名称	Y/万元	K/万元	L/人	R&D/万元
农副食品加工制造业	81434	226962	11914	29
饮料制造业	44233	179562	8430	50
纺织业	44352	178515	17401	822
纺织服装、鞋、帽制造业	16828	36328	11990	117.4286
皮革、毛皮、羽毛(绒)及其制品业	230	1107	492	117.4286
木材加工及木、竹、藤、棕、草制品业	4509	9473	1575	3
家具制造业	9404	23382	1781	3
造纸及纸制品业	64642	257618	19355	952
印刷业、记录媒介的复制	4243	38255	1841	0
石油加工及炼焦业	7098	94511	2804	0
化学原料及化学制品制造业	74684	549872	19867	231
医药制造业	24958	199810	6652	200
化学纤维制造业	-5356	165346	2419	0
橡胶制品业	6731	32872	7216	0
塑料制品业	20531	61782	4160	210
非金属矿物制品业	215963	1249801	74786	7789
黑色金属冶炼及压延加工业	779656	2663750	90376	21352
有色金属冶炼及压延加工业	4743	10772	1115	60
金属制品业	77007	165583	19426	462
普通机械制造业	37137	166064	14118	1805
专用设备制造业	35611	134492	8777	670
交通运输设备制造业	68315	324125	20538	6832
电气机械及器材制造业	35969	87008	4367	120
电子及通信设备制造业	5070	19713	1034	332
仪器及文化办公用品制造业	3726	6742	503	60

资料来源:《2002 年唐山统计年鉴》

以上为唐山 2002 年各创新极经济指标数据，统计指标数据将有助于后续创新极技术溢出量的测算及创新极技术溢出效果研究。

② 计算创新极间 IR&D。创新极间 IR&D 是反映创新极接受全行业技术溢出量的经济指标，本章通过测度创新极间技术投入结构相似度构建了计算创新极间 IR&D 的数学模型，通过计算得到 2002 年唐山 61 个创新极 IR&D 数值，如表 8.6 所示：

表 8.6 2002 年唐山 61 个创新极 IR&D 数据表

创新极编号	IR&D/万元	创新极编号	IR&D/万元	创新极编号	IR&D/万元	创新极编号	IR&D/万元
1	2961.1	17	4682.6	33	5258.2	49	5981.7
2	3942.9	18	8062	34	3999.8	50	13452
3	2757.2	19	11203	35	9603.7	51	7259.6
4	3981.7	20	8461.9	36	12749	52	6769.3
5	3949.7	21	8563	37	10893	53	6310.8
6	6936	22	2445.3	38	12253	54	47.661
7	8400	23	4117.8	39	11461	55	7422.8
8	8271.7	24	5625.3	40	13333	56	7210.1
9	0	25	7119.9	41	15774	57	5049.3
10	4290.6	26	2443.6	42	10887	58	166.69
11	6632.6	27	7193.6	43	8048	59	87.227
12	2782.2	28	1358	44	5485.5	60	7944.9
13	1887.6	29	4786.9	45	11016	61	31.059
14	980.97	30	7558.9	46	11935		
15	1661.6	31	7488.7	47	13451		
16	5866.5	32	1942	48	13278		

从表 8.6 中可以看出接受其他创新极技术溢出量加权和低于 100 万的创新极有四个，分别是烟草制品业 9、家用电力和非电力器具制造业 54、家用视听设备制造业 59 及文化、办公用机械制造业 61，这些创新极一般不作为其他创新极的原料也不处于其他创新极的下游，故与其他创新极关联性较小，与其他创新极发生技术溢出的可能性也较小。为了直观地观察各创新极接受全行业技

术溢出量情况，现绘制柱状图，如图 8.3 所示：

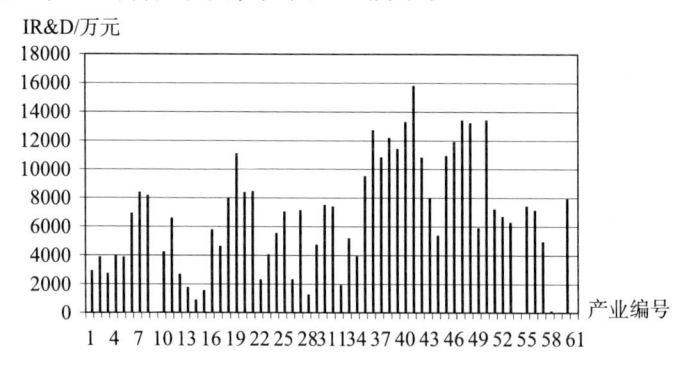

图 8.3　2002 年唐山 61 个创新极 IR&D 柱状图

从图 8.3 可以直观地观察出编号为 41 的创新极，即钢压延加工业是 61 个制造业创新极中获得技术溢出加权和最大的创新极，其获得其他创新极技术溢出量总和为 15774 万元。主要原因是钢压延加工业作为国民经济重要创新极与其他制造业创新极存在广泛的联系，如炼钢业的科研投入转化为技术成果后，必然会对钢压延加工业产生较大的影响。

2. 2007 年唐山制造业创新极技术距离及 IR&D 的测算

（1）创新极技术距离测算。本部分应用创新极技术距离测度模型，计算唐山 2007 年创新极技术相似度矩阵，进而计算 61 个创新极技术距离矩阵。

2007 年唐山市 61 个制造业创新极技术距离矩阵的计算过程如下：

首先，计算出 61 个制造业创新极投入结构列向量。创新极投入结构列向量坐标为投入产出表 123 个创新极投入产品或服务表征的直接消耗系数。如果某两个创新极向量坐标趋于相同，也就是向量角余弦趋于 1，表明两创新极投入结构相似，容易发生技术溢出。

其次，计算 2007 年唐山市 61 个制造业创新极技术相似度矩阵。应用创新极相似度计算公式，对 2007 年唐山直接消耗系数表进行数据处理，计算出了 2007 年唐山 61 个制造业创新极的技术相似度矩阵，作为本章 61 个制造业创新极技术相邻程度的测度指标。该矩阵为 61 行 61 列的对角方阵，表征的是 61 个创新极间任意两个创新极技术投入结构的相似程度。技术相似度数值越大，两创新极越接近，技术距离越小；技术相似度数值越小，两创新极差别越大，技术距离越大。特别地，本章定义创新极自身技术相似度数值为1，技术距离为0，创新极相似度数值为0的创新极间没有任何投入产出关联。技术相似度矩阵是关于主对角线对称的方阵，这是因为两个创新极技术投入结构列向量无论谁前谁后，创新极夹角余弦总是相等的。表中主对角线上的数值是1，这是因为主对角线上数值表示同一创新极列向量夹角余弦值，显然是1。

最后，由创新极技术距离计算公式，容易得到61个制造业创新极技术距离矩阵，该矩阵仍为61行61列的对角矩阵。技术距离矩阵也是关于主对角线对称的方阵，这是由创新极技术距离计算模型决定的。表中主对角线上的数值是0，表明同一创新极没有技术距离，事实上也没有技术投入结构完全相同的两个创新极。

通过以上计算过程，应用Matlab软件（代码见附录D）计算出了2007年唐山61个创新极技术距离矩阵（数据庞大，略去）。考虑到直观性，本章将那些与其他60个创新极技术距离都大于0.1的创新极去掉，剩下22个创新极技术距离较小，创新极关联性较强，具有一定的代表性。他们是：

谷物磨制业1、植物油加工业3、棉、化纤纺织及印染精加工业10、毛纺织和染整精加工业11、麻纺织、丝绢纺织及精加工业12、针织品、编织品及其制品制造业14、纺织服装、鞋、帽制造业15、皮革、毛皮、羽毛（绒）及其制品业16、木材加工及木、竹、藤、棕、草制品业17、家具制造业18、造纸及纸制品业19、印刷业和记录媒介的复制业20、石油及核燃料加工业22、涂料、油墨、颜料及类似产品制造业27、专用化学产品制造业29、炼铁业39、炼钢业40、金属制品业45、锅炉及原动机制造业46、农林牧渔专用机械制造业48、高技术专用及设备制造业49、船舶及浮动装置制造业52。

下面给出关联性较强创新极的技术距离矩阵，创新极名称用创新极编号代替，创新极技术距离小于等于平均值的创新极对用颜色标出，颜色越深代表技术距离越小。如表8.7所示：

可以看出：

1）主对角线上是0，认为创新极自身的技术距离为零，发生完全的技术溢出。

表 8.7 2007 年唐山关联性较强创新极的技术距离矩阵

	1	3	10	11	12	14	15	16	17	18	19	20	22	27	29	39	40	45	46	48	49	52
1	0	0.009	0.048	0.311	0.394	0.309	0.954	0.954	0.994	0.987	0.67	0.954	0.997	0.616	0.78	0.974	0.989	0.978	0.992	0.97	0.962	0.961
3	0.009	0	0.041	0.327	0.41	0.324	0.963	0.963	0.994	0.99	0.676	0.967	0.996	0.621	0.784	0.978	0.991	0.982	0.993	0.976	0.969	0.967
10	0.048	0.041	0	0.153	0.24	0.153	0.749	0.749	0.894	0.887	0.626	0.926	0.986	0.613	0.771	0.949	0.97	0.952	0.985	0.944	0.931	0.93
11	0.311	0.327	0.153	0	0.096	5.00E-04	0.379	0.379	0.723	0.708	0.627	0.865	0.967	0.68	0.796	0.926	0.957	0.922	0.977	0.906	0.882	0.882
12	0.394	0.41	0.24	0.096	0	0.1	0.454	0.454	0.745	0.736	0.646	0.869	0.921	0.664	0.785	0.91	0.939	0.91	0.972	0.902	0.881	0.878
14	0.309	0.324	0.153	5.00E-04	0.1	0	0.377	0.377	0.725	0.708	0.631	0.867	0.966	0.68	0.796	0.93	0.96	0.923	0.976	0.906	0.882	0.882
15	0.954	0.963	0.749	0.379	0.454	0.377	0	6.00E-08	0.997	0.971	0.917	0.922	0.996	0.972	0.977	0.97	0.985	0.962	0.989	0.941	0.924	0.932
16	0.954	0.963	0.749	0.379	0.454	0.377	6.00E-08	0	0.997	0.971	0.917	0.922	0.996	0.972	0.977	0.97	0.985	0.962	0.989	0.941	0.924	0.933
17	0.994	0.994	0.894	0.723	0.745	0.725	0.997	0.997	0	0.044	0.862	0.99	0.861	0.866	0.861	0.987	0.987	0.982	0.992	0.992	0.992	0.986
18	0.987	0.99	0.887	0.708	0.736	0.708	0.971	0.971	0.044	0	0.85	0.972	0.953	0.945	0.942	0.943	0.983	0.717	0.75	0.728	0.81	0.832
19	0.67	0.676	0.626	0.627	0.646	0.631	0.917	0.917	0.862	0.85	0	0.093	0.982	0.812	0.867	0.939	0.96	0.931	0.983	0.926	0.908	0.92
20	0.954	0.967	0.926	0.865	0.869	0.867	0.922	0.922	0.99	0.972	0.093	0	0.975	0.93	0.931	0.972	0.984	0.956	0.987	0.953	0.943	0.934
22	0.997	0.996	0.986	0.967	0.921	0.966	0.996	0.996	0.861	0.953	0.982	0.975	0	0.106	0.073	0.985	0.984	0.988	0.993	0.989	0.987	0.973
27	0.616	0.621	0.613	0.68	0.664	0.68	0.972	0.972	0.866	0.945	0.812	0.93	0.106	0	0.052	0.956	0.958	0.964	0.986	0.965	0.958	0.944
29	0.78	0.784	0.771	0.796	0.785	0.796	0.977	0.977	0.861	0.942	0.867	0.931	0.073	0.052	0	0.964	0.962	0.97	0.988	0.969	0.963	0.948
39	0.974	0.978	0.949	0.926	0.91	0.93	0.97	0.97	0.987	0.943	0.939	0.972	0.985	0.956	0.964	0	0.052	0.832	0.95	0.765	0.692	0.703
40	0.989	0.991	0.97	0.957	0.939	0.96	0.985	0.985	0.987	0.983	0.96	0.984	0.984	0.958	0.962	0.052	0	0.953	0.978	0.955	0.945	0.953
45	0.978	0.982	0.952	0.922	0.91	0.923	0.962	0.962	0.982	0.717	0.931	0.956	0.988	0.964	0.97	0.832	0.953	0	0.098	0.067	0.398	0.5
46	0.992	0.993	0.985	0.977	0.972	0.976	0.989	0.989	0.992	0.75	0.983	0.987	0.993	0.986	0.988	0.95	0.978	0.098	0	0.25	0.751	0.864
48	0.97	0.976	0.944	0.906	0.902	0.906	0.941	0.941	0.992	0.728	0.926	0.953	0.989	0.965	0.969	0.765	0.955	0.067	0.25	0	0.175	0.259
49	0.962	0.969	0.931	0.882	0.881	0.882	0.924	0.924	0.992	0.81	0.908	0.943	0.987	0.958	0.963	0.692	0.945	0.398	0.751	0.175	0	0.026
52	0.961	0.967	0.93	0.882	0.878	0.882	0.932	0.933	0.986	0.832	0.92	0.934	0.973	0.944	0.948	0.703	0.953	0.5	0.864	0.259	0.026	0

该表去掉了与其他创新极技术距离均大于 0.1 的创新极，是 2007 年唐山制造业创新极中关联性较强的 22 个创新极组成的技术距离矩阵。

2）创新极技术距离较小的创新极对，都分布在主对角线附近，说明创新极结构越相似，创新极技术距离就越小，也就越容易发生技术溢出。

3）创新极技术距离小于 0.1 的有 15 个创新极对，这 15 个创新极对是：（1，3）、（1，10）、（3，10）、（11，12）、（11，14）、（12，14）、（15，16）、（17，18）（19，20）（22，29）、（27，29）、（39，40）、（45，46）、（45，48）、（49，52），即谷物磨制业 1 与植物油加工业 3、谷物磨制业 1 与棉、化纤纺织及印染精加工业 10、植物油加工业 3 与棉、化纤纺织及印染精加工业 10、毛纺织和染整精加工业 11 与麻纺织、丝绢纺织及精加工业 12、毛纺织和染整精加工业 11 与针织品、编织品及其制品制造业 14、麻纺织、丝绢纺织及精加工业 12 与针织品、编织品及其制品制造业 14、纺织服装、鞋、帽制造业 15 与皮革、毛皮、羽毛（绒）及其制品业 16、木材加工及木、竹、藤、棕、草制品业 17 与家具制造业 18、造纸及纸制品业 19 与印刷业和记录媒介的复制业 20、石油及核燃料加工业 22 与专用化学产品制造业 29、涂料、油墨、颜料及类似产品制造业 27 与专用化学产品制造业 29、炼铁业 39 与炼钢业 40、金属制品业 45 与锅炉及原动机制造业 46、金属制品业 45 与农林牧渔专用机械制造业 48、高技术专用及设备制造业 49 与船舶及浮动装置制造业 52。2007 年唐山技术相似的创新极对比 2002 年多了 7 个，多了近一倍，这说明近年来唐山创新极间合作紧密度进一步加强，创新极关联度进一步加强，创新极合作日趋紧密，创新极发展趋于网络化，创新极间相互技术溢出量不断增强，这使得创新极科研经费投入对整个创新极网络的效应越发明显。以上创新极对是 2007 年唐山创新极技术相似度很高的 15 个创新极对，他们之间发生了很强的技术溢出，从技术距离来看，技术溢出最强的两对创新极应该是毛纺织和染整精加工业 11 与针织品、编织品及其制品制造业 14、纺织服装、鞋、帽制造业 15 与皮革、毛皮、羽毛（绒）及其制品业 16。

4）从上表可以看出，唐山 2007 年颜色创新极比 2002 年大量增加，这也一定程度上反映了唐山创新极网络发展趋于复杂，受创新极网络复杂程度的影响创新极技术溢出逐年增大。创新极网络越复杂，创新极间联系越紧密，创新极间越容易发生技术溢出。

（2）创新极间 IR&D 的测算。通过查阅唐山与邯郸统计年鉴及收集整理相关资料，对国有及规模以上非国有工业企业按照国民经济创新极大类划分整理出了本章样本创新极增长量、创新极资本、劳动力及 R&D。其中，创新极增长量用创新极工业增加值代替、创新极资本用创新极资本合计代替、劳动力用创新极全年平均劳动人数代替、R&D 用创新极科研活动经费支出代替。通过计算得到 2007 年唐山 61 个创新极 IR&D 数值，如表 8.8 所示：

表 8.8　2007 年唐山 61 个创新极 IR&D 数据表

创新极编号	IR&D/万元	创新极编号	IR&D/万元	创新极编号	IR&D/万元	创新极编号	IR&D/万元	创新极编号	IR&D/万元
1	5479.3	17	4164.7	33	17894	49	53774		
2	8004	18	14265	34	8763.3	50	42078		
3	4822	19	11956	35	40436	51	31880		
4	49.661	20	7369	36	35857	52	52397		
5	3484.7	21	185.04	37	44901	53	49693		
6	5553.9	22	7528.5	38	36163	54	490.43		
7	19504	23	19381	39	89871	55	44322		
8	11797	24	27153	40	82262	56	214.76		
9	0	25	25416	41	90156	57	50465		
10	9692.9	26	959.71	42	31536	58	218.5		
11	14254	27	13575	43	33927	59	153.52		
12	16195	28	10471	44	37619	60	31040		
13	10343	29	12096	45	41305	61	352.47		
14	13870	30	1023.7	46	20864				
15	6297.4	31	19043	47	42746				
16	6294.2	32	12146	48	48083				

从上表中可以看出接受其他创新极技术溢出量总和低于 100 万的创新极有两个，分别是烟草制品业 9、制糖业 4。前者由于在国民经济行业中与其他创新极关系极小，故不会接收到技术溢出，而制糖业接受来自其他创新极 IR&D 数值较小，可能是唐山制糖业与其他创新极技术交流与产品联系较少造成的，故应鼓励制糖业与其他创新极进行技术交流与合作，形成创新极链与创新极网，只有这样才能享受到创新极网络发展带来的好处。

为了直观地观察创新极接受全行业技术溢出量情况，现在绘制柱状图，如

图 8.4 所示：

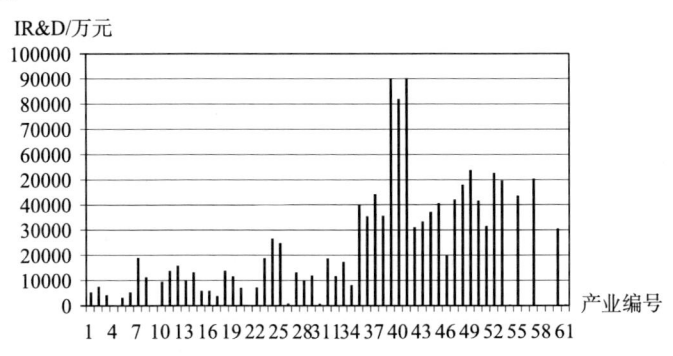

图 8.4　2007 年唐山 61 个创新极 IR&D 柱状图

从上图可以直观地观察出接受其他创新极技术溢出量最大的是编号为 39、40、41 的三个创新极，即炼铁业、炼钢业及钢压延加工业，获得其他创新极技术溢出 IR&D 分别为 89871 万元、82262 万及 90156 万元。与 2002 年相比，炼铁业从接受技术溢出量不如炼钢业到 2007 年反超炼钢业 7609 万，说明近年炼铁业较炼钢业更注重与其他创新极进行技术性交流与合作，越来越受益于创新极网络发展所带来的技术溢出的好处。钢压延加工业仍然是获得技术溢出量最大的创新极，这并不是偶然的，因为该创新极与其他创新极联系紧密，也就能获得更多其他创新极发展所带来的好处。

3. 2002 年邯郸制造业创新极技术距离及 IR&D 的测算

（1）创新极技术距离测算。本节依据上文构建的创新极技术距离测度模型，应用邯郸 2002 年投入产出表计算创新极技术相似度矩阵，进而计算创新极技术距离矩阵。

2002 年邯郸市 61 个制造业创新极技术距离矩阵的计算过程如下：

首先，计算出 61 个制造业创新极投入结构列向量。创新极投入结构列向量坐标为投入产出表 123 个创新极投入产品或服务表征的直接消耗系数。如果某两个创新极向量坐标趋于相同，也就是向量角余弦趋于 1，表明两创新极投入结构相似，容易发生技术溢出。

其次，计算 2002 年邯郸市 61 个制造业创新极技术相似度矩阵。应用创新极相似度计算公式，对 2002 年邯郸直接消耗系数表进行数据处理，计算出了 2002 年邯郸 61 个制造业创新极的技术相似度矩阵，作为本章 61 个制造业创新极技术相邻程度的测度指标。技术相似度矩阵是后续研究创新极技术距离、创新极聚类及间接 IR&D 的计算依据。该矩阵为 61 行 61 列的对角方阵，表征的是 61 个创新极间任意两个创新极技术投入结构的相似程度。技术相似度数值越大，两创新极越接近，技术距离越小；技术相似度数值越小，两创新极差别越大，技术距离越大。特别地，本章定义创新极自身技术相似度数值为 1，技术距离为 0，创新极相似度数值为 0 的创新极间没有任何投入产出关联。技术相似度矩阵是关于主对角线对称的方阵，这是因为两个创新极技术投入结构列向量无论谁前谁后，创新极夹角余弦总是相等的。表中主对角线上的数值是 1，这是因为主对角线上数值表示同一创新极列向量夹角余弦值，显然是 1。

最后，由创新极技术距离计算公式，容易得到 61 个制造业创新极技术距离矩阵，该矩阵仍为 61 行 61 列的对角矩阵。技术距离矩阵也是关于主对角线对称的方阵，这是由创新极技术距离计算模型决定的。表中主对角线上的数值是 0，表明同一创新极没有技术距离，事实上也没有技术投入结构完全相同的两个创新极。

通过以上计算过程，应用 matlab 软件（代码见附录 D）计算出了 2002 年邯郸 61 个创新极技术距离矩阵（数据庞大，略去）。考虑到直观性，本章将那些与其他 60 个创新极技术距离都大于 0.1 的创新极去掉，剩下 17 个创新极技术距离较小，创新极关联性较强，他们具有一定的代表性。这些创新极是：

谷物磨制业 1、饲料加工业 2、植物油加工业 3、制糖业 4、其他饮料制造业 8、棉、化纤纺织及印染精加工业 10、麻纺织、丝绢纺织及精加工业 12、纺织服装、鞋、帽制造业 15、印刷业和记录媒介的复制业 20、文教体育用品制造业 21、石油及核燃料加工业 22、炼焦业 23、玻璃及玻璃制品制造业 36、陶瓷制品制造业 37、高技术专用设备制造业 49、电机制造业 53、家用视听设备制造业 59。

下面给出关联性较强创新极的技术距离矩阵，创新极名称用创新极编号代替，创新极技术距离小于等于平均值的创新极对用颜色标出，颜色越深代表技术距离越小。如表 8.9 所示：

第八章 区域创新极间技术溢出测度方法与实证

表 8.9 2002 年邯郸关联性较强创新极的技术距离矩阵

	1	2	3	4	8	10	12	15	20	21	22	23	36	37	49	53	59
1	0	0.028	0.006	0.004	0.018	0.943	0.999	0.989	0.987	0.986	0.997	0.993	0.94	0.949	0.993	0.991	0.998
2	0.028	0	0.031	0.027	0.043	0.946	0.993	0.987	0.991	0.989	0.994	0.996	0.949	0.945	0.989	0.99	0.995
3	0.006	0.031	0	0.01	0.019	0.94	0.994	0.983	0.984	0.979	0.992	0.99	0.905	0.903	0.975	0.968	0.986
4	0.004	0.027	0.01	0	0.023	0.955	0.999	0.998	0.999	0.995	0.988	0.989	0.988	0.988	0.997	0.999	0.999
8	0.018	0.043	0.019	0.023	0	0.94	0.991	0.978	0.988	0.983	0.884	0.893	0.825	0.818	0.987	0.984	0.991
10	0.943	0.946	0.94	0.955	0.94	0	0.012	0.122	0.961	0.964	1.002	1	0.895	0.88	0.95	0.964	0.987
12	0.999	0.993	0.994	0.999	0.991	0.012	0	0.127	0.973	0.973	0.963	0.969	0.953	0.921	0.963	0.969	0.99
15	0.989	0.987	0.983	0.998	0.978	0.122	0.127	0	0.955	0.924	0.994	0.998	0.861	0.833	0.929	0.965	0.987
20	0.987	0.991	0.984	0.999	0.988	0.961	0.973	0.955	0	0.134	0.997	0.997	0.893	0.676	0.936	0.955	0.964
21	0.986	0.989	0.979	0.995	0.983	0.964	0.973	0.924	0.134	0	0.973	0.936	0.841	0.652	0.848	0.968	0.984
22	0.997	0.994	0.992	0.988	0.884	1.002	0.963	0.994	0.997	0.973	0	0.09	0.71	0.73	1.002	0.998	0.998
23	0.993	0.996	0.99	0.989	0.893	1	0.969	0.998	0.997	0.936	0.09	0	0.743	0.768	1.002	0.981	0.996
36	0.94	0.949	0.905	0.988	0.825	0.895	0.953	0.861	0.893	0.841	0.71	0.743	0	0.128	0.895	0.887	0.955
37	0.949	0.945	0.903	0.988	0.818	0.88	0.921	0.833	0.676	0.652	0.73	0.768	0.128	0	0.849	0.874	0.937
49	0.993	0.989	0.975	0.997	0.987	0.95	0.963	0.929	0.936	0.848	1.002	1.002	0.895	0.849	0	0.137	0.093
53	0.991	0.99	0.968	0.999	0.984	0.964	0.969	0.965	0.955	0.968	0.998	0.981	0.887	0.874	0.137	0	0.077
59	0.998	0.995	0.986	0.999	0.991	0.987	0.99	0.987	0.964	0.984	0.998	0.996	0.955	0.937	0.093	0.077	0

该表去掉了与其他创新极技术距离均大于 0.1 的创新极，为 2002 年邯郸制造业创新极中关联性较强的 17 个创新极组成的技术距离矩阵。

可以看出：

1）主对角线上是 0，认为创新极自身的技术距离为零，发生完全的技术溢出。

2）创新极技术距离较小的创新极对，都分布在主对角线附近，说明创新极结构越相似，创新极技术距离就越小，也就越容易发生技术溢出。

3）创新极技术距离小于 0.1 的创新极对有 14 个，分别是（1，2）、（1，3）、（1，4）、（1，8）、（2，3）、（2，4）、（2，8）、（3，4）、（3，8）、（4，8）、（10，12）、（22，23）、（49，59）、（53，59），即谷物磨制业 1 与饲料加工业 2、谷物磨制业 1 与植物油加工业 3、谷物磨制业 1 与制糖业 4、谷物磨制业 1 与其他饮料制造业 8、饲料加工业 2 与植物油加工业 3、饲料加工业 2 与制糖业 4、饲料加工业 2 与其他饮料制造业 8、植物油加工业 3 与制糖业 4、植物油加工业 3 与其他饮料制造业 8、制糖业 4 与其他饮料制造业 8、化纤纺织及印染精加工业 10 与麻纺织、石油及核燃料加工业 22 与炼焦业 23、高技术专用设备制造业 49 与家用视听设备制造业 59、电机制造业 53 与家用视听设备制造业 59。

从以上技术距离矩阵可以看出，谷物磨制业 1、饲料加工业 2、植物油加工业 3、制糖业 4、其他饮料制造业 8 之间相互溢出，已经形成了关联创新极聚类，相互间技术与产品交流频繁，创新极技术溢出较多。

4）从标有颜色的创新极对来看，创新极间技术距离小于平均值的创新极有 25 对，说明邯郸 2002 年创新极关联较强，创新极间技术与产品联系较密切，创新极网络发展较好。

5）未标颜色的创新极间技术距离都大于平均值，不易发生技术溢出。

（2）创新极间 IR&D 的测算。通过查阅邯郸统计年鉴及收集整理相关资料，对国有及规模以上非国有工业企业按照国民经济创新极大类划分整理出了本章样本创新极增长量、创新极资本、劳动力及 R&D。其中，创新极增长量用创新极工业增加值代替、创新极资本用创新极资本合计代替、劳动力用创新极全年平均劳动人数代替、R&D 用创新极科研活动经费支出代替。通过计算得到 2002 年邯郸 61 个创新极 IR&D 数值，如表 8.10 所示：

表 8.10 2002 年邯郸 61 个创新极 IR&D 数据表

创新极编号	IR&D/万元	创新极编号	IR&D/万元	创新极编号	IR&D/万元	创新极编号	IR&D/万元
1	688.94	17	1754.6	33	1605.9	49	2178
2	854.23	18	2705.5	34	2052.6	50	1859.2
3	951.52	19	3736.2	35	4040.8	51	2812.7
4	311.72	20	2224.7	36	6384.8	52	64.336
5	686.79	21	2830.8	37	6533.5	53	1419.9
6	2075	22	1762.9	38	4981.9	54	6058.5
7	3876.1	23	2949.3	39	7655	55	2910.8
8	1406.2	24	2377.1	40	8406.2	56	0.46747
9	0	25	3388.9	41	6822	57	2887
10	1683.1	26	1917	42	5591.8	58	7.0098
11	2416.8	27	6226	43	4686.1	59	788.47
12	1146.3	28	2563.8	44	2606.4	60	1781.6
13	1352.2	29	1162.1	45	4892.3	61	548.7
14	1688.3	30	4806.7	46	1126.9		
15	1973.1	31	1815.5	47	5795.5		
16	1554.9	32	616.96	48	3882.2		

从上表中可以看出接受其他创新极技术溢出量总和低于 100 万的创新极有四个,分别是烟草制品业 9、船舶及浮动装置制造业 52、通信设备制造业 56 及电子计算机制造业 58。其中,烟草制品业依然是 0。而通信设备制造业接受来自全行业的技术溢出仅 0.46747 万,这可能是由于通信设备制造业所面向的对象是垄断性极高的通信创新极。电子计算机制造业得到其他创新极溢出也只有 7.0098 万,这是由于电子计算机制造业具有科技含量高、主要依靠自主研发等特点,收到其他创新极溢出较少。船舶及浮动装置制造业考虑到邯郸是内陆城市,与之形成创新极链的创新极较少,其得到技术溢出仅有 64.336 万。

为了直观地观察受益于创新极技术溢出较大的创新极分布情况,现在绘制柱状图,如图 8.5 所示:

从图中可以直观地观察出编号为 39、40、41 的创新极得到全行业技术溢出量明显多于其他创新极,即炼铁业、炼钢业及钢压延加工业。其中炼钢业是 61 个制造业创新极中获得技术溢出总和最大的创新极,其获得其他创新极技

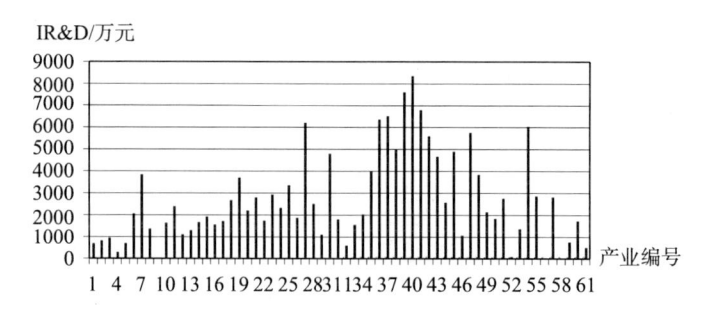

图 8.5 2002 年邯郸 61 个创新极 IR&D 柱状图

术溢出量总和为 8406.2 万，这点与唐山不同。炼铁业与钢压延加工业得到的技术溢出量分别为 7655 万、6822 万，炼铁业与其他创新极技术联系较钢压延加工业更为密切。

4. 2007 年邯郸制造业创新极技术距离及 IR&D 的测算

（1）创新极技术距离测算。本部分应用创新极技术距离测度模型，计算邯郸 2007 年创新极技术相似度矩阵，进而计算 61 个创新极技术距离矩阵。

2007 年邯郸市 61 个制造业创新极技术距离矩阵的计算过程如下：

首先，计算出 61 个制造业创新极投入结构列向量。创新极投入结构列向量坐标为投入产出表 123 个创新极投入产品或服务表征的直接消耗系数。如果某两个创新极向量坐标趋于相同，也就是向量角余弦趋于 1，表明两创新极投入结构相似，容易发生技术溢出。

其次，计算 2007 年邯郸市 61 个制造业创新极技术相似度矩阵。应用创新极相似度计算公式，对 2007 年邯郸直接消耗系数表进行数据处理，计算出了 2007 年邯郸 61 个制造业创新极的技术相似度矩阵，作为本章 61 个制造业创新极技术相邻程度的测度指标。该矩阵为 61 行 61 列的对角方阵，表征的是 61 个创新极间任意两个创新极技术投入结构的相似程度。技术相似度数值越大，两创新极越接近，技术距离越小；技术相似度数值越小，两创新极差别越大，技术距离越大。特别地，本章定义创新极自身技术相似度数值为 1，技术距离为 0，创新极相似度数值为 0 的创新极间没有任何投入产出关联。技术相似度矩阵是关于主对角线对称的方阵，这是因为两个创新极技术投入结构列向量无论谁前谁后，创新极夹角余弦总是相等的。表中主对角线上的数值是 1，这是因为主对角线上数值表示同一创新极列向量夹角余弦值，显然是 1。

最后，由创新极技术距离计算公式，易得到 61 个制造业创新极技术距离矩阵，该矩阵仍为 61 行 61 列的对角矩阵。技术距离矩阵也是关于主对角线对称的方阵，这是由创新极技术距离计算模型决定的。表中主对角线上的数值是 0，表明同一创新极没有技术距离，事实上也没有技术投入结构完全相同的两个创新极。

通过以上计算过程，应用 matlab 软件（代码见附录 D）计算出了 2007 年邯郸 61 个创新极技术距离矩阵（数据庞大，略去）。考虑到直观性，本章将那些与其他 60 个创新极技术距离都大于 0.1 的创新极去掉，剩下 11 个创新极技术距离较小，创新极关联性较强，具有一定的代表性。他们是：

谷物磨制业 1、饲料加工业 2、棉、化纤纺织及印染精加工业 10、纺织制成品制造业 13、针织品、编织品及其制品制造业 14、铁合金冶炼业 42、有色金属冶炼及合金制造业 43、农林牧渔专用机械制造业 48、汽车制造业 51、电机制造业 53、文化、办公用机械制造业 61。

下面给出关联性较强创新极的技术距离矩阵，创新极名称用创新极编号代替，创新极技术距离小于等于平均值的创新极对用颜色标出，颜色越深代表技术距离越小。如表 8.11 所示：

表 8.11 2007 年邯郸关联性较强创新极的技术距离矩阵

	1	2	10	13	14	42	43	48	51	53	61
1	0	0.078	0.075	0.971	0.986	0.992	0.993	0.999	0.998	0.991	0.997
2	0.078	0	0.053	0.798	0.809	0.965	0.856	0.993	0.977	0.842	0.977
10	0.075	0.053	0	0.688	0.702	0.972	0.877	0.987	0.976	0.867	0.972
13	0.971	0.798	0.688	0	7.00E-04	0.926	0.559	0.981	0.95	0.546	0.958
14	0.986	0.809	0.702	7.00E-04	0	0.925	0.55	0.98	0.948	0.536	0.953
42	0.992	0.965	0.972	0.926	0.925	0	0.88	0.985	0.972	0.878	0.094
43	0.993	0.856	0.877	0.559	0.55	0.88	0	0.944	0.873	0.016	0.932
48	0.999	0.993	0.987	0.981	0.98	0.985	0.944	0	0.072	0.905	0.969
51	0.998	0.977	0.976	0.95	0.948	0.972	0.873	0.072	0	0.84	0.957
53	0.991	0.842	0.867	0.546	0.536	0.878	0.016	0.905	0.84	0	0.915
61	0.997	0.977	0.972	0.958	0.953	0.094	0.932	0.969	0.957	0.915	0

该表为去掉了与其他创新极技术距离均大于 0.1 的创新极，是 2007 年邯

郸制造业创新极中关联性较强的 11 个创新极组成的技术距离矩阵。可以看出：

1）主对角线上是 0，认为创新极自身的技术距离为零，发生完全的技术溢出。

2）创新极技术距离较小的创新极对，一部分分布在主对角线附近，如谷物磨制业 1、饲料加工业 2、棉、化纤纺织及印染精加工业 10，这些创新极彼此间联系较为紧密，彼此技术结构相似，彼此创新极技术距离较小，形成创新极聚类；另一部分与主对角线呈现十字排开，主要是指铁合金冶炼业 42、有色金属冶炼及合金制造业 43、农林牧渔专用机械制造业 48、汽车制造业 51、电机制造业 53、文化、办公用机械制造业 61，这些创新极仅仅是某对创新极结构相似或产品上下游联系紧密，导致关联性溢出较强，如农林牧渔专用机械制造业 48 与汽车制造业 51 有着共同的机械制造的工艺流程，而铁合金冶炼业 42 与文化、办公用机械制造业 61、有色金属冶炼及合金制造业 43 与电机制造业 53 主要是前者为后者提供原料，后者是前者的下游创新极。

3）创新极技术距离小于 0.1 的有 7 个创新极对，这 7 个创新极对是：（1，2）、（1，10）、（2，10）、（13，14）、（42，61）、（43，53）、（48，51），即谷物磨制业 1 与饲料加工业 2、谷物磨制业 1 与棉、化纤纺织及印染精加工业 10、饲料加工业 02 与棉、化纤纺织及印染精加工业 10、纺织制成品制造业 13 与针织品、编织品及其制品制造业 14、铁合金冶炼业 42 与文化、办公用机械制造业 61、有色金属冶炼及合金制造业 43 与电机制造业 53、农林牧渔专用机械制造业 48 与汽车制造业 51。

2007 年邯郸技术相似的创新极对比 2002 年少了 7 个，这说明近年来邯郸创新极间合作紧密度有减弱趋势。以上 7 个创新极对是 2007 年邯郸创新极技术溢出较强的创新极，从技术距离矩阵来看，技术溢出最强的一对创新极应该是纺织制成品制造业 13 与针织品、编织品及其制品制造业 14。

4）从上表可以看出，邯郸 2007 年有两对创新极加强了上下游的技术与产品联系，使得创新极技术溢出发生了纵向创新极溢出。他们是铁合金冶炼业 42 与文化、办公用机械制造业 61、有色金属冶炼及合金制造业 43 与电机制造业 53。

第八章 区域创新极间技术溢出测度方法与实证

（2）创新极间 IR&D 的测算。通过查阅邯郸与邯郸统计年鉴及收集整理相关资料，对国有及规模以上非国有工业企业按照国民经济创新极大类划分整理出了本章样本创新极增长量、创新极资本、劳动力及 R&D。其中，创新极增长量用创新极工业增加值代替、创新极资本用创新极资本合计代替、劳动力用创新极全年平均劳动人数代替、R&D 用创新极科研活动经费支出代替。通过计算得到 2007 年邯郸 61 个创新极 IR&D 数值如表 8.12 所示：

表 8.12　2007 年邯郸 61 个创新极 IR&D 数据表

创新极编号	IR&D/万	创新极编号	IR&D/万	创新极编号	IR&D/万	创新极编号	IR&D/万
1	1177.3	17	3800.7	33	5454.7	49	14434
2	3182	18	9088.9	34	17988	50	1706.5
3	1210.9	19	11264	35	8863.9	51	13291
4	6.534	20	9683.9	36	10728	52	1654.9
5	2262.4	21	142.75	37	8159.7	53	9513.5
6	5.8333	22	6439.9	38	12329	54	107.23
7	6032.8	23	15431	39	72083	55	15049
8	5229	24	3716.6	40	81268	56	65.394
9	0	25	6924.6	41	71501	57	32354
10	3661.9	26	9699.8	42	34709	58	75.593
11	5453.5	27	4725.7	43	8465.6	59	38.778
12	364.33	28	4089.6	44	9927.8	60	24163
13	5944.6	29	13227	45	12230	61	31927
14	6093.3	30	169.44	46	24060		
15	6343.7	31	3358.5	47	26717		
16	5423.5	32	8826.8	48	8787.7		

从表 8.12 中可以看出接受其他创新极技术溢出量总和低于 100 万的创新极有六个，分别是制糖业 4、水产品加工业 6、烟草制品业 9、通信设备制造业 56、电子计算机制造业 58、家用视听设备制造业 59。制糖业 4、水产品加工业 6、烟草制品业 9 及家用视听设备制造业 59 由于在国民经济行业中与其他创新极关联度较小，故接收到技术溢出也较小，而通信设备制造业 56、电子计算

· 231 ·

机制造业58两个创新极由于处于高科技创新极上游，与高科技创新极关联度较大，得到制造业技术溢出自然较小。

为了直观地观察创新极得到全行业技术溢出量情况，现在绘制柱状图，如图8.6所示：

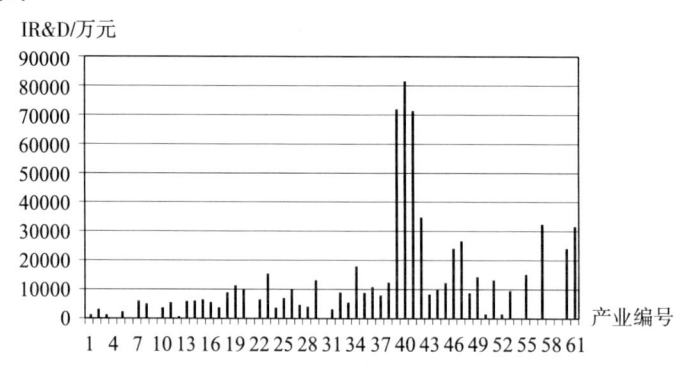

图8.6　2007年邯郸61个创新极IR&D柱状图

从图8.6可以直观地观察出接受其他创新极技术溢出量最大的是编号为39、40、41的三个创新极，即炼铁业、炼钢业及钢压延加工业，获得其他创新极技术溢出IR&D分别为72083万、81268万及71501万。与2002年基本相似，炼钢业仍是接受技术溢出最多的创新极，炼铁业与钢压延加工业次之，但后者有赶超前者的趋势，说明邯郸钢压延加工业近年加强了与其他创新极的技术交流与合作，获益较大。

综上，本节构建了全面测度创新极间三大技术溢出的数学模型，并选取了河北省唐山市、邯郸市61个相同制造业创新极样本，通过数据处理计算出了61个创新极技术距离矩阵。本节以含有创新极技术距离小于0.1为标准，剔除了与所有其他创新极技术距离均大于等于0.1的创新极，对其余具有代表性的样本创新极给出了简化后的创新极技术距离矩阵，并给出了技术距离较小的创新极对，这些创新极对很有可能是创新极聚类的核心创新极。最后，应用构建的数学模型对唐山市与邯郸市投入产出表进行数据处理，计算出了61个创新极从全行业获得的技术溢出量IR&D，并给出了获得技术溢出量较大与较小的创新极。本节的研究是后续深入研究创新极聚类、创新极溢出网络结构及创新极技术溢出效果的基础，也是研究唐山与邯郸创新极溢出结构特征与经济发展关系的重要保障。

8.3 唐山市创新极技术溢出测度实证

8.3.1 2002 年投入产出表计算结果

前面已经计算出唐山制造业 61 个创新极技术距离矩阵，反映了创新极间两两创新极技术远近，而本节将应用多维标度法，形象刻画创新极间相对技术距离远近，研究创新极聚类关系。

1. 创新极聚类

首先应用 Spss 软件，对 61 * 61 创新极技术距离矩阵进行处理，应用多维标度数学模型进行聚类分析，计算出 61 个创新极二维欧氏坐标，根据坐标，可以得到 61 个创新极在二维欧氏空间下的聚类图，如图 8.7 所示。

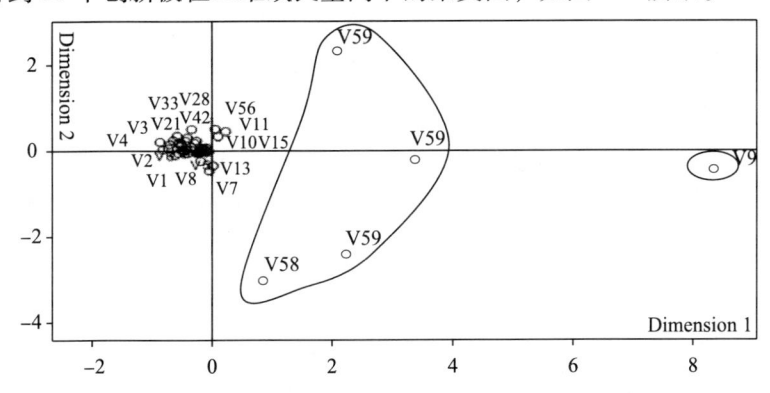

图 8.7　2002 年唐山 61 个制造业创新极二维欧氏空间聚类图

由图 8.7 看出，创新极编号为 9、54、58、59 及 61 与其他创新极技术距离相对较远，从技术距离矩阵看这几个创新极与其他创新极的技术距离基本都接近于 1。这样其他创新极由于横纵坐标较小而集聚在一个很小的范围，影响了创新极聚类的视觉效果，达不到创新极聚类目的。下面将创新极编号为 9、54、58、59 及 61 的创新极剔除，重新进行聚类分析，如图 8.8 所示。

综合以上分析，2002 年唐山 61 个制造业创新极间存在聚类，技术距离较近的创新极会形成簇群。簇群内部创新极技术结构相似，创新极间技术交流与产品交流比较频繁，创新极科技成果通过创新极技术交流与合作在创新极间溢出，使得簇群内创新极共享簇群进步的好处，而不用付出成本。但是创新极簇群的形成

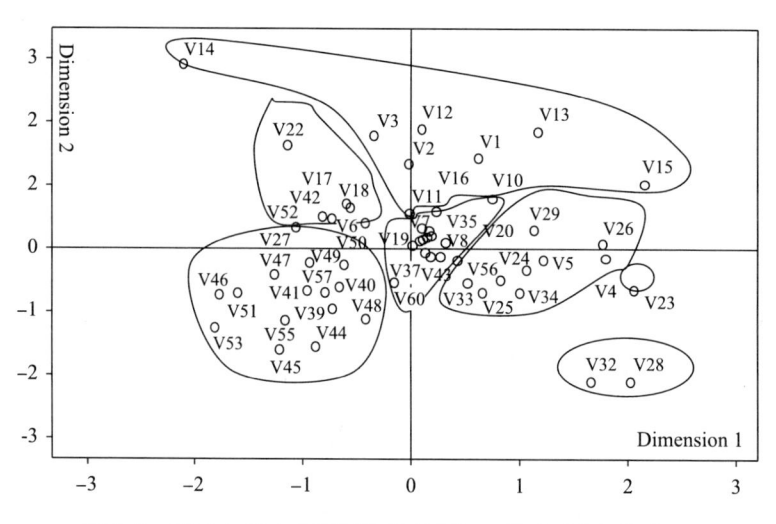

图 8.8　2002 年唐山主要制造业创新极二维欧氏空间聚类图

有其复杂的原因，同一期不同地区的创新极簇群不同，同一地区不同时期创新极簇群也会发展变化。创新极簇群与簇群之间也会发生技术与产品交流，簇群与簇群以不同形式发生作用，形成了复杂的、发展的、变化的创新极溢出网络。

创新极技术距离越小，创新极结构越相似，创新极间交流与合作越频繁，越容易发生创新极技术溢出。创新极处于复杂变化的创新极网络中，与其他创新极发生技术溢出越多，越容易享受创新极簇群、全行业创新极溢出网络发展进步带来的好处，那么该创新极发展的越好。

为了更直观观察创新极技术距离情况，下面给出不包含编号为 9、54、58、59 及 61 的创新极在三维坐标下的空间聚类图。三维效果图如图 8.9 所示：

以上三维创新极聚类效果图，可以让我们从创新极空间分布角度观察创新极距离远近，对研究创新极技术溢出具有一定的意义。

2. 创新极聚类分析

以上研究可知，创新极间存在创新极聚类，具有相似投入结构的创新极会集聚为同一个簇群。唐山 2002 年 61 个创新极间彼此作用，形成创新极聚类，进而形成创新极簇群。由于编号为 9 的烟草制品业与其他创新极技术距离都为 1，创新极技术溢出均为 0，故剔除该创新极，最终集聚为七个创新极簇群。如表 8.13 所示：

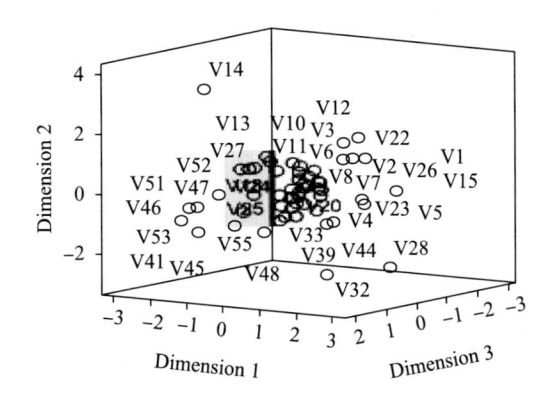

图 8.9 2002 年唐山主要制造业创新极三维欧氏空间聚类图

表 8.13 2002 年唐山主要制造业创新极聚类结果

名称	创新极名称及编号
簇群 1	谷物磨制业 1、饲料加工业 2、植物油加工业 3、棉、化纤纺织及印染精加工业 10、毛纺织和染整精加工业 11、麻纺织、丝绢纺织及精加工业 12、纺织制成品制造业 13、针织品、编织品及其制品制造业 14、纺织服装、鞋、帽制造业 15、皮革、毛皮、羽毛（绒）及其制品业 16
簇群 2	水产品加工业 6、木材加工及木、竹、藤、棕、草制品业 17、家具制造业 18、石油及核燃料加工业 22、涂料、油墨、颜料及类似产品制造业 27、铁合金冶炼业 42、船舶及浮动装置制造业 52
簇群 3	炼铁业 39、炼钢业 40、钢压延加工业 41、有色金属压延加工业 44、金属制品业 45、锅炉及原动机制造业 46、金属加工机械制造业 47、农林牧渔专用机械制造业 48、高技术专用及设备制造业 49、铁路运输设备制造业 50、汽车制造业 51、电机制造业 53、高技术电器机械及器材制造业 55、电子元器件制造业 57
簇群 4	合成材料制造业 28、化学纤维制造业 32
簇群 5	制糖业 4、屠宰及肉类加工业 5、基础化学原料制造业 24、肥料制造业 25、农药制造业 26、专用化学产品制造业 29、橡胶制品业 33、塑料制品业 34、通信设备制造业 56
簇群 6	酒精及酒的制造业 7、软饮料及精制茶加工业 8、造纸及纸制品业 19、印刷业和记录媒介的复业 20、文教体育用品制造业 21、炼焦业 23、日用化学产品制造业 30、医药制造业 31、水泥、石灰和石膏制造业 35、玻璃及玻璃制品制造业 36、陶瓷制品制造业 37、耐火材料制品制造业 38、有色金属冶炼及合金制造业 43、仪器仪表制造业 60
簇群 7	家用电力和非电力器具制造业 54、电子计算机制造业 58、家用视听设备制造业 59、文化、办公用机械制造业 61

根据以上分析，本章将唐山 2002 年制造业创新极聚类为以上七个簇群，每个簇群内创新极都有较高频率的技术交流或产品流动。一部分创新极投入结构相似，这些创新极间通过技术交流与人员流动，往往发生着知识性溢出与关联性溢出，另一部分创新极主要表现为产品的上下游流动，创新极间发生市场性溢出的可能性较大。

簇群 1 主要是农产品加工业与纺织毛皮轻工制造业，这些创新极有着相似的投入结构，联系紧密，同时纺织毛皮业又与农产品加工业有着密切的产品关联，这些创新极间发生技术溢出的可能性很大。这里应该指出，上一章知道谷物磨制业 1、饲料加工业 2 与植物油加工业 3 之间的技术距离都小于 0.1，有着极高的相似性与频繁的创新极交流与合作。这里本章认为簇群 1 内这三个创新极是最活跃的、关系最紧密的创新极，也是向该簇群投入科研经费时受益最大的三个创新极。

簇群 2 主要是海产品加工制造与涂料家具业，该簇群中既有投入结构相似的创新极，又有上下游创新极。该簇群中涂料、油墨、颜料及类似产品制造业 27 成为了基础创新极，连接着木材家具业与船舶制造业两个方向，使得这些创新极聚类到了一起。关系图如图 8.10 所示：

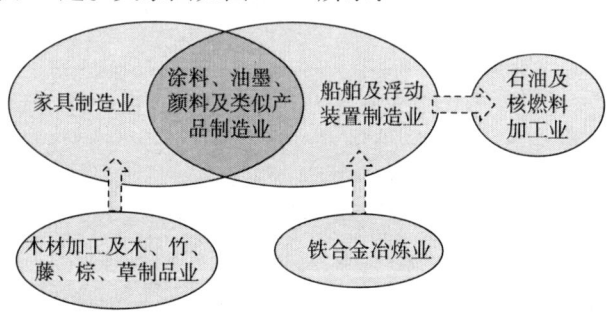

图 8.10　2002 年唐山海产品加工制造与涂料家具业簇群

簇群 3 主要是以钢铁为基础的金属加工制造业，这些创新极的投入结构基本相似，一个创新极通过研发投入提高了技术降低了生产成本，另一个相似的创新极也会相应受益，这是不难理解的。这类创新极间存在着较强的技术溢出。这里应该指出的是，上一章本章得出存在与其他创新极技术距离小于 0.1 的创新极有钢压延加工业 41、金属制品业 45、锅炉及原动机制造业 46 及金属加工机械制造业 47，同样本章认为这四个创新极是该簇群中受益最大的创新极，也是与其他创新极联系最紧密的创新极。

簇群 4 由合成材料制造业 28 与化学纤维制造业 32 两个创新极构成，这两个创新极有着工业行业庞大的特点，且均属于化学合成制造业，有着相似的创新极投入结构，容易形成创新极技术溢出。

簇群 5 主要是指化学原料制造与塑料制品业及上下游创新极，这些创新极间既发生着知识性溢出与创新极关联性溢出，也发生着创新极间租溢出。

簇群 6 主要是非金属轻工制造业。这些创新极与金属制品业相对应，是非金属加工制造业，创新极投入品大多是非金属，因而具有广泛的联系与较强的投入结构相似性，容易发生技术溢出。

簇群 7 主要是家用器具与办公品制造业，这些创新极由于投入结构相似，易发生技术溢出。

综上，本章对唐山 61 个制造业创新极进行了聚类分析，剔除了与其他创新极不发生技术溢出的烟草制品业，本章得到了七个创新极聚类，也就是由创新极结构相似的创新极聚类而成的七个创新极簇群。簇群内创新极间发生着频繁的技术交流与合作，有较强的技术溢出。部分簇群给出了最活跃的创新极，这些创新极由于与其他创新极技术与产品交流密切，受益较大。创新极的簇群结构是由地区创新极特征决定的，不同地区的创新极簇群结构不同，创新极簇群间相互作用形成错综复杂的、特定的地区创新极技术溢出网络。

创新极间由于投入结构相似与产品关联存在技术溢出，创新极间技术溢出影响着创新极增长。要深入研究创新极技术溢出问题，有必要研究创新极技术溢出对创新极增长的影响，即研究创新极技术溢出效果问题。

首先按照国民经济创新极分类大类对上一章计算出的表征创新极技术溢出的 IR&D 进行计算，如表 8.14 所示：

表 8.14　2002 年唐山制造业大类创新极 IR&D 数据表

创新极名称	IR&D/万元	创新极名称	IR&D/万元
农副食品加工制造业	24528.6	化学纤维制造业	1942
饮料制造业	16671.7	橡胶制品业	5258.2
烟草制品业	0	塑料制品业	3999.8
纺织业	16573.97	非金属矿物制品业	45498.7
纺织服装、鞋、帽制造业	1661.6	黑色金属冶炼及压延加工业	51455

续表

创新极名称	IR&D/万元	创新极名称	IR&D/万元
皮革、毛皮、羽毛（绒）及其制品业	5866.5	有色金属冶炼及压延加工业	13533.5
木材加工及木、竹、藤、棕、草制品业	4682.6	金属制品业	11016
家具制造业	8062	普通机械制造业	25386
造纸及纸制品业	11203	专用设备制造业	19259.7
印刷业、记录媒介的复制	8461.9	交通运输设备制造业	27480.9
文教体育用品制造业	8563	电气机械及器材制造业	13781.261
石油加工及炼焦业	6563.1	电子及通信设备制造业	12513.317
化学原料及化学制品制造业	36086.2	仪器及文化办公用品制造业	7975.959
医药制造业	7488.7		

在进行回归分析前首先对创新极经济指标数据依据生产函数模型进行计算。生产函数模型如下：

$$\ln\left(\frac{Y}{L}\right)_{it} = \ln\sigma + \eta\ln IR\&D_{it} + \alpha\ln\left(\frac{K}{L}\right)_{it}$$
$$+ \gamma\ln\left(\frac{R\&D}{L}\right)_{it} + (\lambda - 1)\ln L_{it} + \mu_i \quad (8.20)$$

应用 spss 软件对以上 2002 年唐山创新极经济指标数据进行回归分析，得到 2002 年唐山制造业创新极技术溢出效应生产函数方程，如下：

$$Y = -8.022 + 1.455X_1 - 0.917X_2 + 0.078X_3 - 0.214X_4$$

计算估计结果显著性发现，变量 X_1 的显著性为 0.025，小于 0.05，说明创新极单个变量 IR&D 投入对因变量创新极各部门人均工业增加值回归非常显著。观察回归方程可以发现，表征创新极技术溢出 IR&D 的参数估计值是 1.455，这说明创新极间技术溢出效应每提高 1 个百分点，各创新极人均工业增加值平均提高 1.455 个百分点。由此可见，唐山 2002 年制造业创新极各部门人均工业增加值的提高，主要取决于 IR&D 投入的增加，也就是创新极间技术溢出效应是显著存在的。而其他变量显著性都大于 0.1，这表明唐山 2002 年制造业单个变量创新极自身科研经费投入 R&D、人均创新极资本、创新极劳动人数对创新极各部门人均工业增加值回归不显著。

8.3.2 2007 年投入产出表计算结果

前面已经计算出 2002 年唐山制造业创新极聚类模型，下面应用多维标度法对 2007 年唐山制造业创新极进行聚类分析，进而研究创新极技术溢出。

1. 创新极聚类

与上一节计算过程相同，得到 2007 年唐山制造业 61 个创新极在二维欧氏空间下的聚类图，如图 8.11 所示：

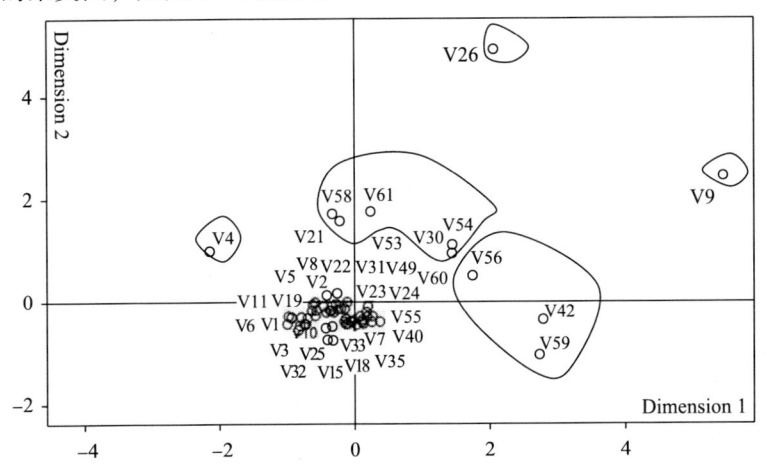

图 8.11　2007 年唐山 61 个制造业创新极二维欧氏空间聚类图

由上图看出，创新极编号为 4、9、26 的创新极与其他创新极技术距离相对较远，从技术距离矩阵看这几个创新极与其他创新极的技术距离基本都接近于 1。这样其他创新极由于横纵坐标较小而集聚在一个很小的范围，影响了创新极聚类的视觉效果，达不到创新极聚类目的，于是将创新极编号为 9、54、58、59 及 61 的创新极剔除。同时，观察到创新极编号为 21、30、54、58、61 的创新极已经聚类到一起形成簇群，创新极编号为 42、56、59 的创新极也已经形成簇群，且两个创新极簇群与其他创新极明显相对距离较大，又不属于同一类创新极，故为了不影响视觉效果后续聚类时分离出来。下面对剩余 50 个创新极聚类分析，如图 8.12 所示。

综合以上分析，2007 年唐山 61 个制造业创新极间存在聚类，技术距离较近的创新极间会形成簇群。簇群内部创新极技术结构相似，创新极间技术交流与产品交流比较频繁，创新极科技成果通过创新极技术交流与合作在创新极间主动地与被动地溢出，这使得簇群内创新极可以享受簇群进步带来的好处，而不用付出成本。创新极簇群的形成是一个极其复杂的过程，同一时期不同地区

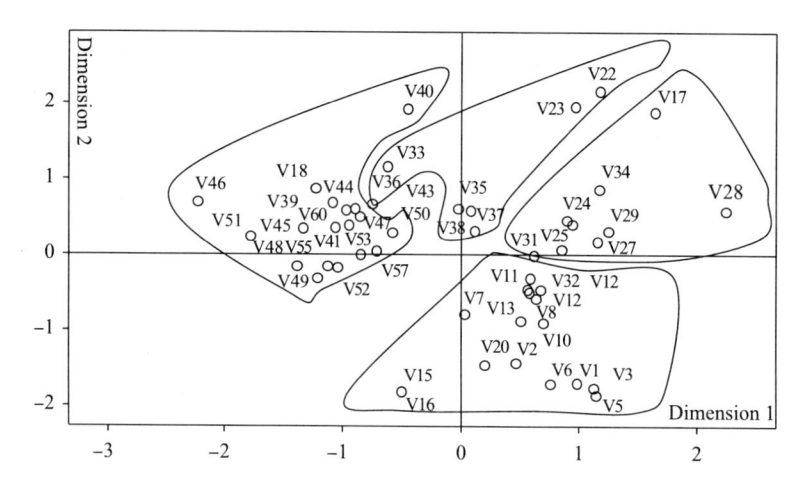

图 8.12　2007 年唐山主要制造业创新极二维欧氏空间聚类图

的创新极簇群类型不同，同一地区不同时期创新极簇群也会有不同的结构特征。创新极簇群与簇群之间会发生技术与产品交流，簇群与簇群以不同形式发生作用，形成了复杂的、发展的、变化的创新极溢出网络。

创新极技术距离越小，创新极结构越相似，创新极间交流与合作越频繁，越容易发生技术溢出。创新极处于复杂变化的创新极溢出网络中，与其他创新极发生技术溢出越多，越容易享受创新极簇群，乃至全行业溢出网络发展带来的好处，该创新极发展越好。

为了更直观观察创新极技术距离情况，下面给出后续 50 个创新极在三维坐标下的空间聚类图。三维效果图如图 8.13 所示：

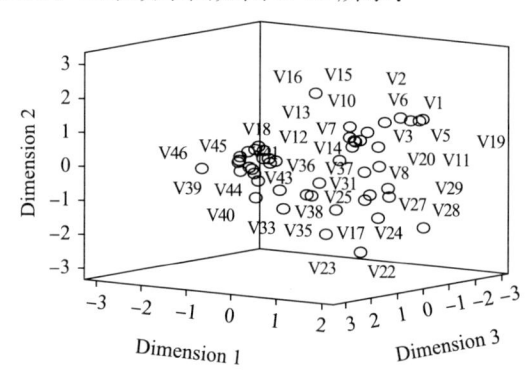

图 8.13　2007 年唐山主要制造业创新极三维欧氏空间聚类图

以上三维创新极聚类效果图，反映了创新极在空间中的分布情况，可以从另一个角度反映创新极相对距离远近，在研究创新极距离上具有一定的参考价值。

2. 创新极聚类分析

以上分析看出，创新极间存在创新极聚类，具有相似创新极结构的创新极会集聚为同一个簇群。唐山2007年制造业创新极间彼此作用，形成创新极聚类，进而形成创新极簇群。由于编号为4的制糖业、编号为9的烟草制品业、编号为26的农药制造业与其他创新极技术距离相对较大，在同一欧氏空间坐标系下观察创新极规律时会影响整体创新极分布规律的视觉效果，故这里仅考虑剩余的58个创新极聚类情况。于是，最终集聚为六个创新极簇群。如表8.15所示：

表8.15 2007年唐山主要制造业创新极聚类结果

名称	创新极名称及编号
簇群1	谷物磨制业1、饲料加工业2、植物油加工业3、屠宰及肉类加工业5、水产品加工业6、酒精及酒的制造业7、软饮料及精制茶加工业8、棉、化纤纺织及印染精加工业10、毛纺织和染整精加工业11、麻纺织、丝绢纺织及精加工业12、纺织制成品制造业13、针织品、编织品及其制品制造业14、纺织服装、鞋、帽制造业15、皮革、毛皮、羽毛（绒）及其制品业16、造纸及纸制品业19、印刷业和记录媒介的复制业20
簇群2	木材加工及木、竹、藤、棕、草制品业17、基础化学原料制造业24、肥料制造业25、涂料、油墨、颜料及类似产品制造业27、合成材料制造业28、专用化学产品制造业29、医药制造业31、化学纤维制造业32、塑料制品业34
簇群3	石油及核燃料加工业22、炼焦业23、橡胶制品业33、水泥、石灰和石膏制造业35、玻璃及玻璃制品制造业36、陶瓷制品制造业37、耐火材料制品业38
簇群4	家具制造业18、炼铁业39、炼钢业40、钢压延加工业41、有色金属冶炼及合金制造业43、有色金属压延加工业44、金属制品业45、锅炉及原动机制造业46、金属加工机械制造业47、农林牧渔专用机械制造业48、高技术专用及设备制造业49、铁路运输设备制造业50、汽车制造业51、船舶及浮动装置制造业52、电机制造业53、高技术电器机械及器材制造业55、电子元器件制造业57、仪器仪表制造业60
簇群5	文教体育用品制造业21、日用化学产品制造业30、家用电力和非电力器具制造业54、电子计算机制造业58、文化、办公用机械制造业61
簇群6	铁合金冶炼业42、通信设备制造业56、家用视听设备制造业59

根据以上分析，本章将唐山2007年制造业创新极聚类为以上六个簇群，每个簇群中创新极间都有较高频率的技术交流或产品流动。一部分创新极投入结构相似，这些创新极间通过技术交流与人员流动，往往发生着知识性溢出与关联性溢出，另一部分创新极主要表现为产品的上下游流动，创新极间发生租溢出的可能性较大。

簇群1主要是农产品加工业、纺织毛皮及造纸轻工制造业，这些创新极一部分有着相似的投入结构，联系紧密，一部分是由于上下游的产品联系，使得创新极间发生技术溢出。如纺织毛皮业与农产品加工业有着密切的产品关联，纺织业的主要原料来源于产品加工制造业，前者是后者的下游创新极，这些创新极间会发生产品流动性租溢出。而谷物磨制业与饲料加工业、植物油加工业则主要由于投入结构相似而发生知识性溢出与创新极关联性溢出。这里应该指出的是，谷物磨制业1与植物油加工业3、谷物磨制业1与棉、化纤纺织及印染精加工业10、植物油加工业03与棉、化纤纺织及印染精加工业10、毛纺织和染整精加工业11与麻纺织、丝绢纺织及精加工业12、毛纺织和染整精加工业11与针织品、编织品及其制品制造业14、麻纺织、丝绢纺织及精加工业12与针织品、编织品及其制品制造业14、纺织服装、鞋、帽制造业15与皮革、毛皮、羽毛（绒）及其制品业16、木材加工及木、竹、藤、棕、草制品业17与家具制造业18、造纸及纸制品业19与印刷业和记录媒介的复制业20之间的技术距离都小于0.1，有着极高的相似性与频繁的创新极交流与合作。本章认为簇群1中这九对创新极是最活跃的、关系最紧密的创新极，也是向该簇群投入科研经费时受益最大的12个创新极。

簇群2主要是指医药化学品制造业与合成塑料制品业，这些创新极投入主要与化学品有关，创新极间既发生着知识性溢出与关联性溢出，也发生着创新极间租溢出。在该创新极簇群中，涂料、油墨、颜料及类似产品制造业27与专用化学产品制造业29因创新极技术距离小于0.1而成为最受益的一对创新极。

簇群3主要是水泥陶瓷等非金属制造业。这些创新极与金属制品业相对应，是非金属加工制造业，创新极投入品大多是非金属，因而具有广泛的技术联系与较大的投入结构相似性，容易发生创新极技术溢出。

簇群4主要是以钢铁为基础的金属加工制造业，这些创新极的投入结构基本相似，一个创新极通过研发投入提高了技术降低了生产成本，另一个相似的创新极也会相应受益，这类创新极间存在着较强的技术溢出。这里应该指出的是，炼铁业 39 与炼钢业 40、金属制品业 45 与锅炉及原动机制造业 46、金属制品业 45 与农林牧渔专用机械制造业 48、高技术专用及设备制造业 49 与船舶及浮动装置制造业 52 之间因创新极技术距离小于 0.1 而成为该簇群中最活跃的创新极对，也是受益最大的创新极。

簇群 5 中创新极主要与日常家用及办公用品有关，这些创新极间具有一定的相似性，容易发生创新极技术溢出。

簇群 6 主要是通信设备制造业创新极链，具有典型的上下游创新极关联特点，是发生创新极间市场性溢出的典型创新极簇群。

通过以上分析，本章得出了唐山制造业创新极聚类，剔除了与其他创新极不发生技术溢出的烟草制品业及技术距离较大的制糖业与农药制造业，得到了六个创新极簇群。簇群中产间发生着频繁的技术交流与合作，有较强的技术溢出。部分簇群给出了最活跃的创新极，这些创新极由于与其他创新极技术与产品交流密切，受益较大。创新极的簇群结构是由地区创新极特征决定的，不同地区的创新极簇群结构不同，创新极簇群结构的相互作用形成特定的地区创新极溢出网络，进而形成错综复杂的、特定的地区创新极技术溢出网络。

创新极间由于投入结构相似与产品关联存在技术溢出，创新极间技术溢出影响着创新极增长。要深入研究创新极技术溢出问题，有必要研究创新极技术溢出对创新极增长的影响，研究创新极技术溢出效果问题。

首先按照国民经济创新极分类大类对唐山市创新极技术溢出的 IR&D 进行计算，生产函数模型如下：

$$\ln\left(\frac{Y}{L}\right)_{it} = \ln\sigma + \eta\ln IR\&D_{it} + \alpha\ln\left(\frac{K}{L}\right)_{it} + \gamma\ln\left(\frac{R\&D}{L}\right)_{it} + (\lambda-1)\ln L_{it} + \mu_i$$

(8.21)

回归计算，可以得到 2007 年唐山制造业创新极技术溢出效应生产函数方程，如下：

$$Y = -0.921 + 0.095X_1 + 0.347X_2 - 0.021X_3 + 0.092X_4$$

观察估计结果显著性可知，变量 X_1 的显著性为 0.815，远大于 0.05，说明创新极单个变量 IR&D 投入对因变量创新极各部门人均工业增加值回归不显著。同时观察其他变量显著性都大于 0.1，表明单个变量创新极自身科研经费投入 R&D、人均创新极资本、创新极劳动人数对创新极各部门人均工业增加值回归均不显著。

8.3.3 唐山创新极溢出网络

上文应用唐山投入产出表及经济指标数据分析了 2002 年与 2007 年创新极聚类与创新极技术溢出对经济增长的效应，发现创新极通过不同形式的相互作用形成创新极簇群，并发现唐山创新极平均技术溢出对创新极平均增长有促进作用。为了深入研究唐山创新极技术溢出网络结构与发展规律，有必要对 2002 年与 2007 年唐山创新极聚类及创新极技术溢出效果进行对比分析。

1. 创新极聚类比较

本章研究发现，唐山 2002 年制造业创新极聚类形成七个创新极簇群，这些创新极簇群是创新极交流、创新极模仿创新的结果，簇群内创新极间有较大的技术溢出。2002 年的唐山创新极簇群可分为农产品加工业与纺织毛皮轻工制造业簇群、海产品加工制造与涂料家具业簇群、以钢铁为基础的金属加工制造业簇群、合成材料制造业与化学纤维制造业簇群、化学原料制造与塑料制品业上下游创新极簇群、非金属轻工制造业簇群、家用器具与办公品制造业簇群。2007 年唐山创新极形成六个创新极簇群，它们分别是农产品加工纺织毛皮及造纸轻工制造业簇群、医药化学品制造业与合成塑料制品业簇群、陶瓷等非金属制造业簇群、以钢铁为基础的金属加工制造业簇群、日常家用及办公用品制造业簇群、通信设备制造业创新极链簇群。下面将以上创新极簇群对比列表，如表 8.16 所示：

表 8.16　2002 年与 2007 年唐山创新极簇群对比表

年份	创新极簇群数	相同创新极簇群名称	不同创新极簇群名称
2002	7	农产品加工业与纺织毛皮轻工制造业簇群	海产品加工制造与涂料家具业簇群
		以钢铁为基础的金属加工制造业簇群	
		非金属轻工制造业簇群	
		家用器具与办公品制造业簇群	
		化学原料制造与塑料制品业上下游创新极簇群、	
		合成材料制造业与化学纤维制造业簇群	

续表

年份	创新极簇群数	相同创新极簇群名称	不同创新极簇群名称
2007	6	农产品加工业、纺织毛皮及造纸轻工制造业簇群	通信设备制造业
		以钢铁为基础的金属加工制造业簇群	创新极链簇群
		陶瓷等非金属制造业簇群	
		日常家用及办公用品制造业簇群	
		医药化学品制造业与合成塑料制品业簇群	

观察发现，虽然2002年与2007年所形成的创新极簇群个数不同，但都包含了钢铁制品为基础的创新极簇群、农产品纺织业簇群、医药化学品及合成材料轻工业簇群、水泥陶瓷等非金属制品业簇群及日常家用及办公用品制造业簇群这五大类创新极簇群。由此可见，创新极簇群的形成有其客观性，同一地区不同年份创新极簇群并没有发生大的变化，创新极簇群类型与地区特点有较大关系。同时发现，2002年形成了海产品加工制造与涂料家具业簇群，而与其不同的是2007年形成了通信设备制造业创新极链簇群，这说明唐山地区创新极技术溢出网络正在不断发展变化，注意到这个差异将对现实有重要意义。

创新极簇群内技术交流与产品流动频繁，创新极间有较大的技术溢出，创新极簇群间又有各种形式的相互作用，使得创新极技术溢出已经不再是单一创新极对之间的技术溢出，最终演化成了全行业创新极技术溢出网络。唐山创新极技术溢出网络示意图如图8.14所示。

通过以上分析可知，唐山创新极间存在创新极聚类。创新极间通过交流与合作发生创新极技术溢出，技术投入结构相似的创新极会形成创新极簇群，创新极在簇群内往往表现出频繁的技术交流与产品流动，尽管这可能是由于各种原因引起的，但改变不了创新极在簇群内相互间发生技术溢出的事实。地区创新极以簇群为单位，相互作用，创新极簇群间也会有或强或弱的技术溢出，各种技术溢出交织在一起形成地区创新极溢出网络。创新极技术溢出网路的形成有其复杂而客观的原因，受多种因素的共同影响，同一地区的创新极技术溢出网络会随着时间的变化而不断发展变化。随时间变化，适应地区经济发展环境的新的创新极簇群会随之形成、发展壮大，不适应地区经济发展环境的创新极簇群发展将受到限制，但地区创新极技术溢出网络主体结构不会有大的变化。

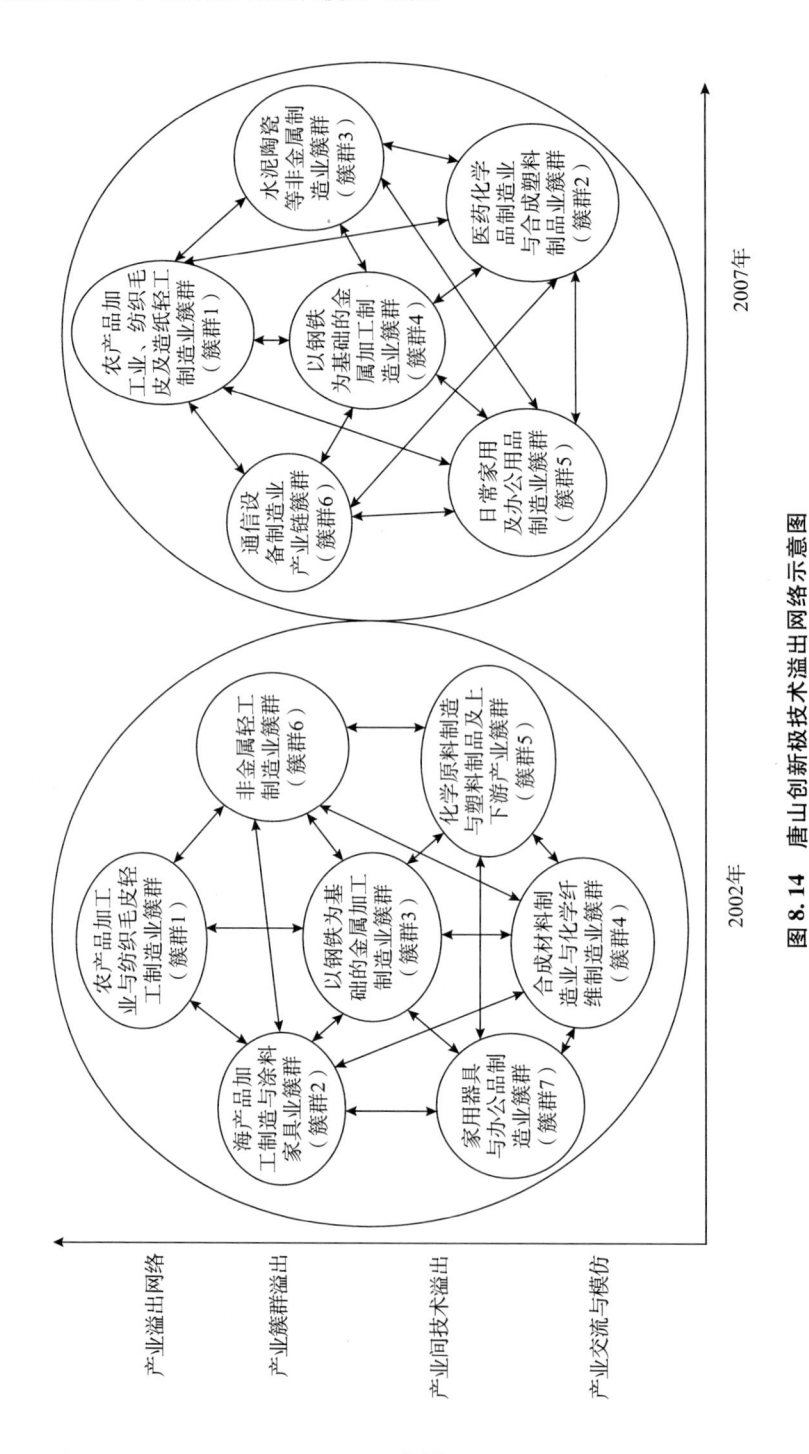

区域创新系统：多创新极共生演化模型与实证

图 8.14 唐山创新极技术溢出网络示意图

这里应该指出的是，唐山创新极聚类效果明显，创新极簇群间界限明显，创新极溢出网络发展趋于成熟，特别是形成了以钢铁制品业簇群为中心的创新极溢出网络带动了整个创新极网络的良性发展。唐山创新极溢出网络随时间变化基本保持稳定的创新极溢出结构，但又会根据地区特征与需要诞生有新的创新极簇群，或淘汰不适应环境的创新极簇群。如 2002 年诞生了海产品加工制造与涂料家具业簇群，2007 年聚类时该创新极簇群没有出现，而是形成了新的通信设备制造业创新极链簇群。

2. 创新极技术溢出效果比较

通过研究创新极 IR&D 对创新极工业增加值影响，发现 2002 年与 2007 年表征创新极技术溢出的 IR&D 对创新极平均工业增加值贡献明显。2002 年各创新极平均工业增加值对平均 IR&D 的弹性值要大于 2007 年，并且是影响工业增加值最重要的因素，而 2007 年人均创新极资本的投入是对创新极工业增加值影响最大的因素。观察发现，2002 年唐山创新极工业增加值随着创新极 R&D 投入的增加而增加，2007 年反之。这表明，近年唐山注重了创新极自身科研经费的投入，后续应关注创新极间交流与合作，突出创新极技术溢出对经济增长的重要作用。

综上所述，地区内多个创新极通过不同形式的相互作用形成创新极簇群，创新极在簇群内彼此交流，相互学习、模仿创新，并享受着来自其他创新极研发投入所带来的好处。簇群内创新极由于投入结构相似而发生技术交流与产品流通，这往往使得创新极间发生技术溢出，同时簇群间创新极也因不同程度地进行着技术交流与产品交换而产生技术溢出。创新极簇群结构特征由地区特点与创新极关系决定，不同地区的创新极簇群结构不同，同一地区不同时期的创新极簇群结构也不同，簇群内外创新极间各种形式的技术溢出最终表现为复杂的创新极技术溢出网络。创新极技术溢出网络影响全行业创新极增长，进而影响地区经济发展，不同地区在不同时期创新极技术溢出网络有各自的特征，创新极技术溢出网络较好的地区经济发展也较好，反之较差。研究表明，表征创新极技术溢出的 IR&D 对地区经济发展有重要的影响，应注重创新极自身科研经费投入的同时鼓励创新极间交流与合作，促进创新极技术溢出对经济增长的重要作用。

8.4 邯郸市创新极技术溢出测度实证

8.4.1 2002 年计算结果

本章前面已经计算出邯郸 2002 年制造业创新极创新极技术距离矩阵，该矩阵反映了创新极技术远近。本部分将应用多维标度法，将创新极相对位置形象刻画在低维欧氏空间中，通过观察创新极欧氏距离远近及创新极聚类情况研究创新极技术溢出。

1. 创新极创新极聚类

经计算，得到邯郸市 2002 年 61 个创新极在二维欧氏空间下的聚类图，如图 8.15 所示：

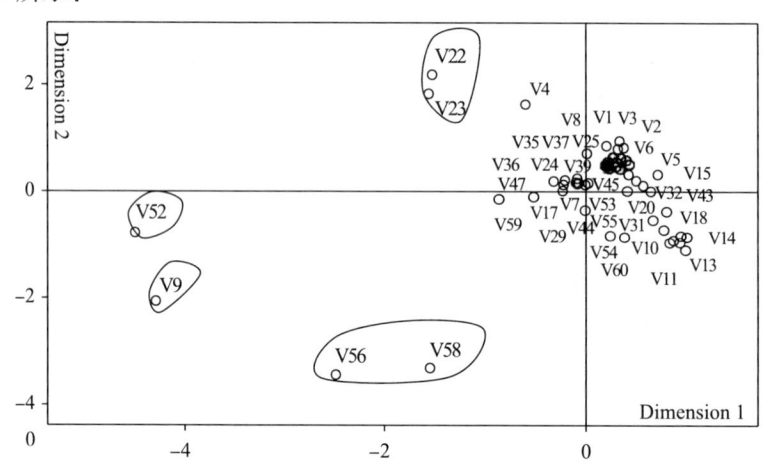

图 8.15　2002 年邯郸 61 个制造业创新极二维欧氏空间聚类图

由上图看出，创新极编号为 9、52 的创新极与其他创新极技术距离相对较远，从技术距离矩阵看这两个创新极与其他创新极的技术距离基本都接近于 1。创新极编号为 22、23 的创新极聚类在一起，创新极编号为 56、58 的创新极也聚类在一起，以上两对创新极位置较近而与其他创新极距离相对较远，分别形成两个创新极簇群。这样剩余 55 个创新极由于横纵坐标相对较小而集聚在一个很小的范围，影响了创新极聚类的视觉效果，达不到创新极聚类的目的。现将创新极编号为 9、52、22、23、56 及 58 创新极剔除，重新聚类分析如图 8.16 所示：

第八章 区域创新极间技术溢出测度方法与实证

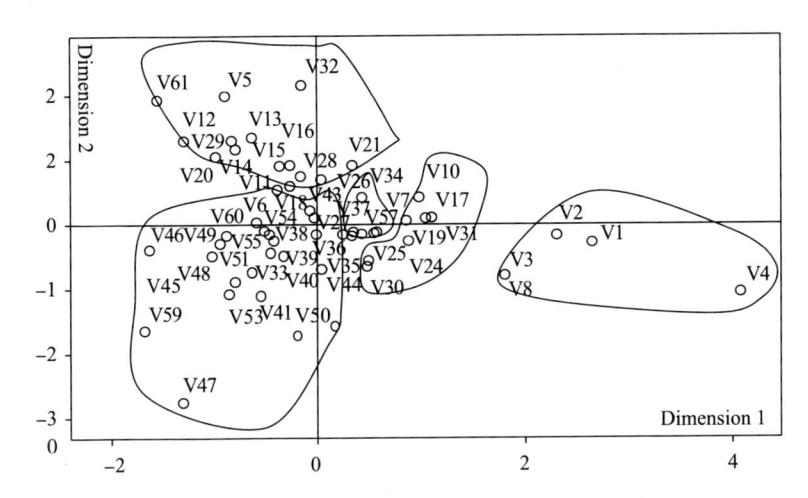

图 8.16　2002 年邯郸主要制造业创新极二维欧氏空间聚类图

综合以上分析，2002 年邯郸 61 个制造业创新极间存在聚类，技术距离较近的创新极间会形成簇群。簇群内部创新极技术结构相似，创新极间技术交流与产品交流比较频繁，创新极科技成果通过创新极技术交流与合作在创新极间发生技术溢出，使得簇群内创新极共享簇群进步带来的好处，而不用支付成本。创新极簇群的形成有其复杂的原因，同一期不同地区的创新极簇群不同，同一地区不同时期创新极簇群也会发展变化。创新极簇群与簇群之间会发生技术与产品交流，簇群与簇群以不同形式发生作用，形成了复杂的、发展的、变化的创新极溢出网络。

创新极技术距离越小，创新极结构越相似，创新极间交流与合作越频繁，越容易发生创新极技术溢出。创新极处于复杂变化的创新极溢出网络中，与其他创新极发生技术溢出越多，越容易享受创新极簇群乃至全行业创新极溢出网络发展进步带来的好处，于是该创新极发展的越好。

为了直观观察创新极技术距离情况及深入研究创新极溢出规律，现给出不包含编号为 9、52、22、23、56、58 的创新极在三维坐标下的空间聚类图。三维效果图如图 8.17 所示。

图 8.17 中反映了 2002 年邯郸制造业创新极三维空间下的分布规律。该图依然可见编号为 47 的创新极与其他创新极技术距离相对较大，这与在二维欧氏空间下得到结论一致。研究三维创新极聚类效果有利于我们对创新极溢出网络的认识，可以让我们从空间分布角度观察创新极距离远近，具有一定的现实意义与科研价值。

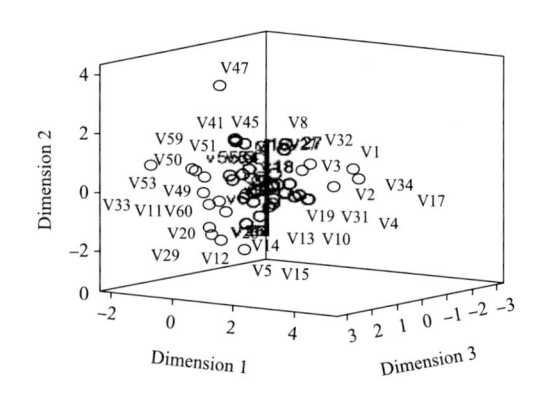

区域创新系统：多创新极共生演化模型与实证

图8.17　2002年邯郸主要制造业创新极三维欧氏空间聚类图

2. 创新极聚类分析

以上分析看出，创新极间存在创新极聚类，具有相似创新极结构的创新极会集聚为同一个簇群。邯郸2002年制造业创新极间彼此作用，形成创新极聚类，进而形成创新极簇群。由于编号为9的烟草制品业、编号为52的船舶及浮动装置制造业与其他创新极技术距离均接近于1，故与其他创新极不能形成聚类，故这里不考虑这两个创新极。其中邯郸船舶及浮动装置制造业不如唐山的原因很可能是地理位置的原因。最终，邯郸2002年制造业创新极集聚为七个创新极簇群，如表8.17所示：

表8.17　2002年邯郸主要制造业创新极聚类结果

名称	创新极名称及编号
簇群1	谷物磨制业1、饲料加工业2、植物油加工业3、制糖业4、软饮料及精制茶加工业8
簇群2	屠宰及肉类加工业5、毛纺织和染整精加工业11、麻纺织、丝绢纺织及精加工业12、纺织制成品制造业13、针织品、编织品及其制品制造业14、纺织服装、鞋、帽制造业15、皮革、毛皮、羽毛（绒）及其制品业16、家具制造业18、印刷业和记录媒介的复制业20、文教体育用品制造业21、农药制造业26、合成材料制造业28、专用化学产品制造业29、化学纤维制造业32、文化、办公用机械制造业61
簇群3	水产品加工业6、涂料、油墨、颜料及类似产品制造业27、橡胶制品业33、耐火材料制品制造业38、炼铁业39、炼钢业40、钢压延加工业41、铁合金冶炼业42、有色金属冶炼及合金制造业43、有色金属压延加工业44、金属制品业45、锅炉及原动机制造业46、金属加工机械制造业47、农林牧渔专用机械制造业48、高技术专用及设备制造业49、铁路运输设备制造业50、汽车制造业51、电机制造业53、家用电力和非电力器具制造业54、高技术电器机械及器材制造业55、家用视听设备制造业59、仪器仪表制造业60

· 250 ·

续表

名称	创新极名称及编号
簇群4	酒精及酒的制造业7、塑料制品业34、水泥、石灰和石膏制造业35、玻璃及玻璃制品制造业36、陶瓷制品制造业37、电子元器件制造业57
簇群5	棉、化纤纺织及印染精加工业10、木材加工及木、竹、藤、棕、草制品业17、造纸及纸制品业19、基础化学原料制造业24、肥料制造业25、日用化学产品制造业30、医药制造业31
簇群6	石油及核燃料加工业22、炼焦业23
簇群7	通信设备制造业56、电子计算机制造业58

上表将邯郸2002年制造业创新极聚类为七个创新极簇群，每个簇群内创新极间都有较高频率的技术交流或产品流动。一部分创新极投入结构相似，这些创新极间通过技术交流与人员流动，往往发生着知识性溢出与关联性溢出，另一部分创新极主要表现为产品的上下游流动，创新极间发生市场性溢出的可能性较大。

簇群1主要是农产品加工业制造业，这些创新极有着相似的投入结构，联系紧密，创新极间主要发生知识溢出与创新极关联性溢出。观察2002年邯郸制造业创新极技术距离矩阵可以发现，簇群1内创新极间两两技术距离均小于0.1，是一组高度相似的创新极簇群。具有这样溢出结构的创新极间，进行研发投入时，簇群内所有创新极都将收益很大。簇群1内创新极间技术溢出情况如图8.18所示：

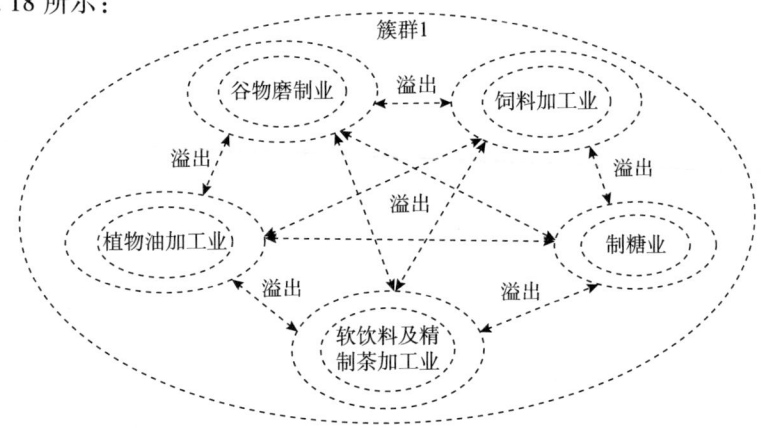

图8.18 2002年邯郸农产品加工制造业簇群

簇群 2 主要是纺织毛皮与合成材料化学纤维制品业，该创新极簇群含有 15 个创新极，创新极关系比较复杂，创新极技术溢出受创新极关系的影响，会发生各种形式的创新极技术溢出。

簇群 3 主要是以钢铁为基础的金属加工制造业及耐火材料业，这一创新极簇群是邯郸 2002 年最庞大的创新极簇群。该创新极簇群由 22 个创新极组成，这些创新极大多与钢铁创新极为中心，辐射其他创新极，形成典型的钢铁创新极技术溢出网络。这些创新极的投入结构基本相似，一个创新极通过研发投入提高了技术降低了生产成本，另一个相似的创新极也会相应受益。这类庞大的创新极簇群内创新极往往由一个或几个创新极带动其他创新极共同发展，形成以一个或几个创新极为主导的错综复杂的创新极技术溢出网路。

簇群 4 主要是水泥陶瓷等非金属制品业。非金属加工制造业，创新极投入品大多是非金属，因而具有广泛的联系与较强的投入结构相似性，容易发生技术溢出。这些创新极往往也会与其上下游创新极链创新极联系紧密，形成特有的创新极簇群。如：陶瓷、玻璃制品业往往与酒精及酒的制造业产生特定的关联关系，形成地区特有的创新极簇群。

簇群 5 主要是指医药化学品与造纸业，这些创新极集聚在一起说明邯郸 2002 年制造业创新极并没有形成鲜明的化学医药创新极群与造纸业创新极群，而是两者交织在一起，形成独具特色的医药化学品与造纸业簇群。

簇群 6 是石油加工与炼焦业。

簇群 7 是通信设备制造与电子计算机制造业。

通过以上分析，本章得出了邯郸制造业创新极的创新极聚类。这里不考虑与其他创新极不发生技术溢出的烟草制品业。船舶及浮动装置制造业由于邯郸不具备唐山港口优势显得发展相对薄弱，在技术距离矩阵中该创新极与其他创新极技术距离都接近于 1，这里也不做考虑。于是，本章得到邯郸 2002 年制造业创新极的七个创新极簇群。簇群中产业间发生着频繁的技术交流与合作，有较强的技术溢出。部分簇群内创新极并不是简单关联创新极，这些创新极间技术溢出错综复杂，部分簇群给出了簇群内创新极溢出网络，这些创新极高度相似，创新极间彼此交流受益较大。创新极的簇群结构是由地区创新极特征决定的，不同地区的创新极簇群结构不同，创新极簇群内创新极模仿创新及创新极簇群间相互作用形成了特定的地区创新极溢出结构，进而形成错综复杂的地区创新极技术溢出网络。

创新极间由于投入结构相似与产品关联存在技术溢出，创新极间技术溢出影响着创新极增长。要深入研究创新极技术溢出问题，有必要研究创新极技术溢出对创新极增长的影响，研究创新极技术溢出效果问题。

首先按照国民经济创新极分类大类对上文计算出的表征创新极技术溢出的IR&D进行计算，生产函数模型如下：

$$\ln\left(\frac{Y}{L}\right)_{it} = \ln\sigma + \eta\ln IR\&D_{it} + \alpha\ln\left(\frac{K}{L}\right)_{it} + \gamma\ln\left(\frac{R\&D}{L}\right)_{it} + (\lambda - 1)\ln L_{it} + \mu_i$$

(8.22)

经过回归计算，得到 2002 年邯郸制造业创新极技术溢出效应生产函数方程，如下：

$$Y = -1.431 - 0.575X_1 + 1.157X_2 + 0.053X_3 + 0.487X_4$$

从估计结果显著性来看，所有变量显著性均较好。变量 X_1 的显著性为 0.042，小于 0.05，说明创新极单个变量 IR&D 投入对因变量创新极各部门人均工业增加值回归非常显著。观察回归方程可以发现，邯郸 2002 年制造业创新极技术溢出效果不明显，应加强引导创新极各部门技术交流与合作。鼓励技术投入结构相似的创新极互相学习，促进创新极间知识性溢出与创新极关联性溢出，通过政策引导等方式推动上下游创新极形成创新极链条，促进创新极间市场性溢出。生产函数方程还表明，邯郸 2002 年制造业创新极各部门人均工业增加值的提高，主要是通过人均资本增加实现的。创新极人均资本的参数估计值是 1.157，这表明创新极人均资本投入每提高 1 个百分点，各该创新极人均工业增加值平均提高 1.157 个百分点。另外，创新极平均劳动人数与创新极自身人均 R&D 投入的增加，也对创新极人均工业增加值有促进作用，回归结果显示人均工业增加值对平均劳动人数与人均 R&D 投入的弹性值分别为 0.487、0.053。这说明，创新极平均劳动人数对创新极人均工业增加值的增长大于人均 R&D 投入。

8.4.2 2007 年投入产出表计算结果

前面已经计算出 2002 年创新极聚类模型，下面应用多维标度法对 2007 年邯郸制造业创新极进行聚类分析，进而研究创新极技术溢出。

1. 创新极聚类

同理可以得到 61 个创新极在二维欧氏空间下的创新极聚类图，如图 8.19 所示：

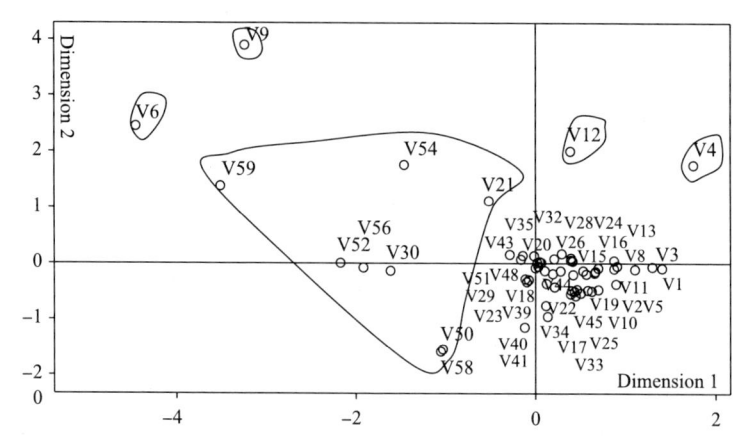

图 8.19　2007 年邯郸 61 个制造业创新极二维欧氏空间聚类图

由上图看出，创新极编号为 4、6、9、12 的创新极与其他创新极技术距离相对较远，创新极间并没有形成聚类，故这里不再考虑这四个创新极的聚类问题。创新极编号为 21、30、50、52、54、56、58、59 的创新极与其他创新极技术距离较大，这些创新极形成一个创新极簇群。这样其他创新极由于横纵坐标相对较小而集聚在一个很小的范围，影响了创新极聚类的视觉效果，达不到创新极聚类的目的，于是将创新极编号为 4、6、9、12 的创新极剔除。同时，观察到创新极编号为 21、30、50、52、54、56、58、59 的创新极已经形成聚类，故为了不影响视觉效果后续聚类时分离出来。下面对剩余 49 个创新极进行聚类分析，聚类结果如图 8.20 所示：

综合以上分析，2007 年邯郸制造业创新极间存在聚类，技术距离较近的创新极间会形成创新极簇群。簇群内部创新极技术结构相似，创新极间技术交流与产品流动比较频繁，创新极科技成果通过创新极技术交流与合作在创新极间扩散，这使得簇群内创新极可以享受簇群进步带来的好处而不用支付任何费用。创新极簇群的形成是一个复杂变化的过程，同一时期不同地区的创新极簇群类型不同，同一地区不同时期创新极簇群也不同。地区创新极簇群与簇群之间会发生技术交流与产品流通，簇群与簇群以不同形式发生作用，形成了复杂

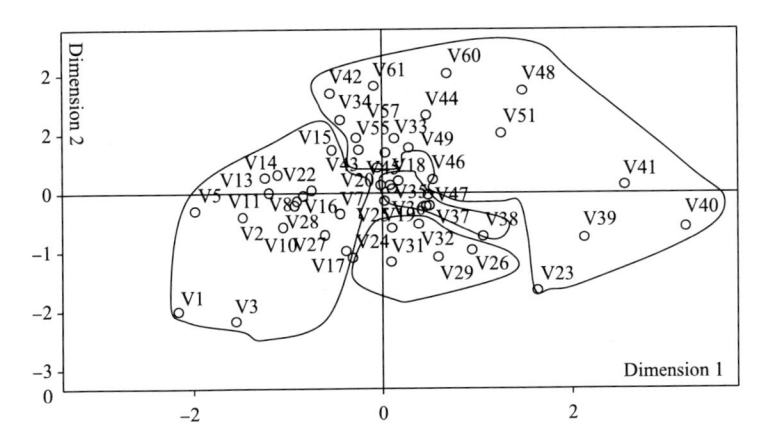

图 8.20　2007 年邯郸主要制造业创新极二维欧氏空间聚类图

的、发展的、变化的地区创新极技术溢出网络。

创新极技术距离越小，创新极结构越相似，创新极间交流与合作越频繁，越容易发生技术溢出。创新极处于复杂变化的创新极技术溢出网络中，与其他创新极发生技术溢出越多，越容易享受创新极簇群进步带来的好处，那么该创新极发展的相对越好。

为了更直观观察创新极技术邻近程度与创新极溢出关系，进一步研究邯郸创新极技术溢出网络特征，同时考虑到视觉效果仅给出技术距离相对较小的 49 个创新极在三维坐标下的空间聚类图。三维效果图如图 8.21 所示：

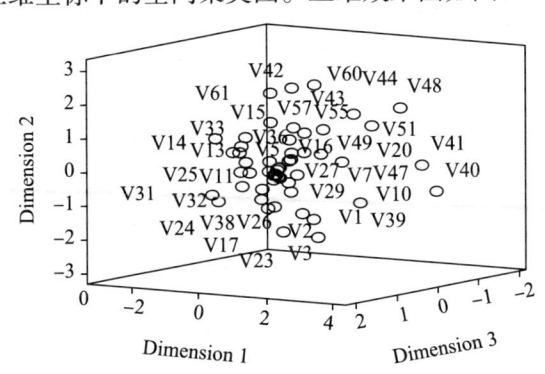

图 8.21　2007 年邯郸主要制造业创新极三维欧氏空间聚类图

以上三维创新极聚类效果图，反映了创新极在空间中的分布情况，两创新极在空间的直线距离是空间欧氏距离，创新极间欧氏距离越小，创新极会越集

· 255 ·

中。空间位置相对集中的创新极技术投入结构更相似,创新极间联系更紧密,更容易发生技术溢出。多个技术投入结构相似的创新极会形成创新极簇群,多个创新极簇群形成创新极技术溢出网路。研究创新极三维空间聚类情况可以从更广阔的视野研究创新极相对距离远近,进而研究创新极间技术溢出规律。

2. 创新极聚类分析

以上分析看出,创新极间存在创新极聚类,具有相似创新极结构的创新极会集聚为同一个簇群。邯郸2007年制造业创新极间彼此作用,形成创新极聚类,进而形成创新极簇群。研究结果表明2007年邯郸编号为4的制糖业、编号为6的水产品加工业、编号为9的烟草制品业及编号为12的麻纺织、丝绢纺织及精加工业与其他创新极技术距离相对较大,在同一欧氏空间坐标系下观察创新极规律时会影响整体创新极分布规律的视觉效果,故这里仅考虑剩余的57个创新极聚类情况。最终集聚为五个创新极簇群。如表8.18所示:

表8.18 2007年邯郸主要制造业创新极聚类结果

名称	创新极名称及编号
簇群1	谷物磨制业1、饲料加工业2、植物油加工业3、屠宰及肉类加工业5、酒精及酒的制造业7、软饮料及精制茶加工业8、棉、化纤纺织及印染精加工业10、毛纺织和染整加工业11、纺织制成品制造业13、针织品、编织品及其制品制造业14、纺织服装、鞋、帽制造业15、皮革、毛皮、羽毛(绒)及其制品业16、木材加工及木、竹、藤、棕、草制品业17、石油及核燃料加工业22、涂料、油墨、颜料及类似产品制造业27、合成材料制造业28、
簇群2	基础化学原料制造业24、肥料制造业25、农药制造业26、专用化学产品制造业29、医药制造业31、化学纤维制造业32、
簇群3	炼焦业23、橡胶制品业33、塑料制品业34、炼铁业39、炼钢业40、钢压延加工业41、铁合金冶炼业42、有色金属冶炼及合金制造业43、有色金属压延加工业44、锅炉及原动机制造业46、金属加工机械制造业47、农林牧渔专用机械制造业48、高技术专用及设备制造业49、汽车制造业51、电机制造业53、高技术电器机械及器材制造业55、电子元器件制造业57、仪器仪表制造业60、文化、办公用机械制造业61
簇群4	家具制造业18、造纸及纸制品业19、印刷业和记录媒介的复制业20、水泥、石灰和石膏制造业35、玻璃及玻璃制品制造业36、陶瓷制品制造业37、耐火材料制品制造业38、金属制品业45、
簇群5	文教体育用品制造业21、日用化学产品制造业30、铁路运输设备制造业50、船舶及浮动装置制造业52、家用电力和非电力器具制造业54、通信设备制造业56、电子计算机制造业58、家用视听设备制造业59

根据以上分析，本章将邯郸 2007 年制造业创新极聚类为以上五个创新极簇群，每个簇群中创新极间都有较高频率的技术交流或产品流动。一部分创新极投入结构相似，这些创新极间通过技术交流与人员流动，往往发生着知识性溢出与关联性溢出，另一部分创新极主要表现为产品的上下游流动，创新极间发生市场性溢出的可能性较大。

簇群 1 主要是农产品加工业、纺织毛皮及合成材料制造业，这些创新极一部分有着相似的投入结构，联系紧密，一部分是由于上下游的产品联系，使得创新极间发生技术溢出。如纺织毛皮业与农产品加工业有着密切的产品关联，纺织业的主要原料来源于产品加工制造业，前者是后者的下游创新极，这些创新极间会发生产品流动市场性溢出。而谷物磨制业与饲料加工业、植物油加工业则主要由于投入结构相似而发生知识性溢出与创新极关联性溢出。这里应该指出的是，谷物磨制业 1 与饲料加工业 2、谷物磨制业 1 与棉、化纤纺织及印染精加工业 10、饲料加工业 02 与棉、化纤纺织及印染精加工业 10、纺织制成品制造业 13 与针织品、编织品及其制品制造业 14 之间的技术距离都小于 0.1，有着极高的相似性与频繁的创新极交流与合作。本章认为簇群 1 中这四对创新极是最活跃的、关系最紧密的创新极，也是向该簇群投入科研经费时受益最大的五个创新极。

簇群 2 主要是指医药化学品制造业，这些创新极投入主要与化学品有关，创新极间既发生着知识性溢出与关联性溢出，也发生着市场性溢出。

簇群 3 主要是以钢铁为基础的金属加工制造业，这些创新极的投入结构基本相似，一个创新极通过研发投入提高了技术降低了生产成本，另一个相似的创新极也会相应受益。这类创新极间存在着较强的技术溢出。这里应该指出的是，铁合金冶炼业 42 与文化、办公用机械制造业 61、有色金属冶炼及合金制造业 43 与电机制造业 53、农林牧渔专用机械制造业 48 与汽车制造业 51 之间因创新极技术距离小于 0.1 而成为该簇群中最活跃的创新极对，也是受益最大的创新极。

簇群 4 主要是水泥陶、造纸及家具制造业。这个创新极簇群由非金属品制造业、造纸业及家具制造业集聚在一起，形成了极具特色的邯郸创新极簇群。在该创新极簇群中，创新极间既有市场性溢出，也有创新极间知识性溢出。如非金属加工制造业，创新极投入品大多是非金属，因而具有广泛的技术联系与较大的投入结构相似性，容易发生知识性溢出。而金属制品业与家具制造业主要通过产品流动形成创新极间市场性溢出。

簇群 5 主要是家电日用品及计算机通信设备制造业。该创新极簇群中创新极大多与簇群外其他创新极技术距离较大，形成极具特色的日用品计算机通信设备制造业簇群。

通过以上分析，本章得出了邯郸制造业创新极聚类，剔除了与其他创新极不发生技术溢出的烟草制品业及技术距离较大的制糖业、水产品加工业及麻纺织、丝绸纺织及精加工业，本章得到了五个创新极聚类。这五个创新极聚类是由创新极投入结构相似的创新极构成的创新极簇群，簇群内产间发生着频繁的的技术交流与合作，有较强的技术溢出。部分簇群给出了最活跃的创新极，这些创新极由于与其他创新极技术与产品交流密切，因而受益较大。创新极的簇群结构是由地区创新极特征决定的，不同地区的创新极簇群结构不同，创新极簇群结构的相互作用形成特定的地区创新极技术溢出网络。

创新极间由于投入结构相似与产品关联存在技术溢出，创新极间技术溢出影响着创新极增长。要深入研究创新极技术溢出问题，有必要研究创新极技术溢出对创新极增长的影响，研究创新极技术溢出效果问题。

生产函数模型如下：

$$\ln\left(\frac{Y}{L}\right)_{it} = \ln\sigma + \eta\ln IR\&D_{it} + \alpha\ln\left(\frac{K}{L}\right)_{it} + \gamma\ln\left(\frac{R\&D}{L}\right)_{it} + (\lambda - 1)\ln L_{it} + \mu_i$$

(8.23)

经过回归分析，得到 2007 年邯郸制造业创新极技术溢出效应生产函数方程，如下：

$$Y = -1.771 - 0.268X_1 + 1.339X_2 - 0.007X_3 + 0.228X_4$$

从估计结果显著性来看，变量 X_1 的显著性为 0.149，大于 0.05，说明创新极单个变量 IR&D 投入对因变量创新极各部门人均工业增加值回归不显著。同理，X_3 也不显著，而变量 X_2 与 X_4 非常显著。生产函数方程表明，邯郸 2002 年制造业创新极各部门人均工业增加值的提高，主要是通过人均资本增加实现的。创新极人均资本的参数估计值是 1.339，这表明创新极人均资本投入每提高 1 个百分点，各该创新极人均工业增加值平均提高 1.339 个百分点。该结果与 2002 年研究结果一致，甚至创新极平均工业增加值对人均资本投入的弹性值高于 2002 年，说明随着时间的推移，一段时间内邯郸创新极工业增加值会随着人均资本投入而增长，一段时间内表现出规模报酬递增。另外，创新极平均工业增加值对创新极平均劳动人数的弹性值为 0.228，说明创新极平均劳动人数增加对创新极人均工业增加值有促进作用。

8.4.3 邯郸创新极溢出网络

为了深入研究邯郸创新极技术溢出网络，有必要对上文 2002 年与 2007 年创新极技术溢出效果进行对比分析，研究地区创新极溢出规律。

1. 创新极聚类比较

邯郸 2002 年制造业创新极聚类形成七个创新极簇群，这些创新极簇群是创新极交流、模仿创新的结果，簇群内创新极间有较大的技术溢出。

2002 年的创新极簇群是农产品加工业与纺织毛皮轻工制造业簇群、海产品加工制造与涂料家具业簇群、以钢铁为基础的金属加工制造业簇群、合成材料制造业与化学纤维制造业簇群、化学原料制造与塑料制品业上下游创新极簇群、非金属轻工制造业簇群、家用器具与办公品制造业簇群。2007 年形成六个创新极簇群，它们分别是农产品加工纺织毛皮及造纸轻工制造业簇群、医药化学品制造业与合成塑料制品业簇群、陶瓷等非金属制造业簇群、以钢铁为基础的金属加工制造业簇群、日常家用及办公用品制造业簇群、通信设备制造业创新极链簇群。现在将以上创新极簇群对比列表，如表 8.19 所示：

表 8.19　2002 年与 2007 年邯郸创新极簇群对比表

年份	创新极簇群数	相同创新极簇群名称	不同创新极簇群名称
2002	7	农产品加工制造业簇群	石油加工与炼焦业簇群
		纺织毛皮与合成材料化学纤维制品业簇群	通信设备制造与电子
		以钢铁为基础的金属加工制造业及耐火材料业簇群	计算机制造业簇群
		水泥陶瓷等非金属制品业簇群	
		医药化学品与造纸业簇群	
2007	5	农产品加工业、纺织毛皮及造纸轻工制造业簇群	家电日用品及计算机
		以钢铁为基础的金属加工制造业簇群	通信设备制造业簇群
		水泥陶、造纸及家具制造业簇群	
		医药化学品制造业簇群	

观察发现，虽然2002年与2007年所形成的创新极簇群个数不同，但都包含了钢铁制品为基础的创新极簇群、农产品加工及纺织业簇群、医药化学品制造业簇群、水泥陶瓷等非金属制品业簇群这四大类创新极簇群。由此可见，创新极簇群的形成有其客观性，同一地区不同年份创新极簇群并没有发生大的变化，创新极簇群类型与由地区特点决定。同时发现，2002年形成了石油加工与炼焦业簇群及通信设备制造与电子计算机制造业簇群，而2007年与其不同的是形成了家电日用品及计算机通信设备制造业簇群，这说明邯郸地区创新极技术溢出网络处于动态发展中，这点与唐山研究结果一致。

创新极簇群内技术交流与产品流动频繁，创新极间有较大的技术溢出，创新极簇群间又有各种形式的相互作用，使得创新极技术溢出已经不再是单一创新极对之间的技术溢出，最终演化成了全行业创新极技术溢出网络。邯郸创新极技术溢出网络示意图如图8.22所示。

通过以上分析可知，与唐山类似邯郸创新极间也存在创新极聚类。创新极间通过交流与合作发生创新极技术溢出，技术投入结构相似的创新极会形成创新极簇群，创新极在簇群内往往表现出频繁的技术交流与产品流动。地区创新极以簇群为单位，相互作用，创新极簇群间也会有不同形式的技术溢出，各种技术溢出交织在一起形成地区创新极溢出网络。创新极技术溢出网路的形成有其复杂而客观的原因，受多种因素的共同影响，同一地区的创新极技术溢出网络会随着时间的变化而不断发展变化。随时间变化，适应地区经济发展环境的新的创新极簇群会随之形成、发展壮大，不适应地区经济发展环境的创新极簇群发展将受到限制，但地区创新极技术溢出网络主体结构不会有大的变化。

这里应该指出的是，邯郸创新极聚类效果不如唐山聚类效果明显，部分创新极簇群间界限模糊，比如2002年与2007年邯郸橡胶业耐火材料业与钢铁制品业技术距离小从而都聚类在簇群3中，这可能是由于邯郸橡胶业耐火材料业等非金属创新极正处于发展期，没有一个较强的非金属创新极能带动其他非金属创新极形成一个强大创新极簇群，故导致部分与金属制造业相关的非金属创新极（如耐火材料业）与邯郸强大的钢铁创新极簇群技术与产品交流密切，产生技术溢出，形成独具特色的金属非金属创新极簇群与创新极溢出网路。

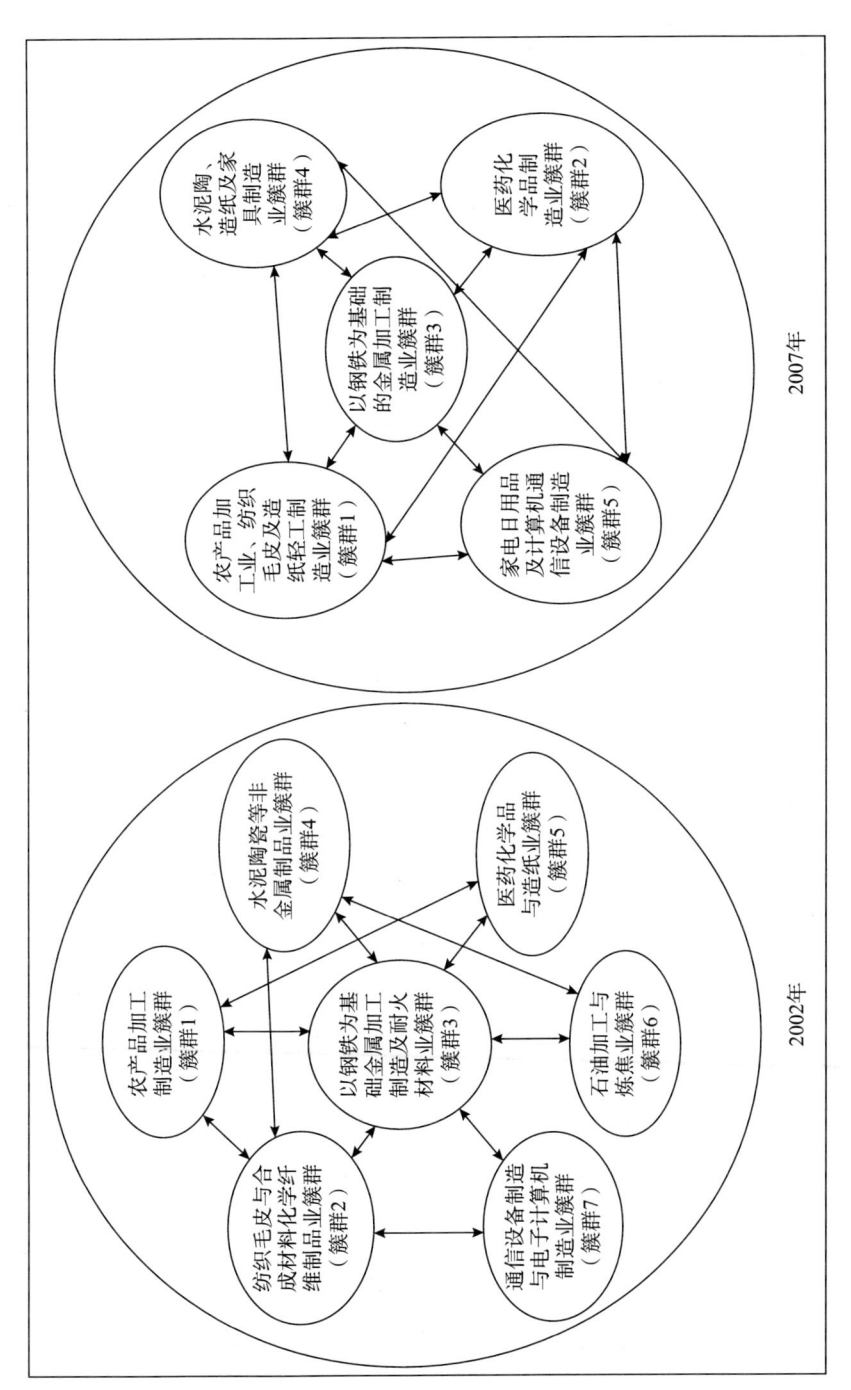

图 8.22 邯郸创新极技术溢出网络

2. 创新极技术溢出效果比较

通过研究创新极 IR&D 对创新极工业增加值影响，发现 2002 年与 2007 年表征创新极技术溢出的 IR&D 对创新极平均工业增加值贡献不明显，而人均创新极资本的投入是对创新极工业增加值影响最大的因素，这点与唐山的结论是不同的。这表明，邯郸创新极发展仍主要依靠传统的创新极资本投入与劳动人数增加来带动创新极工业增加值的增长。这种传统的发展模式是创新极发展的必经阶段，但长远来看，创新极发展应注重创新极科研投入，进行创新极结构升级，促进创新极间技术交流与合作，依靠创新极自主创新与创新极簇群创新，形成簇群内"人人为我，我为人人"的良性创新极溢出网络环境，最终将实现创新极共生、协同、和谐的创新极发展模式。

综上所述，地区内多个创新极通过不同形式的相互作用形成创新极簇群，创新极在簇群内彼此交流，相互学习、模仿创新，并享受着来自其他创新极研发投入所带来的好处。簇群内创新极由于投入结构相似而发生技术交流与产品流通，这往往使得创新极间发生技术溢出，同时簇群间创新极也因不同程度地进行着技术交流与产品交换而产生技术溢出。创新极簇群有大有小、有强有弱，创新极簇群间平均技术距离也有大有小，簇群与簇群间界限有的清楚有的模糊。创新极簇群结构特征由地区特点与创新极关系决定，不同地区的创新极簇群结构不同，同一地区不同时期的创新极簇群结构也不同，簇群内外创新极间各种形式的技术溢出最终表现为复杂的创新极技术溢出网络。创新极技术溢出网络影响全行业创新极增长，进而影响地区经济发展，不同地区在不同时期创新极技术溢出网络有各自的特征，创新极技术溢出网络较好的地区经济发展较好。此外，回归分析表明创新极技术溢出 IR&D 对地区经济发展有重要的影响，应鼓励创新极间交流与合作，充分发挥创新极技术溢出对经济增长的重要作用。

第九章 区域创新极共生模式研究

9.1 创新极共生模式分析方法与样本选择

9.1.1 社会网络分析方法

1. 度数

在社会网络分析中,"度数"是衡量个体参与群体活动情况的一个基本指标,是中心性研究的基础。假设 N 是一系列共生个体创新极所构成的集合。$N=\{1,2,\cdots,n\}$。如果共生个体 i 与共生个体 j、k、l、m 等共生个体是相互联系的,那么就称这些点是 i 的"邻点"(neighborhood)。一个共生个体 n_i 的邻点的数目称为该共生个体 n_i 的"度数"(nodal degree),记作 $d(n_i)$。实际上,在区域创新极共生网络图中,一个共生个体 n_i 的"度数"也就是与其直接相连的线的条数。在创新极共生网络图中,如果一个共生个体 n_i 与其他所有共生个体间都没有连线,即其度数为"0",那么就称该个体为"孤立点"。

在创新极共生网络中,用点度平均值来测量所有共生个体的度数的平均值,其是整体图中心度测量的基础,具体计算公式为:

$$\bar{d} = \frac{\sum_{i=1}^{g} d(n_i)}{g} = \frac{2l}{g} \tag{9.1}$$

在式(9.1)中,$\bar{d}$ 代表点度平均度,$d(n_i)$ 就是点 n_i 的度数,g 指的是创新极共生网络的规模,即创新极共生个体的总数;l 是共生网络图中线的总条数。由公式,可以得出如下结论:社会网络关系中,整个网络的点度平均值为,总关系数除以共生个体总数后结果的二倍。

在共生网络中点度方差（variance of nodal degrees）是中心势研究的基础。具体表达式为：

$$S_D^2 = \frac{\sum_{i=1}^{g}[d(n_i) - \bar{d}]^2}{g} \qquad (9.2)$$

式（9.2）中，S_D^2 为点度的方差，$\bar{d}$ 代表点度平均度，$d(n_i)$ 就是点 n_i 的度数，g 指的是创新极共生网络的规模，即创新极共生个体的总数；l 是共生网络图中线的总条数。

2. 密度

密度是用来衡量网络图中各个连线的分布与网络完备图（即该网络中各个主体间都有联系）之间差距的一个变量，其反映的是共生个体间联系的紧密程度。创新极共生网络密度值的大小取决于网络"内含度"和全部共生个体的度数这两个参数。一个共生网络图中，除"孤立点"外的点数和，即为"内含度"。对于不同规模、不同形态的创新极共生网络来说，密度的具体定义也有所不同，公式也千变万化，本书中，选择适合对大网络密度进行测量的方法。即密度是共生网络中存在的实际联系总数与所有共生个体间可能存在的最大联系数的比值。一个完备共生网络图的密度为 1，即在这个网络中，共生个体间全部两两相连。若每一个共生个体都是"孤立点"，则计算出的网络密度为 0，表示共生网络图中，没有一条连线。密度 m（无向无值图的密度）的具体计算公式如式（9.3）所示。

$$m = \frac{g * \bar{d}}{g(g-1)} = \frac{2l}{g(g-1)} \qquad m \in [0,1] \qquad (9.3)$$

3. 中心性

"中心性"研究中有两个最重要的概念"中心度"和"中心势"。"中心度"测量的是个体处于网络中心的程度，反映的是个体的相对重要性；"中心势"是针对整个网络图而言的，它是对网络图的总体整合度和一致性的度量，反映的是整个网络的集中趋势。美国加州大学尔湾分校的弗里曼教授又将中心性研究的指标分成了：点度中心度、中间中心度、接近中心度以及相应的各种中心势等。

1）点度中心性分析。如果一个共生个体与其他很多共生个体都有直接联系的话，那么就认为该个体处于中心位置，地位更高、权利更大。即越处于核心位置，地位愈高，与该个体产生直接关系的个体数越多，而越处于边缘位置的共生个体，权利愈小，与该个体产生直接关系的共生个体数目越少。点度中心度就是对与该个体发生直接联系的共生个体的数目进行测度的。它包括绝对中心度和相对中心度两部分，绝对中心度指的是一个共生个体的度数，相对中心度是绝对中心度的标准化。在创新极共生网络图中，点i的绝对点度中心度$C_{AD}(i)$即为点i的度数。式（9.4）如下。若某一共生个体的绝对中心度值最高，则说明该个体是共生网络中的"中心创新极"或者"明星创新极"。

$$C_{AD}(i) = i\text{的度数} = d_i \tag{9.4}$$

绝对中心度测量的是某一共生个体的相对中心性。因为对于不同规模的共生网络来说，具有相同绝对中心度的"明星"，所代表的含义不同。在不同规模的共生网络中，两个绝对中心度相同的"明星"，网络规模越大，中心性越弱，反之亦然。绝对中心度是共生个体的实际度数与最大可能度数的比值。具体公式为：

$$C_{RD}(i) = \frac{C_{AD}(i)}{(g-1)} \tag{9.5}$$

式（9.5）中，$C_{RD}(i)$代表共生个体i的相对点度中心度，g代表共生网络规模。$C_{RD}(i) \in [0,1]$，即绝对中心度指标值是介于0和1之间的。若为0，则表示该共生个体与其他任何个体都没有联系，是个"孤立点"；若为1，则表示该共生个体与其他所有网络成员都有联系，是共生网络中的一个中心点。

在创新极共生网络中，学者们不仅关注单一个体，还关注整个网络图。不同的创新极共生网络图具有不同的"中心势"，即具有不同的中心趋势。"中心势"分析的是创新极共生网络中各共生个体间的差异性程度，刻画的是共生网络图的整体中心性。在共生网络中，每一个共生个体都有点度中心度，一个网络图中又有多个共生个体，故点度中心度可以有多个，但一个共生网络图的点度中心势只有一个。其数学表达式为：

$$C_A = \frac{\sum_{i=1}^{n}(C_{RD\max} - C_{RDi})}{n-2} \tag{9.6}$$

式（9.6）中，C_A代表共生网络图的点度中心势，$C_{RD\max}$代表创新极共生网络中全部共生个体的相对点度中心度的最大值，C_{RDi}为共生个体i的相对点度中心度，n 代表共生网络中的共生个体总数。

2）中间中心性分析。在共生网络中，存在着这样一些个体，它们位于许多共生关系的路径上，能够通过控制和改变物质、能量、技术的传递从而起到影响整个网络的目的，这些共生个体在共生网络中起着中介或者桥梁的作用，对网络构成来说，具有重要意义。"中间性"就是对某一共生个体位于网络中其他共生个体中间的程度进行测度的。这一概念最早是由弗里曼于1979年提出的。某一共生个体 y 相对于一个共生对 x 和 z 的中间中心度指的是该共生个体处于共生个体 x 和 z 测地线上的能力。而某一共生个体的绝对中间中心度指的就是该个体相对共生网络图中全部共生对的中间度的加总，具体测度模型为：

$$C_{ABi} = \sum_{j}^{n} \sum_{k}^{n} b_{jk}(i), \quad j \neq k \neq i \text{ 且 } j < k \tag{9.7}$$

式（9.7）中，C_{ABi} 为共生个体 i 的绝对中间中心度，$b_{jk}(i)$ 指的是共生个体 i 处于共生个体 j 和 k 之间的测地线（两个体间的最短路径）上的概率。

对以上绝对中间中心度标准化后，便可以得到相对中间中心度。应用共生个体的相对中间中心度可以用来比较不同创新极共生网络不同共生个体的中间中心度。与以上分析类似，可以给出相对中间中心度的式如（9.8）如下：

$$C_{RBi} = \frac{2C_{ABi}}{n^2 - 3n + 2} \tag{9.8}$$

其中，C_{RBi} 为指共生个体 i 在共生网络中的相对中间中心度，且 $C_{RBi} \in [0,1]$。C_{RBi} 代表共生个体 i 在共生网络中的相对中心度，n 代表共生网路规模。若 $C_{RBi} = 0$，则表示共生个体 i 位于共生网络的边缘位置，若 $C_{RBi} = 1$，说明该个体可完全控制影响其他个体，处于网络的核心位置。从整体上来看，创新极共生网络图的中间中心势为：

$$C_B = \frac{\sum_{i=1}^{n}(C_{AB\max} - C_{AB})}{n^3 - 4n^2 + 5n - 2} = \frac{\sum_{i=1}^{n}(C_{RB\max} - C_{RBi})}{n - 1} \tag{9.9}$$

式（9.9）中，C_B 代表共生网络图的中间中心势，$C_{AB\max}$ 代表创新极共生网络中全部共生个体的绝对中间中心度的最大值，C_{AB} 为共生个体 i 的绝对中间中心度，$C_{RB\max}$ 代表创新极共生网络中全部共生个体的相对中间中心度的最大值，C_{RBi} 为共生个体 i 的相对中间中心度，n 代表共生网络中的共生个体总数。

3）接近中心性分析。接近中心性是从共生个体不受共生网络中其他共生个体控制的角度，对中心性问题进行研究的。若一共生个体越不受其他个体的控制，就意味着其越处于网络的核心位置，拥有更大的权力，反之地位越轻，权利越小。"接近中心度"（closeness centrality）测量的是共生个体某一共生个体与共生网络中其他共生个体的接近性程度。若某一共生个体与共生网络中全部其他个体的距离都不远，那么该个体就是中心点。接近中心度的计算式（9.10）如下：

$$C_{RPi}^{-1} = \frac{C_{APi}^{-1}}{n-1}, C_{APi}^{-1} = \sum_{j=1}^{n} d_{ij} \qquad (9.10)$$

其中，C_{RPi}^{-1} 指的是共生个体 i 的相对近中心度，n 代表共生网络规模，C_{APi}^{-1} 代表共生个体 i 的绝对接近中心度。d_{ij} 为共生个体的 i 与共生个体 j 之间的测地线的距离。需要注意的是，接近中心度的值越大，表示该共生个体与其他个体间的距离越远，越不处于网络中的中心位置，其在权利、声望和影响力上越弱。类似的，可以给出其所对应的接近中心势，测度模型为：

$$C_C = \frac{\sum_{i=1}^{n}(C_{RPmax}^{-1} - C_{RPi}^{-1}) \times (2n-3)}{(n-2)(n-1)} \qquad (9.11)$$

式（9.11）中，C_C 代表共生网络图的接近中心势，C_{RPmax}^{-1} 代表创新极共生网络中全部共生个体的绝对接近中心度的最大值，C_{RPi}^{-1} 为共生个体 i 的绝对接近中心度，n 代表共生网络中的共生个体总数。

4. 块分析

在社会网络分析方法（SNA）中，"块模型"理论（blockmodel）最早是由美国哈佛大学的学者怀特等（White, Boorman and Breiger）于1976年提出的。该模型是对社会结构的一种量化分析方法，是对"网络角色"的一种定位，用此可以分析出，整个社会网络中所存在的"子群"（"块"）数目以及各部分的具体构成。创新极共生关系网络图可以看成是由两部分组成的。其中一部分是：在整个创新极共生关系网络图中，按照一定的标准把全部创新极共生主体分成若干个组成部分，每一个组成部分，我们把其当成是一个"共生块"。另一部分是：各个"共生块"之间的关系是怎样的，是否存在关系，两个"共生块"之间是否有起中介作用的桥点（切点）等。

在一个创新极共生网络图中，如果去掉其中的某个共生主体创新极，那么整个图的结构就会变成是两个互不相关联的子图（成分），那么，我们就称这个创新极共生主体为"切点"，各个子图就叫做"共生块"。想象得出，这些点在创新极共生网络中一定至关重要，对于其他共生主体来说亦如此。由该点代表的创新极共生主体，一定在创新极共生关系中占据重要地位，它在是整个创新极共生网络中起到衔接两个"共生块"的中介的作用，是两个"共生块"沟通的桥梁。

9.1.2 数据处理

1. 数据的来源

选择与第八章相同的制造业中类行业门类作为创新极研究的对象。所选用的数据，来源于 2002 年、2007 年邯郸市和唐山市的投入产出省报表。河北省内各市在相同年份编制的投入产出表的标准是一致的，因此在对制造业内的行业进行选择时，无需考虑地区的差异，只需比对编制年份的不同。

2. 创新极有效关联的判别

本书运用 2002 年、2007 年的投入产出基本流量表数据对创新极间的共生关系进行研究。为了能使这些数据能够真实地展现出制造业创新极间的有效经济关联，对邯郸市、唐山市的制造业创新极共生关系进行社会网络分析（SNA），需要对原始的制造业投入产出矩阵做特定处理，使其变成只含有"0"、"1"的制造业有效联系矩阵，其中"0"代表两个制造业创新极间不存在有效联系，"1"代表两个装备制造业创新极是有关联的。特定处理方式为：对制造业投入产出矩阵做横向标准化和纵向标准化，分别求出投入标准化矩阵和产出标准化矩阵的皮尔逊系数矩阵，选定单尾检验值在阈值以上的关联为有效关联，将两个有效关联矩阵做并运算后二值化处理，以此来识别创新极间的有效关联对。

具体的创新极有效关联判别的步骤如下：

首先，运用统计分析软件把 2002 年、2007 年邯郸市和唐山市的 61 个制造业创新极的投入产出矩阵分为横向产出联系和纵向投入联系，并分别进行横纵向标准化处理。

其次，运用"profile"方法计算出 61 个制造业创新极间的投入标准化矩阵和产出标准化矩阵的皮尔逊相关系数。在 Ucinet6.0 软件中，沿着"Network→Roles&Positions→Structural→Profile"这条路径进行，并在"Profile"这个对话框下的"Measure of profile similarity/distance"中，选择"correlation"选项。

再次，经过多次检验，选定阈值为 0.05，选定相关系数单尾检验通过 0.05 水平以上的创新极关联为有效创新极关联。若为有效创新极关联，记做"1"；无效创新极关联，记做"0"，于是便得到了两个只含有"0""1"的矩阵。排除自身的对称性。

第四，将上一步得到的投入方向的"0""1"矩阵做下三角处理，产出方向的矩阵进行上三角处理后，得到制造业创新极间有效关联非对称矩阵。

第五，忽略创新极间关系的方向，将第四步所得到的两个矩阵做并运算，于是就得到了四个无方向的制造业有效关联对称矩阵。即：2002 年的邯郸市制造业创新极有效关联矩阵、2007 年的邯郸市制造业创新极有效关联矩阵、2002 年的唐山市制造业创新极有效关联矩阵、2007 年的邯郸市制造业创新极有效关联矩阵。

9.2 唐山市创新极共生模式实证

9.2.1 唐山市制造业产业共生模式研究（2002 年）

1. 网络密度

运用 UCINET 软件对 2002 年唐山市制造业产业共生网络的平均网络密度进行测算，发现相关系数在 0.05 水平下，制造业产业共生网络的密度为 0.2279。对于一个由 61 个成员构成的产业共生网络来说，其最大可能的有效关联数目为 1830 个，而 2002 年唐山市制造业的产业共生网络中有效关联的数目仅为 834 个，可见该共生网络的密度值比较低，很多制造业产业间并没有直接关系。

2. 点度中心度

如表 9.1 所示，2007 年唐山市制造业内"钢压延加工业""金属制品业""塑料制品业"、"基础化学原料制造业"等为度值最大的前十个产业，这些产业在制造业中比较重要，是参与制造业产业共生的主要成员，能对其他共生个体产生重大影响。它们拥有较强的交易能力和与其他共生个体合作的能力。该网络中，存在4个独立个体，即在61个共生个体中，有4个共生个体之间是存在联系的，他们之间存在经济、技术联系等。61个成员中，有4个个体都是独立的，独立个体数与邯郸市相比并不是太多，这表明唐山市2002年的产业共生网络的密度比较大，并且共生主体间的物质流动、经济联系频率等还比较大，这对发展唐山市制造业产业间的互利共生来说，是有利的。

表9.1 2002年唐山市制造业主要产业的点度中心度

产业代码	产业名称	Degree	NrmDegree	Share
41	钢压延加工业	41.000	68.333	0.049
45	金属制品业	40.000	66.667	0.048
34	塑料制品业	35.000	58.333	0.042
24	基础化学原料制造业	34.000	56.667	0.041
19	造纸及纸制品业	31.000	51.667	0.037
33	橡胶制品业	29.000	48.333	0.035
35	水泥、石灰和石膏制造业	28.000	46.667	0.034
22	石油及核燃料加工业	27.000	45.000	0.032
29	专用化学产品制造业	27.000	45.000	0.032
40	炼钢业	26.000	43.333	0.031

3. 中间中心度

如表9.2所示，"钢压延加工业""塑料制品业""金属制品业""造纸及纸制品业"等十个产业在2002年唐山市整个共生网络中度值最大。它们是制造业共生网络内比较核心的成员，位于核心地位上，起到重要的中介作用。其对于控制共生网络内物质、能量、信息的移动来说，具有重要意义。度值为0的产业有14个，度值为0，表明它们在共生网络并不充当"中介"、"桥梁"的角色，它们位于整个共生网络的边缘位置上，并不控制物质、能量、信息、技术、知识、创新等的扩散和流动。

表9.2　2002年唐山市制造业主要产业的中间中心度

产业代码	产业名称	Betweenness	nBetweenness
41	钢压延加工业	215.571	12.179
34	塑料制品业	201.180	11.366
45	金属制品业	172.267	9.733
19	造纸及纸制品业	84.868	4.795
15	纺织服装、鞋、帽制造业	72.843	4.115
24	基础化学原料制造业	71.339	4.030
47	金属加工机械制造业	58.339	3.296
6	水产品加工业	53.586	3.027
29	专用化学产品制造业	43.131	2.437
40	炼钢业	42.776	2.417

4. 接近中心度

如表9.3所示，2002年制造业产业共生网络的接近中心度较大的十个产业，其与点度中心度的情况大体一致，制造业内一些主要产业如"钢压延加工""金属制品业""塑料制品业"的接近中心度很高，进一步印证了这些个体位于共生网络的核心位置，与其他个体有着更多的联系。

表9.3　2002年唐山市制造业主要产业的接近中心度

产业代码	产业名称	Farness	nCloseness
41	钢压延加工业	315.000	19.048
45	金属制品业	316.000	18.987
34	塑料制品业	322.000	18.634
24	基础化学原料制造业	323.000	18.576
19	造纸及纸制品业	326.000	18.405
33	橡胶制品业	327.000	18.349
35	水泥、石灰和石膏制造业	329.000	18.237
22	石油及核燃料加工业	329.000	18.237
29	专用化学产品制造业	332.000	18.072
60	仪器仪表制造业	334.000	17.964

5. 中心势

如表9.4所示，2002年唐山市制造业的度数中心度、接近中心度以及中间中心度的平均值分别为13.672、22.836、348.877。这意味着在制造业内的61个产业间，平均单个产业与13.672个产业存在联系；平均单个产业充当"中间人"的次数为22.836；共生网络的平均接近程度为348.877。三种中心度的方差、最大值、最小值均不相同，表明共生网络内，个体间的关系具有不均衡性。

表9.4 2002年唐山市制造业三种中心度的统计指标

	平均值	标准差	总和	方差	最小值	最大值	网络中心势
度数中心度	13.672	10.695	834.000	114.384	0.000	41.000	47.098%
中间中心度	22.836	44.383	1393.000	1969.887	0.000	215.571	11.07%
接近中心度	348.877	18.233	19886.000	332.459	315.000	405.000	无值

2002年制造业产业共生网络的点度中心势和中间中心势分别为47.098%、7.30%。与邯郸市制造业共生网络的中心势相比，第一个值比较大，表明核心产业对其他产业的影响较大。第二个值很低，表明核心产业充当中间桥梁作用的程度很低。接近中心势不存在，是因为该共生网络中存在孤立点。

6. 共生体分析

在Ucinet中，运用"Cliques"方法对产业共生网络中的共生体进行分析。根据Ucinet软件的共生体运行结果可知：2002年唐山市制造业产业共生网络中，一共存在157个共生体。在每一个共生体内，各产业之间都是存在直接联系的。该网络中共生体数量很多这表明该网络内存在直接联系的小群体的数目很多，整个网络的密度不大，共生个体间的直接物质、能量、信息流动比较少，不利于个体间的交流互动。

7. 共生块分析

2002年唐山市共生块的情况如图9.1所示。该网络中一共存在8个共生块，各自的构成如图9.1所示。其中第6个共生块的密度系数最大，为0.749，这表明第6个共生块的19个成员之间在产业共生联系上关系密切。

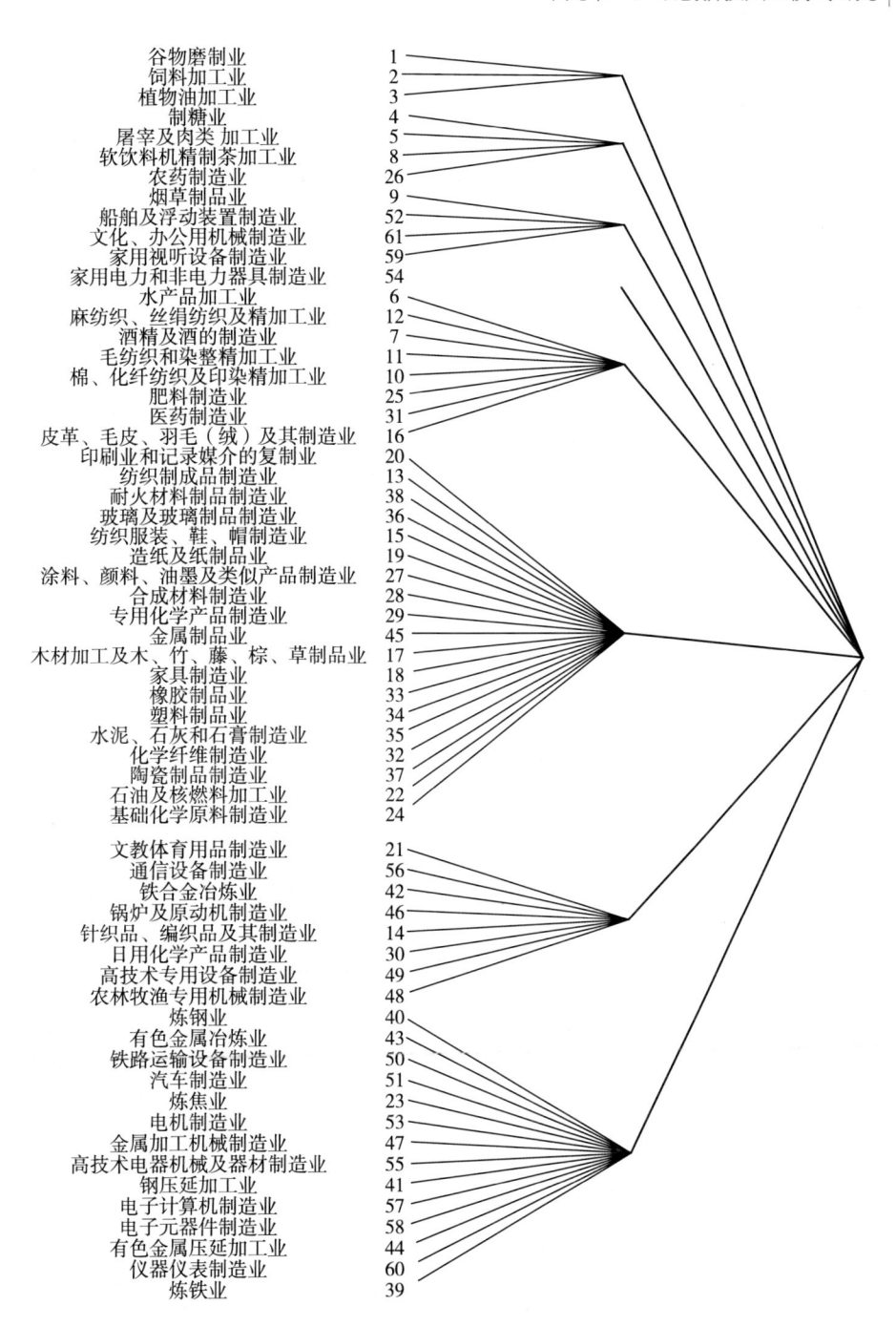

产业名称	编号
谷物磨制业	1
饲料加工业	2
植物油加工业	3
制糖业	4
屠宰及肉类加工业	5
软饮料机精制茶加工业	8
农药制造业	26
烟草制品业	9
船舶及浮动装置制造业	52
文化、办公用机械制造业	61
家用视听设备制造业	59
家用电力和非电力器具制造业	54
水产品加工业	6
麻纺织、丝绢纺织及精加工业	12
酒精及酒的制造业	7
毛纺织和染整精加工业	11
棉、化纤纺织及印染精加工业	10
肥料制造业	25
医药制造业	31
皮革、毛皮、羽毛（绒）及其制造业	16
印刷业和记录媒介的复制业	20
纺织制成品制造业	13
耐火材料制品制造业	38
玻璃及玻璃制品制造业	36
纺织服装、鞋、帽制造业	15
造纸及纸制品业	19
涂料、颜料、油墨及类似产品制造业	27
合成材料制造业	28
专用化学产品制造业	29
金属制品业	45
木材加工及木、竹、藤、棕、草制品业	17
家具制造业	18
橡胶制品业	33
塑料制品业	34
水泥、石灰和石膏制造业	35
化学纤维制造业	32
陶瓷制品制造业	37
石油及核燃料加工业	22
基础化学原料制造业	24
文教体育用品制造业	21
通信设备制造业	56
铁合金冶炼业	42
锅炉及原动机制造业	46
针织品、编织品及其制造业	14
日用化学产品制造业	30
高技术专用设备制造业	49
农林牧渔专用机械制造业	48
炼钢业	40
有色金属冶炼业	43
铁路运输设备制造业	50
汽车制造业	51
炼焦业	23
电机制造业	53
金属加工机械制造业	47
高技术电器机械及器材制造业	55
钢压延加工业	41
电子计算机制造业	57
电子元器件制造业	58
有色金属压延加工业	44
仪器仪表制造业	60
炼铁业	39

图 9.1　2002 年唐山市制造业 61 产业的共生块

表 9.5 2002 年唐山市制造业共生块

共生块	各成员	双指标	单指标 合作能力	单指标 控制能力	孤立产业（点度中心度=0）	边缘产业（中间中心度=0）	网络位置	紧密程度
1	1、2、3					3	边缘	松散
2	4、5、8、26					4、26、8	边缘	松散
3	9、52、61、59				9、52、61、59	9、52、61、59	孤立	孤立
4	55						边缘	松散
5	6、12、7、11、10、25、31、16				6	12	边缘	松散
6	20、13、38、36、15、19、27、28、29、45、17、18、33、34、35、32、37、22、24	19、29、45、34、24	33、35、22		15		中心	紧密
7	21、56、42、46、14、30、49、48					42、56、21	边缘	松散
8	40、43、50、51、23、53、47、54、41、57、58、44、60、39	40、41		47		54、57	次中心	紧密

结合运算结果可知，"烟草制造业""船舶及浮动装置制造业"等产业组成的集体为孤立产业群，该集体内，所有产业均为孤立产业，彼此之间不存在联系，且与其他制造业产业也不存在联系。"文教体育用品制造业""制糖业"等产业在该图中以散点形式存在，这些产业是 2007 年唐山市制造业内的边缘产业，它们的特点为：与其他制造业产业的联系比较低，处于制造业共生关系网络的边缘位置上。如表 9.5 所示，2007 年唐山市制造业主要由三大共生体构成，分别为：以钢铁产业为基础的金属产品制造业；以塑料制品业、基础化学原料制造业、造纸及纸制品业、橡胶制造业等基础产业构成共生体；以陶瓷制造业、纺织等基础产业构成的共生体。

9.2.2 唐山市制造业产业共生模式研究（2007年）

1. 网络密度

运用 UCINET 软件对 2007 年唐山市制造业产业共生网络的平均网络密度进行测算，发现相关系数在 0.05 水平下，制造业产业共生网络的密度为 0.1257。对于一个由 61 个成员构成的产业共生网络来说，其最大可能的有效关联数目为 1830 个，而 2007 年唐山市制造业的产业共生网络中有效关联的数目仅为 460 个，可见该共生网络的密度值比较低，很多制造业产业间并没有直接关系。这一密度值较低，表明 2007 年唐山市制造业还处于发展的初级阶段。

2. 点度中心度

如表 9.6 所示，2007 年唐山市制造业内"金属制品业""钢压延加工业""水泥、石灰和石膏制造业""专用化学产品制造业"等为点度中心度数值最大的十个产业。这些产业在制造业中比较重要，是参与制造业产业共生的主要成员，能对其他共生个体产生重大影响。它们拥有较强的交易能力和与其他共生个体合作的能力。该网络中，存在 14 个独立个体，即在 61 个共生个体中，有 47 个共生个体之间是存在联系的，他们之间存在经济、技术联系等。61 个成员中，有 14 个个体都是独立的，这说明唐山市 2007 年的产业共生网络的密度还是很低的，并且共生主体间的物质流动、经济联系频率等还比较小，这对发展唐山市制造业产业间的互利共生来说，是不利的。

表 9.6 2007 年唐山市制造业主要产业的点度中心度

产业代码	产业名称	Degree	NrmDegree	Share
45	金属制品业	29.000	48.333	0.063
41	钢压延加工业	27.000	45.000	0.059
35	水泥、石灰和石膏制造业	26.000	43.333	0.057
29	专用化学产品制造业	20.000	33.333	0.043
34	塑料制品业	19.000	31.667	0.041
40	炼钢业	18.000	30.000	0.039
22	石油及核燃料加工业	18.000	30.000	0.039
19	造纸及纸制品业	17.000	28.333	0.037
48	高技术专用设备制造业	16.000	26.667	0.035
23	炼焦业	16.000	26.667	0.035

3. 中间中心度

如表9.7所示，"钢压延加工业""金属制品业""水泥、石灰和石膏制造业""纺织服装、鞋、帽制造业"等十个产业在2007年唐山市整个共生网络中度值最大，它们是制造业共生网络内比较关键的成员，位于核心地位上，起到重要的中介作用。其对于控制共生网络内物质、能量、信息的移动来说，具有重要意义。度值为0的产业有21个，分别为"屠宰及肉类加工业麻纺织""丝绢纺织及精加工业""制糖业、毛纺织和染整精加工业""铁合金冶炼业""农药制造业""皮革、毛皮、羽毛（绒）及其制品业""谷物磨制业""水产品加工业""饲料加工业""植物油加工业""农林牧渔专用机械制造业""印刷业和记录媒介的复制业""针织品编织品及其制品制造业""船舶及浮动装置制造业""锅炉及原动机制造业""烟草制品业""家用电力和非电力器具制造业""通信设备制造业""电子计算机制造业""文教体育用品制造业""家用视听设备制造业""日用化学产品制造业文化""办公用机械制造业"。度值为0，表明它们在共生网络并不充当"中介""桥梁"的角色，它们位于整个共生网络的边缘位置上，并不控制物质、能量、信息、技术、知识、创新等的扩散和流动。

表9.7 2007年唐山市制造业主要产业的中间中心度

产业代码	产业名称	Betweenness	nBetweenness
41	钢压延加工业	173.834	9.281
45	金属制品业	165.488	9.350
35	水泥、石灰和石膏制造业	108.910	6.153
15	纺织服装、鞋、帽制造业	95.961	5.422
19	造纸及纸制品业	83.868	4.738
34	塑料制品业	65.430	3.697
10	棉、化纤纺织及印染精加工业	62.203	3.514
54	高技术电气机械及器材制造业	50.425	2.849
29	专用化学产品制造业	38.053	2.150
48	高技术专用设备制造业	35.317	1.995

4. 接近中心度

如表9.8所示，2007年制造业产业共生网络的接近中心度最大的十个产业，其与点度中心度的情况大体一致，制造业内一些主要产业如"钢压延加工业""水泥、石灰和石膏制造业""金属制品业""塑料制品业"的接近中心度很高，进一步印证了这些个体位于共生网络的核心位置，与其他个体有着更多的联系。

表9.8　2007年唐山市制造业主要产业的接近中心度

产业代码	产业名称	Farness	nCloseness
41	钢压延加工业	919.000	6.529
35	水泥、石灰和石膏制造业	920.000	6.522
45	金属制品业	920.000	6.522
34	塑料制品业	929.000	6.459
19	造纸及纸制品业	930.000	6.452
29	专用化学产品制造业	931.000	6.445
22	石油及核燃料加工业	932.000	6.438
48	高技术专用设备制造业	933.000	6.431
40	炼钢业	934.000	6.424
23	炼焦业	935.000	6.417

5. 中心势

如表9.9所示，2007年唐山市制造业的度数中心度、接近中心度以及中间中心度的平均值分别为7.541、18.000、946.723。这意味着在制造业内的61个产业间，平均单个产业与7.541个产业存在联系；平均单个产业充当"中间人"的次数为18.000；共生网络的平均接近程度为946.723。三种中心度的方差、最大值、最小值均不相同，表明共生网络内，个体间的关系具有不均衡性。

表9.9　2007年唐山市制造业三种中心度的统计指标

	平均值	标准差	总和	方差	最小值	最大值	网络中心势
度数中心度	7.541	7.336	460.000	53.822	0.000	29.000	36.98%
中间中心度	18.000	36.856	1098.000	1358.355	0.000	173.834	8.59%
接近中心度	946.723	15.475	44496.000	239.477	919.000	984.000	无值

2007年制造业产业共生网络的点度中心势和中间中心势分别为36.98%、8.59%。第一个值并不高，表明核心产业对其他产业的影响不大。第二个值很低，表明核心产业充当中间桥梁作用的程度很低。接近中心势不存在，与上文解释一致。

6. 共生体分析

在Ucinet中，应用"Cliques"方法对产业共生网络中的共生体进行分析，得知：2007年唐山市制造业产业共生网络中，一共存在88个共生体。在每一个共生体内，各产业之间都是存在直接联系的。某一个共生网络中共生体数量越多说明该网络中存在直接联系的小群体得数目越多，整个网络的密度就会越少，共生个体间的直接物质、能量、信息流动就会越少，不利于个体间的交流互动。由此可以推测，2007年唐山市制造业各产业间的交流互动存在行业性，共生体内部产业间的交流互动比较频繁，而与共生体外的产业间联系比较少。

7. 共生块分析

根据结构的对称性，应用CONCOR方法对邯郸市制造业产业共生网络进行"共生块"分析。在Ucinet 6.0中，沿着"Network—roles&position—Structural—Concor"这条路径进行共生块研究，数据经过SNA处理后，得到下图9.2。

经过观察图9.2可知，邯郸市装备制造业产业共生经济联系网络可以分为7个共生块，分别为（1、2、3、4、57、6、59、30、9、55、11、26、61、21）（10、13）（16、14、12）（5、52、38、53、47、18、49、50、58、51、60、54、39、33、42、43、46）（41、36、45、40、48、35、17、56）（20、8、15、7）（34、37、44、22、32、24、25、19、27、28、29、23、31）。

表9.10　2007年唐山市制造业共生网络共生块密度矩阵

块编号	1	2	3	4	5	6	7
1	0.000	0.000	0.000	0.000	0.000	0.000	0.000
2	0.000	1.000	0.500	0.029	0.313	0.500	0.077
3	0.000	0.500	0.000	0.000	0.000	0.250	0.000
4	0.000	0.029	0.000	0.066	0.493	0.000	0.100
5	0.000	0.313	0.000	0.493	0.464	0.156	0.298
6	0.000	0.500	0.250	0.000	0.156	0.167	0.154
7	0.000	0.077	0.000	0.100	0.298	0.154	0.705

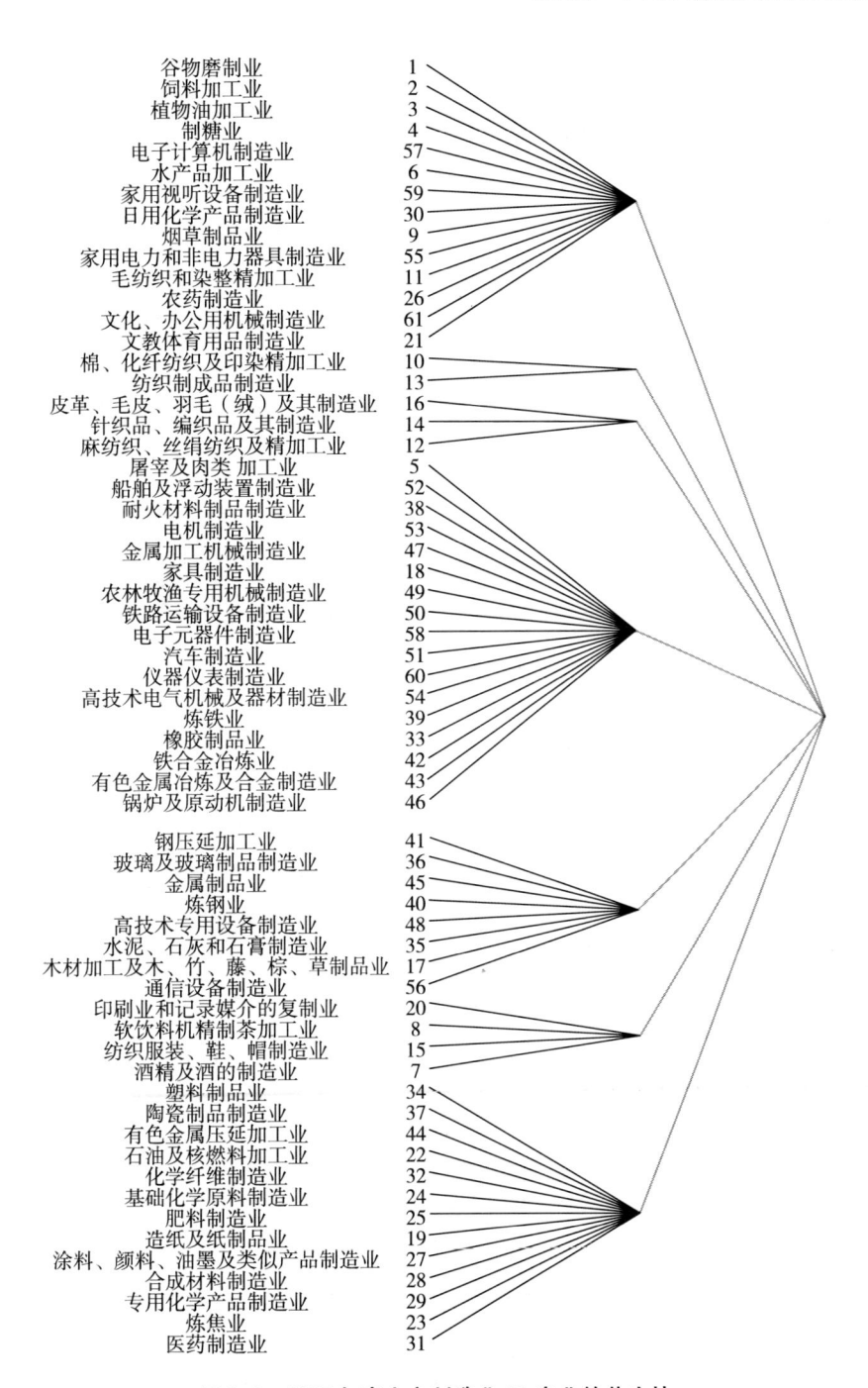

产业	编号
谷物磨制业	1
饲料加工业	2
植物油加工业	3
制糖业	4
电子计算机制造业	57
水产品加工业	6
家用视听设备制造业	59
日用化学产品制造业	30
烟草制品业	9
家用电力和非电力器具制造业	55
毛纺织和染整精加工业	11
农药制造业	26
文化、办公用机械制造业	61
文教体育用品制造业	21
棉、化纤纺织及印染精加工业	10
纺织制成品制造业	13
皮革、毛皮、羽毛（绒）及其制造业	16
针织品、编织品及其制造业	14
麻纺织、丝绢纺织及精加工业	12
屠宰及肉类加工业	5
船舶及浮动装置制造业	52
耐火材料制品制造业	38
电机制造业	53
金属加工机械制造业	47
家具制造业	18
农林牧渔专用机械制造业	49
铁路运输设备制造业	50
电子元器件制造业	58
汽车制造业	51
仪器仪表制造业	60
高技术电气机械及器材制造业	54
炼铁业	39
橡胶制品业	33
铁合金冶炼业	42
有色金属冶炼及合金制造业	43
锅炉及原动机制造业	46
钢压延加工业	41
玻璃及玻璃制品制造业	36
金属制品业	45
炼钢业	40
高技术专用设备制造业	48
水泥、石灰和石膏制造业	35
木材加工及木、竹、藤、棕、草制品业	17
通信设备制造业	56
印刷业和记录媒介的复制业	20
软饮料机精制茶加工业	8
纺织服装、鞋、帽制造业	15
酒精及酒的制造业	7
塑料制品业	34
陶瓷制品制造业	37
有色金属压延加工业	44
石油及核燃料加工业	22
化学纤维制造业	32
基础化学原料制造业	24
肥料制造业	25
造纸及纸制品业	19
涂料、颜料、油墨及类似产品制造业	27
合成材料制造业	28
专用化学产品制造业	29
炼焦业	23
医药制造业	31

图 9.2　2007 年唐山市制造业 61 产业的共生块

由表 9.10 的分析结果可知,第 7 个共生块的密度系数最大,为 0.705,这表明第 7 个共生块的 13 个成员之间在产业共生联系上关系密切;而第 1 个产业共生块的密度系数值为 0,这表明其成员之间不存在关系。运算结果可以发现,第 1 个共生块中的共生个体在网络中,全部都为"孤立点",他们之间不存在任何联系,且和其他共生个体也没有任何关系。

表 9.11 2007 年唐山市制造业共生块

共生块	各成员	双指标	单指标 合作能力	单指标 控制能力	孤立产业（点度中心度=0）	边缘产业（中间中心度=0）	网络位置	紧密程度
1	1、2、3、4、57、6、59、30、9、55、11、26、61、21				1、2、3、4、57、6、59、30、9、55、11、26、61、21	1、2、3、4、57、6、59、30、9、55、11、26、61、21	孤立	孤立
2	10、13				10		边缘	松散
3	16、14、12					12、16、14	边缘	松散
4	5、52、38、53、47、10、49、50、58、51、60、54、39、33、42、43、46				54	5、42、49、52、46	边缘	松散
5	41、36、45、40、48、35、17、56	41、45、48、35	40			56	次中心	紧密
6	20、8、15、7				15	20	边缘	松散
7	34、37、44、22、32、24、25、19、27、28、29、23、31	34、19、29		22、23			中心	紧密

由表 9.11 可知 2007 年唐山市制造的共生关系中,"谷物磨制业""饲料加工业"等产业组成的集体为孤立产业群,该集体内,所有产业均为孤立产业,彼此之间不存在联系,且与其他制造业产业也不存在联系。"纺织制成品

· 280 ·

制造业""印刷业和记录媒介的复制业"等产业以散点形式存在,这些产业是2007年唐山市制造业内的边缘产业,它们的特点为:与其他制造业产业的联系比较低,处于制造业共生关系网络的边缘位置上。2007年唐山市制造业主要由三大共生体构成,分别为:以钢铁产业为基础的金属产品制造业,以金属制品业为基础的金属制品业,以塑料制品业、石油及核燃料加工业、专用化学产品制造业、造纸及纸制品业等基础产业构成的共生体。

9.3 邯郸市创新极共生模式实证

9.3.1 邯郸市制造业产业共生模式研究(2002年)

1. 网络密度

运用 UCINET 软件对2002年邯郸市制造业产业共生网络的平均网络密度进行测算,发现相关系数在0.05水平下,制造业产业共生网络的密度为0.1142。对于一个由61个成员构成的产业共生网络来说,其最大可能的有效关联数目为1830个,而2002年邯郸市制造业的产业共生网络中有效关联的数目仅为418个,可见该共生网络的密度值比较低,很多制造业产业间并没有直接关系。

这一密度值较低,表明2002年邯郸市制造业还处于发展的初级阶段。密度是一个相对值,与网络规模、关系数等都有关系,在本论文中运用2002年的这一数值与2007年的这一值做比较。

在产业共生网络中对中心性问题的探讨主要集中在对"中心度"和"中心势"的测度上。共生网络的中心度衡量的是共生个体在网络中的地位。中心势则反映的共生网络的中心化趋势。其中,中心度的三个指标为"点度中心性"、"中间中心性"以及"接近中心性"。它们是从三种不同的角度对产业共生网络的各个共生主体的中心度进行测量的,虽然内容稍有重叠,但意义不尽相同。

2. 点度中心度

产业共生网络中,某一共生个体,与其直接相连的节点数越多,则说明其在网络中地位越高,位置越重要,与其他共生个体间的联系也越多。在邯郸市制造业产业共生网络中(2002),网络规模 $g=61$。

表9.12 2002年邯郸市制造业主要产业的点度中心度

产业代码	产业名称	Degree	NrmDegree	Share
45	金属制品业	28.000	46.667	0.067
34	塑料制品业	24.000	40.000	0.057
41	钢压延加工业	22.000	36.667	0.053
39	炼铁业	18.000	30.000	0.043
19	造纸及纸制品业	17.000	30.000	0.043
35	水泥、石灰和石膏制造业	16.000	28.333	0.041
29	专用化学产品制造业	14.000	23.333	0.038
33	橡胶制品业	14.000	23.333	0.033
36	玻璃及玻璃制品制造业	14.000	23.333	0.033
10	棉、化纤纺织及印染精加工业	14.000	23.333	0.033

注：Degree代表点的度数，NrmDegree代表标准化的点的度数，Share代表相对点度中心度。

2002年邯郸市制造业内"金属制品业""塑料制品业""钢压延加工业""炼铁业""造纸及纸制品业""水泥、石灰和石膏制造业""专用化学产品制造业""橡胶制品业""玻璃及玻璃制品制造业""棉、化纤纺织及印染精加工业"为度值最大的前十个产业，它们的度值如表9.12所示。这些产业在制造业中比较重要，是参与制造业产业共生的主要成员，能对其他共生个体产生重大影响。它们拥有较强的交易能力和与其他共生个体合作的能力。此外，"石油及核燃料加工业""木材加工及木、竹、藤、棕、草制品业""炼钢业"这些产业的点度中心度数值也比较高，与其他制造业产业间的直接联系也比较多，在共生网络中的地位也比较重要。这是因为这些产业是制造业发展的一些基础性产业，为其他制造业部门提供所需的基础原材料，其与其他制造业部门之间构成的是供需联系。该网络中，存在8个独立个体，即在61个共生个体中，有53个共生产业之间是存在联系的，他们之间存在经济、技术联系等。61个成员中，有8个个体都是独立的，这说明邯郸市2002年的产业共生网络的密度还是比较低的，并且共生主体间的物质流动、经济联系频率等还比较低，这对发展邯郸市制造业产业间的互利共生来说，是不利的。

2. 中间中心度

本书采用"中间中心度"这一指标，对某一共生个体在多大程度上居于其他共生个体之间的程度进行衡量。它是一个控制能力指标，反映了共生个体控制物质能源流动和控制其他共生个体间交往的能力。在某一共生网络中，若去除这些中间中心度度值高的个体，整个网络将会变得极为松散，共生块间的联系将会彻底断裂，整个网络将不再构成一个有机整体。

如表 9.13 所示，"金属制品业""塑料制品业""炼铁业""专用化学产品制造业""钢压延加工业"等十个产业在 2002 年邯郸市制造业共生网络中度值最大。它们是制造业共生网络内比较关键的成员，位于核心地位上，起到重要的中介作用。其对于控制共生网络内物质、能量、信息的移动来说，具有重要意义。度值为 0 的产业有 17 个，分别为"铁合金冶炼业""软饮料及精制茶加工业""烟草制品业""麻纺织、丝绢纺织及精加工业""制糖业""铁路运输设备制造业""针织品、编织品及其制造业""船舶及浮动装置制造业""电机制造业""家用电力和非电力器具制造业""毛纺织和染整精加工业""文化、办公用机械制造业""电子计算机制造业""文教体育用品制造业""家用视听设备制造业""日用化学产品制造业""通信设备制造业"。度值为 0，表明它们在共生网络并不充当"中介""桥梁"的角色，它们位于整个共生网络的边缘位置上，并不控制物质、能量、信息、技术、知识、创新等的扩散和流动。

表 9.13　2002 年邯郸市制造业主要产业的中间中心度

产业代码	产业名称	Betweenness	nBetweenness
45	金属制品业	248.132	14.019
34	塑料制品业	169.310	9.566
39	炼铁业	140.903	7.961
29	专用化学产品制造业	134.434	7.595
41	钢压延加工业	127.104	7.181
10	棉、化纤纺织及印染精加工业	113.548	6.415
35	水泥、石灰和石膏制造业	110.815	6.261
19	造纸及纸制品业	105.502	5.961
5	屠宰及肉类加工业	57.753	3.263
58	电子元器件制造业	52.507	2.967

注：Betweenness 代表中间中心度，nBetweenness 代表绝对中间中心度。

3. 接近中心度

2002年邯郸市制造业内各产业的接近中心度最高的十个产业分别为："金属制品业""塑料制品业""钢压延加工业""炼铁业""专用化学产品制造业""造纸及纸制品业""水泥、石灰和石膏制造业""橡胶制品业""木材加工及木、竹、藤、棕、草制品业""石油及核燃料加工业"。它们的接近中心度值情况，如表9.14所示。

表9.14　2002年邯郸市制造业主要产业的接近中心度

产业代码	产业名称	Farness	nCloseness
45	金属制品业	566.000	10.601
34	塑料制品业	571.000	10.508
41	钢压延加工业	576.000	10.417
39	炼铁业	581.000	10.327
29	专用化学产品制造业	581.000	10.327
19	造纸及纸制品业	582.000	10.309
35	水泥、石灰和石膏制造业	583.000	10.292
33	橡胶制品业	584.000	10.274
17	木材加工及木、藤、棕、草制品业	585.000	10.256
22	石油及核燃料加工业	585.000	10.256

注：Farness代表远离度，nCloseness代表接近中心度。

2002年邯郸市制造业产业共生网络的接近中心度与点度中心度的情况大体一致，制造业内一些主要产业如"金属制品业""塑料制品业""炼铁业""钢压延加工业"的接近中心度很高，进一步印证了这些个体位于共生网络的核心位置，与其他个体有着更多的联系。"造纸及纸制品业""木材加工及木、竹、藤、棕、草制品业""橡胶制品业""水泥、石灰和石膏制造业"等产业的接近中心度也比较高，这些产业亦不易受其他制造业产业控制，较少的依赖于其他制造业产业。这些产业较少地依赖于其他制造业产业部门，是因为它们是基础性的产业，为其他产业提供原料等，创新的来源更多地依赖于本产业，并为其他产业发展创造适宜条件。

4. 中心势

观察数据表9.15，可以发现：2002年邯郸市制造业的度数中心度、接近中心度以及中间中心度的平均值分别为 6.852、28.557、605.736。这意味着在制造业内的 61 个产业间，平均单个产业与 6.852 个产业存在联系；平均单个产业充当"中间人"的次数为 28.557；平均接近程度为 605.736。三种中心度的方差、最大值、最小值均不相同，表明共生网络内，个体间的关系具有不均衡性。接近中心度的最大值为 663.000，最小值为 566.000，二者差距不是很大，这表明共生网络的连接性较强。

表 9.15　2002 年邯郸市制造业三种中心度的统计指标

	平均值	标准差	总和	方差	最小值	最大值	网络中心势
度数中心度	6.852	6.508	418.000	42.355	0.000	28.000	36.4%
中间中心度	28.557	49.843	1742.000	2484.336	0.000	248.132	12.6%
接近中心度	605.736	22.108	32104.000	488.760	566.000	663.000	无值

2002 年制造业产业共生网络的点度中心势和中间中心势分别为 36.4%、12.6%。这两个值并不高，表明核心产业对其他产业的影响不大。由于该共生网络中存在着孤立点，因此接近中心势不存在。

5. 共生体分析

在 Ucinet 中，本书采用"Network—Subgroups—Cliques"路径，运用"Cliques"方法对产业共生网络中的共生体进行分析。Ucinet 软件的共生体运行结果，如图 5.2 所示。2002 年邯郸市制造业产业共生网络中，一共存在 85 个共生体。在每一个共生体内，各产业之间都是存在直接联系的。某一个共生网络中共生体数量越多说明该网络中存在直接联系的小群体的数目越多，整个网络的密度就会越少，共生个体间的直接物质、能量、信息流动就会越少，不利于个体间的交流互动。由此可以推测，2002 年邯郸市制造业各产业间的交流互动存在行业性，共生体内部产业间的交流互动比较频繁，而与共生体外的产业间联系比较少。

观察共生体构成成员可以发现，17、19、28、41、45 这几个产业在共生体构成上具有重叠性，在网络中占据重要位置，他们分别为"合成材料制造业""造纸及纸制品业""木材加工及木、竹、藤、棕、草制品业""金属制品业""炼钢业"。这些产业之所以在很多共生体中出现是因为它们是制造业中的基础性产业、为制造业中其他产业的发展提供了基础，因此要发展制造业需要首先把这些基础性产业搞好，为整个制造业产业共生关系的增强和迅速发展打下结实的基础。

6. 共生块分析

根据结构的对称性，我们可以应用 CONCOR 方法对邯郸市制造业产业共生网络进行"共生块"分析。在 Ucinet 6.0 中，我们沿着"Network—roles&position—Structural—Concor"这条路径进行共生块研究，数据经过 SNA 处理后，得到下图 9.3。

经过分析图 9.3 可知，邯郸市装备制造业产业共生经济联系网络可以分为 8 个共生块，分别为（1、2、36、19、5、31、7、37、28、26、20）（34、6、11、21）（32、54、44、13、12、4）（9、61、59、8、52、57、30、56）（18、3、17、45、10、24、33、35、27）（43、16、25、49、48）（15、14、38、39、22、40、50、42、29、60、41）（51、55、47、58、23、53、46）。

表9.16　2002年制造业共生网络共生块密度矩阵

块编号	1	2	3	4	5	6	7	8
1	0.382	0.318	0.015	0.000	0.253	0.000	0.058	0.013
2	0.318	0.000	0.000	0.000	0.194	0.200	0.068	0.036
3	0.015	0.000	0.067	0.000	0.074	0.100	0.000	0.071
4	0.000	0.000	0.000	0.000	0.000	0.000	0.000	0.000
5	0.253	0.194	0.074	0.000	0.639	0.200	0.333	0.095
6	0.000	0.200	0.100	0.000	0.200	0.000	0.091	0.057
7	0.058	0.068	0.000	0.000	0.333	0.091	0.382	0.195
8	0.013	0.036	0.071	0.000	0.095	0.057	0.195	0.000

由表 9.16 的分析结果可知，第 5 个共生块的密度系数最大，为 0.639，这表明第 5 个共生块的 9 个成员之间在产业共生经济联系上关系密切；而第 4 个产业共生块的密度系数值为 0，这表明其成员之间不存在关系。第 4 个共生块中的共生个体在网络中，全部都为"孤立点"，他们之间不存在任何联系，且和其他共生个体也没有任何关系。

第九章 区域创新极共生模式研究

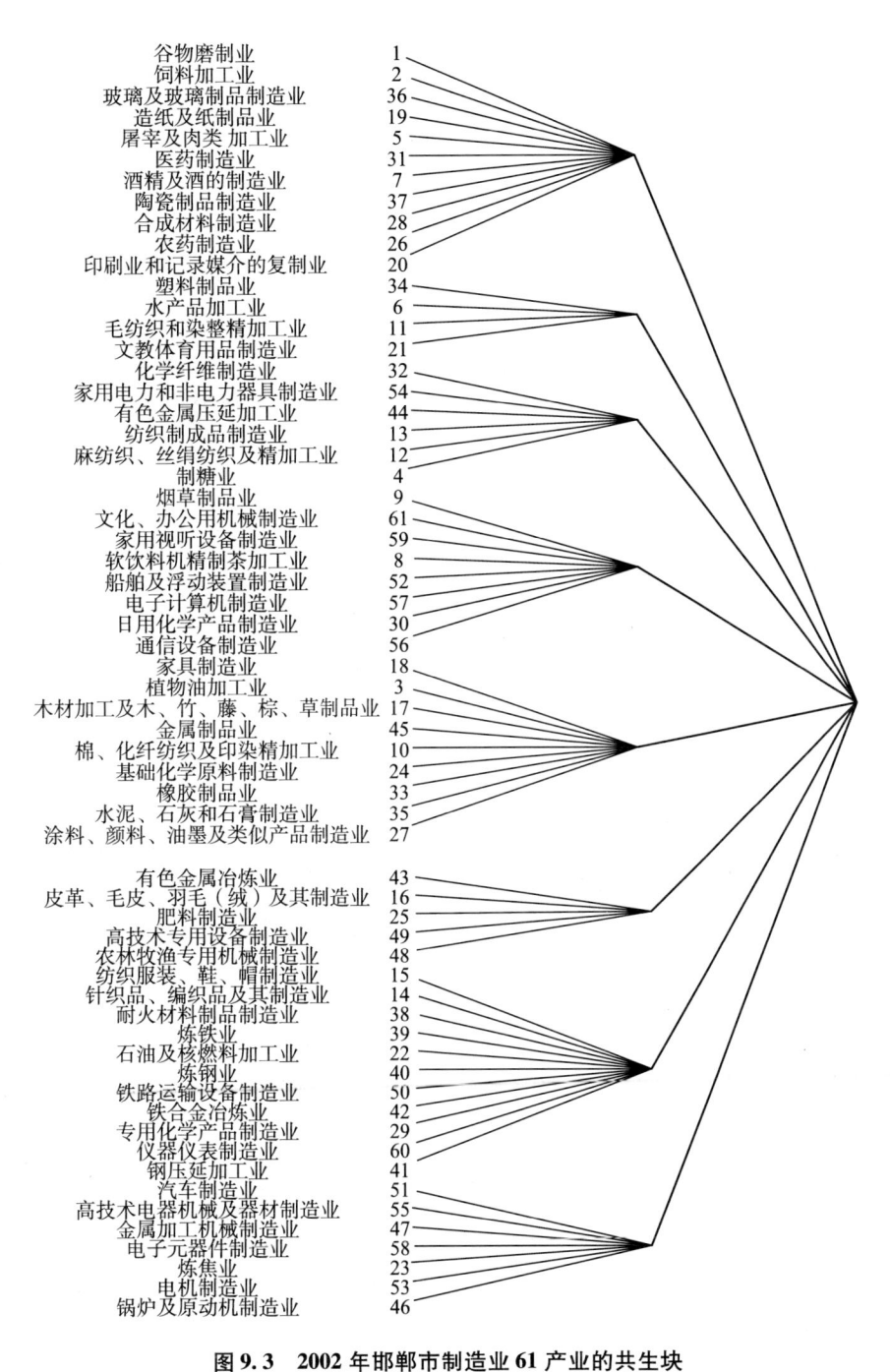

产业	编号
谷物磨制业	1
饲料加工业	2
玻璃及玻璃制品制造业	36
造纸及纸制品业	19
屠宰及肉类加工业	5
医药制造业	31
酒精及酒的制造业	7
陶瓷制品制造业	37
合成材料制造业	28
农药制造业	26
印刷业和记录媒介的复制业	20
塑料制品业	34
水产品加工业	6
毛纺织和染整精加工业	11
文教体育用品制造业	21
化学纤维制造业	32
家用电力和非电力器具制造业	54
有色金属压延加工业	44
纺织制成品制造业	13
麻纺织、丝绢纺织及精加工业	12
制糖业	4
烟草制品业	9
文化、办公用机械制造业	61
家用视听设备制造业	59
软饮料机精制茶加工业	8
船舶及浮动装置制造业	52
电子计算机制造业	57
日用化学产品制造业	30
通信设备制造业	56
家具制造业	18
植物油加工业	3
木材加工及木、竹、藤、棕、草制品业	17
金属制品业	45
棉、化纤纺织及印染精加工业	10
基础化学原料制造业	24
橡胶制品业	33
水泥、石灰和石膏制造业	35
涂料、颜料、油墨及类似产品制造业	27
有色金属冶炼业	43
皮革、毛皮、羽毛（绒）及其制造业	16
肥料制造业	25
高技术专用设备制造业	49
农林牧渔专用机械制造业	48
纺织服装、鞋、帽制造业	15
针织品、编织品及其制造业	14
耐火材料制品制造业	38
炼铁业	39
石油及核燃料加工业	22
炼钢业	40
铁路运输设备制造业	50
铁合金冶炼业	42
专用化学产品制造业	29
仪器仪表制造业	60
钢压延加工业	41
汽车制造业	51
高技术电器机械及器材制造业	55
金属加工机械制造业	47
电子元器件制造业	58
炼焦业	23
电机制造业	53
锅炉及原动机制造业	46

图 9.3　2002 年邯郸市制造业 61 产业的共生块

· 287 ·

如表 9.17 所示,根据 2002 年邯郸市制造业共生体和共生块的具体数据分析,"软饮料和精制茶"等产业组成的集体为孤立产业群,该集体内,所有产业均为孤立产业,彼此之间不存在联系,且与其他制造业产业也不存在联系。"有色金属延加工业""化学纤维制造业"等产业在该图中以散点形式存在,这些产业是 2002 年邯郸市制造业内的边缘产业,它们的特点为:与其他制造业产业的联系比较低,处于制造业共生关系网络的边缘位置上。2002 年邯郸市制造业主要由四大共生体构成分别为:以炼铁业、炼钢业为核心的金属产品制造业;以塑料制造业为基础的塑料衍生产品共生体;以石油及核燃料加工业、橡胶制品业、金属制品业为基础的共生体;以造纸及纸制品业、玻璃及玻璃制品制造业为基础的共生体。

表 9.17 2002 年邯郸市制造业共生块

共生块	各成员	双指标	单指标 合作能力	单指标 控制能力	孤立产业（点度中心度=0）	边缘产业（中间中心度=0）	网络位置	紧密程度
1	1、2、36、19、5、31、7、37、28、26、20	19	36	5			中心	紧密
2	34、6、11、21	34				11、21	中心-边缘	松散
3	32、54、44、13、12、4					12、4、54、	边缘	松散
4	9、61、59、8、52、57、30、56				9、61、59、8、52、57、30、56	9、61、59、8、52、57、30、56	孤立	孤立
5	18、3、17、45、10、24、33、35、27	45、35、10	33				中心	紧密
6	43、16、25、49、48						边缘	松散
7	15、14、38、39、22、40、50、42、29、60、41	41、39、29				42、50、14、	中心-边缘	松散
8	51、55、47、58、23、53、46				58	53	边缘	松散

9.3.2 邯郸市制造业产业共生模式研究（2007年）

1. 网络密度

运用 UCINET 软件对 2007 年邯郸市制造业产业共生网络的平均网络密度进行测算，发现相关系数在 0.05 水平下，制造业产业共生网络的密度为 0.1918。对于一个由 61 个成员构成的产业共生网络来说，其最大可能的有效关联数目为 1830 个，而 2007 年邯郸市制造业的产业共生网络中有效关联的数目仅为 702 个，可见该共生网络的密度值比较低，很多制造业产业间并没有直接关系。这表明 2007 年邯郸市制造业仍然处于发展的初级阶段。

2. 点度中心度

如表 9.18 所示，2007 年邯郸市制造业内"炼铁业""钢压延加工业""金属制品业""棉、化纤纺织及印染精加工业""塑料制品业""高技术专用设备制造业""造纸及纸制品业""石油及核燃料加工业""炼钢业""专用化学产品制造业"为度值最大的前十个产业。这些产业在制造业中比较重要，是参与制造业产业共生的主要成员，能对其他共生个体产生重大影响。它们拥有较强的交易能力和与其他共生个体合作的能力。该网络中，存在 7 个独立个体，即在 61 个共生个体中，有 7 个共生个体之间是存在联系的，他们之间存在经济、技术联系等。61 个成员中，有 7 个个体都是独立的，与 2002 年相比，独立个体数较少，这表明邯郸市 2007 年的产业共生网络的密度还并不是很低的，并且共生主体间的物质流动、经济联系频率等还比较大，这对发展邯郸市制造业产业间的互利共生来说，是有利的。

表 9.18 2007 年邯郸市制造业主要产业的点度中心度

产业代码	产业名称	Degree	NrmDegree	Share
39	炼铁业	33.000	55.000	0.047
41	钢压延加工业	31.000	51.667	0.044
45	金属制品业	30.000	50.000	0.043
10	棉、化纤纺织及印染精加工业	28.000	46.667	0.040
34	塑料制品业	28.000	46.667	0.040
48	高技术专用设备制造业	25.000	41.667	0.036
19	造纸及纸制品业	23.000	38.333	0.033
22	石油及核燃料加工业	23.000	38.333	0.033
40	炼钢业	22.000	36.667	0.031
29	专用化学产品制造业	22.000	36.667	0.031

3. 中间中心度

如表 9.19 所示,"炼铁业""钢压延加工业""棉、化纤纺织及印染精加工业""塑料制品业"等十个产业在 2007 年邯郸市制造业共生网络中度值最大,它们的中间中心度度值,如表 5.7 所示。这些是制造业共生网络内比较关键的成员,位于核心地位上,起到重要的中介作用。其对于控制共生网络内物质、能量、信息的移动来说,具有重要意义。其中,度值为 0 的产业有 14 个,度值为 0,表明它们在共生网络并不充当"中介""桥梁"的角色,它们位于整个共生网络的边缘位置上,并不控制物质、能量、信息、技术、知识、创新等的扩散和流动。

表 9.19 2007 年邯郸市制造业主要产业的中间中心度

产业代码	产业名称	Betweenness	nBetweenness
39	炼铁业	148.125	8.369
41	钢压延加工业	143.424	8.103
34	塑料制品业	132.102	7.463
10	棉、化纤纺织及印染精加工业	92.698	5.237
45	金属制品业	88.359	4.992
51	汽车制造业	78.284	4.423
48	高技术专用设备制造业	57.093	3.226
44	有色金属压延加工业	55.781	3.151
22	石油及核燃料加工业	55.245	3.121
19	造纸及纸制品业	42.981	2.428

4. 接近中心度

2007 年制造业产业共生网络的接近中心度前十产业如表 9.20 所示,其与点度中心度的情况大体一致,制造业内一些主要产业如"炼铁业""钢压延加工业""金属制品业""塑料制品业"的接近中心度很高,进一步印证了这些个体位于共生网络的核心位置,与其他个体有着更多的联系。

表 9.20 2007 年邯郸市制造业主要产业的接近中心度

产业代码	产业名称	Farness	nCloseness
39	炼铁业	502.000	11.952
41	钢压延加工业	503.000	11.928
45	金属制品业	505.000	11.881
34	塑料制品业	505.000	11.881
48	高技术专用设备制造业	508.000	11.811
10	棉、化纤纺织及印染精加工业	509.000	11.788
22	石油及核燃料加工业	511.000	11.742
51	汽车制造业	512.000	11.719
19	造纸及纸制品业	512.000	11.719
17	木材加工及木、藤、棕、草制品业	514.000	11.673

5. 中心势

如表 9.21 所示，2007 年邯郸市制造业的度数中心度、接近中心度以及中间中心度的平均值分别为 11.508、20.984、527.407。这意味着在制造业内的 61 个产业间，平均单个产业与 11.508 个产业存在联系；平均单个产业充当"中间人"的次数为 20.984；共生网络的平均接近程度为 9527.407。三种中心度的方差、最大值、最小值均不相同，表明共生网络内，个体间的关系具有不均衡性。

表 9.21 2007 年邯郸市制造业三种中心度的统计指标

	平均值	标准差	总和	方差	最小值	最大值	网络中心势
度数中心度	11.508	8.975	702.000	80.545	0.000	33.000	37.038%
中间中心度	20.984	35.061	1280.000	1229.281	0.000	148.125	7.30%
接近中心度	527.407	15.808	28480.000	249.908	502.000	576.000	无值

2007 年制造业产业共生网络的点度中心势和中间中心势分别为 37.038%、7.30%。第一个值并不高，表明核心产业对其他产业的影响不大。第二个值很低，表明核心产业充当中间桥梁作用的程度很低。接近中心势不存在，与 2002 年对邯郸市制造业接近中心度的网络中心势的解释一致。

6. 共生体分析

Ucinet 软件的共生体运行结果可知：2007 年邯郸市制造业产业共生网络

中，一共存在 192 个共生体。在每一个共生体内，各产业之间都是存在直接联系的。该网络中共生体数量很多这表明该网络内存在直接联系的小群体的数目很多，整个网络的密度不大，共生个体间的直接物质、能量、信息流动比较少，不利于个体间的交流互动。

7. 共生块分析

2007 年邯郸市共生块的情况如图 9.4 所示。

该网络中一共存在 7 个共生块，各自的构成如图所示。如表 9.22 所示，其中第 6 个共生块的密度系数最大，为 0.571，这表明第 6 个共生块的 7 个成员之间在产业共生联系上关系密切；而第 3 个产业共生块的密度系数值为 0，这表明其成员之间不存在关系。可以发现，第 3 个共生块中的共生个体在网络中，全部都为"孤立点"。它们之间不存在任何联系，且和其他共生个体也没有任何关系。

表 9.22 2007 年邯郸市制造业共生块

共生块	各成员	双指标	单指标 合作能力	单指标 控制能力	孤立产业（点度中心度=0）	边缘产业（中间中心度=0）	网络位置	紧密程度
1	1、2、3、34、5、36、25、26、24、28、17、19、31、32	34、19				2、3	中心－边缘	松散
2	52、7、14、13、11、37、16、18、10	10				52	中心－边缘	松散
3	8、59、4、55、6、12、9				8、59、4、55、6、12、9	8、59、4、55、6、12、9	孤立	孤立
4	20、15、53、57、50、21、30、56、54、33、47、42、58、46					56、57、30	边缘	松散
5	38、60、29、51、22、35、27、23	22	29	51			中心	紧密
6	49、40、43、41、39、44、45	39、41、45	40	44			中心	紧密
7	48、61	48				61	中心－边缘	松散

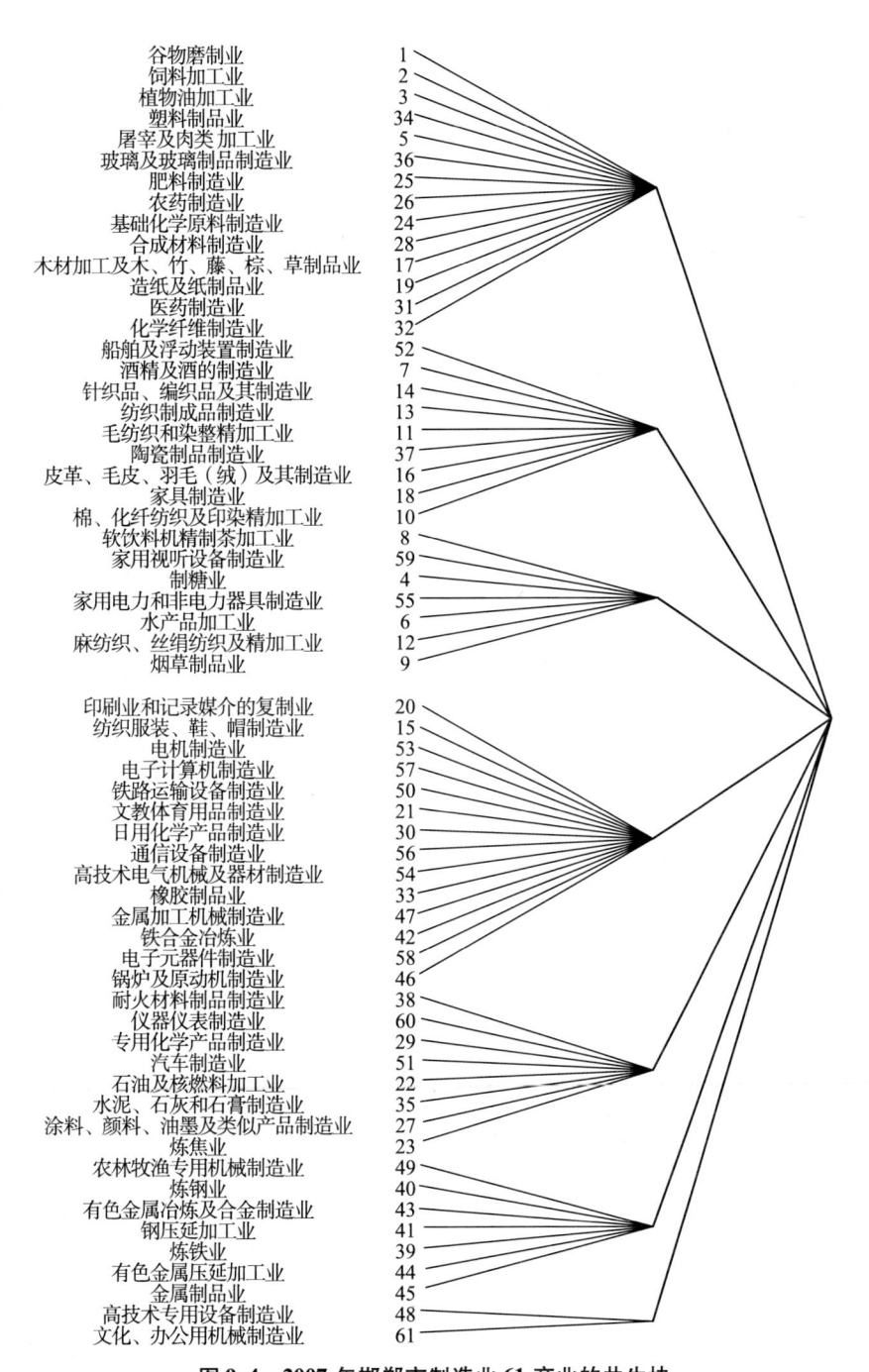

产业	编号
谷物磨制业	1
饲料加工业	2
植物油加工业	3
塑料制品业	34
屠宰及肉类加工业	5
玻璃及玻璃制品制造业	36
肥料制造业	25
农药制造业	26
基础化学原料制造业	24
合成材料制造业	28
木材加工及木、竹、藤、棕、草制品业	17
造纸及纸制品业	19
医药制造业	31
化学纤维制造业	32
船舶及浮动装置制造业	52
酒精及酒的制造业	7
针织品、编织品及其制造业	14
纺织制成品制造业	13
毛纺织和染整精加工业	11
陶瓷制品制造业	37
皮革、毛皮、羽毛（绒）及其制造业	16
家具制造业	18
棉、化纤纺织及印染精加工业	10
软饮料机精制茶加工业	8
家用视听设备制造业	59
制糖业	4
家用电力和非电力器具制造业	55
水产品加工业	6
麻纺织、丝绸纺织及精加工业	12
烟草制品业	9
印刷业和记录媒介的复制业	20
纺织服装、鞋、帽制造业	15
电机制造业	53
电子计算机制造业	57
铁路运输设备制造业	50
文教体育用品制造业	21
日用化学产品制造业	30
通信设备制造业	56
高技术电气机械及器材制造业	54
橡胶制品业	33
金属加工机械制造业	47
铁合金冶炼业	42
电子元器件制造业	58
锅炉及原动机制造业	46
耐火材料制品制造业	38
仪器仪表制造业	60
专用化学产品制造业	29
汽车制造业	51
石油及核燃料加工业	22
水泥、石灰和石膏制造业	35
涂料、颜料、油墨及类似产品制造业	27
炼焦业	23
农林牧渔专用机械制造业	49
炼钢业	40
有色金属冶炼及合金制造业	43
钢压延加工业	41
炼铁业	39
有色金属压延加工业	44
金属制品业	45
高技术专用设备制造业	48
文化、办公用机械制造业	61

图 9.4　2007 年邯郸市制造业 61 产业的共生块

通过分析运算结果，"制糖业""水产品加工业"等产业组成的集体为孤立产业群，该集体内，所有产业均为孤立产业，彼此之间不存在联系，且与其他制造业产业也不存在联系。"文化、办公用机械制造业""植物油加工业"等产业在该图中以散点形式存在，这些产业是2007年邯郸市制造业内的边缘产业，它们的特点为：与其他制造业产业的联系比较低，处于制造业共生关系网络的边缘位置上。2007年邯郸市制造业主要由三大共生体构成，分别为：以钢铁产业为基础的金属产品制造业；以棉、化纤纺织及印染精加工业为基础的共生体；以塑料制品业、高技术专用设备制造业、造纸及纸制品业为基础的共生体。

9.4 区域创新极共生模式与演化

9.4.1 地区制造业创新极共生情境

1. 制造业产业共生指标分析

2002年邯郸市制造业共生网络的整体密度为0.1142，2007年为0.1918；2002年唐山市制造业共生网络的整体密度为0.2279，2007年为0.1257。这些密度值都不高，表明制造业内创新极间的关系数比较少。本书中制造业创新极共生网络中的创新极数为61个，若在该网络中，每个个体间都存在联系，则可能存在的最大关系数为1830个。而实际上2002年邯郸市制造业内的关系数为418个，2007年为702个，2002年唐山市制造业内的关系数为834，2007年为460个，这些值远远小于最大关系数，的确，制造业内有很多创新极都不存在直接联系。制造业仍处于共生发展的初级阶段。

点度中心度。2002年邯郸市制造业共生网络中，"金属制品业"度值最大，为28，整体中心比例为0.067。2007年，"炼铁业"度值最大，为33，整体中心比例为0.047。2002年唐山市共生网络中，"钢压延加工业"度值最大，为41，整体中心比例为0.049。2007年，"金属制品业"度值最大，为29，整体中心比例为0.063。由此可知，邯郸和唐山制造业内的核心创新极均为钢铁创新极。且核心创新极的整体重心比例均为0.05左右，对于一个由61个个体构成的群体网络来说，该值较大，表明核心创新极与其他创新极的交往能力是比较强的。2002年、2007年邯郸唐山两地制造业内点度中心度值最大的五个创新极如表 9.23 所示,由此可知:从创新极的交往能力出发,可以位于制造业中心区域的创新极除了钢铁创新极外,还有塑料业、造纸业、化工业、水泥、棉纺织创新极。2002 年度数为 0 的创新极有 8 个,2007 年为 7 个,2002 年度数为 0 的创新极有 4 个,2007 年为 14 个,表明邯郸唐山两地制造业内都存在孤立创新极,且孤立创新极数量占制造业的 6.5% 以上。

表 9.23 邯郸唐山 2002 年和 2007 年的共生指标

指标	2002 年邯郸	2007 年邯郸	2002 年唐山	2007 年唐山
密度	0.1142	0.1918	0.2279	0.1257
点度中心度值最大的前五个创新极	金属制品业	炼铁业	钢压延加工业	金属制品业
	塑料制品业	钢压延加工业	金属制品业	钢压延加工业
	钢压延加工业	金属制品业	塑料制品业	炼铁业
	炼铁业	棉、化纤纺织及印染精加工业	基础化学原料制造业	水泥、石灰和石膏制造业
	造纸及纸制品业	塑料制品业	造纸及纸制品业	专用化学产品制造业
中间中心度值最大的前五个创新极	金属制品业	炼铁业	钢压延加工业	钢压延加工业
	塑料制品业	钢压延加工业	塑料制品业	金属制品业
	炼铁业	塑料制品业	金属制品业	水泥、石灰和石膏制造业
	专用化学产品制造业	棉、化纤纺织机印染精加工业	造纸及纸制品业	纺织服装、鞋、帽制造业
	钢压延加工业	金属制品业	纺织服装、鞋、帽制造业	造纸及纸制品业

中间中心度。2002 年邯郸市制造业共生网络中,"金属制品业"中间度值最大,为 248.132。2007 年,"炼铁业"中间度值最大,为 148.125。2002 年唐山市制造业共生网络中,"钢压延加工业"中间度值最大,为 215.571。2007 年,同样也是"钢压延加工业"中间度值最大,为 173.834。由此可知,无论从创新极的"交往能力"还是从"控制能力"来看,邯郸、唐山两地的核心创新极均为钢铁创新极。2002 年、2007 年、邯郸和唐山的制造业内中间中心度最大的前五个创新极如表 9.23 所示。观察该表可知,从创新极的控制能力出发,位于网络核心区域的创新极除了钢铁业外、还有塑料业、棉纺织

业、化工业、造纸业。2002年邯郸市制造业内中间中心度值为0的创新极有17个，2007年有14个，2002年唐山市制造业内中间中心度值为0的创新极有14个，2007年有21个。这表明，制造业共生网络内边缘创新极和孤立创新极比较多，二者之和达到了总创新极数量的22.9%以上。

接近中心度。2002年，邯郸市制造业内"金属制品业"接近中心度值最小是566，为网络的核心，2007年"炼铁业"度值最小，是502，为网络的核心，这与点度中心度和中间中心度的结果一致。2002年，唐山市制造业内"钢压延加工业"接近中心度值最小是315，为网络的核心，2007年同样为"钢压延加工业"度值最小，是919，为网络的核心，这与中间中心度的结果一致。

中心势。2002年邯郸市制造业共生网络的点度中心势为36.4%，中间中心势为12.6%。2007点度中心势为37.038%，中间中心势为7.30%。2002年唐山市制造业共生网络的点度中心势为47.098%，中间中心势为11.07%。2007点度中心势为36.98%，中间中心势为8.59%。很明显，点度中心势值较大，中间中心势较小，表明：从网络直接联系的角度出发，共生网络的集中趋势较强；从位于路径中间位置的角度出发，共生网络的集中趋势较弱。

2. 制造业创新极共生体分析

2002年邯郸市制造业共生网络内共生体个数为85，2007年为192。2002年唐山市制造业共生网络中的共生体个数为157，2007年为88。共生体个数较多，表明制造业共生网络的集聚度较低，制造业内的小群体数过多，不利于制造业整体发展。

如图9.5所示，2002年邯郸市制造业是由8个共生块构成的。其中密度最大的一个共生块是由"家具制品业""植物油加工业""木材加工及木、竹、藤、棕、草制品业""金属制品业""棉、化纤纺织机印染精加工业""基础化学原料制造业""橡胶制品业""水泥、石灰和石膏制造业""涂料、颜料、油墨及类似产品制造业"这9个创新极构成的。2007年邯郸市制造业是由7个共生块构成的，其中密度最大的一个共生块是由"农林牧渔专用机械制造业""炼钢业""有色金属冶炼及合金制造业""钢压延加工业""炼铁业""有色金属盐加工业""金属制品业"7个成员构成的。2002年唐山市制造业是由8个共生块构成的。其中密度最大的一个共生块是由

"印刷业和印刷媒介的复制业"、"纺织制成品制造业""耐火材料制品制造业"、"玻璃及玻璃制品制造业""纺织服装、鞋、帽制造业""造纸及纸制品业""涂料、颜料、油墨及类似产品制造业""合成材料制造业""专用化学产品制造业""金属制品业""木材加工及木、竹、藤、棕、草制品业""家具制造业""橡胶制品业""塑料制品业""水泥、石灰和石膏制造业""化学纤维制造业""陶瓷制品制造业""石油及核燃料加工业""基础化学原料制造业"这19个创新极构成的,密度为0.749。2007年唐山市制造业是由7个共生块构成的,其中密度最大的一个共生块是由"塑料制品业""陶瓷制品制造业""有色金属压延加工业""石油及核燃料加工业""化学纤维制造业""基础化学原料制造业""肥料制造业""造纸及纸制品业""涂料、颜料、油墨及类似产品制造业""合成材料制造业""专用化学产品制造业""炼焦业""医药制造业"这13个创新极共生的。

对比四次制造业创新极共生体和共生块分析,可以知道:两地两个年份的制造业创新极共生网络中都存在的共生体有,以金属制品业、钢压延加工业为基础的金属制品制造业、以钢铁创新极为基础的钢铁及钢铁衍生产品制造业,以塑料为基础的产品制造业、以基础化学原料为基础的产品制造业、以棉麻、纺织等为基础的产品制造业,以塑料为基础的产品制造业、以造纸及纸制品业为基础的产品制造业、以饮料制品业为基础产品制造业。制造业共生体结构,如下图9.5所示。其中钢铁创新极和机械装备制造业两个创新极的关系最为紧密。其他基础性创新极围绕在核心区域创新极周边。

图9.5 制造业共生体结构

3. 制造业创新极共生情境

根据课题关于创新极间关系的研究,做出了制造业创新极活跃因子图,如图9.6所示。

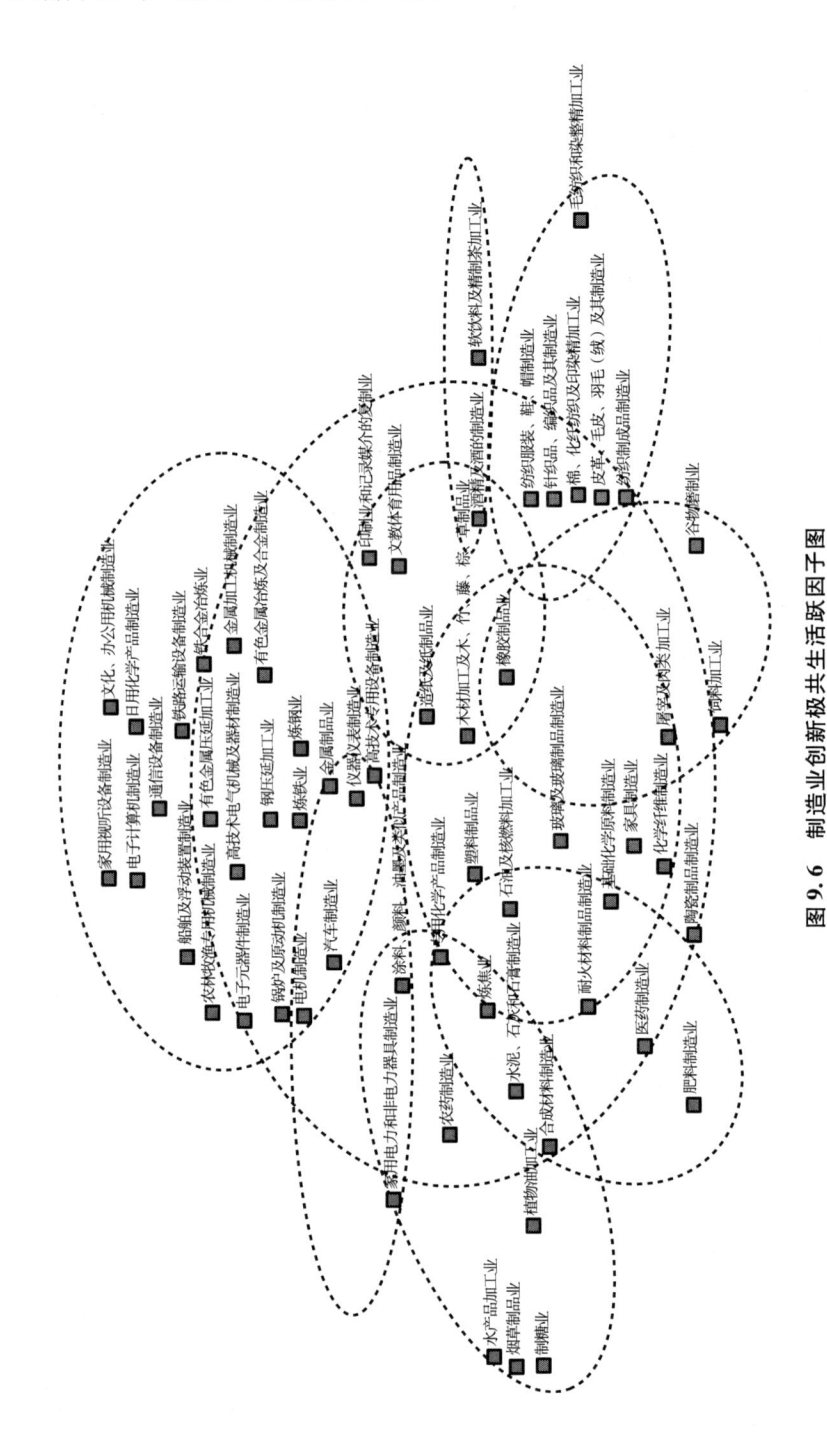

图 9.6 制造业创新极共生活跃因子图

该图中，黑色圆圈外的创新极为孤立创新极。圈内的创新极均为共生创新极。制造业内核心的共生体为钢铁创新极，此外还有塑料、石油、化工等基础创新极。当前制造业共生网络中的充当着重要作用的活跃因子为金属制造业、钢压延加工业、塑料制造业、橡胶制造业、基础化学产品制造业、石油及核燃料加工业。未来的活跃因子为当下位于圈外的创新极。尤其是钢铁创新极内位于圈外的创新极，更具有发展优势。根据创新极间的实际关系，最后做出了一个制造业创新极共生的一般情景图，如图9.7所示。

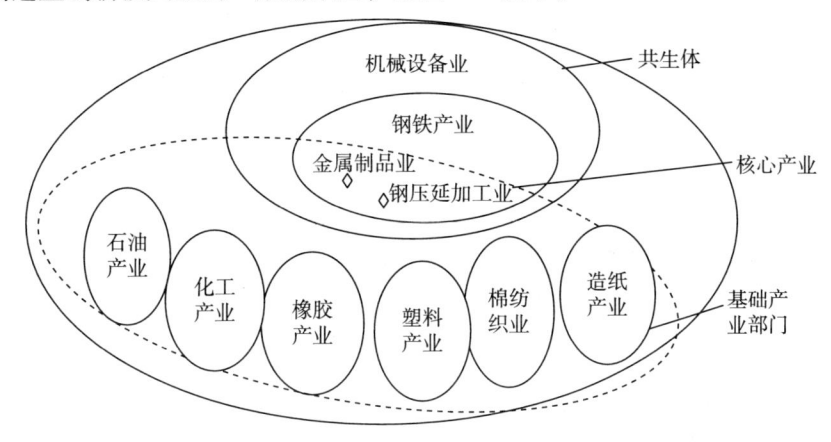

图 9.7 制造业创新极共生情境

9.4.2 创新极共生原理与模式

1. 基本创新极共生模式

研究表明，河北省唐山市与邯郸市地区产业技术溢出模式具有共性，都形成了农产品加工、纺织、钢铁及其制品业、化学医药制品、合成材料、水泥陶瓷六大产业簇群为主体的产业溢出情景，其中农产品加工业与纺织业联系紧密、化学医药制品业与合成材料业联系紧密，又形成相对紧密的产业溢出模式。现将两地区产业基本溢出模式归纳起来，如图9.8所示。

图中描述的地区创新极间的宏观共生关系，是地区产业溢出的基本模式。该图表明，相近的创新极形成簇群，簇群间存在溢出，是创新极共生的宏观表现。

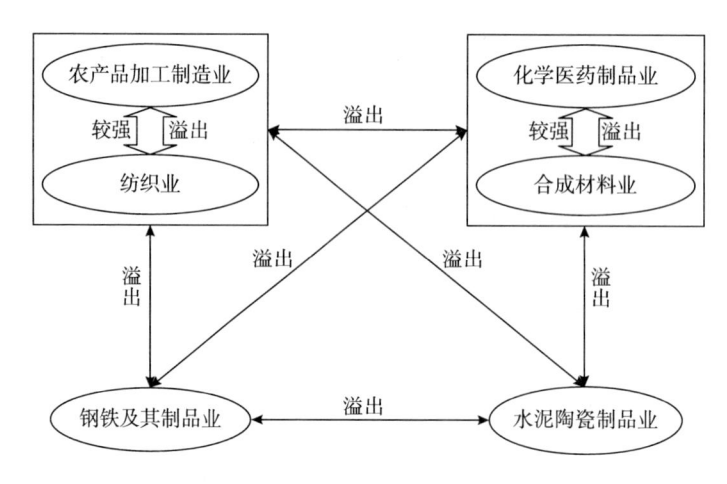

图 9.8　基本创新极共生模式图

2. 技术层面产业共生形式

从产业主导技术及产业共性技术入手，通过探究不同产业的产业主导技术及产业共性技术之间的关系，来研究产业技术溢出模式，可得如下图 9.9：

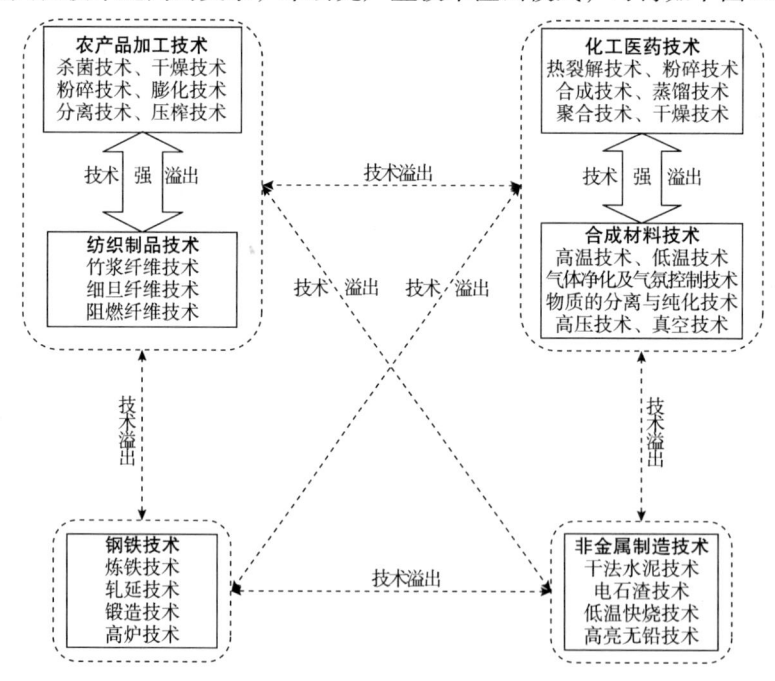

图 9.9　技术层面产业共生模式图

图 9.9 是关于农产品加工、纺织、钢铁及其制品业、化学医药制品、合成材料、水泥陶瓷六大创新极簇群的主要技术为主体的创新极共生关系，该模式的根本是产业间技术溢出。该图表明，任何创新极共生都依托于相似的产业技术，相似的产业技术为创新极间技术交流与技术溢出提供了可能。创新极间共生实质是技术的交流与溢出，技术相近的成分越多，越容易发生技术溢出。

3. 技术溢出链与工业产业链

创新极共生模式实质是技术溢出链的模式化，其又往往表现为产业间横向与纵向关联，即工业产业链。产业间横向关联往往是技术与包含着技术的产品横向流动的结果，而技术与产品的在上下游产业间的流动又往往引起产业间发生纵向技术溢出。如：无机化学合成技术的进步，使得合成纤维产品中包含着技术进步带来的价值，而合成材料业由于与无机化学合成业发生技术与产品流动而发生产业横向溢出，表现为产业间横向关联，同时合成纤维产品质量的提高又会对下游的纺织服装业产生纵向技术溢出。产业技术溢出链决定了产业关联，产业关联决定了工业产业链。现将技术溢出链与工业产业链模式图绘制如下，如图 9.10 所示。

图 9.10 描述了产业间技术联系与产品联系，表明产业簇群内与产业簇群间都会发生产业技术溢出，形成产业技术溢出链，进而形成工业产业链。

首先，从技术层面看两地区不同产业拥有各自的主导技术和共性技术，产业是技术的载体。其次，从市场因素来看，产品在上下游与横向产业间流动，宏观上来看是产业间进行交流与合作，发生产业关联，而微观上来看产品交流将使得技术与技术信息依赖产品、科研人员、专利等在产业间发生交流，进而产生产业技术溢出。最后，从主导产业（簇群）角度来看，主导产业（簇群）往往由于资源丰富、技术成熟、规模大、把握地区经济命脉等优势，对其他产业（簇群）起到支配作用而发生技术溢出，对区域经济发展有举足轻重的作用。由此可见，创新极共生实质是技术在产业间的溢出，技术溢出链（网）最终表现为工业产业链（网）。创新极共生以工业产业链为载体，不仅发生上下游产业间纵向溢出，而且发生横向溢出。

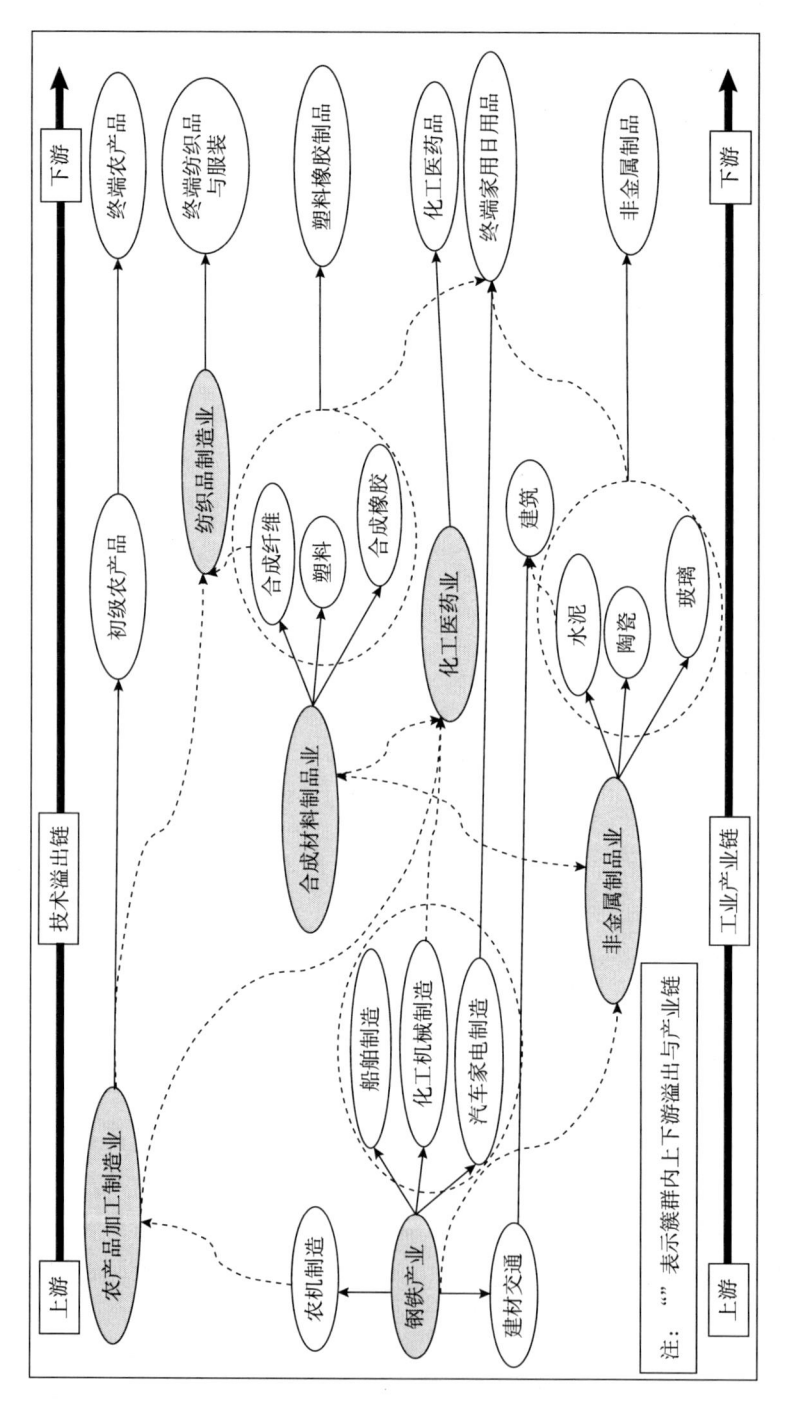

图 9.10 技术溢出链与工业产业链模式图

9.4.3 两地区制造业创新极共生比较分析

1. 密度演变分析

2002年、2007年邯郸市制造业共生网络的整体密度情况表明随着经济的发展，邯郸市制造业内的创新极间的联系日益紧密，关系数增多。2002年、2007年唐山市制造业共生网络的整体密度。0.2279 > 0.1257，表明，2002~2007年间，唐山市制造业内的创新极间的联系越来越少，关系数减小。

2. 中心性演变分析

（1）点度中心度变化。2002年邯郸市制造业内，度值最大的是"金属制品业"，为28，整体中心比例为0.067。2007年，"炼铁业"度值最大，为33，整体中心比例为0.047。表明，2002~2007年之间，邯郸市制造业创新极共生网络的核心从"金属制品业"转变为了"炼铁业"。两年的核心创新极度值在增大，表明2007年核心创新极与其他创新极的联系在增多。0.067 > 0.047，表明核心创新极关系数占整个网络的比重在减少。2002年唐山市共生网络中，"钢压延加工业"度值最大，为41，整体中心比例为0.049。2007年，"金属制品业"度值最大，为29，整体中心比例为0.063。表明，2002~2007年之间，唐山制造业创新极共生网络的核心从"钢压延加工业"转变为了"金属制品业"。两年的核心创新极度值在减少，表明2007年核心创新极与其他创新极的联系在减少。0.049 < 0.063，表明核心创新极关系数占整个网络的比重在增大。

邯郸市2002~2007年间，"棉、化纤纺织及印染精加工业"迅速发展，进入了前五的行列。"造纸及纸制品业"发展落后，退出了前五的行列。"金属制品业""塑料制品业""钢压延加工业""炼铁业"一直稳步位于制造业的中心区域上。其中，"炼铁业""钢压延加工业"有所进步，"金属制品业""塑料制品业"有所退步。2002年、2007年唐山市度值最大的前5个创新极如表6.1所示。表明2002~2007年间，"水泥、石灰和石膏制造业""专用化学产品制造业"迅速发展，进入了前五的行列。"基础化学原料制造业""造纸及纸制品业"发展落后，退出了前五的行列。"金属制品业""塑料制品业""钢压延加工业"一直稳步位于制造业的中心区域上。其中，"金属制品业"有所进步，"钢压延加工业""塑料制品业"有所退步。

2002年、2007年邯郸市制造业内度数为0的创新极数分别为8和7。独立创新极数在减少，也意味着创新极间的联系在增多。2002年、2007年唐山市度数为0的创新极数分别为4、14。独立创新极数在增多，也意味着创新极间的联系的减少。

（2）中间中心度变化。2002年邯郸市制造业共生网络中，"金属制品业"中间度值最大，为248.132。2007年，"炼铁业"中间度值最大，为148.125。这表明，2002~2007年核心创新极从"金属制品业"变为了"炼铁业"，这与点度中心度分析结果一致。表明无论从"交往能力"还是从"控制能力"来看，这两个创新极都是核心创新极。248.132＜148.125，表明2007年核心创新极的控制能力比2002年核心创新极的控制能力在减弱。2002年唐山市制造业共生网络中，"钢压延加工业"中间度值最大，为215.571。2007年，同样也是"钢压延加工业"中间度值最大，为173.834。可知：2002~2007年"钢压延加工业"一直都是制造业内控制物质能量信息等的流动能力最强的创新极，是共生网络中最重要的桥梁，如果失去这一创新极，整个共生网络的共生体系将不复存在。215.571＜173.834，表明2007年"钢压延加工业"这一主要创新极的控制能力在减弱。

2002~2007年，"棉、化纤纺织机印染精加工业"得到发展，进入前五的行列。这与点度中心度分析结果一致。"专用化学产品制造业"发展落后，退出了前五行列。其中，"炼铁业""钢压延加工业"有所进步，"金属制品业""塑料制品业"有所退步。这与点度中心度结果一致。观察前五个创新极的中间中心度值，我们发现2007年的度值普遍比2002年的小，这表明这些主要创新极的控制能力在减退。由此可知：2002~2007年，"水泥石灰和石膏制造业"得到发展，进入前五的行列。这与点度中心度分析结果一致。"塑料制造业"发展落后，退出了前五行列。其中，"金属制品业""纺织服装、鞋、帽制造业"有所进步，"造纸及纸制品业"有所退步。这与点度中心度结果大体一致。观察前五个创新极的中间中心度值，我们发现2007年的度值普遍比2002年的小，这表明这些主要创新极的控制能力在减退。

2002年、2007年邯郸市制造业共生网络内中间中心度值为0的创新极分别为17个、14个。这说明，邯郸市制造业内的边缘创新极在减少，3个2002年的边缘创新极随着经济的发展，与其他创新极发生联系，退出了边缘创新极行列。

2002年中间中心度值为0的创新极为14个,2007年为21个,这说明,邯郸市制造业内的边缘创新极在增加,多了7个创新极,与其他创新极没有了联系,进入了边缘创新极行列。

(3)中心势变化。2002年邯郸市制造业共生网络的点度中心势为36.4%,中介中心势为12.6%。2007点度中心势为37.038%,中间中心势为7.30%。37.038%>36.4%,表明从网络直接联系角度出发,2007年共生网络的集中趋势有所降低。12.6%>7.30%,表明从位于路径中间位置的角度出发,2007年中心趋势降低。2002年唐山市制造业共生网络的点度中心势为47.098%,中介中心势为11.07%。2007点度中心势为36.98%,中间中心势为8.59%。47.098%>36.98%,表明从网络直接联系角度出发,2007年共生网络的集中趋势有所降低。11.07%>8.59%,表明从位于路径中间位置的角度出发,2007年中心趋势降低。

3. 共生体演变分析

2002年邯郸市制造业共生网络中的共生体个数为85个,2007年为192个。192>85,这意味着2007年制造业内小群体数量在增多。2002年唐山市制造业共生网络中的共生体个数为157个,2007年为88个。157>88,这意味着2007年制造业内小群体数量在减少。

2002年邯郸市制造业是由8个共生块构成的。其中密度最大的一个共生块是由"家具制造业""植物油加工业""木材加工及木、竹、藤、棕、草制品业""金属制品业""棉、化纤纺织机印染精加工业""基础化学原料制造业""橡胶制品业""水泥、石灰和石膏制造业""涂料、颜料、油墨及类似产品制造业"这9个创新极构成的。2007年邯郸市制造业是由7个共生块构成的,其中密度最大的一个共生块是由"农林牧渔专用机械制造业""炼钢业""有色金属冶炼及合金制造业""钢压延加工业""炼铁业""有色金属盐加工业""金属制品业"7个成员构成的。2007年共生块的数量比2002年共生块的数量少,表明邯郸市创新极共生网络中,小团体的数量在减少,有利于制造业整体的发展。2002年,核心共生块是由"金属制品业"等一些基础性创新极构成的。2007年核心共生块是由"炼铁业"为核心的金属冶炼和制品业构成的。表明随着经济的发展,邯郸的制造业内核心共生块由当初一些基础型创新极，逐渐发展为金属冶炼为核心的一些重工业。

2002年唐山市制造业是由8个共生块构成的。其中密度最大的一个共生块是由"印刷业和印刷媒介的复制业"、"纺织制成品制造业""耐火材料制品制造业"、"玻璃及玻璃制品制造业""纺织服装、鞋、帽制造业""造纸及纸制品业""涂料、颜料、油墨及类似产品制造业""合成材料制造业""专用化学产品制造业""金属制品业""木材加工及木、竹、藤、棕、草制品业""家具制造业""橡胶制品业""塑料制品业""水泥、石灰和石膏制造业""化学纤维制造业""陶瓷制品制造业""石油及核燃料加工业""基础化学原料制造业"这19个创新极构成的，密度为0.749。2007年唐山市制造业是由7个共生块构成的，其中密度最大的一个共生块是由"塑料制品业""陶瓷制品制造业""有色金属压延加工业""石油及核燃料加工业""化学纤维制造业""基础化学原料制造业""肥料制造业""造纸及纸制品业""涂料、颜料、油墨及类似产品制造业""合成材料制造业""专用化学产品制造业""炼焦业""医药制造业"这13个创新极共生的。2007年共生块的数量比2002年共生块的数量少，表明邯郸市创新极共生网络中，小团体的数量在减少，有利于制造业整体的整合。2007年核心共生块构成成员的数量比2002年减少了，这表明核心共生块的力量在减弱，不具有强的凝聚力了。

4. 共生演变分析

由关于邯郸唐山两地2002年、2007年制造业共生网络的密度、中心性、共生体、共生块的分析，可知：邯郸市制造业共生体系得到了发展，唐山市制造业共生体系出现了一定程度的减退。邯郸制造业发展的原因为邯郸市制造业整体网络密度在增大；核心创新极由金属制品业发展成了炼铁业，且核心创新极具有最强的交往和控制能力；独立创新极和边缘创新极数量都在减少；网络的集聚度在升高；共生体数量在增多。唐山制造业减退的原因为制造业网络密度降低；核心创新极钢压延加工业度值在降低，与其他创新极的交往能力和控制能力都在减弱；独立创新极和边缘创新极都在增多；网络的整体集聚程度在降低；共生体数量在减少。

查阅相关资料，整理出了制造业的工业增加值和科研经费支出情况。表中Y代表工业增加值，R&D代表科研经费支出。2002年、2007年唐山市制造业内各创新极的工业增加值和科研经费支出情况，如表9.24所示。

表 9.24　邯郸市 2002 年、2007 年制造业工业增加值和研究经费支出

创新极名称	2002 年 Y/万元	2002 年 R&D/万元	2007 年 Y/万元	2007 年 R&D/万元
农副食品加工制造业	27797	21	97139	35
饮料制造业	11880	40	10092	12
纺织业	76835	895	100673	2541
纺织服装、鞋、帽制造业	6317	127.8571	13673	363
皮革、毛皮、羽毛（绒）及其制品业	4378	127.8571	247	363
木材加工及木、竹、藤、棕、草制品业	4960	16.5	8281	30
家具制造业	3347	16.5	5972	30
造纸及纸制品业	14044	1522	5972	30
印刷业、记录媒介的复制	1563	0	154	0
石油加工及炼焦业	5101	0	826	156
化学原料及化学制品制造业	19524	337	82773	966
医药制造业	4178	182	20220	539
化学纤维制造业	718	0	65	0
橡胶制品业	6	0	123	0
塑料制品业	4322	0	21823	164
非金属矿物制品业	51503	2041	106047	795
黑色金属冶炼及压延加工业	533114	11621	2496020	124995
有色金属冶炼及压延加工业	5122	320	411	0
金属制品业	6529	191	28728	0
普通机械制造业	2810	426	2940	2430
专用设备制造业	16738	449	40108	1311
交通运输设备制造业	8587	193	9507	4894
电气机械及器材制造业	3175	172	6364	315
电子及通信设备制造业	14	0	2347	155
仪器及文化办公用品制造业	2036	225	9682	2497

观察表 9.24，可以发现制造业各创新极部门的工业增加值和 R&D 投入普遍增大，表明邯郸市制造业创新极在发展演化、创新投入在增加、创新极在快速发展。2002 年、2007 年唐山市制造业各创新极的工业增加值和科研经费支

出情况如下表 9.25 所示。

表 9.25 唐山市 2002 年、2007 年制造业工业增加值和研究经费支出

创新极名称	2002 年 Y/万元	2002 年 R&D/万元	2007 年 Y/万元	2007 年 R&D/万元
农副食品加工制造业	81434	29	250963	181
饮料制造业	44233	50	48682	368
纺织业	44352	822	64365	126
纺织服装、鞋、帽制造业	16828	117.4286	36042	18
皮革、毛皮、羽毛（绒）及其制品业	230	117.4286	269	18
木材加工及木、竹、藤、棕、草制品业	4509	3	6348	0
家具制造业	9404	3	10823	0
造纸及纸制品业	64642	952	93991	22
印刷业、记录媒介的复制	4243	0	18872	0
石油加工及炼焦业	7098	0	190896	0
化学原料及化学制品制造业	74684	231	187346	6718
医药制造业	24958	200	58462	682
化学纤维制造业	-5356	0	2786	0
橡胶制品业	6731	0	18229	0
塑料制品业	20531	210	37827	0
非金属矿物制品业	215963	7789	476573	16273
黑色金属冶炼及压延加工业	779656	21352	4832620	117780
有色金属冶炼及压延加工业	4743	60	10348	537
金属制品业	77007	462	221857	1000
普通机械制造业	37137	1805	155673	5523
专用设备制造业	35611	670	78860	1708
交通运输设备制造业	68315	6832	103674	22914
电气机械及器材制造业	35969	120	47042	1403
电子及通信设备制造业	5070	332	12387	613
仪器及文化办公用品制造业	3726	60	6577	685

观察表 9.25 可知，唐山市制造业各创新极的工业增加值和 R&D 数值普遍增大，但变化的幅度不大。对比两表可知：

邯郸市经济明显变好了，创新投入也在增大，其正在处于加速追赶唐山阶段，但与唐山仍有不小的差距。唐山的经济有所发展，创新投入也在增多，但变化的幅度不大，经济发展没有明显变好，其处于发展的调整期与稳定期。这与邯郸唐山两地共生发展演化情况相对应。表明：共生促进了经济的发展，创新投入的增大，共生程度的增强、创新极关联的增多促进了创新极和地区的经济增长。

依据投入产出表数据及数学模型研究唐山市与邯郸市 2002 年、2007 年制造业产业聚类情况，发现唐山与邯郸制造业产业间存在聚类，投入结构相似特征，如表 9.26 所示：

表 9.26　唐山市与邯郸市相似产业簇群对比表

年份	邯郸	唐山
2002	农产品加工制造业簇群	农产品加工业与纺织毛皮轻工制造业簇群
	纺织毛皮与合成材料化学纤维制品业簇群	以钢铁为基础的金属加工制造业簇群
	以钢铁为基础的金属加工制造业及耐火材料业簇群	水泥陶瓷等非金属制造业簇群
	水泥陶瓷等非金属制品业簇群	化学原料制造与塑料制品业上下游产业簇群
	医药化学品与造纸业簇群	合成材料制造业与化学纤维制造业簇群
2007	农产品加工业、纺织毛皮及造纸轻工制造业簇群	农产品加工业、纺织毛皮及造纸轻工制造业簇群
	以钢铁为基础的金属加工制造业簇群	以钢铁为基础的金属加工制造业簇群
	水泥陶、造纸及家具制造业簇群	陶瓷等非金属制造业簇群
	医药化学品制造业簇群	医药化学品制造业与合成塑料制品业簇群

加之区域产业分布、区域历史和经济发展经历的阶段基本相似，唐山市与邯郸市两地的创新极共生情景和模式也基本相同。

第十章 多创新极共生演化动力模型研究

10.1 多创新极共生演化成因与驱动因素

一个区域产业的产生与发展固然是由很多因素造成，但产业间技术上的联系也是一个因素，同时产业之间的人员更是存在普遍联系，等等。这导致技术创新在产业间也存在多种联系。因此，区域创新极之间表现为一种共生演化的情景。

10.1.1 多创新极共生的内涵

在系统复杂的自组织演化过程中，其内、外部因素相互作用，构成了诸多自组织系统内部及其相互之间整体共存、互动共生、和睦共处、和谐共荣与协调共进的系统共生性征（张强，2005）。早在1899年，德国植物学家Debarry为描述地衣中某些藻类和真菌类之间的相互关系时就已提出"共生"一词，"共生"在生物学中的研究已有百余年的历史。随着共生现象研究的深入及社会科学的发展，20世纪五六十年代后，"共生"的思想和概念逐渐引起社会学家、管理学家、经济学家的关注（赵红，2004）。根据 Jocl A. C（1995）等人的研究，如果彼此不同但存在某种关系的两个种群中任何一个种群密度的增加致使另一个种群的进入率增加，则定义两个种群是互利共生种群，其演化为协同演化。如果彼此不同但存在某种关系的两个种群中总是一个种群密度的增加致使另一个种群的进入率增加，则两个种群是偏利共生种群。比如计算机硬件和软件企业种群属于互利共生种群，企业种群与废旧资源回收企业属于偏利共生种群（赵付民，2005）。

区域创新系统是由多个具有不同技术特征的创新极、知识创新机构、中介机构和创新环境组成的复杂共生体。在区域创新系统内部主要创新活动者是各个创新极，各个创新极有的在自己内部开展创新活动，有的相互联系、相互交流合作进行创新活动，其他的知识创新机构、中介机构都对创新极的创新活动起到一定的辅助、支持和催化作用，创新环境在一定程度上为创新活动提供了土壤和氛围，并与各创新极互动，影响着创新活动的进行，这些活动有的相互合作，协同进行，有些是相互竞争的，还有一些是相互独立的，各自生存。

物质世界中不同系统的共生，是在不同系统的内部诸元素及其外部环境之间所固有的差异基础上，相互合作与竞争的作用过程。这种系统共生的合作与竞争性，突出地体现了共生的互动性。区域创新系统中各创新极的共生与生态学中的"物种共生"不尽相同，应该包括以下三个方面内容：

1. 相互协同

区域创新系统中各创新极相互协同就是指在区域创新系统运行与发展过程中，有些创新极之间相互作用后，进行创新合作，降低成本和风险，提高了创新的成功率，均表现出了超过以前的竞争和适应能力，这时创新极之间表现出一种合作，一种共同的发展，我们称之为相互协同。这种协同在创新极的内部也广泛存在，如在产业链相邻环节的企业之间基本都是相互合作，相互协同，共同发展的，有的则建立起创新联盟等各种合作形式。进一步地，如果两个创新极相互协同，且两个创新极都受益则称为互利共生；如果两个创新极相互协同，但其中一个受益，则称为寄生共生或偏利共生。

相互协同是区域创新系统的本质要求和所在，区域创新系统的建设过程也是促使各创新极协同发展的过程。实际中的很多产业或行业或企业之间都表现出相互协同的现象，协同效应使系统的创新效应大于各创新主体的创新效应之和。

2. 相互竞争

除了相互协同以外，区域创新系统中有些创新极之间产业技术相同，创新产品大致雷同，它们在系统中就会表现出一种相互竞争的局面。此外，区域创新系统中的任何创新极都与区域外的同类创新极存在相互竞争的关系，因此，相互竞争在区域创新系统中，在各创新极之间是普遍存在的。相互竞争在创新极内部也是非常盛行的，创新极内生产同类产品的企业，在运行的过程中，不可避免地存在竞争，这些企业有的在竞争中被淘汰，有的在竞争中壮大，有些则联合起来与其他企业进行竞争,等等,存在多种形式的相互竞争。

3. 独立共存

区域创新系统中的共生并不一定要发生关系,有些创新极之间产业技术无任何联系,创新活动之间亦无联系,仅有的联系就是产品采购上的联系,我们可以称这些创新极为独立共存。独立共存也是共生方式的一种,这些创新极在区域创新系统中"和平共处、相安无事",共同为区域创新系统的发展做出贡献。

区域创新系统的共生是存在时空差异的,不同的时间,共生特性不同;不同的地点共生方式又不同,共生的复杂程度也不尽相同,而且不同创新极之间的共生是逐步渗透的,是互相作用的结果,协同的共生是互利的,竞争的共生是协调的,独立生存的共生也是系统的重要组成部分。

尽管以上三种形式在区域创新系统中都存在,但是区域创新系统强调的是区域创新极之间的协同共生,协同共生可以使各创新极相互关联,结成牢固的共生体,产生系统的集成效应。

10.1.2 多创新极共生演化的成因

区域创新系统中各创新极之间的共生演化发展不是与生俱来的,而是在一定的时期、一定背景和一定条件下形成的。主要有以下成因:

1. 知识经济的驱使,创新网络化的需求

1996年经济合作与发展组织(OECD)发表的研究报告《以知识为基础的经济》系统研究和阐述了"知识经济",指出"这种经济直接依据知识和信息的生产、分配和使用"。最近30年来,随着数字化网络化信息技术的飞速发展,知识对经济增长和社会进步的作用日显突出,远远高过以前历次产业革命。知识已经被认为是提高生产力和实现经济增长的驱动器。知识经济具有如下特征:(1)知识化、信息化、网络化趋势。知识经济的发展主要靠知识和智力。无论是制造业的高技术化还是服务业的高科技化,本质上都是将相关业务知识提到竞争前沿。信息技术产业是知识经济的主要产业。网络诞生后,信息化更是与知识化并肩发展。网络是人类文明进程的重要标志,工业经济的最重要的基础是公路网、电网、铁路网和电话网。知识经济正是以这种高速、互动、传递信息、共享知识的新一代特征为基础的经济结构。(2)无形化趋势加强，虚拟化、柔性化组织大量出现。知识经济是以无形资产投入为主的经济，知识、技术、信息在企业之间高度流通，形成了一张无形知识网络。由于产业链厚度的增加，技术创新速度的加快，企业之间、产业之间的分工合作日趋明显，出现了大批虚拟化组织、战略联盟、柔性生产组织等。

知识经济的到来，使企业组织管理模式、战略发展、技术创新都发生了明显的信息化、网络化和知识化变化。企业竞争前台由原来的产品产量、生产效率竞争过渡到了信息竞争、规范标准竞争、品牌服务竞争和技术研发竞争。技术创新对企业已越来越重要，是赢得竞争的关键。

知识经济的特性，导致了企业技术创新模式的变化从直线、线形模式变化到网络形式、多重反馈非线性的模式。在这个过程中，企业技术创新活动速度和频率都很高，与外界合作也日趋紧密。而创新的网络化，创新的多重反馈非线性模式的变化致使区域创新系统内的创新主体依据创新极而相互交流合作，交织成网络，宏观上就表现为区域创新系统的多创新极共生。

2. 产业链分工导致创新模块化

波特（Poter，1987）认为，一定水平的价值链是企业在一个特定产业内的各种活动的组合。应当说，价值链扩展了以往人们惯用附加值来分析价值增值的范围，加强了对与价值链有关的各种资源配置活动的认识。在不同的产业组织发展阶段，由于技术对社会劳动分工的影响，出现了不同的生产组织方式，价值链的形态也随之不同。

根据技术演进、市场和组织协调、产品生产方式的研究特点，作者将产品价值链的形态演进分为三个阶段[5]，由于每个阶段技术的特点不同，生产商、中间商的数量和规模所构成的价值链形态也不同，而模块化组织正是顺应新的价值形态所出现的一种新型组织形式。

（1）前钱德勒价值链形态。在钱德勒时代以前，价值链环节少，彼此之间通过中间商的协调而松散耦合。由于当时铁路、电话等交通和通信技术欠缺，相应的市场协调能力低下，所以当时产品的生产制造并不是主流，而是那些由价值链中诸环节的中间商所支配的各种交易活动。整个社会的组织方式基本上都是由那些具有一定知识、信息、技术的中间商支配。16世纪到19世纪40年代，中间商组织借助具有的全面性的知识和信息而使贸易活动发展到极致。

随着国际贸易的扩大、交通地理边界的扩展、产品数量的增加以及消费需求的多样化，具有多样化技能的中间商逐渐地被专业化的组织或专业化经营的公司所取代，不断增加的固定性产业投资也促进了大型企业的兴起，纵向一体化的企业组织开始成长壮大，成为经济发展的主宰。同时，专业化的组织协调形式开始出现，相应的价值链形态也就由多个小企业逐渐向整合的大企业靠拢。

（2）钱德勒价值链形态。钱德勒价值链形态是指，在追求规模经济和范围经济的动力下，流水线技术将于最终产品有关的设计、生产和销售环节都集中在一个企业组织内部。19世纪下半叶，以机械技术应用为主要特点的第二次产业革命，大大发展了流水线生产技术。与此同时，人口增长扩散以及人均收入增加，生产和营销过程变得异常复杂，因此，企业家们为实施行政式的管理，建立了由多部门组成的企业，并雇用管理者管理企业。在技术应用方面，由于生产设备是一体化的，客观上要求实行一条龙生产，从而使得联系性零部件的加工量与组装的数量互相匹配；在经营方面，管理必须集中统一，任何一个环节出问题，都会中断整个生产过程；在产权方面，资本密集型的一体化生产系统不断需要巨额资本，还需要保持企业物质资产的整体性，即不可分割性。于是，这些技术因素、管理因素和资本因素相辅相成，形成了垂直一体化的企业生产经营方式。例如美国福特企业公司被誉为现代企业制度的雏形，就是因为它在20世纪初率先使用了流水线技术和等级制管理模式。

随着电子通信等信息技术的高速发展，企业内部的劳动分工在不断地专业化，管理的功能也在不断地由综合化向专业化转移，一些财务、会计、研发等知识密集型专业公司随之独立且成长起来。垂直一体化企业的不断解体，为新一轮松散的价值链边界形成和无边界组织兴起奠定了基础。

（3）后钱德勒价值链形态。后钱德勒价值链形态表现为：新经济下网络组织中的节点尤其是模块化组织不断成熟，经济更多的是报酬递增而不是报酬递减。起源于20世纪80年代第三次产业革命的主导技术是知识密集型的模块化技术。这些技术在生产领域的渗透，瓦解了以资本密集型为特征的生产流水线技术的主导地位。模块化技术的应用指的是通过每个可以独立设计的并且能够发挥整体作用的更小的子系统来构筑复杂的产品或业务过程。在实践上，由于技术的复杂性要求技术设计本身的模块化，且将生产决策方式从集中式管理转向分散式管理，从而形成各子系统独立进化的分散体系。结果是，垂直一体化企业独揽产品全部生产过程的做法被突破了。模块化技术应用的结果是，价值链被某个大型企业大包大揽的形态逐渐分解，随着价值链地理边界扩散、垂直和水平边界的外移和外围边界的模糊，以及知识、交易等能力要素的不断优化和不断整合，以物质链、交易价值链和知识价值链共存的、立体的后钱德勒价值链形态得以形成。

以模块化技术为主要特点的价值链形态的特点是：零部件供应企业、制造组装企业、批发零售企业间进行跨企业的松散耦合；价值系统在模块化的基础上实现价值转移；超市场契约成为维系跨企业间关系的纽带；创意、信息和资源等能够自由地流上流下、流进流出。价值链分工、变化，模块化生产组织的变化也是企业技术创新管理模式变化的根源，企业组织模块化，必然导致产业创新体系的模块化。产业创新的模块化表现为区域创新极的模块化，而模块化必然有模块的衔接和耦合，这就是区域创新系统的创新极共生，是依托产业链模块化的链接形成的耦合共生。

3. 系统的内在动力

区域创新系统中各创新极共生的内在动力是各创新主体为追求成本最低化，利润最大化的需求。创新主体为了降低创新成本、减少创新风险纷纷开展学习，除了自身学习以外，还向其他创新主体学习，学习的主要途径就是交流与合作，不仅向同类创新主体学习、交流，还向技术相关的创新主体学习与交流，向技术不相关的创新主体学习，甚至向高校、科研机构和环境学习。这些学习的过程就是创新主体发展的过程，也是创新主体间交流合作的过程，只有充分学习其他创新主体的先进之处，才能做好自己的创新，创新主体才能不断进化，这从产业层面看，就形成了创新极的共生。

4. 系统的外在压力

区域创新系统的外在压力是来自于区域外其他创新系统或国家创新系统中创新极的竞争压力。区域创新系统是开放的系统，这意味着系统不仅学习外界的优点，也接受这外界创新极的竞争，市场的择优选择机制迫使区域内的创新极时刻保持高度的创新动力，充分与区域内的各创新极开展交流与合作，致使创新极不断进化。区域创新系统的外在压力还包括外界对创新要素供给方面的压力，市场对创新产品要求方面的压力，这些都要求系统内的创新极充分合作，提高产品水平，降低要素需求量。

5. 创新的集成化和快速化

创新活动越来越趋向于集成化和复杂化，创新的这种特性决定着创新主体进行创新活动时会越来越难，创新周期会越来越长。而知识经济下，知识的更新与传播非常快，这使得创新必须具备响应快速化的特点。在这种情况下，单个创新主体的资源和创新能力就显得单薄，各创新主体只有充分合作，协同进步，共同进行创新活动，才能适应社会的需要，不被淘汰。

6. 企业研发网络化促进创新极共生

在全面数字化时代，将原先互不相关的行业，如光学、机械和电子行业结合到一起，产生了"数字光机电"行业。这种做法使得哪些能够成功地汇集多种行业技术，并且与大学、元件及设备的研制者保持密切联系，又能坚持长期大规模在研究开发上投资的企业才能获得最丰厚的利益[6]。这充分告诉我们知识经济时代，企业的技术研发已经不能仅仅局限在本企业，而且所需要的技术和资源自己已无法完全提供。无论从知识经济的特征来看，还是全球化与技术的复杂性导致企业的分工与合作，企业建立一个研究开发的网络是符合实际且有重要意义的。

研究开发网络在企业层面有时候也叫新产品开发网络，这个网络按照组织的边界可分为两部分，一是在企业边界内的部分是企业内的研究开发组织，也就是传统的企业技术中心负责的业务范围，指由研究、开发、生产和市场销售共同构成完整的创新过程；二是在企业边界外的网络部分，可以简单称为"外部网络"。"外部网络"指的是把企业同企业以外的技术来源相连接的过程。外部网络与内部网络的"协同"结合是指从外部获取技术提高公司将技术商品化的能力。这种能力可以迅速帮助企业获得竞争力，赢得市场份额，典型的例子就是日本佳能。从1980～1988年佳能的复印机增长了264%，大大超过了原来西方的先导施乐公司，而佳能在复印技术方面的科研投资仅是施乐的一小部分（Prahalad 和 Hamel，1990）。

整个研发网络从企业外部来看，应该是：同行业内以及行业和政府间都达成共识和相互合作，且不能轻商业应用而重技术开发。当然，这个"共识"和相互合作应该建立在彼此信任的基础上；企业同外部科学信息源应该有很强的联系，这样才会顺利的获得最新的技术和知识信息，使得企业在创新竞争中胜出；企业与供应商在研发上要结成有效的利益共同体或维持较强的合作关系，这个优势可以使企业的产品开发过程时间较短。这方面日本是世界上效率最高的，供应商都很灵活而且很配合，他们承担了产品开发的许多任务，特别是涉及质量控制和按时交货。供应商体系内同有关研究开发的联系使研究开发成果能更有效、深入地在整个供应商金字塔体系内扩散。

图 10.1 的企业研发网络经过运行磨合就会整合成一个整体化网络，无论企业内的创新主体还是企业外的创新参与者，都能集中专注于一项任务上，这样企业内网络和企业外网络才形成了协同合作。Quinn（1992）指出，今日知识密集型企业存在的目的就是为在一个以内部和外部知识为基础的网络内"系统地协调知识和智慧"。Bartlett 和 Ghoshal（1989）认为，跨国公司的结构就像是由复杂的交流联系、工作上的相互依靠和资源的流动所集成的网络，宣称"集成的网络结构是开发跨国公司创新的基本要素"。可见，企业研发网络的扩展促进了创新极之间的共生演化。

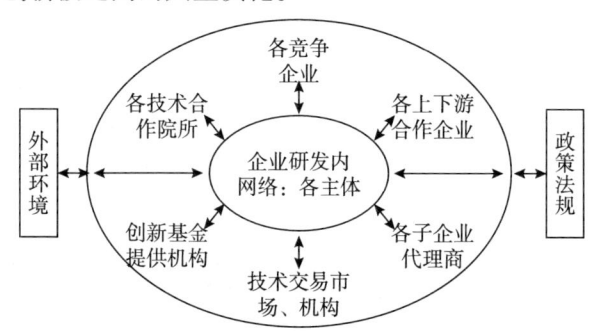

图 10.1　企业研究开发网络基本形态

10.1.3　多创新极共生的影响因素

区域创新系统各创新极共生的影响因素一定程度上就是各创新极共生演化的驱动因素的影响因素，影响了驱动因素，就影响了区域创新系统创新极之间的共生。多创新极共生的影响因素可分为内部因素和外部因素两大类。

1. 内部因素

内部因素包括技术体系的因素（技术进步的水平、技术创新水平、技术扩散程度、关键链接技术）和管理模式因素（创新极共生的利益分配、运行机制、共生的链接方式）。

在创新极共生关系从形成、发展到成熟的整个过程中，技术体系因素都起到决定性作用。技术进步的加快促使创新极的创新活动在开放的环境下进行，进而与其他创新极耦合。技术创新的水平不高会导致创新主体创新活动效果微弱，创新极发展缓慢，甚至难以形成，这时创新极间共生关系自然难以维持。技术的扩散水平也有一定的影响，如果技术扩散在创新极间畅通，则证明两个创新极是协同共生的，互相学习，共同提高技术水平，如果两个创新极间技术扩散途径不存在，则协同共生自然也不会有。关键链接技术是创新极协同共生关系最重要影响因素，只有两个创新极之间具有共生界面，协同共生关系才会存在，比如同处产业技术价值链里相邻环节的产业技术，就是关键链接技术，这种拥有相邻环节产业技术的创新极协同共生时可以有效地实现"对接"。

在管理模式上，创新极间的共生关系可以视作一种有效的创新互动整体，从全局的角度去把握协同共生关系的运行效率，各创新极的绩效则是决定共生体效率的关键因素。创新极间协同共生的动力本质在于经济利益，各创新极为了最大化经济利益和创新绩效而走到一起，所以创新极间的经济利益分配机制就显得比较重要。此外，创新极共生关系的维持和运行也影响着创新极间的共生关系的发展，运行机制一般可分为政府导向型和市场导向型。政府导向型是以区域整体绩效为出发点并考虑到区域的长远发展，来制定政策和措施促进创新极之间的协同合作。相反，市场导向机制作用下的创新极之间的合作首先强调的是经济效益，创新极之间的协同合作以经济绩效为目标出发点，合作和互动是自愿的，甚至是自发的，各创新极的创新主体有较高的积极性参与协同。最后，关键链接技术的链接方式对创新极之间的效果有重要的影响，链接方式是指创新极共生关系的共生单元的经济关系和技术创新关系，即共生单元间关系不同，创新极间共生合作的过程，共生体的形成过程就存在明显不同，共生关系越稳定，链接方式越牢固，创新极构成的协同共生体就越稳定。相反，链接关系越弱，共生单元间的关系越不稳定，共生体成长过程的稳定性就越低。

2. 外部因素

影响区域创新系统的创新极之间的协同共生的外部因素一般有：市场因

素、自然资源和条件因素、政府行为三部分（如图10.2所示）。

市场作为经济活动的重要环境和影响因素也必然影响着创新极之间的创新合作与共生成长。首先，行业分工的深化拉长了共生产业链，使中间产品剧增，从而加大了共生单元间的副产品交换可能；其次，随着行业分工水平的提高，企业聚集在一起的可能性会更大，而伴随产品种类上的多样化必然会为企业间共生关系的建立提供更多的选择；再者，市场需求结构的调整使企业转变创新模式，使企业越来越趋向于创新的合作，表现在创新极上就是创新极之间的创新协同。

创新极的共生关系还受到各创新极的自然资源和条件的影响。自然资源和条件包括创新极的地理位置、气候条件、自然资源储藏量、创新极的现实条件等内容，这些因素都会对创新极的发展和生产产生基础性的影响，也会对创新极间的协同合作产生影响。

政府的行为和活动也是影响创新极之间协同合作的一个重要因素。政府根据区域的各产业在财政收入中所占的比重来衡量对其管制力度。对于财政贡献较少的产业，政府对其重视程度将不会太高，当然优惠政策也不可能向其倾斜。而对于占据本地财政收入重要份额的产业将会给予相当的重视和大量的倾斜政策，有的甚至可能出现地方保护主义性质的政府干预。在创新极共生体内，由于共生单元集聚所产生的税收占据了区域税收的主要份额，因此，政府对创新极共生体的种种政策将直接影响自身财政收入，且创新极共生体的形成是一个渐进的过程，其对本地的财政收入的贡献也是一个不断增加的过程。这样，政府对本地创新极共生体的重视程度也会随之增加，并针对性地提出相关政策，发挥一定的积极作用。

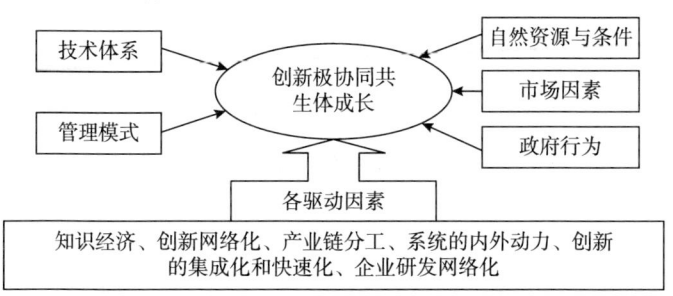

图10.2 创新极共生体成长的驱动和影响因素

10.2 多创新极共生的原理与模式

10.2.1 多创新极共生的理论来源

目前关于区域创新系统中多创新极共生问题的研究方法已存在多种,但是使用生态学的理论与方法显示了超凡的活力和趋势(Probir Roy,2004; Adner Ron,2006;黄鲁成,2003,2007;刘友金,2004;等)。在区域创新系统中使用生态学理论与方法是交叉学科方法的具体应用。目前,尽管在研究技术创新问题中有学者使用了生态学的一些概念,但运用生态学的理论研究区域创新系统的行为的文献还较少,国内最早使用生态学研究区域创新系统的文献是黄鲁成 2003 年在《科学学研究》上发表的"区域技术创新系统研究:生态学的思考"一文,文章阐述了研究 RIS 的必要性、科学性、可行性;如何应用生态学理论分析 RIS;如何运用生态学方法研究 RIS。此后一些学者陆续开始运用生态学理论与方法在创新领域进行研究,但研究的深度和系统性仍显不足。

国外的研究情况与国内相似,未见到用生态学研究 RIS 行为的文献。但自 2004 年起,开始有学者使用"技术创新生态系统"概念,可见这种交叉研究呈上升趋势,这也说明技术创新管理借助自然科学的方法对创新的规律认识越来越深刻。黄鲁成教授的文献给出了生态学理论与方法在 RIS 中应用的文献综述,本书不再赘述。显然应用生态学理论与方法研究区域创新系统刚刚开始,真正运用生态学的理论与方法研究区域创新系统中创新极的共生演化的行为与成长规律的文献还是极少的,因此开展这一交叉学科的研究是应该很有意义的。

1. 生态学的形成与发展

生态学的英文名称是"Ecology",该词出自希腊文"Oikos",它的含义是居住地、隐蔽所、家庭的意思,"Logos"则是研究、科学的意思。1866 年德国动物学家 Haeckel 认为,生态学是研究动物与有机体及无机环境相互关系的科学。从此,生态学被认为是一门研究生物与环境相互关系的科学。1935 年,英国植物生态学家 Tansley 提出生态系统的概念,开始从更宏观的角度认识系统,强调生物和环境是不可分割的整体,强调了生态系统内生物成分与非生物成分在功能上的统一，把生物成分和非生物成分当做一个统一的自然实体。20世纪70年代初，MacArthur认为，作为一门科学，生态学研究的是自然界中生物在分布、多度和动态等方面所表现出来的模式（规律）。生态学研究这些自然模式是怎样出现的、它们又是怎样在空间和时间上发生变化的，以及为什么一些模式比其他模式更强健。

20世纪60~70年代是生态学发展的生态系统时期，这突出表现在，1964~1974年世界科协研究了世界上各类生态系统结构、功能和生物生产力，为自然资源管理和环境保护提供了科学的依据。这一时期的另一突出成果是，出版了一批综合性、并反映生态学普遍规律和基本原理的著作，其中最杰出的代表是Odum的《生态学基础》（Fundamentals of Ecology）。总体上说，70年代以前，人们关于生态学研究的主要特点是，站在第三者的立场上研究生物与环境的相互关系，而并没有将人类自身放在生态系统之中。但是70年代以后，人们对生态系统学的认识发生了很大的变化。

1972年，联合国在瑞典首都斯德哥尔摩召开了联合国人类环境会议，会上通过了"联合国人类环境宣言"，会议的口号是"只有一个地球"，宣告为了这一代和将来的世世代代，保护和改善人类的环境应当成为人类的紧迫任务。至此生态学也发生了变化，出现了现代生态学。现代生态学强调应正确、全面地看待人在生态系统、在整个生物圈中的地位和作用，应当通过协调人类既是栖居者又是操纵者的关系，达到人类生活在经济生活和环境保护之间协调的发展。现代生态系统学特别强调生态学应与社会学尤其是经济学紧密结合，侧重研究"社会—经济—自然"系统的运行规律。

2. 生态学理论的基本特征

首先，现代生态学特别强调生态学应与社会科学紧密结合，强调研究"社会—经济—自然"系统的运行规律，生态学的这一特点决定了它的理论与方法在协调"人—科技经济—环境"关系上，具有有效性、科学性。其次，生态学以生物个体、种群、群落、生态系统这些不同层次上的运动变化为研究对象，研究其中的结构和功能以及与环境之间的关系，其方法论特点是层次性、整体性、渐进性、动态性和协调性，这些特性使生态学成为具有普遍意义的方法论。最后，生态学研究对象的复杂性，决定了它是解决复杂性问题的桥梁。而现代科学研究正在从无生命系统转向生命系统，从单纯的工程技术领域转向社会科学领域、生命科学领域,这一转变,使研究对象日趋复杂,因而必然导致解决复杂性问题的方法—生态学方法的广泛应用。

3. 生态学理论在技术创新领域的应用现状

学者们自本世纪初开始在技术创新的相关研究中引入了生态学概念,用以解决某一个技术创新相关问题。Stuart用生态位(niche)的概念研究了技术变化及其竞争的规律和趋势,并以半导体产业为研究对象,以专利及其引用量为指标对技术的生态位进行测定,认为同一生态位内的竞争将会产生负效应。Rennings从生态经济学角度重新定义了什么是创新,认为当创新过程要面向可持续发展时,创新应当定义为"生态型技术创新"(ecoinnovation),研究这一创新需要注意的问题是:"双重外部性问题"(the double externality problem)—企业外部环境成本增加和企业技术创新知识外溢问题;调节者的推动/拉动作用—市场拉动、环保法律和安全健康标准的推动;社会制度创新问题(方新,余江,2002)。我国学者黄鲁成(2007)利用生态学理论与方法对区域创新系统进行了再认识研究,并运用该方法对系统主体行为、技术创新种群行为、技术创新群落行为进行分析,还从整体的视角对区域技术创新行为进行分析评价,阐释了区域技术创新系统中的生态学规律与对策。从已有的文献来看,研究的广度和深度正在加强,所以本书利用生态学中的相关理论对区域创新系统中多创新极共生演化的动力和规律进行研究也就具有必要性和重要意义。

10.2.2　多创新极共生的生态学分析

生态学方法论的有效性,取决于两个基本条件:一是研究对象和生态与环境有密切关系,它们相互影响、相互制约;二是研究对象具有生态系统的特征。区域创新系统首先是一个有人参与并起决定性作用的"人—科技—经济—环境"复杂系统,它与环境自然有关系,它们相互影响,相互制约,区域创新系统的创新活动离不开环境的资源和条件,而区域创新活动又会影响区域的经济、科技、生态环境。其次区域创新系统与生态系统具有类似的特征,生态系统是一个物种的进化过程,而区域创新系统的发展规律与自然生态系统的进化是"近乎平行"的,技术创新活动在某种意义上必定是一个进化的过程。区域创新系统与生态系统的相似性可以由表10.1来说明。

表 10.1　区域创新系统与生态系统的对比

生态（系统）学	定义	区域创新系统	定义
物种	有机物（生物）	创新组织	创新主体与要素
种群	同种有机体的集合	创新极	产业创新子系统
群落	不同生物种群的集合	多创新极共生体	有技术联系的多创新极耦合共生
适应	随自然环境变化而变	应变	对创新环境的变化做出响应
互利共生	物种间的双向利益交流机制	互利共生	创新极互动共生，共同受益
景观	区域物种所在环境	区域创新环境	创新极的环境、资源、条件
共生成长	物种共生关系的形成	共生成长	创新极间共生关系形成过程
种群生态学	以种群行为为研究对象	创新极研究	以创新极演化规律为研究对象
群落生态学	以不同种群间行为为研究对象	创新极间关系研究	以创新极间的关系、演化为对象
生态系统	种群共存及种群与环境相互作用的系统	区域创新系统	创新极共生及创新极与环境相互作用的系统

种群是指自然界中，一定时间、一定区域内同种个体的组合。在自然界中一个物种总是以种群的形式存在，与环境的关系也必须考虑到种群的特性及其增长规律来探讨。种群生态学阐述的是由个体之间相互作用所表现出来的集群特征和行为，以及这种集群的结构形式、发展和运动变化规律。这一理论和方法可以用来研究区域创新系统的创新极行为，创新极就是一定时间、一定区域内技术相同或相关的同类创新主体的组合，它们之间遵从技术创新合作和经济联系的规则而相互交流，以集合的形式出现，这个集合恰比生态学中的种群，它的发展和演化规律可以用种群生态学来描述。群落则是指一定时间内、居住在一定空间范围内的生物种群的集合，它是多种植物、动物、微生物种群聚集在一个特定的区域内，相互联系、相互依存而组成的一个统一的整体。群落具有以下特征：群落内的各种生物并不是偶然散布的一些孤立东西，而是相互之间存在物质循环和能量转移的复杂联系；群落具有发展和演变的动态特征；群落内存在调控机制。群落生态学要揭示群落内各个种群间的关系、群落的自我调节和演替规律[196]。这一规律可以用来研究具有关键连接技术的创新极之间

的共生行为及共生体的成长过程。生态学的理论可以分析区域创新系统，也可以分析单个创新极的发展。

10.2.3 多创新极共生的共生条件与模式

生态学中的共生是不同种群按照某种物质或行为联系而生活在一起，相互依靠、相互支撑。这种共生具有以下特点：（1）一般是两个物种或种群之间的共生关系；（2）至少是对其中一方有利；（3）往往能形成一个稳定性和组织性介于种群和简单群居之间的共生体；（4）是自然界的生物适应环境的结果；（5）是共生单元间关系长期演化的必然趋势。

1. 多创新极的共生条件

区域创新系统中多创新极共生现象同样具有上述特征（尽管本章前一节假设共生有三个内涵，其中有相互独立或相互竞争，但相互独立是技术关系上相互独立，从产品联系或经济联系上仍具有共赢局面；相互竞争则加速了创新极内创新主体的创新速度和创新动力）。但是不是所有的创新极之间都能形成共生关系，创新极间形成共生关系需要如下条件：

（1）满足均衡条件。创新极在形成共生时应该首先满足均衡条件，创新极之间形成共生体时并不是仅仅有共生收益，其由于相互交流与合作，存在一定的交易成本和合作成本与风险，统称为共生成本。创新极共生的形成与发展取决于共生的经济效益与共生成本之间的均衡。当创新极共生体起初形成时共生的经济效益远远高于共生的成本，共生体会进一步成长，随着共生体的成长，共生成本逐渐增加，直到边际共生经济效益等于边际共生成本时，创新极的共生体规模保持不变，即停止增长。

$$边际共生经济效益 = 边际共生成本 \qquad (10.1)$$

（2）存在共生界面。创新共生界面是指创新共生单元之间信息、物质和能量传递的通道，既可以是相关单位之间主要负责人之间的私人友谊，也可以一种制度化的通道的形式存在，科技与经济体制、相关法规构成主要的创新共生界面。创新共生界面的动力是收益，阻力是成本及为了维持通道的运行而产生的费用。共生单元之间通过共生界面能够顺利进行物质、信息、能量交流。这种交流具有以下功能：一是促进共生单元形成某种形式的分工，弥补每一共生单元在功能上的缺陷；二是有助于共生单元的相互适应、相互激励；三是有助于共生体成长。共生界面越多，创新极之间接触面越大，接触活动就越好，共生效果就越好；共生界面越少，创新极之间接触面越小，接触活动就越不好，共生效果就会不好。创新极共生界面主要有以下两种：

（1）基于产业技术的多创新极共生界面。从技术的应用范围将区域内创新技术分为三类：一类是普通的创新技术，指由于某项具体创新活动。如某个企业自己做新产品开发，或者生产工艺的改进等。二类是产业共性技术，是指在很多领域内已经或未来可能被普遍应用，其研发成果可共享并对整个产业或多个产业及其企业产生深度影响的一类技术。三类是公共技术，所谓公共技术就是对整个区域来说，其技术的变化和创新会提高整个区域的创新效率，减少整个区域内的创新的交流成本和交易成本，使区域的发展产生整体跃迁。

如图10.3所示，从产业及产业技术的创新效应角度，认为创新极主要有四个产业层组成。由内到外，第一层是区域主导产业的产业创新系统，包括区域内主要创新型企业，若干配套外包小企业、主导产业配套支撑体系等机构组成，决定着主导产业创新绩效。这一层的创新技术多为普通创新技术和部分产业共性技术。第二层是技术相关的产业层，依据创新合作和技术合作的关系，是与主导产业技术创新活动直接相关的产业层，比如无线通信运营商和通信设备供应商之间的技术联系，炼钢技术的创新对专有设备制造业创新绩效的影响等。这一层产业对主导产业创新绩效有直接促进作用，发生的创新技术为行业共性技术或部分普通创新技术。第三层是次相关产业层，依据产业间的业务联系和产业价值链分工关系与主导产业联系起来，这一层产业与主导产业虽无明显技术创新关联，但对主导产业创新绩效也有间接的促进作用。第四层也就是最外层，是为创新极提供公共技术的产业层，比如IT产业，通信产业，这一类产业技术发展后会提高整个区域所有行业效率，降低交流成本，使区域产生整体跃迁的效应。最外面是区域的制度、文化和政策环境。创新极的演化过程就是在区域宏观环境内，四个产业层创新技术相互作用，产业层协同发展的过程。

创新极共生时会在某一产业技术层或多个产业技术层面形成共生界面，产业技术层面技术特征越相似，技术联系度越强越有利于形成共生界面，如下图所示：

（2）基于产业价值链的创新极共生界面。产业价值链体现了现代企业管

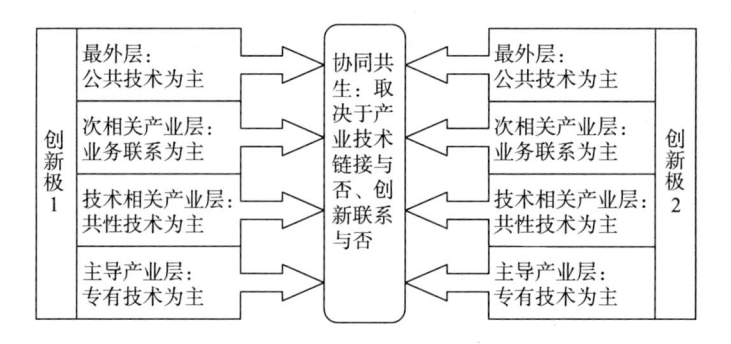

区域创新系统：多创新极共生演化模型与实证

图10.3 创新极共生界面示意图

理的思想和方法，应用信息技术、网络技术和集成技术达到对整个供应链上的信息流、物流、资金流、商流、价值流和工作流的有效规划和控制，从而将相关核心企业与最终客户、分销商、供应商、服务商连接成一个完整的网链结构，形成一个极具竞争力的企业联盟[200]。而企业联盟里的众多企业分散在产业价值链的各个环节，处于产业技术相互联系的不同创新极内，带动了创新极之间的协同共生。唐山市钢铁创新极与唐山市机械创新极就分属产业价值链的上下游，创新溢出概率较大，说明两个创新极的企业充分进行合作，两个创新极内的企业相互合作形成企业联盟，而两个创新极则表现为协同共生。因此，产业价值链构成另一个创新共生界面：在产业价值链上相邻环节的创新极，其产业技术具有关键链接的能力和接口，可以形成以信息、知识、技术交流为内容的创新极共生体。

创新共生界面选择包括共生对象的选择，在不完全信息条件下，共生对象应采用竞争性选择原则，市场与竞争机制是共生对象选择的一种基本机制；而在完全信息条件下应采用非竞争性的亲近度规则和关联度规则。

（3）满足共生能量条件。共生能量是共生单元通过共生界面作用所产生的物质成果，这种"物质成果"是共生体及共生单元的质量提高和数量扩张的前提条件，不产生共生能量的系统是得不到增殖和发展的。共生能量描述了共生单元、共生模式、共生环境相互作用的水平和效果。经济系统的共生能量主要以利润表示，在某种情况下可以重大的知识创新表示。多创新极共生体的共生能量定义为创新共生过程给共生体带来的知识增长和创新极效的净增值。若创新共生体的总能量为 E，对应创新极 A 和创新极 B 两个单元在非共生条件下二者的能量分别为 EA、EB，共生条件下新增共生能量为 ES，则

$$E = EA + EB + ES \tag{10.2}$$

该条件表明：第一，要使创新共生系统获得增值与发展，就必须改进创新的共生界面，减少界面阻力，降低交易成本，提高界面媒介效率；第二，共生能量与创新极间共生度有密切的内在联系，创新极间共生度反映共生系统的内在相互作用水平，对共生系统的能量形成与增长有关键影响。创新极间共生度越高，共生能量越大。要促进共生关系的形成、网络关系的发展，就必须提高共生系统的创新极间共生度。

(4) 创新极共生必要条件。创新极除了要满足以上的三个条件外还要满足一些必要条件，比如说区域位置上的临近性，临近性可以使不同的创新极具有一些相同的区位特点和便利的交流条件。再比如说创新极的社会性，社会性指创新极的社会观念、意识形态、价值观念和对创新的态度，等等，这些因素随不时经济意义上的决定因素，但是对创新极之间的合作、交流的影响非常大。还有创新极其他的一些特点如技术水平差距、创新氛围、创新意识、企业学习能力、企业的学习的开放度、可共同支配的资源，等等，也都影响着创新极之间的共生体形成。

2. 多创新极共生模式

共生模式，也称为共生关系，指共生单元相互作用的方式或相互结合的方式，它反映了共生单元之间的物质、信息和能量关系。创新极之间的共生模式指创新极相互作用的方式或合作形式，既反映了创新极之间的物质信息交流关系，也反映创新极之间的能量互换关系。按照不同的划分标准，创新极的共生模式有多种分法：

(1) 按照创新极共生的内涵。如图 10.4 所示，按照创新极的内涵可将创新极的共生模式分协同共生模式、竞争共生模式和独立共生模式。在协同共生模式中，创新极之间的边界模糊，二者充分合作，形成一个共生体。在竞争共生模式中，两个创新极在接触面上形成一个竞争妥协的分界线。在独立共生模式中，两个创新极几乎没有创新联系，各自发展，"相安无事，和平共处"。

①协同共生模式　②竞争共生模式　③独立共生模式

图 10.4　基于共生内涵共生模式

（2）按照共生行为的能量与利益关系。按照共生行为的能量与利益关系特性，创新极共生模式可分为互利共生模式、寄生模式、偏利共生模式（也叫共栖模式）。互利共生模式是两个创新极结合在一起所形成的共生体对双方都有利。互利共生关系产生的新能量在共生单元之间分配，存在着双向效益和知识的交流机制。根据新能量在共生单元之间的分配均匀与否，又可进一步分为对称性互利共生和非对称性互利共生。互利共生模式是区域创新系统中较常见的一种共生模式，也是我们倡导的一种模式。寄生模式是两个创新极之间合作，并不产生新的能量，寄生者只是能量的接受者，而寄主是能量的付出者的一种模式。寄生关系中两个共生单元只存在单项的效益交流机制，仅有利于寄生者进化而不利于寄主的进化，或者寄生者给寄主传递废物或污染等危害。这类模式在区域创新系统中并不多见，常表现为一些投机主体的行为。偏利共生模式中，一个创新极因共生关系增加了新能量，提高了创新收益，而另一个并没有受到损害或者不利的影响。这种模式产生双向交流机制，但对一方有利而对另一方即无利又无害。

（3）根据共生单元之间的组织程度。根据共生单元之间的组织程度可分为：点共生、间歇共生、连续共生和一体化共生（崔党群，1994；张强，2005）四种类型。

1）点共生。点共生是指：在某一特定时刻共生单元具有一次相互作用；共生单元只有某一方面发生作用；具有不稳定性和随机性。共生界面特征：界面生成具有随机性；共生介质单一；界面极不稳定；共生专一性水平低。共进化特征：共生单元间事后分工；单方面交流，无主导共生界面；共进化作用不明显。

2）间歇共生模式。间歇共生是指：按某种时间间隔 T，共生单元之间具有多次相互作用；共生单元只在某一方面或少数方面发生作用；共生关系有某种不稳定性和随机性。共生界面特征：界面生成既有随机性也有必然性；共生介质较少，但包括多种介质；界面较不稳定；共生专一性水平较低。共进化特征：事后以及事中分工；少数方面交流，无主导共生界面；有较明显的共进化作用。

3）连续共生模式。连续共生是指：在一段时间内共生单元间具有连续的相互作用；共生单元在多方面相互作用；共生关系比较稳定且具有必然性。共生界面特征：界面生成具有内在必然性与选择性；共生介质多样化，且各介质间具有互补性；界面比较稳定；均衡时共生专一性水平高。共进化特征：事中事后分工；多方面交流；形成主导共生界面和支配介质；较强的共进化作用。

4）一体化共生模式。一体化共生指：共生单元在一封闭时间段内形成了具有独立性质和功能的共生体；共生单元间存在全方位的相互作用；共生关系稳定且有内在必然性。共生界面特征：界面生成具有方向性和必然性；共生介质多元化且存在特征介质；界面稳定；共生专一性水平高。共进化特征：事前分工为主，共生单元间全线分工；全方位交流；具有稳定的主导共生界面和支配介质；有很强的共进化作用。

在上述四种共生模式中，区域创新系统中创新极共生关系中都存在。从点共生、间歇共生到连续共生、一体化共生，组织化程度不断提高，共进化作用在不断增强。

（4）按共生单元数量分。根据一个共生体中创新极参与共生的数量可分为：两创新极共生模式——两个创新极相互共生；多个创新极共生模式——三个或三个以上的创新极共同共生。

此外，还有创新极与外界环境的共生模式，区域内创新极与其他区域的创新极共生的模式等。诸多创新极共生模式共存，共同造就了区域创新系统的蓬勃发展。

10.2.4 多创新极共生的区域创新系统模型

借鉴生态学的理论与方法，区域创新系统可分为创新主体，创新极，多创新极共生体，区域创新系统四个层次。

1. 创新主体

区域创新系统中的创新主体包括分布在各个创新极中的创新企业、若干配套外包小企业、相关业务合作企业、竞争企业等，还包括为创新极提供支撑和知识服务的各种中介机构单位、高校、科研院所与组织等主体。这些主体是区域创新系统中的微观主体，作为独立的个体参与区域创新活动，共同构成了区域创新系统的各层组成，相当于生态学中的生物物种。两个创新主体的合作与交流与生物物种的交流规律类似，都遵从一定的目标约束和方式，如图10.5所示。

图 10.5 创新主体的交流关系

2. 创新极

创新极的概念在第二章已有介绍，此处只介绍其生态学特征。创新极是由产业技术相同的各个"同质"创新主体有机联系的一个整体，其作为区域的一个产业创新子系统，具有相对独立的行为和特点，达到临界规模后便形成创新极，在区域创新系统发展中有创新的导向和骨干作用，构成了区域创新系统的主要创新和增长点。如图 10.6 所示，相对于生态学中的种群（由同类物种构成），创新极的成长有其独特性。

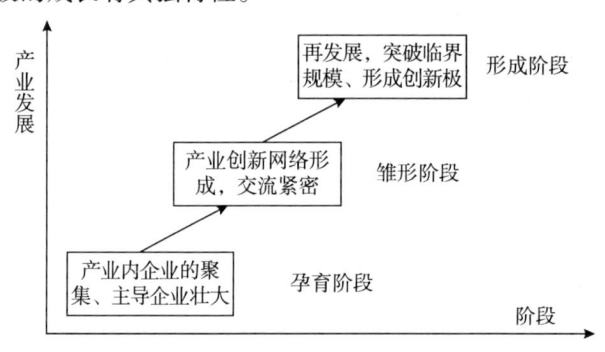

图 10.6 创新极成长过程

3. 多创新极共生体

如同生态群落一样，区域创新系统中也存在群落，只不过是创新极构成的是创新群落。区域创新系统中的创新群落是多创新极耦合形成的共生体，它们通常是一些产业技术相关联、产品相互供应或采购能够互相合作并双赢的产业创新网络，这些创新极处于价值链的相邻或相近环节，容易形成相互合作的共生体。如图 10.7 所示，共生体是多个主体相互作用构成的具有相对稳定性的复杂网络，具有成长和发展的特点，遵循沿着特定路径演化的规律。这个网络是主体耦合和互动双重作用的结果，发展的过程产生新的能量，从而增强各创新极的竞争力。这是一个多样性的主体网络，网络内由多个产业的企业和支持机构组成，且嵌入到区域的基础环境，与环境发展、进化息息相关，在复杂的网络中，各主体采用灵活的学习方式，互相学习，共同发展。在这个共生体发展的过程中，形成共生体产的能量要远远高于没有形成共生体所产生的能量。

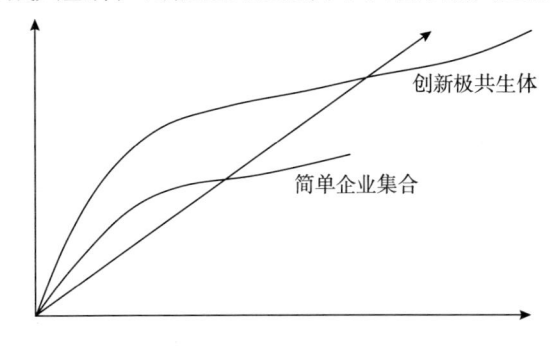

图 10.7　共生体形成与否的发展比较

4. 区域创新系统

区域创新系统则是由多个共生体组成的更高层次的网络，涵盖了上述的三层网络，从层次结构上看如图 10.8 所示。在这个网络中，各个结点可以独立完成某一创新过程，结点之间的联系遵从一定的规律。创新极结构网络中的主体具有相同的技术特征或产品特征，因而联系最紧密，共生体内创新极之间的联系次之，区域创新系统中的共生体之间的联系最松散。

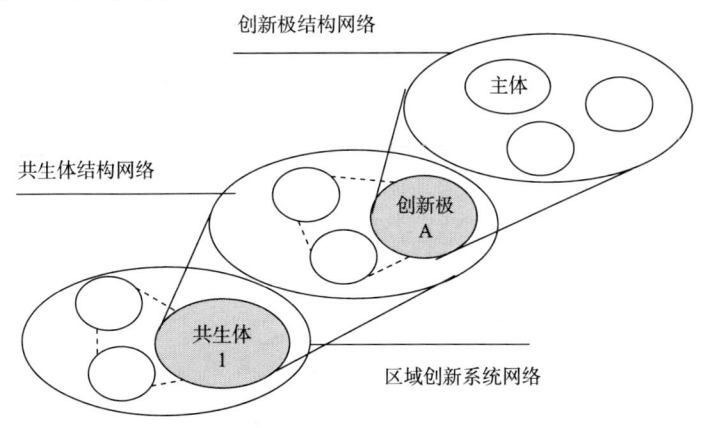

图 10.8　区域创新系统网络层次

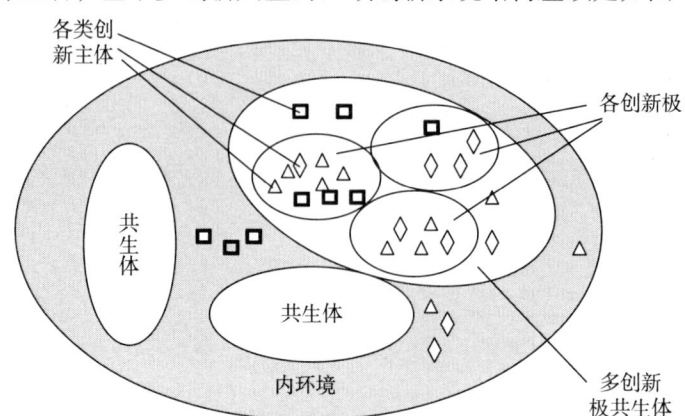

从整体上看，基于多创新共生的区域创新系统结构应该是如图 10.9 所示：

图 10.9　区域创新系统结构示意图

图中，各类创新主体指微观世界中的存在具有独立法人地位的创新个体，包括各种企业、研究机构、中介服务部门、高校等区域创新系统中的创新主体，这些主体围绕着特定的产业创新技术形成不通的创新极。而存在产业价值链相邻环节的创新极又相互协同合作，形成更高一级的共生体，区域创新系统内部结构是由多个共生体组成，共生体之间有的联系，有的则因产业技术相差甚大则不联系，比如农业产业共生体与冶金等产业组成共生体之间基本无联系，当然不是无任何联系，本书指从创新角度提出的技术联系。各共生体加上区域的各种环境构成了区域创新系统的整体，它们的发展和成长变现为区域创新系统的演化。

10.3　多创新极共生的区域创新系统演化动力模型

在自然界中，由各类种群所构成的生态系统要经历从幼年到成熟期的发育过程，这个过程称为系统的进化。在经济世界中，区域创新系统的演化也有类似的规律，本节引入生态学理论中种群动力学原理对基于多创新极共生的区域创新系统进行演化动力分析，建立模型。由于在区域创新网络中，基于群落的创新网络各结点（共生体）可以独立的完成创新过程，各结点间的联系很松散，所以创新群落（共生体之间）不作为研究重点。而单个创新极内的主体网络又属于亚中观层次的产业创新网络或更小一层的创新网络组织，属于企业网络组织范畴，这里亦不作讨论，本节只研究多创新极共生体的成长和演化动力模型，以及在此基础上区域创新系统的演化问题。

10.3.1 研究方法与假设

在研究多创新极共生演化模型前首先确定假设条件：

（1）本书以区域内的主导产业为背景，假设一个主导产业已构成一个创新极，区域创新系统是多个创新极组合而成。

（2）以创新极的规模变化表示创新极的成长过程，规模越来越大表示创新极成长良好，进一步认为创新极规模越大对区域内创新资源的占有率越大；创新极规模越来越小，表示创新极趋于消亡，其对区域内创新资源的占有率就越来越小。创新资源占有率为零则表示创新极消亡。

（3）创新资源是创新极的市场资源、自然资源及其他消耗的资源总称，创新资源的总量限制着创新极的规模。进一步认为不同的创新极共同消耗同样的创新资源。

（4）创新极的成长过程均服从逻辑斯蒂成长过程，其增长率受到其创新主体密度的影响。技术创新主体密度增加，则创新极增长率就下降，且这种影响作用是瞬时发生的，没有时滞。

（5）创新极内创新主体的变化与个体的年龄无关，即最早出现与最晚出现的个体对创新极的成长过程影响是一样的。

（6）当创新极成长的技术创新边际收益等于技术创新边际成本时创新极停止增长，达到最大规模 K。

10.3.2 多创新极共生的演化动力模型

1. 单个创新极的动力模式

18 世纪，英国人口学家马尔萨斯（Malthus）通过研究百余年人口统计资料发现：单位时间内人口的增加量与当时人数成正比（林振山，2006）：

$$\begin{cases} \dfrac{dN(t)}{dt} = rN(t) \\ N(t_0) = N_0 \end{cases} \quad (10.3)$$

式中 $N(t)$ ——表示第 t 年的人口数；

r——表示人口的自然增长率，为常数；

t_0——方程初始值，设初始值为 $t_0 = 0$；

N_0——初始条件下的人口数量。

则该微分方程的解为

$$N(t) = N_0 e^{r(t-t_0)} \tag{10.4}$$

Logistic 方程是生物数学家 Verhulst 在 1838 年提出的，广泛应用于动植物生长发育或繁殖过程等研究。当前 Logistic 方程即被应用于社会经济现象研究中。Logistic 方程的微分形式在结构上与 Malthus 方程相同，但引入了自然资源和环境所允许的最大人口数 N_m，并在方程中增加了修正值 $1 - N(t)/N_m$，即种群尚未利用的，或种群可利用的最大容纳量空间中还"剩余的"、可供种群继续增长用的空间。因此 Logistic 方程可表示为

$$\begin{cases} \dfrac{dN(t)}{dt} = r\left(1 - \dfrac{N(t)}{N_m}\right) N(t) \\ N(t_0) = N_0 \end{cases} \tag{10.5}$$

同理根据上述假设及生物种群的 Logistic 模型，本书可以确定创新极的数量变化动力模型为

$$\frac{dx}{dt} = r\left(1 - \frac{x}{x_m}\right)x = f(x, r), x(0) = x_0 \tag{10.6}$$

式中 $x(t)$ 为时刻 t 时创新极个体数量；

r 为创新极内个体数量增长率，其值为出生率减去死亡率；$(1 - x/x_m)$ 代表区域创新系统内剩余的创新资源占总创新资源的比例；

对 $(1 - x/x_m)$ 可作如下分析：如果创新极个体数量 x 趋于零，则 $(1 - x/x_m)$ 项就趋于1，表示几乎全部的创新资源未利用，创新极处于最好的生长状态；如果 x 趋于 x_m，则 $(1 - x/x_m)$ 趋于零，则表示创新资源几乎全部利用，创新极增长速度将趋于零；随着创新极的发展，创新资源剩余量 $(1 - x/x_m)$ 越来越小，创新极的生长速度也越来越慢。

式（10.6）的含时解为（郭莉，苏敬勤，2005）

$$x(t) = \frac{x_m}{1 + \left(\dfrac{x_m}{x_0} - 1\right)e^{-t}}$$

假设初始数 $x(0) = x_0 < x_m$，则当

$$t\to\infty;\ x(\infty)\to x_m;\ t\to-\infty;\ x(\infty)\to 0 \qquad (10.7)$$

2. 两创新极共生演化动力模型

当考虑多个创新极之间的相互影响时，Logistic 方程同样适用。假设各创新极不论大小在争夺资源方面有的相互竞争，有些相互合作，结成共生体共同发展，有的创新极之间相互独立发展，无创新联系。

设有甲乙两个创新极，当它们唯一单独存在于区域创新系统时，创新极的发展演变均遵从 Logistic 规律。记 $x_1(t)$、$x_2(t)$ 分别是两个创新极的规模数量，r_1、r_2 分别是他们的固有增长率，N_1（即 x_m）、N_2 分别是环境对他们单独生存的最大容量。那么对于创新极甲，有：

$$\mathrm{d}x_1/\mathrm{d}t = r_1 x_1(1 - x_1/N_1) \qquad (10.8)$$

其中，因子 $(1 - x_1/N_1)$ 表示由于创新极甲对有限资源的消耗而产生的对其本身规模增长的阻滞作用，x_1/N_1 为甲消耗的创新资源百分比量（设资源总量为1）。

当两个创新极在同一区域中生存时，如前文所讲，甲乙存在可能共生关系有三种：相互协同共生、相互独立共生、相互竞争共生。如果两个创新极相互协同共生，则由于一个的存在另一个会发展的更好；如果两个创新独立共生则认为两个创新极在成长的过程中无创新联系，其创新资源也不冲突，两个创新极各自发展；如果两个创新极竞争共生则其中一个创新极消耗有限创新资源对另一个创新极的增长产生了影响，导致另一个创新极的增长速度降低。

因此，鉴于上述关系，对于创新极甲 $x_1(t)$ 所以应该在因子 $(1 - x_1/N_1)$ 中引入创新极的共生系数 b，共生系数 b 的大小表示共生效应大小。显然，创新极甲（$x_1(t)$）的共生效应与创新极乙的数量 x_2（相对于 N_2 而言）成正比，与 N_2 成反比。所以在这种共生条件下，创新极甲的演化动力学方程为

$$\frac{\mathrm{d}x_1}{\mathrm{d}t} = r_1 x_1 \left(1 - \frac{x_1}{N_1} - b_1 \frac{x_2}{N_2}\right) = f_1(x_1, x_2) \qquad (10.9)$$

这里比例系数 b_1 表示创新极乙对创新极甲的共生系数，式中 $b_1 \dfrac{x_2}{N_2}$ 为单位数量乙（相对 N_2 而言）针对创新极甲的创新资源量的消耗量百分比。如果两者为协同共生关系，则 b_1 为负值，其绝对值大小表示共生的强弱（本书通过增加甲的创新资源量，进而促进甲的增长规模和速度来体现乙对甲的

创新协同作用）；如果两者为竞争共生关系，则 b_1 取值为正，取值大小表示两者竞争的程度，即乙的存在对甲创新资源的消耗强度；如果两个创新极独立共生，则 b_1 取 0 值，此时两个创新极互不影响，均服从单个创新极的演化动力模式。

类似地，创新极甲的存在也必然影响了创新极乙的规模增长，创新极乙的演化动力学方程为

$$\frac{dx_2}{dt} = r_2 x_2 \left(1 - \frac{x_2}{N_2} - b_2 \frac{x_1}{N_1}\right) = f_2(x_1, x_2) \qquad (10.10)$$

比例系数 b_2 表示创新极甲对创新极乙的共生系数，式中 $b_2 \frac{x_1}{N_1}$ 为单位数量甲（相对 N_1 而言）针对创新极乙的创新资源的消耗量百分比。b_2 也存在 b_1 的三种情况，此处略。

通过引进共生效应项，并用 b_1、b_2 描述创新极间相互作用的相对强弱机制中，建立了创新极之间的相互共生动力模型（10.9）、(10.10)。

因此从上面的两创新极增长动力模型可得以下结论：

（1）$b_1 > 0$ 表示创新极乙与创新极甲竞争同种创新资源，乙的存在消耗甲的创新资源；$b_1 > 1$ 表示在消耗供养甲的资源中，乙的消耗多于甲；$b_1 < 0$ 表示创新极乙与创新极甲协同共生，乙的存在可以通过创造更多的甲需要的资源而促进甲的生长；$b_1 < -1$ 表示单位数量的创新极乙创造甲需要的创新资源速度快于甲消耗的创新资源速度。

（2）同理，$b_2 > 0$ 表示创新极甲与创新极乙竞争同种创新资源，甲的存在消耗乙的创新资源；$b_2 > 1$ 表示在消耗供养乙的资源中，甲的消耗多于乙；$b_2 < 0$ 表示创新极甲与创新极乙协同共生，甲的存在可以通过创造更多的乙需要的资源而促进乙的生长；$b_2 < -1$ 表示单位数量的创新极甲创造乙需要的创新资源速度快于乙消耗的创新资源速度。

（3）如果 b_1、b_2 同为负数就是我们追求的创新极互利共生模式；如果二者同为负数但大小不同则说明二者的互利程度不均，或者在利益分配上不对等；如果两个共生系数为负且相等，则为典型的互利共生模式。

（4）如果 b_1、b_2 为正数则是平等竞争模式，如果两个系数为正数且相等则为典型的平等模式。

（5）如果 b_1、b_2 正负符号不同，两个创新极共生，一个收益（共生系数为负值的），一个受损害（共生系数为正数的），这时为寄生共生模式。

（6）如果 b_1、b_2 中有一个为零，一个为负数，则为偏利共生模式，二者的共生关系对一个有新能量生成（系数为负数的），对另一个无任何影响（系数为 0 的）。

（7）如果 b_1、b_2 均为零，则二者属于典型的独立共生模式，二者存在互不影响，各自发展。

因此，两创新极共生演化的关键在于共生系数的取值。

3. 多创新极共生演化动力模型

更具一般性，将上述结论应用到存在多个创新极的区域创新系统中，上述结论仍然成立。因此，当区域内存在 n 个创新极时，任意第 i 个创新极有如下演化动力模型

$$\begin{cases} \dfrac{dx_1}{dt} = r_1 x_1 \left(1 - \dfrac{x_1}{N_1} - \sum_{i=2}^{n} b_{1j} \dfrac{x_j}{N_j}\right) & \text{当 } i = 1 \\ \dfrac{dx_i}{dt} = r_i x_i \left(1 - \dfrac{x_i}{N_i} - \sum_{j=1}^{i-1} b_{ij} \dfrac{x_j}{N_j} - \sum_{j=i+1}^{n} b_{ij} \dfrac{x_j}{N_j}\right) & \text{当 } n \geq i \geq 2 \end{cases} \quad (10.11)$$

式中的参数 N_i 为第 i 个创新极的最大潜在数量规模，x_i 是第 i 个创新极的现在规模；N_j 是其他 $n-1$ 个创新极中第 j 个创新极的最大潜在数量规模，x_j 是其他 $n-1$ 个创新极中第 j 个创新极的现在规模。

多个创新极组成的区域创新系统整体上变现为 n 个创新极演化动力的方程组，在区域创新系统中，任意一个创新极都遵从式（10.11）与其他创新极共生，不同区域创新系统的区别就是：（1）创新极的个数与大小不同；（2）创新极间的共生系数 b_{ij} 不同。

4. 共生演化动力模型仿真——以两创新极共生为例

在缺乏大量实证的时间序列数据时，数值模拟的方法就成为最有效的方法。区域创新系统演化动力模型需要的时间段基本是 10^3 级及以上的（这在现实中或许是几年、几十年，但由于其复杂性，需要通过较多的迭代次数发现其宏观表征规律），而区域经济的统计数据基本是以年为单位的，所以从时间轴上看区域创新系统的演化最好的方法就是数值模拟方法。

本节先以两个创新极共生为例，进行详细模拟，探讨两两创新极演化之间

的规律，最后在分析多个创新极存在的情况下规律。

（1）对式（10.9）和式（10.10）模拟。一般说来，b_1、b_2 之间没有确定关系，为方便起见，以下仅讨论 b_1、b_2 相互独立的情形。

系统（10.9）（10.10）的定态方程是

$$f_1(x_1, x_2) = 0; f_2(x_1, x_2) = 0 \tag{10.12}$$

由（10.12）求得 4 个平衡态

$$D\left(\frac{N_1(1-b_1)}{1-b_1 b_2}; \frac{N_2(1-b_2)}{1-b_1 b_2}\right); A(0, 0); B(N_1, 0); C(0, N_2)$$

以下讨论它们的稳定性。

$$\left(\frac{\partial f_1}{\partial x}\right)_{x_0, y_0} = a_{11} = \left(r_1 - \frac{2r_1 x_1}{N_1} - \frac{r_1 b_1 x_2}{N_2}\right)$$

$$\left(\frac{\partial f_1}{\partial y}\right)_{x_0, y_0} = a_{12} = \left(-\frac{r_1 b_1 x_1}{N_2}\right)$$

$$\left(\frac{\partial f_2}{\partial y}\right)_{x_0, y_0} = a_{21} = \left(-\frac{r_2 b_2 x_2}{N_1}\right)$$

$$\left(\frac{\partial f_2}{\partial y}\right)_{x_0, y_0} = a_{22} = \left(r_2 - \frac{2r_2 x_2}{N_2} - \frac{r_2 b_2 x_1}{N_1}\right)$$

对于平衡态 $A(0, 0)$

$$a_{11} = r_1; a_{12} = 0; a_{21} = 0; a_{22} = r_2$$

所以 $|J - \omega I| = 0$ 特征根方程

$$\begin{vmatrix} a_{11} - \omega & a_{12} \\ a_{12} & a_{22} - \omega \end{vmatrix} = 0; \begin{vmatrix} r_1 - \omega & a_{12} \\ a_{12} & r_2 - \omega \end{vmatrix} = 0$$

解为 $\omega_1 = r_1 > 0$；$\omega_2 = r_2 > 0$ 所以 $A(0, 0)$ 为不稳定的结点。

对于平衡态 $B(N_1, 0)$

$$a_{11} = \left(r_1 - \frac{2r_1 x_1}{N_1} - \frac{r_1 b_1 x_2}{N_2}\right)_0 = r_1 - 2r_1 = r_1$$

$$a_{12} = \left(-\frac{r_1 b_1 x_1}{N_2}\right)_0 = -\frac{r_1 b_1 x_1}{N_2}$$

$$a_{21} = \left(-\frac{r_2 b_2 x_2}{N_1}\right)_0 = 0$$

$$a_{22} = \left(-r_2 - \frac{2r_2 x_2}{N_2} - \frac{r_2 b_2 x_1}{N_1}\right)_0 = r_2 - 0 - b_2 r_2 = r_2(1 - b_2)$$

特征根方程为

$$\begin{vmatrix} a_{11}-\omega & a_{12} \\ a_{12} & a_{22}-\omega \end{vmatrix}=0;\begin{vmatrix} -r_1-\omega & \dfrac{r_1b_1N_1}{N_2} \\ 0 & r_2(1-b_2)-\omega \end{vmatrix}=0$$

解为 $\omega_1=-r_1<0$；$\omega_2=r_2(1-b_2)\begin{cases}>0;\ b_2<1 \\ <0;\ b_2>1\end{cases}$

如果 $b_2>1$，$B(N_1,0)$ 为稳定的结点；如果 $b_2>1$，$B(N_1,0)$ 为不稳定的结点。

对于平衡态 $C(0,N_2)$

$$a_{11}=\left(r_1-\dfrac{2r_1x_1}{N_1}-\dfrac{r_1b_1x_2}{N_2}\right)_0=r_1-r_1b_1=r_1(1-b_1)$$

$$a_{12}=\left(-\dfrac{r_1b_1x_1}{N_2}\right)_0=0$$

$$a_{21}=\left(-\dfrac{r_2b_2x_2}{N_1}\right)_0=-\dfrac{r_2b_2x_2}{N_1}$$

$$a_{22}=\left(r_2-\dfrac{2r_2x_2}{N_2}-\dfrac{r_2b_2x_1}{N_1}\right)_0=r_2-0-2r_2=-r_2$$

特征方程为

$$\begin{vmatrix} r_1(1-b_1)-\omega & 0 \\ -\dfrac{r_2b_2N_2}{N_1} & -r_2-\omega \end{vmatrix}=0$$

解为：$\omega_1=-r_2<0$；$\omega_2=r_1(1-b_1)\begin{cases}>0;\ b_1<1 \\ <0;\ b_1>1\end{cases}$

如果 $b_1>1$，$C(0,N_2)$ 为稳定的结点；如果 $b_1<1$，$C(0,N_2)$ 为不稳定的结点。

对于平衡态 $D\left(\dfrac{N_1(1-b_1)}{1-b_1b_2};\dfrac{N_2(1-b_2)}{1-b_1b_2}\right)$

$$a_{11} = \left(r_1 - \frac{2r_1 x_1}{N_1} - \frac{r_1 b_1 x_2}{N_2}\right)_0 = r_1\left[1 - 2\frac{(1-b_1)}{(1-b_1 b_2)} - \frac{b_1(1-b_1)}{1-b_1 b_2}\right]$$

$$= r_1 \frac{(b_1 - 1)}{(1 - b_1 b_2)}$$

$$a_{12} = \left(-\frac{r_1 b_1 x_1}{N_2}\right)_0 = -\frac{r_1 b_1 N_1 (1 - b_1)}{N_2 (1 - b_1 b_2)}$$

$$a_{21} = \left(-\frac{r_2 b_2 x_2}{N_1}\right)_0 = -\frac{r_2 b_2 N_2 (1 - b_2)}{N_1 (1 - b_1 b_2)}$$

$$a_{22} = \left(r_2 - \frac{2r_2 x_2}{N_2} - \frac{r_2 b_2 x_1}{N_1}\right)_0 = r_2 \frac{(b_2 - 1)}{(1 - b_1 b_2)}$$

$$\Delta = a_{11} a_{22} - a_{12} a_{21} = \frac{r_1 (b_1 - 1) r_2 (b_2 - 1)}{(1 - b_1 b_2)^2} - \frac{r_1 b_1 r_2 b_2 (1 - b_1)(1 - b_2)}{(1 - b_2 b_1)^2}$$

$$= \frac{r_1 r_2 (b_1 - 1)(b_2 - 1)}{(1 - b_1 b_2)} \tag{10.13}$$

如果 $b_1 > 1$，$b_2 > 1$；$\Delta < 0$；平衡态 D 为鞍点。

如果 $b_1 < 1$，$b_2 < 1$；$\Delta > 0$；平衡态 D 不是鞍点。

$$T = a_{11} + a_{22} = r_1 \frac{(b_1 - 1)}{(1 - b_1 b_2)} + \frac{r_2 (b_2 - 1)}{(1 - b_1 b_2)} < 0 \tag{10.14}$$

平衡态为稳定的结点或焦点。

如果

$$T^2 - 4\Delta =$$
$$\frac{\{r_1^2 (b_1 - 1)^2 + r_2^2 (b_2 - 1)^2 + r_1 r_2 (b_1 - 1)(b_2 - 1)[2 - 4(1 - b_1 b_2)]\}}{(1 - b_1 b_2)^2} > 0$$

$$\tag{10.15}$$

平衡态为稳定的结点。

如果 $T^2 - 4\Delta < 0$ 平衡态为稳定的焦点。

结合上述分析，通过计算机对式（10.9）、（10.10）进行仿真，设 x_1、x_2 分别为区域内的两个创新极甲和乙，设两个创新极的 N 均为1200。分别迭代1000次和800次进行观察，得到图10.10至图10.17：

图 10.10　相互独立共生演化模式

图 10.11　协同共生演化模式

图 10.12　竞争共生演化模式

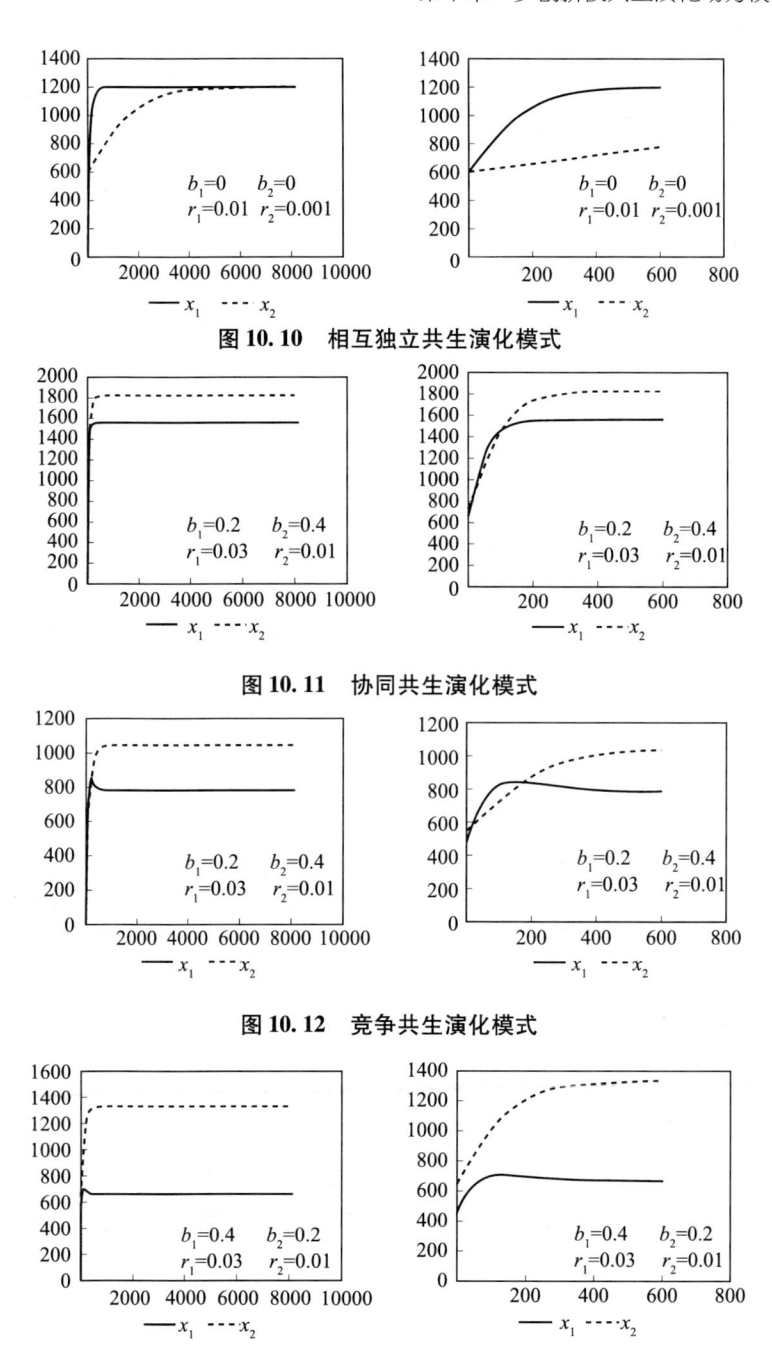

图 10.13　寄生共生演化模式

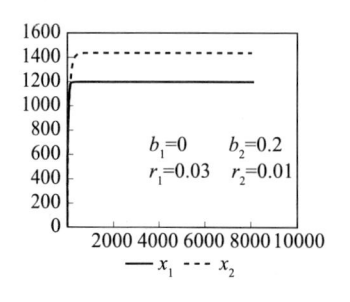

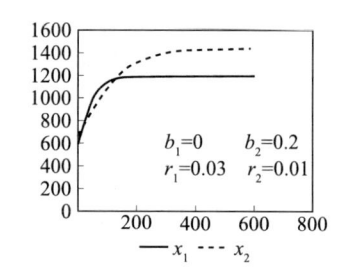

图 10.14　偏利共生演化模式

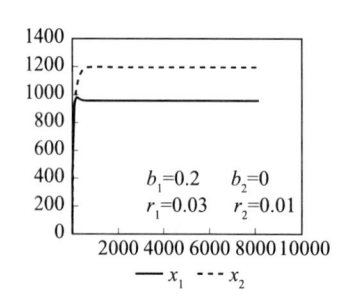

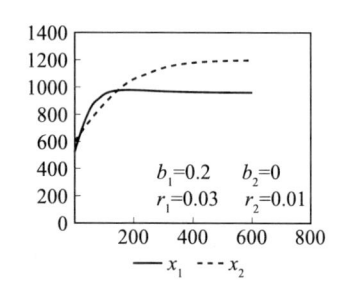

图 10.15　偏害共生演化模式

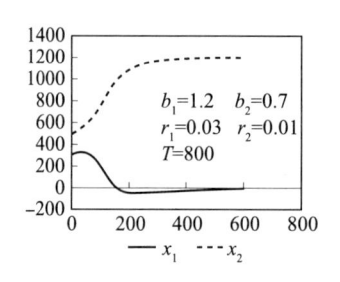

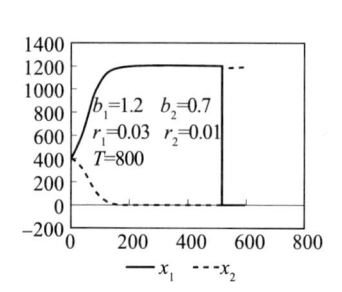

图 10.16　恶性竞争共生演化模式　　图 10.17　等势力恶性竞争共生演化模式

通过上述分析有以下结论：

（1）$b_1 = b_2 = 0$ 时，系统为独立共生模式，由图 10.10 可知，系统内的创新发展相互不影响，经过一定时间各自发展自己的数量上限，发展速度只是随自身增长率不同而不同。

（2）$b_1 < 0, b_2 < 0$ 时：系统相互作用协同共生，每个创新极都会从对方受益，因此各自的总数量上限分别增大，增加的数量与 b 值有关，b 值绝对值越大最后数量上限越高，而与初始值无关；分别向各自更高的数量上限进化，

最终各自趋于不同上限。

（3）$0<b_1<1$，$0<b_2<1$时：系统向 D 演化。因为在竞争甲的资源中乙较弱，而在竞争乙的资源中甲较弱，于是可以达到一个双方共存的稳定的平衡状态 D，在 D 状态，两个创新极的数量上限都有降低，降低量与 b 值有关，b 值越大说明创新极消耗对方的资源越多，因此对方的上限数量就越低。

（4）$b_1>0$，$b_2<0$（或 $b_2>0$，$b_1<0$）时：系统属寄生模式，如图 10.13 所示，被寄生一方由于资源受到他人消耗，而上限数量降低，寄生一方则获得收益，增加了上限数量，最后两个创新极发展到平衡态。

（5）$b_1=0$，$b_2<0$（或 $b_2>0$）[或 $b_2=0$，$b_1<0$（或 $b_1>0$）]时：分属偏利共生模式或偏害共生模式。偏利共生一方（共生系数为0）的增长数量上限没有变化，另一方则因为共生受益增加。相对于偏利共生，偏害共生是一方（共生系数为0）无变化，另一方因共生受害而较少资源和数量上限，这种情况在现实中不太容易发生，只存在理论可能。

（6）$b_1>1$，$b_2>1$时：称为恶性竞争模式，在这种情况下如果两个共生系数不相等，则系数大的创新极因为被另一个创新极多消耗资源而最终先灭绝，另一个得以生存发展（图10.16）。特别地，当 $b_1=b_2=1$ 时，因为两个创新极分别消耗大量的对方创新资源，且理论上消耗对方资源量相等，而致使系统发展不稳定，当 $\Delta<0$ 时，D 为鞍点，系统将远离 D 平衡态，到一定程度后，某一创新极将较强，另一会灭绝，但是那一创新极加强或灭绝有随机可能，要视其他情况而定（如图10.17）。

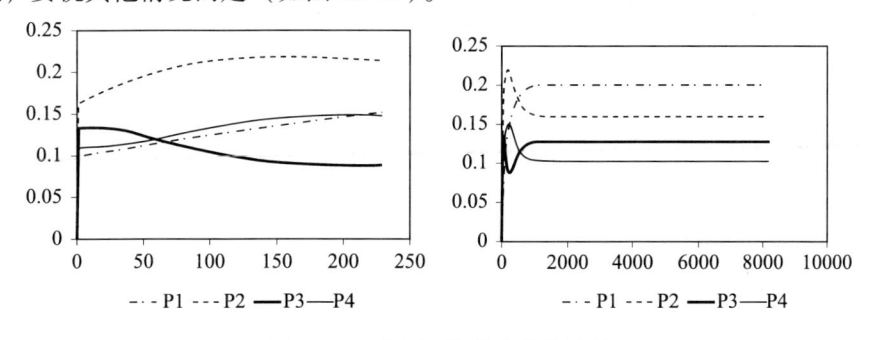

图10.18　多创新极共存演化趋势

不同的区域创新系统本质区别除了各创新极的强弱外就是共生系数 b 的取值不同。当区域创新系统中存在多个创新极时，各创新极之间的共生演化规律仍遵循上述结论。图 10.18 以四个创新极平等竞争为例。

10.3.3 系统创新资源变化下的多创新极演化模型

以上讨论时认为区域创新系统的创新资源总量不发生变化，而在现实中创新资源的总量常常会发生变化。由于资源枯竭、市场竞争恶化、制度缺失等都会导致创新极需要的创新资源有所减少，而有时候创新资源又会增加，2007 年 5 月，喜闻中国能源界一重要消息：中国石油天然气集团公司传出消息，在渤海湾滩海地区发现储量达 10 亿吨的大油田——冀东南堡油田。该油田位于河北省唐山市境内（曹妃甸港区），这是 40 多年来我国在石油勘探方面最激动人心的发现。这无形会给石油化工产业或者其相关产业以及唐山地区的能源产业增加创新资源。因此，研究区域内创新资源变化下的创新极演化机制就具有非常重要的理论与现实意义。

1. 区域创新系统创新资源变化的生态学分析

在生物学界，种群是在一定空间中同种个体的组合，但由于人类活动等种种原因，环境景观在变化，目前大多数种群实际上是生存于破碎的或充满缀块的景观中。这样，同一种群往往可以生存于若干个功能上相互联系，但在空间上又相对独立的局域里，因此种群的局部灭绝和复苏都是可能的。为此，Levin（1970）提出了 meta-population 这一新概念，用以表示"由经常局部性灭绝，但又重新定居而再生的种群所组成的种群"，并从 Logistic 模式发展起来了著名的 Levins 模式。所以实际上此概念就是指空间上彼此隔离，而在功能上又相互联系的两个或两个以上的亚种群或局部种群，国内也有翻译成集合种群的说法（林振山，2003）。

在现在的区域中同样存在这样的问题。在区域创新系统中，由于种种原因，目前同一个创新极的大多数创新主体实际上存在于区域的很多位置，比如说靠近某种资源、某个市场，或者是被其他的替代企业竞争到几个分散的市场，或者被其他竞争的创新极"压迫"，也是生存与破碎的或者充满"缀块的景观"中。而且，各个分散的同类创新主体之间由于市场机制、技术亲和性及其他交流渠道，仍然保持着紧密的联系与合作，如果假设所有的创新极都需要且仅需要同一种创新资源，加上前面的假设和研究结果，则区域创新资源变化下创新极的演化情况就与生态群落中自然景观变化引起的种群演化具有相同的规律。

2. 创新资源变化的创新极演化动力模型

而在生态学中，目前生境地（栖息地）破碎化是当前种群灭绝的最主要原因之一。生境地（栖息地）破碎化使原本连续分布的种群以集合的方式生存。Tilman 等人（1994，1997）提出了 n – 种集合种群模式。因此，在此基础上结合区域创新系统自身特点，给出了以下创新资源变化下的创新极演化动力模型：

$$\frac{\mathrm{d}p_i}{\mathrm{d}t} = c_i p_i (1 + D - \sum_{j=1}^{i} p_j) - m_i p_i - \sum_{j=1}^{i-1} p_i c_j p_j \quad i = 1, 2, \cdots, n \quad (10.16)$$

若 $D>0$ 表示创新资源增加量占总创新资源的比率；$D<0$ 表示创新资源减少量占总创新资源的比率。式中：

i 为创新极依照创新资源占有率（竞争力）在区域创新系统中的排序；

p_i 为创新极 i 对创新资源占有的比率；

c_i 为创新极 i 的创新主体繁殖率；

m_i 为创新极 i 的创新主体平均死亡率；

式（10.16）说明了 n 个创新极的区域创新系统中创新极的共存是由于不同创新极间的竞争能力、创新主体繁殖率以及死亡率之间的动态平衡，这种平衡要求竞争力弱的创新极具有较强的繁殖率也就是说适应环境变化的能力和自身调整能力。其右边三项分别为：创新极 i 对创新资源的成功占有；创新极 i 的死亡而引起的对创新资源占有的减少；由于竞争（资源占用量大的创新极侵略）而导致的弱创新极对创新资源占有的减少。

3. 模型的仿真

由于模型的演化迭代周期很长，现实中的经济数据从时间序列上难以满足需要，故数值模拟是研究的最直接而有效的方法。根据创新极初始时对创新资源的占用率的多少将创新极排成强弱序，即系统中对创新资源占用率最大的创新极定义为最强创新极，而对创新资源占有率最小的创新极定义为最弱创新极。

这样，我们采用 Tilman 假设系统中的条件：假设系统中各创新极具有相等的死亡率 m；而当创新资源未发生变化时的平衡态的各创新极的创新资源占有比率 p_i^0 和创新主体繁殖率 c_i 均为几何分布：

$$m_i = m; \quad p_i|_{D=0} = q(1-q)^{i-1}, \quad c_i = m_i / (1-q)^{2i-1} \quad (10.17)$$

式中 q 为区域创新系统中最强创新极对创新资源的占有率。

（1）创新资源减少的情况下各创新极变化情况。由于种种原因，当区域创新系统内创新资源减少时各创新极的共生演化会发生变化，这种变化的规律根据 D 相对于最强创新极的占有比率大小可分三类，图 10.19 至图 10.22 分别就三种情况对模型（式 10.16）进行模拟，取 $T_1 = 300$；$T_2 = 2000$；创新极数量 $n = 10$，其中 p_1 至 p_{10} 分别表示初始创新资源占有比率从大到小的排序，即 p_1 的创新资源占有比率最大，p_{10} 的创新资源占有比率最小，各创新新资源占有比率成几何级分布（式 10.17）。

1）当 $|D| > q$ 时。从图 10.19、图 10.20 可以看出，由于创新资源的巨大减少，区域创新系统中的最强创新极受到了巨大打击，由于其转换成本和规模庞大，难以适应环境变化，所以其不可避免地会消亡。在此变化过程中，系统演化经历了三个演化阶段：

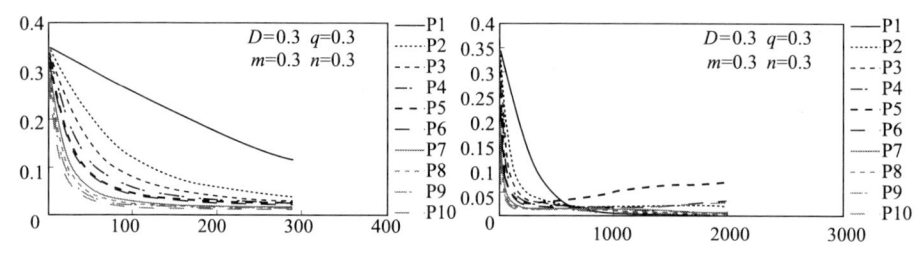

图 10.19 创新资源巨量减少下各创新极演化模式

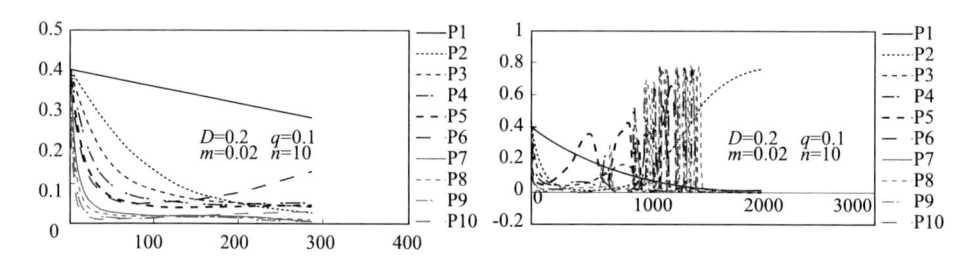

图 10.20 创新资源大量减少下各创新极演化模式

第一阶段：强迫适应或抵抗阶段。在创新资源遭受到大量破坏的较短时间内，所有的创新极对创新资源的占有率都急剧下降。但最弱创新极的下降幅度相对最小，即系统里最弱创新极具有最强的抵抗力和适应性，因为它们转换成本低。

第二阶段：恢复阶段。这是一个非常复杂的多创新极非线性相互作用过程，随着第一强创新极的占有资源比率减少，系统的最强、最弱创新极，多平衡态共存的创新极共生体争夺资源不断演替，出现大量震荡。

第三阶段：稳定阶段。经过长时间的演化过程，系统最强创新极由于受到重创而且转型较慢而灭绝，系统中的次强或者中间占有率的创新极成为最强创新极。出现这种局面的原因是：一些竞争力弱，或者资源占有率低的创新极在剩余的、碎片式的创新资源中可以生存，而最强创新极则失去的生存的条件——大量或大块的创新资源，进而走向消亡。

我们称由于创新资源大量破坏导致的最强创新极消亡的第一类消亡。

进一步，式（10.18）的定态解为

$$p_i^e = \begin{cases} \hat{p}_i & if \hat{p}_i > 0 \left[\hat{p}_i = 1 + D - \frac{m_i}{c_i} - \sum_{j=1}^{i} p_j^e \left(1 + \frac{c_j}{c_i}\right)\right] \\ 0 & if \hat{p}_i \leq 0 \qquad i = 1, 2, \cdots, n \end{cases} \qquad (10.18)$$

当 $\hat{p}_i \leq 0$ 时，即

$$D \leq \frac{m_i}{c_i} - 1 = (1-q)^{2i-1} - 1 \qquad (10.19)$$

条件满足时，区域创新系统中前 i 个强种群将走向消亡。将式（10.19）称为第一类创新极消亡阈值条件。由图 10.19、图 10.20 可知，只要 D 值突破临界消亡阈值，最强创新极必然消亡，D 越大消亡越快。

2）当 $|D| = q$ 时。从图 10.21 可以看出，最强创新极在创新资源减少量等其自身占有率时，保持了不变占有率，而将减少创新资源带来的危害转嫁给了其他较弱的创新极，特别是次强创新极，经过资源减少后，由于抵抗不住环境压力，且转换能力较低，最终消亡，剩余的创新极有的也随机消亡，有的反复在平衡态波动震荡。

3）当 $|D| < q$ 时。从图 10.22 可以看出，当创新资源微量减少时，最强创新极由于实力强大几乎不受影响，但其他较弱的创新极则受到损害，加上最强创新极的一步步入侵，导致他们的再不同时间内消亡。我们称由于资源少量破坏而导致对弱创新极消亡为第二类消亡。

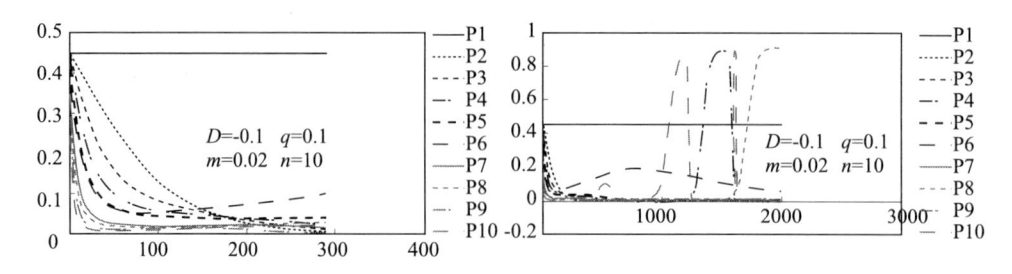

图 10.21　创新资源减少量等于最强创新极占有率时

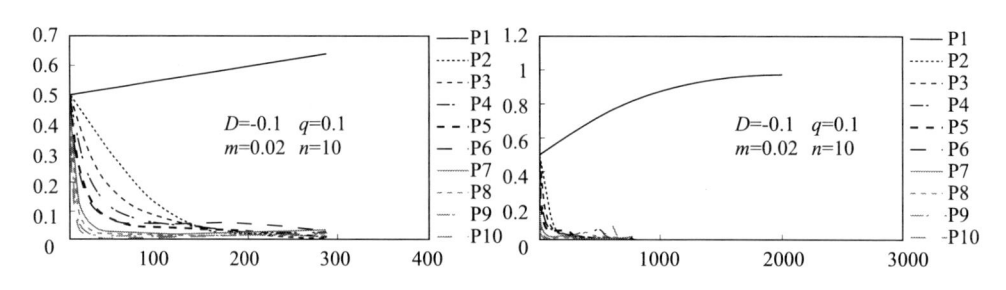

图 10.22　创新资源少量减少下各创新极演化模式

在区域创新系统现实中也存在类似规律，比如唐山市区域创新系统中的钢铁产业、煤炭产业，当唐山铁矿石储量和煤储量越来越少的时候，最强的钢铁产业和煤炭产业由于企业数量巨大，规模大，整体运作耗费资源高，众企业经受不住长期的高成本采集资源，且运营成本越来越高，从而大部分企业可能转型或停产。但整个产业规模巨大，持续的时间或许比较长（第一类灭绝），相反其他产业比如高新技术产业、纺织产业等整体规模小，且多为中小企业，具有灵活、强适应的特点，能快速适应环境，所以有一般会生存下来，当然不是所有的会生存下来，其中一部分还是资源开始减少的初期就在竞争中失败或者转型或者淘汰（第二类灭绝）。

(2) 创新资源增加的情况下各创新极变化情况。区域创新系统创新资源随着发展增加的情况相对简单，如图 10.23、图 10.24，创新资源增加时由于强创新极的强竞争力，新增的创新资源大部分都被其占有，这样随着最强创新极的资源占有量增加，其竞争力进一步增强，即打破了原来的平衡态，使系统朝更利于最强创新极的方向演化，反复进行，最后导致其他创新极消亡，最强创新极独占鳌头。且随着创新资源的增加比率 D 越大，其他创新极消亡的越快。

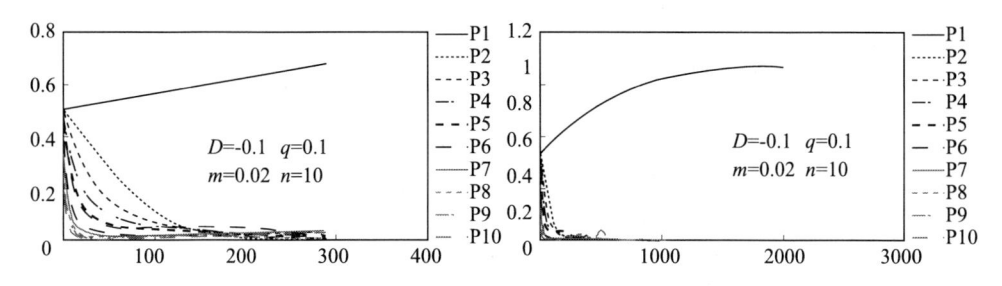

图 10.23 创新资源少量增加下各创新极演化模式

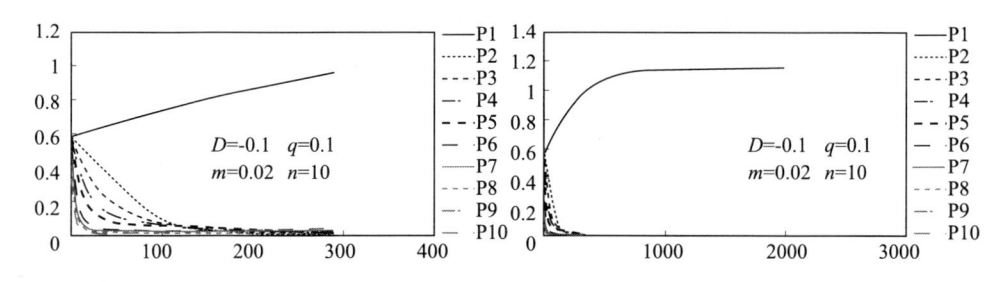

图 10.24 创新资源大量增加下各创新极演化模式

在现实中，比如唐山地区石油加工及冶炼产业，新油田的发现使创新资源大量增加，而在增加的资源中毫无疑问大部分被特大企业占有，其他企业只得到为数不多的好处，这样特大企业会迅速壮大，就打破了原来与其他次强或弱企业的均衡，从而侵入它们资源，等建立新平衡时次强或弱产业资源占有量又有下降，这样会导致次强或弱产业的一个或几个灭绝。

10.3.4 外来创新极入侵后的系统演化动力模型

很长时间以来，物种入侵一直被认为是一个高度复杂的过程。Townsend（2003）认为建立坚实的入侵生物学理论可以在外来物种或提前消除危害物种入侵提供合理的决策支持。然而直到现在也没有找到一种理论来阐明物种入侵机制（林振山，2006）。我们认为，区域创新系统研究领域，甚至在区域经济系统领域，研究新创新极（或产业）的入侵也是具有重要的现实和理论意义。在上一节研究结果的基础上，进一步认为，新创新极的入侵在实质上与新创新极的创新主体繁殖率或者扩散率、死亡率和对创新资源的占有密不可分。基于此，试图通过建立数学模型对外来创新极入侵到区域创新系统中的情况进行模拟，进而揭示新创新极入侵的动力学机制。

1. 区域中原有创新极共存平衡模型

区域创新系统经过长期发展，系统中的各创新极经过长期的发展、竞争、合作、共存、共生，形成了多创新极共存的稳定局面。因此，可以用 $D=0$ 时的 Tilman 模型来说明这种共存：

$$\frac{\mathrm{d}p_i}{\mathrm{d}t} = c_i p_i \left(1 - \sum_{j=1}^{i} p_j\right) - m_j p_j - \sum_{j=1}^{i-1} p_i c_j p_j \tag{10.20}$$

$$m_i = m; p_i = q(1-q)^{i-1}, c_i = m_i/(1-q)^{2i-1} \tag{10.21}$$

式中 q 意义同式（10.17）。

为直观起见，以四个创新极共生的区域创新系统动态平衡为例：

$$\begin{cases} \dfrac{\mathrm{d}p_1}{\mathrm{d}t} = c_1 p_1 (1 - p_1) - m p_1 \\[4pt] \dfrac{\mathrm{d}p_2}{\mathrm{d}t} = c_2 p_2 (1 - p_1 - p_2) - m p_2 - c_1 p_1 p_2 \\[4pt] \dfrac{\mathrm{d}p_3}{\mathrm{d}t} = c_3 p_3 (1 - p_1 - p_2 - p_3) - m p_3 - c_1 p_1 p_3 - c_2 p_2 p_3 \\[4pt] \dfrac{\mathrm{d}p_4}{\mathrm{d}t} = c_4 p_4 (1 - p_1 - p_2 - p_3 - p_4) - m p_4 - c_1 p_1 p_4 - c_2 p_2 p_4 - c_3 p_3 p_4 \end{cases} \tag{10.22}$$

取 $m=0.02/t$，$q=0.2$，在无外界干扰的情况下，各创新极共同发展，可得到如图 10.25（图中横坐标是时间 t，纵坐标是创新极的创新资源占有率，下同）：

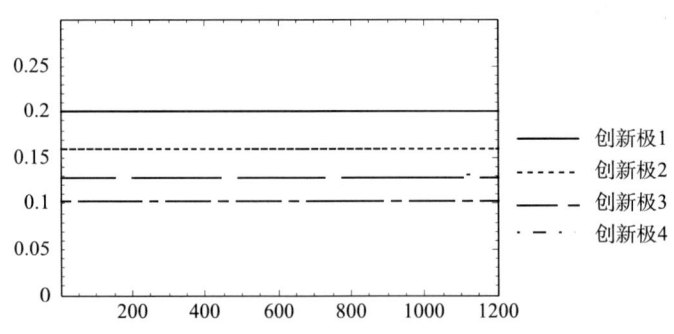

图 10.25　无干扰情况下的多创新极共存演化

2. 新创新极入侵后的系统演化动力模型

从数学角度出发，可以把外来的创新极看做是对区域创新系统的一种干扰，而外来的创新极的成功与否则取决于这种"扰动"是否被系统迅速放大。假设对原来处于平衡态的多创新极系统引入新创新极后，对于新创新极来说，它本身必须满足方程（10.20），而作为"入侵"的创新极意味着它具有较大的繁殖率。同时，新创新极的引入对原来处于平衡态的多个创新极来说，都将使各创新极的剩余成长空间减少。所以，结合方程（6.20）、（6.22），可以得到如下入侵干扰模型，其中 $p_{外}$ 表示外来入侵的创新极

$$\begin{cases} \dfrac{dp_i}{dt} = c_i p_i (1 - \sum_{j=1}^{i} p_j - p_{外}) - m_j p_j - \sum_{j=1}^{i-1} p_i c_j p_j \\ \dfrac{dp_{外}}{dt} = c_{外} p_{外} (1 - \sum_{j=1}^{i} p_j - p_{外}) - m_{外} p_{外} - \sum_{j=1}^{i} p_{外} c_j p_j \end{cases} \quad (10.23)$$

仍以四个创新极的创新系统演化为例，第五个创新极为外来入侵创新极，新创新极 $n5$ 的引入对原来处于平衡态的 $n1$、$n2$、$n3$、$n4$，4 个创新极来说，都将使各创新极的剩余成长空间减少。所以，结合方程（10.22），可以得到如下入侵干扰模型：

$$\begin{cases} \dfrac{dp_1}{dt} = c_1 p_1 (1 - p_1 - p_5) - m p_1 \\ \dfrac{dp_2}{dt} = c_2 p_2 (1 - p_1 - p_2 - p_5) - m p_2 - c_1 p_1 p_2 \\ \dfrac{dp_3}{dt} = c_3 p_3 (1 - p_1 - p_2 - p_3 - p_5) - m p_3 - c_1 p_1 p_3 - c_2 p_2 p_3 \\ \dfrac{dp_4}{dt} = c_4 p_4 (1 - p_1 - p_2 - p_3 - p_4 - p_5) - m p_4 - c_1 p_1 p_4 - c_2 p_2 p_4 - c_3 p_3 p_4 \\ \dfrac{dp_5}{dt} = c_5 p_5 (1 - p_1 - p_2 - p_3 - p_4 - p_5) - m p_5 - c_1 p_1 p_5 - c_2 p_2 p_5 - c_3 p_3 p_5 - c_4 p_4 p_5 \end{cases} \quad (10.24)$$

模型中，p_5 是引入的外来入侵创新极。当外来创新极引入后，其对创新资源的竞争作用减小了原有创新极的有效扩散（空间），在某种程度上对当地创新极的演化发展产生了一定的干扰。而就它本身的发展而言，当进入一个新的环境后不可逃避地要受到当地创新极的排斥与竞争（当然也可能是共生协同，这里暂且不做讨论），有可能因不能适应新环境而被排斥在系统之外，也有可能因新的环境中没有相抗衡的创新极，经历了扩散和定局的扰动后成为真正的

入侵者，最终打破平衡，改变或破坏原系统的平衡。究竟如何演化，我们将通过以下不同的数值模拟方案来试验。

3. 外来创新极入侵失败

在入侵干扰模型（10.24）中，我们假设 $C5 = 0.1$，$m5 = 0.03/t$，$P5 = 0.06$，其他参数值保持不变。根据模型（10.24），由计算机模拟可得各创新极在物种入侵干扰下的演化过程。

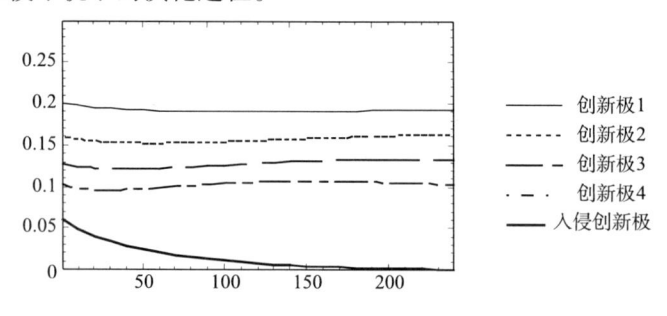

图 10.26　外来创新极入侵失败的演化曲线

从图 10.26 可以看出，外来创新极引入后，原创新系统并没有出现很大的波动，演化结构保持相对稳定，而外来种在大约 200 个时间单位内开始灭绝，并没有对区域系统造成危害。可见，创新能力不强（模型中体现为繁殖率不高）的外来创新极很难打破原有创新系统中多创新极共存的自组织系统，就被排斥在系统之外了。

4. 外来创新极成功入侵

取 $C5 = 0.17$，其他参数不变，模拟结果如图 10.27 所示。显示了较强创新能力（较强繁殖率）对物种入侵成功的贡献。在短短时间内，外来创新极就定殖成功，而后经过几十年的时间以指数增长的形式疯狂入侵，致使原有创新极全部灭绝。

有必要指出，在入侵的 500 个时间单位里，原来创新系统中较弱的创新极 $n3$ 和最弱的 $n4$ 虽然也大幅度变小，但没有灭绝，而是最强创新极 $n1$ 和次最强创新极 $n2$ 灭绝了。这说明，外来经济体入侵，比如大型跨国公司或者国外企业群进入后对当地的主要主导产业影响最大，有致命影响，例子并不鲜见。

进一步分析，当 $C5 = 0.15$ 时，外来创新极入侵后对区域创新系统内创新极影响比较复杂，各个创新极并不能明显分出强弱，如图 10.28 所示：

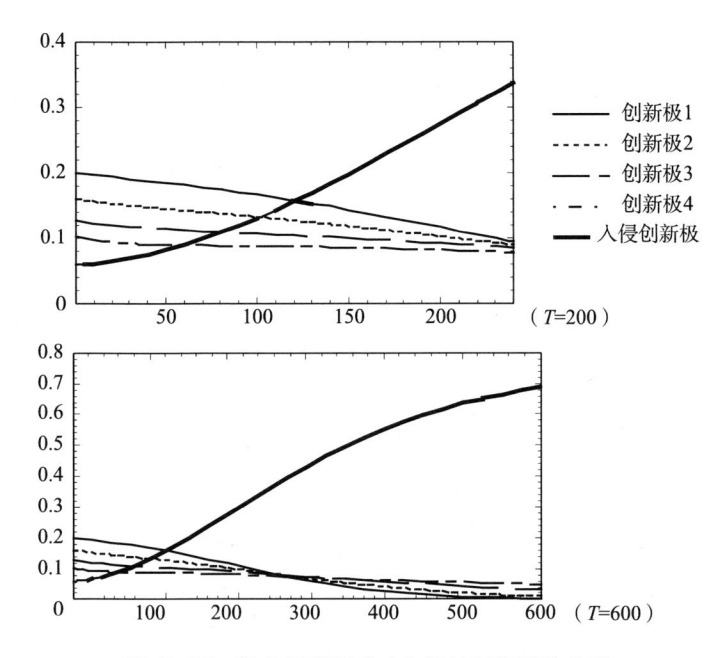

图 10.27　外来创新极成功入侵的时间演化曲线

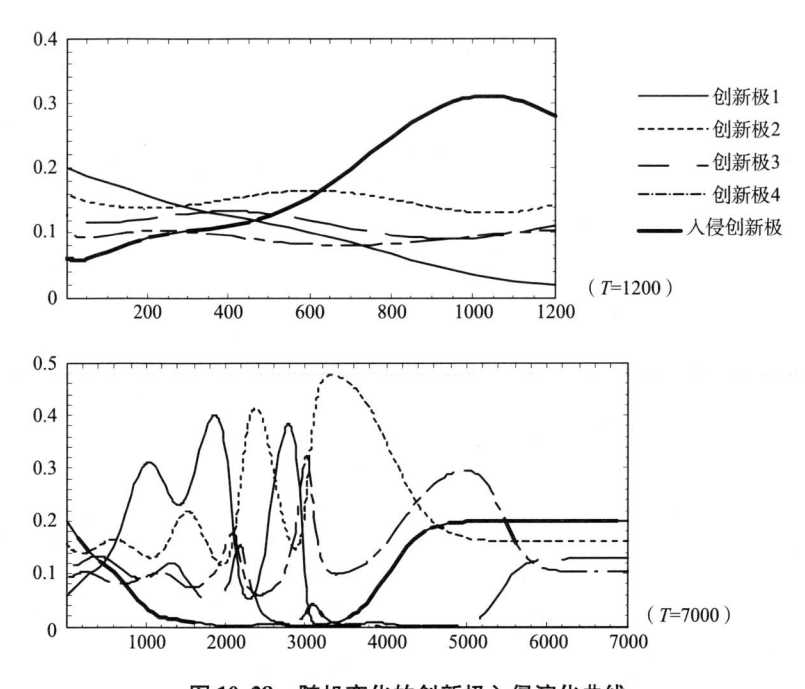

图 10.28　随机变化的创新极入侵演化曲线

由上三种情况可知，外来创新极入侵会对区域创新系统的演化产生影响，但影响的程度与入侵创新极的创新能力强弱有关，创新能力强的创新极入侵后生长能力强，会对其他创新极影响较大，尤其是对区域内原最强的创新极影响最大；创新能力弱的创新极入侵后，会被区域内原有的创新极排斥出去，入侵创新极创新能力相对于原系统中的创新极创新能力居中的情况下，演化变得扑朔迷离。

10.4 唐山市区域创新系统的实例

由于上述理论模型需要较长的时间序列数据（一般需要百、千组的数据），在实证上有数据困难，故本书以调研的唐山市区域创新系统发展状况为实例进行说明。

10.4.1 唐山市区域经济简介

唐山，是一座具有百年历史的沿海重工业城市。地处环渤海湾中心地带，南临渤海，北依燕山，东与秦皇岛市接壤，西与北京、天津毗邻，是连接华北、东北两大地区的咽喉要地和走廊。现辖 2 市 6 县 6 区，4 个开发区和曹妃甸工业区及汉沽管理区。总面积 13472 平方公里，人口 714.5 万。市区面积 3874 平方公里，人口 299 万，是全国较大城市之一。

唐山气候温和，地貌多样，土质肥沃，是多种农副产品的富集产区，被称为"京东宝地"。北部山区盛产板栗、核桃、苹果、红果等干鲜果品，"京东板栗"驰名中外；中部平原盛产玉米、小麦、水稻、花生等农副产品，素有"冀东粮仓"之美誉；南部沿海既是渤海湾的重要渔场，又是原盐的集中产区，南堡盐场是亚洲最大盐场。沿海陆域海岸线长 196.5 公里，滩涂和浅海开发潜力很大。矿产资源品种多、储量大、质地优良、分布集中、易于采选。目前已发现并探明储量的矿藏有 47 种。煤炭保有量 62.5 亿吨，为全国焦煤主要产区。铁矿保有量 57.5 亿吨，是全国三大铁矿区之一。石油、天然气、石灰岩、黄金等储量也十分可观。我国第一座现代化煤井、第一条标准轨距铁路、第一台蒸汽机车、第一袋机制水泥和第一件卫生陶瓷均诞生在这里，被誉为"中国近代工业的摇篮"。经过多年的发展，现已成为全国重要的能源、原材料基地。2004 年，全部工业企业完成工业增加值 851.27 亿元，同比增长

17.5%，占全市 GDP 的 53%。

目前，全市拥有 113 个工业门类，1340 多种工业产品，形成了钢铁、能源、水泥、机械、化工、陶瓷、纺织、造纸、食品、电子等 10 大支柱产业。2004 年，十大支柱产业完成工业增加值占全市规模以上工业的 96.7%。其中，①钢铁工业，为唐山第一大支柱产业，2004 年销售收入占全市规模以上工业的 63%。②能源（煤炭、电力、石油）工业，成为唐山第二大支柱产业，2004 年销售收入占 14.5%。③水泥工业，在全省乃至全国占有重要位置，销售收入占全市的 3.1%。④机械工业，销售收入占 4.3%。钢铁、能源、水泥、机械四大传统产业占据了唐山销售收入的 80% 以上。

10.4.2 基于多创新极共生的唐山市区域创新系统

唐山区域创新网络主要是由以各主导产业为中心的创新极耦合而成。整个唐山地区的区域创新网络是由钢铁、能源、水泥、机械、化工、陶瓷、纺织、造纸、食品、电子等 10 大支柱创新极相互交织，耦合而成，共同组成了唐山区域创新系统结构，支撑着唐山区域经济的发展。

1. 钢铁产业

为唐山第一大支柱产业，已形成集采矿、选矿、烧结、炼铁、炼钢、轧钢、焦化、耐火材料和冶金机具等门类齐全、功能配套的钢铁工业体系，构建了以中档市场为主、兼顾上游产品、适应多层次市场需求的钢铁产品结构。2004 年完成销售收入 1201 亿元，利税 131 亿元，分别占全市规模以上工业的 63% 和 63.6%，从业人员 17 万人，占 27.5%。重点钢铁企业基本实现了"五全一喷"，高炉平均利用系数达到 3.6，高于全国重点大型钢铁企业 1.04，连铸比均达到 100%。

2. 能源产业

能源（煤炭、电力、石油）工业，成为唐山第二大支柱产业，2004 年完成销售收入 275 亿元、利税 41.6 亿元，分别占 14.5% 和 20.2%，从业人员 13.1 万人。其中，原煤年产量达到 2963 万吨，洗精煤 1321 万吨，成为我国特大型煤炭生产基地；发电总装机容量 395 万千瓦，总发电量 181.2 亿千瓦时；产原油 103 万吨，天然气 9987 万立方米。

3. 水泥产业

在全省乃至全国占有重要位置，截止 2004 年底，共有规模以上企业 110 户，年产水泥 2861 万吨，完成销售收入 59.1 亿元，利税 7.71 亿元，分别占全市的 3.1% 和 3.74%，从业人员 3.11 万人。冀东、启新、曙光、滦河等一批企业集团在不断扩张中占领市场，迅速壮大。

4. 机械产业

共涉及全市 6 大类共 171 家企业，产品包括工业及工程装备、汽车零部件和印刷、环保机械。2004 年完成销售收入 81.4 亿元、利税 7.2 亿元，分别占 4.3% 和 3.5%，从业人员 5.58 万人。主导产品市场占有率显著提高，冶金矿山高强度皮带机国内市场占有率达到 30%；爱信齿轮轻微型汽车变速器达到 20%；松下自动焊机达到 50%；自动模切压痕机达到 50%；110 千伏以上高压棒型支柱绝缘子达到 30%。

5. 化工产业

共涉及化工原料、化学肥料、有机化工、无机化工、橡胶制品及化工机械设备等 7 个门类 65 种化工产品。2004 年纯碱产量达到 143.2 万吨、尿素 21.44 万吨、合成氨 27.82 万吨，完成销售收入 38.9 亿元、利税 3.1 亿元。

6. 陶瓷产业

陶瓷工业，历史悠久，享誉国内外，2004 年日用陶瓷产量达到 3.02 亿件，卫生陶瓷年产量 1185 万件，完成销售收入 22.3 亿元、利税 0.8 亿元，从业人员 4.2 万人。惠达、唐陶、隆达、海格雷、亚利等一批企业在不断发展中壮大，成为唐山"北方瓷都"的重要代表。

7. 纺织产业

起源于 1921 年，是河北省纺织工业发源地之一，经过几十年的努力，已形成具有纺织、毛纺、丝绸、印染、针织、服装等门类比较齐全的纺织工业体系。截至 2004 年底，唐山市共有规模以上纺织企业 31 家，完成销售收入 6.3 亿元，利税 0.44 亿元，年产纱 1.32 万吨，布 2414 万米、印染布 1280 万米、服装 2725 万件。

8. 食品产业

近年来取得迅猛发展，初步形成乳品、水产、酿酒、肉类、饮料等 19 个门类，规模以上企业达到 32 户，完成销售收入 16.5 亿元，利税 1.35 亿元；造就了"曹雪芹""豪门""向旺""栗源""兰猫"等一批著名品牌和商标；乐百氏、伊利、均瑶、蒙牛、双汇等一批国内著名企业也纷纷落户唐山，形成一批优势企业和市场畅销产品。

9. 造纸产业

截至 2004 年，共有规模以上造纸及纸制品企业 70 户，完成销售收入 34.16 亿元、利税 0.85 亿元，年产机制纸 33.7 万吨，机制纸板 92.9 万吨，占全省的 42%，冀腾纸业等骨干企业生产技术装备已达到了国际 20 世纪 90 年代水平。

10. 电子信息产业

是唐山市的新兴产业，"十五"以来取得较大发展，年均增速达到了 74%和 50%，截至 2004 年底，企业数已达到近百家，初步形成了晶源电子、冀东线缆、凤凰网络、龙信科技等一批优势骨干企业，部分电子产品已达到国内或国际先进水平。

10.4.3 各创新极正在积极共生

1. 产业间关联增强

随着区域经济发展，唐山市各产业间企业合作频繁，依托政府支持构建循环经济的契机，特别是钢铁产业的企业与水泥厂、发电厂、装备制造企业、化工厂等积极合作，联合开发新产品，联合发展循环经济，以技术带动产业发展，以合作交流带动产业网络、创新系统的形成与发展。各产业技术相关的产业积极合作、融入产业链发展，钢铁产业与机械产业之间积极开展联合创新，其产业间存在创新溢出已在第五章中证实。以钢铁产业为例，钢铁产业与家电、房地产、机械制造、电力、汽车等下游产业都有着密切的联系，如各产业间协同共生，势必大大增强区域的竞争优势。

曹妃甸工业区更是利用便利条件，依托港口资源积极发展钢铁、石化、电力和物流四大产业，形成多产业并举，多产业联合协同发展的产业体系。在技术层面，各产业间企业合作研发并采用资源节约和替代技术、资源回收利用技术、能量梯级利用技术以及闭路循环技术；在企业层面广泛推行清洁生产、资源深加工和循环利用;在工业区层面重点构建共生企业间、关联产业间的原料和产品链,建设精品钢材加工、三化一体化工、先进装备制造、海水冷却发电四大循环经济联系型多创新极共生体。

2. 产学研体系得到发展

创新极内企业间,企业与高校、科研院所之间的合作频繁,充分发挥创新网络绩效,发挥创新支撑体系作用。具体内容可在第四章实证部分找到。

3. 企业通过合并进行联合创新

此外,企业纷纷通过组建集团,加强技术合作,提高竞争力。在唐山钢铁产业内,企业重组成为结构调整的重点。唐山市政府支持优势骨干企业吸纳其他企业实施重组,重点推进以产权为纽带的整合模式。通过试点运作、集中突破的方式,鼓励支持企业以资本、装备、产品、技术等形式,采用兼并、收购、参股、合资合作等多种手段,实现多层次、大范围、跨区域整合,逐步建成具有产品特色、专业化分工,以区域集中为主的钢铁企业集团。

新唐钢集团的组建是唐山市钢铁产业企业合作的重要案例,是河北钢铁产业重组的第一步,也是最重要的一步。不仅对整合省内钢铁资源起到了较好的示范作用,而且将对华北钢铁产业组织格局产生深远影响。唐钢集团公司与新加坡昂国企业有限公司共同投资成立唐山唐昂新型建材有限公司。该项目是2006年3月省政府组织的香港经贸洽谈会上省政府国资委的重点推介项目。2004年10月9日,唐山钢铁集团有限责任公司、达涅利公司、三菱商事株式会社在北京人民大会堂举行联合新闻发布会,宣布我国第一条采用组合先进技术在唐钢投产的超薄带钢生产线顺利达产。

10.4.4 创新资源的变化对唐山市区域创新系统发展产生影响

1. 创新资源减少下的强创新极受抑制、弱创新极迎发展机遇

现实中,区域创新资源的减少对区域创新系统内创新极演化也是有重要影响的。仍以唐山市为例,唐山市主导产业多为能源、资源密集型的传统产业,这样,创新资源的减少对创新极的发展就更加明显。特别是近几年唐山地区的铁矿资源、煤矿资源都越来越受到人们的注意,资源的存量相对于企业的需求是不断"减少的",在这种情况下,钢铁产业、煤炭产业、水泥等产业的企业纷纷开始思考转型，有的走节约生产路线，提高产品附加值，有的则转换经营战略，从事其他产品生产。政府也做出明确决定，对能源加强宏观调控，特别是煤矿，已不能盲目扩张，且对不符合质量标准的企业和产品，发现一批查处一批。冶金矿山整顿成效明显。充分发挥冶金矿山整顿领导小组办公室的职责，协调公安、国土、安监等部门，加强监督检查，严格执法，以高压态势严厉打击各种非法采矿行为。强化安全检查。牵头组织对迁西老和尚沟、遵化市程家沟等35家铁矿进行了突击检查，提出整改意见110条。并在全市范围内整合生产规模、生产工艺装备、资源要素等。诸多传统产业的企业必将或转变生产方式，或转型。钢铁工业结构调整取得实效。钢铁冶炼企业整合至20家，450m^3以上高炉、40吨以上转炉已占到总产能的70%以上。高炉平均利用系数达到3.6，连铸比均达到100%，全年关停200m^3及以下高炉11座、20吨以下转炉8座、电炉14座，淘汰落后产能铁205万吨/年、钢255万吨/年。全年钢铁工业完成工业增加值553.8亿元、利税274.2亿元、利润185.21亿元，同比分别增长了27.6%、40%和48.1%。节能降耗初见成效。

企业技术创新步伐加快。围绕提高自主创新能力，积极引导企业加大科技投入，加强产学研联合，促进高新技术产业发展。项目建设发挥效益。技术中心引导作用强化。新建企业技术中心6家，全市累计建立企业技术中心43家，其中国家级中心2家、省级中心15家。品牌效益逐步显现。刘美实业公司"刘美"、合亿金属公司"奔"牌等31个产品获省中小企业名牌产品称号，曙光水泥公司等18个产品获得省信得过产品称号。

在传统产业转型的同时，一些新兴产业依靠走高技术的路线发展起来，其规模小，对环境资源要求不太严格，故它们在主导产业经受创新资源考验时得到了发展。

电子信息产业快速发展。2006年全年电子信息产业完成工业增加值3.97亿元、利税1.51亿元，同比分别增长30.7%和36%，出口创汇3661万美元，同比增长113.84%，超额完成省厅下达指标。民营经济实现迅猛发展。截至2006年年底，全市民营经济单位个数突破27.95万个，其中，民营企业1.48万个，个体工商户26.47万个，完成营业收入4999亿元，同比增长20.2%，实现增加值1502亿元、上缴税金139.7亿元，同比分别增长22.4%和16.4%，占全市GDP、财政收入比重分别达到63.5%和53.8%。

2. 创新资源增加下的创新极变化情况需高度重视

对于区域内主导产业的发展来说，没有几个因素可以认为是创新资源的增加。但最近（2007年5月）在渤海湾滩海地区发现储量达10亿吨的大油田——冀东南堡油田。该油田位于河北省唐山市境内（曹妃甸港区），对唐山市来说可以认为突然的创新资源增加，但对本区域的影响需要进一步观察，但按照本书研究结论，新增资源大部分会被强创新极，能源产业占有，这样能源产业会进一步增强竞争力，某种程度上对其他弱小产业形成"威胁"，因此，需要政府对此高度重视。

10.4.5 唐山市钢铁产业外部形势不容忽视

随着经济全球化的发展，唐山市也越来越开放，唐山钢铁产业的竞争就面临着很多外部的压力，全国的大钢铁集团和世界大的钢铁集团等都在市场空间和资源空间上对唐山市钢铁产业产生直接的影响。很多创新能力强的钢铁集团或企业群对唐山钢铁产业构成了直接威胁，很多跨国大公司试图对唐山市内的钢铁企业进行兼并谈判等，而在外部环境竞争日趋激烈的情况下，唐山市钢铁产业中一些大企业都表示受到很大压力，越大企业利润空间越低。此外，首钢搬迁就是新创新极入侵唐山市的一个例子，当首钢搬迁到曹妃甸的行动渐近时，感受压力最大的将是唐山本地的钢铁行业，今后几年内，唐山现有的57家钢铁企业将被压缩到10家以内，企业的生存压力陡增。最新出炉的《唐山市钢铁工业结构调整实施方案》，被认为是2005年唐山的"一号文件"，这一方案对未来三年唐山的钢铁工业结构调整确立了目标，今年将把全市的冶炼企业降到30家以内，到明年将降到20家以内，到2007年钢铁冶炼企业数量将被强制减少到10家以内。面临这种局面，唐山市钢铁产业只能走合作的道路。通过一定的方式、在一个恰当的时机组建钢铁集团，是提高钢铁产业集中度、稳定市场秩序、减少重复建设、降低能源消耗、保护资源与环境的重要措施；组建新唐钢集团是优化河北钢铁产业结构的重要举措。是解决创新极竞争的最好方式，否则按照本章的理论，必有创新极被淘汰。总之，实践中，创新极入侵后最佳的发展路径就是协同共生，互相合作。这样会避免竞争，导致必有创新极消亡的结果，避免大量资源的浪费。首钢搬迁后，唐钢、宣钢和承钢组建新唐钢集团，并在曹妃甸工业区与首钢等单位开展合作就正好说明这一点。

主要参考文献

[1] Arrow K. The Economic Implications of learning by doing [J], Review of Economics Studies, 1962, 29.

[2] Andreas Pyka. Informal networking and industrial life cycles [J]. Technovation 2000 (20): 25 – 35.

[3] Adner Ron. Match your innovation strategy to Your innovation ecosystem [J]. Harvard Business Review, 2006, 84 (4): 98 – 104.

[4] Asheim B T, Isaksen A. Location agglomeration and innovation: towards regional innovation systems in Norway? [J]. Europe Planning Studies 1997, 3: 299 – 330.

[5] Andrea Gebauer, Chang Woon Nam & Ru Diger Parsche. Regional Technology Policy and Factors Shaping Local Innovation Networks in Small German Cities [J]. European Planning Studies, 2005, 13 (5): 661 – 683.

[6] Ayda Eraydiny, Bilge Armatli – Ko̎ Roğ Luz. Innovation, networking and the new industrial clusters: the characteristics of networks and local innovation capabilities in the Turkish industrial clusters [J]. Entrepreneurship & Regional Development, 2005. 17: 237 – 266.

[7] 安士伟. 试论国家创新体系的内涵及特征 [J]. 河南教育学院学报, 2003 (4): 51 – 54.

[8] Bart Verspagen, Ivo Deloo. Technology spillovers between sectors and over Time [J]. Technological Forecasting and Social Change, 1999, 60: 215 – 235.

[9] Bart Verspagen. Measuring Intersectoral Technology Spillovers: Estimates from the European and US Patent Office Databases. Economic Systems Research [J]. 1997, 9: 47 – 65.

[10] Baumol, William J. The transaction demand for cash: an inventory theoretical approach [J] Quarterly Journal of Economics, 1952, 66: 545 – 556.

[11] Blundell R W, R J Smith. Coherency and Estimation in Simultaneous Models with Censored or Qualitative Dependent Variables [J]. Journal of Econometrics, 1994, 64: 355 – 373.

[12] 彼得·申汉. 澳大利亚与知识经济 [M]. 柳卸林, 等译. 北京: 机械工业出版社,

1997，7.

[13] 边燕杰. 找回强关系：中国的间接关系网络桥梁和求职. 张文宏译. 美国社会学评论 [J]，1997 (6)：366 - 385.

[14] Chen - ray Fang, Li - hsuan Huang, Ming - cheng Wang. Technology spillover and inequality [J]. Science Direct, 2008 (25)：137 - 147.

[15] Cooke P, Uranga M G, Xtxebarria G. Regional Innovation System：Institutional and organizational dimensions [J]. Research Policy, 1997, 26：475 - 491.

[16] Cooke, Schienstock. Structural Competitiveness and Learning Region, Enterprise and Innovation Management Studies, 2000, 1：265 - 280.

[17] Cooke P. Regional Innovation System：General Findings and Some New Evidence from Biotechnology Clusters [J], Journal of Technology Transfer, 2002, 27, 133 - 145.

[18] Cooke P, Uranga M G, Xtxebarria G. Regional systems of innovation：an evolutionary perspective [J]. Environment and planning A, 1998, 30：1563 - 1584.

[19] Chiffoleau, Y., Learning about innovation through networks：the development of environment - friendly viticulture [J]. Technovation, 2005, 25：1193 - 1204.

[20] Carlsson B. Technological Systems and Industrial Dynamics [M]. Kluwer Academic Publishers, 1997.

[21] Carlsson B, Jacobsson S, Holmén M, Rickne A. Innovation systems：analytical and methodological issues [J]. Research Policy, 2002 31 (2)：233 - 245.

[22] 蔡莉，徐双烨，马淑文，费宇鹏. 高技术产业由初始规模向临界规模转化机制研究 [J]. 科学学与科学技术管理, 1999, 20 (6).

[23] 蔡莉，魏乃天，王新，高技术向纺织企业渗透临界规模研究 [J]. 系统工程理论与实践，1999，10：69 - 74.

[24] 蔡莉. 高技术产业临界规模影响因素研究 [J]. 科学学与科学技术管理，1994 (6)：24 - 27.

[25] 蔡明. 生态系统生态学 [M]. 北京：科学出版社，2000.

[26] 曹延飞. 唐山市主导产业间技术创新溢出测度及影响因素分析 [D]. 河北工业大学，2008.

[27] 陈广胜，许小忠，徐燕椿. 区域创新体系的内涵特征与主要类型：文献综述 [J]. 浙江社会科学，2006 (3)：23 - 29.

[28] 陈赤平. 产业集群的技术创新：动因、优势与环境 [J]. 湖南科技学院学报，2006，27 (6)：90 - 91.

[29] 成思危. 复杂性科学探索 [C]. 北京：民主与建设出版社，1999. 5.

[30] 成娟. 论产业集群促进区域经济增长的作用机制——基于增长极理论的观点 [J]. 重庆工商大学学报（西部论坛）2006，16（4）：44-48.

[31] Dhrymes P J. Statistical Foundations and Applications [M]. Econometrics, springer-Verlag, 1970.

[32] 丁焕峰. 论区域创新系统 [J]. 科研管理，2001，11：1-8.

[33] David Doloreux, Saeed Parto. Regional innovation systems: Current discourse and unresolved issues [J]. Technology in Society, 2005, 27: 133-153.

[34] Davies S. The diffusion of process innovation [M]. Cambridge University Press, 1979.

[35] David Doloreux, Saeed Parto. Regional innovation systems: Current discourse and unresolved issues [J]. Technology in Society, 2005. 27: 133-153.

[36] Florens J P, J J Heckman, C Meghir, E J Vytlacil. Instrumental Variables, Local Instrumental Variables, and Control Functions [J]. working paper, 2003.

[37] F W GeelsT. Processes and patterns in transitions and system innovations: Refining the co-evolutionary multi-level perspective [J]. Technological Forecasting&Social Change 2004, 72: 681-696.

[38] Freeman L C. Centrality in Social Network: Conceptual Clarification [J], Social Network. 1979, 1, 215-239.

[39] 冯之浚. 国家创新系统的理论与政策 [M]. 北京：经济科学出版社，1999.

[40] 方新, 余江. 系统性技术创新与价值链重构 [J]. 数量经济技术经济研究，2002，7：5-8.

[41] 符正平. 论企业集群的产生条件与形成机制 [J]. 中国工业经济，2002（10）：20-26.

[42] Granovetter, Mark S.. Economic Action and Social Structure: the Problem of Embededness [J]. American Journal of Sociology. 1985. 91（3）：481-510.

[43] Granovetter, Mark. The Strength of Weak Ties [J]. American Journal of Sociology. 1973, 81, 1361-1364.

[44] Griliches Z. Hybrid corn: an exploration in the economics of technological change [J]. Econometrics, 2002 (25): 501-522.

[45] Griliches Z. Issues in Assessing the Contribution of Research and Development to Growth [J]. Bell Journal of Economics, 1979, 10（1）：578-596.

[46] Gunawan, Igel, Barbara, Ramanathan, K. Innovation networks in a complex product system project: the case of the ISDN project in Indonesia [J]. International Journal of Technology Management, 2002, 24（5）：583-597.

[47] 盖翊中. IT 业空间集聚、产业网络与厂商行为的关联性研究 [D]. 广州: 暨南大学, 2004, 10.

[48] 盖文启, 王缉慈. 论区域创新网络对我国高新技术中小企业发展的作用. 中国软科学, 1999, (9): 102-106.

[49] 高建. 中国企业技术创新分析 [M]. 北京: 清华大学出版社, 1997, 6.

[50] 顾新. 区域创新系统内涵与特征 [J]. 同济大学学报 (社会科学版), 2001, 12: 32-37.

[51] 顾丽, 彭福扬. 技术创新生态化: 一种新的技术创新观 [J]. 科学管理研究, 2005, 23 (1): 9-11, 15.

[52] 郭莉, 苏敬勤. 基于 Logistic 增长模型的工业共生稳定分析 [J]. 预测, 2005, 24 (1): 25-29, 6.

[53] Hakansson, H. Industrial Technological Development: A Network Approach [M]. London Press. 1987.

[54] Huriot, Jean-Marie and Jacques-Francois Thisse. Economics of Cities: Theoretical Perspectives [M], Cambridge University Press, 2000.

[55] Hippel E V, Perspective: User toolkits for innovation [J]. Journal of Product Innovation Management. 2001, 18 (5): 247-257.

[56] 黄守坤, 李文彬. 产业网络及其演变模式分析. 中国工业经济, 2005 (4): 53-60.

[57] 黄鲁成. 区域技术创新生态系统的特征 [J]. 中国科技论坛, 2003 (1): 23-26.

[58] 黄鲁成. 区域技术创新系统研究: 生态学的思考 [J]. 科学学研究, 2003, 21 (2): 215-219.

[59] 黄鲁成. 基于生态学的技术创新行为研究 [M]. 北京: 科学出版社, 2007, 1.

[60] 黄鲁成. 宏观区域创新体系的理论模式研究 [J]. 中国软科学, 2002, 1: 95-99.

[61] 黄鲁成. 关于区域创新系统研究内容的探讨. 科研管理, 2000, 21 (2): 43-48.

[62] 洪燕. 制度集聚: 我国高科技工业园区产业集群形成机制的新解释 - 以上海张江生物医药产业集群为例 [J]. 生产力研究, 2006 (4): 178-179.

[63] 胡浩. 资源型区域的两类产业创新演化模型及算法研究 [D]. 天津: 河北工业大学, 2012.

[64] 胡宝民, 等. 河北省区域创新系统研究 [M]. 石家庄: 河北科学技术出版社, 2005.

[65] 胡宝民. 技术创新扩散理论与系统演化模型 [M]. 北京: 科学出版社, 2002.

[66] 胡宝民, 李子彪. 区域创新创新系统研究现状, 第三届中国技术管理 (MOT) 研讨会论文集, 中国科学技术出版社, 2006, 7, 5: 1-11.

[67] 胡宝民, 刘秀新, 王丽丽. 基于神经网络的技术创新扩散建模探讨 [J]. 科学学与

科学技术管理, 2002 (8): 58 - 60.

[68] 胡锦涛. 坚持走中国特色自主创新道路 为建设创新型国家而努力奋斗——在全国科学技术大会上的讲话, 2006, 1, 9.

[69] 胡志坚, 苏靖. 区域创新系统理论的提出与发展 [J]. 中国科技论坛, 1999, (6): 20 - 23.

[70] 胡志坚. 国家创新系统——理论分析与国际比较 [M]. 北京: 社会科学文献出版社, 2000, 1.

[71] 胡志坚, 苏靖. 关于区域创新系统研究. 科技日报. 1999 - 10 - 16 (5).

[72] Jaffe A B. The Importance of Spillovers in the Policy Mission of the Advanced Technology Program [J]. Journal of Technology Transfer, 1998. 23 (2), 11 - 19.

[73] Jaffe, A. B. Technological opportunity and spillovers of R&D: evidence from firms patents, profits, and market value. The American Economic Review [J]. 1986, 5: 984 - 1001.

[74] Jocl A. C. Baum, Helaine J. Korn, Suresh Kotha. Dominant Designs and Population Dynamics in Telecommunication Services: Founding and Failure of Facsimile Transmission Service Organization, 1965 ~ 1992, Social Science Research, 1995, 24: 97 - 135.

[75] Jose' Monteiro - Barata. Innovation in the Portuguese Manufacturing Industry: Analysis of a Longitudinal Company Panel [J]. International Advances in Economic Research, 2005. 11: 301 - 314 DOI: 10. 1007/s11294 - 005 - 6659 - 5.

[76] 焦燕. 区域创新系统中的创新思维及启示 [J]. 科学学与科学技术管理, 2002, 8: 61 - 63.

[77] 姜澄宇. 创新极: 研究型大学的使命与追求 [J]. 中国高等教育, 2006, 1: 40 - 42.

[78] Krugman, Paul. "A Dynamic Spatial Model. Working Paper" No. 4219, NBER, Cambridge, MA, 1992.

[79] Knoke, D. Political network: The Structural Perspective [M]. England: Cambridge University Press. 1990.

[80] Kokko. Foreign. Direct investment, host country characteristics and spillovers [J]. The Economic Resesrch Institute, 1992.

[81] Kavita Mehra. Indian system of innovation in biotechnology—a case study of cardamom [J]. Technovation, 2001, 21: 15 - 23.

[82] Lin, Nan. Social Capital: a Theory of Social Structure and Action [M]. New York, Cambridge University Press. 2001.

[83] Linghui Tang, Peter E. Koveos. Embodied and disembodied R&D spillovers to developed and developing countries [J]. International Business Review, 2008 (03): 1 - 13.

[84] Los, B. and B. Verspagen, 1997, "R&D Spillovers and Productivity: Evidence from U. S. Manufacturing Microdata", MERIT Working paper, Research Memorandum nr. 2 /96 – 007.

[85] Los B., "The Empirical Performance of a New Inter – industry Technology Spillover Measure", in Saviotti, P. P. and Nooteboom, B. (Eds) Technology and Knowledge, 2000, 118 – 151, Edward Elgar, Cheltenham.

[86] Lee Fleming, Olav Sorenson, Technology as a complex adaptive system: evidence from patent data [J], Research Policy, 2001, 30: 1019 – 1039.

[87] Lundvall B A. National systems of innovation: towards a theory of innovation and interactive learning [M]. London: Pinter, 1992.

[88] 雷. 奥基. 高技术小公司 [M]. 北京: 科学技术文献出版社, 1988, 11.

[89] 李子彪. 区域创新系统效能测度研究——以河北省为例 [硕士论文]. 天津: 河北工业大学, 2004, 3.

[90] 李子彪. 创新极及多创新极共生演化模型研究 [博士学位论文]. 天津: 河北工业大学, 2007.

[91] 李子彪, 胡宝民, 于新凯. 区域创新系统效能测度体系分析 [J]. 科学学与科学技术管理, 2005, 1: 48 – 52.

[92] 李纪珍. 产业共性技术供给体系. 北京: 中国金融出版社, 2004 年 7 月.

[93] 李纪珍, 吴贵生 (2001). 新形势下产业技术政策研究 [J]. 科研管理, 2001, 4: 1 – 8.

[94] 李文君. 唐山市钢铁工业发展特征及动力机制分析 [J]. 地理科学进展, 2003 (2): 203 – 210.

[95] 李文清, 贾岷江. IT 产业集群发展的实证研究——中关村、新竹和硅谷案例的比较 [J]. 当代经济, 2006 (7): 130 – 131.

[96] 李志能, 苑波, 陈波. 形成和确保代际优势——美国生物技术产业集群的发展和组织状况 [J]. 中国生物工程, 2006, 26 (1): 97 – 101.

[97] 李映照. 基于技术转让的企业集聚形成条件: 一个理论模型 [J]. 系统工程, 2006, 24 (2): 11 – 14.

[98] 李松辉, 等, 区域创新系统创新能力成熟度的测定方法研究 [J], 武汉理工大学学报信息与管理工程版, 2004, 2: 103 – 106.

[99] 梁丹, 吕永龙, 史雅娟, 任鸿昌. 技术扩散研究进展 [J]. 科研管理. 2005, 26 (4): 29 – 33.

[100] 林竞君. 网络、社会资本与集群生命周期研究——一个新经济社会学的视角 [M]. 上海: 上海人民出版社, 2005, 9.

[101] 林振山. 种群动力学 [M]. 北京：科学出版社，2006，8.

[102] 林影星. 中国区域创新系统研究综述 [J]. 科技管理研究，2002，5：1-4.

[103] 刘少生，欧阳绪清. 企业技术创新的系统学思考 [J]. 系统辩证学学报，2001，9 (2)：60-62.

[104] 刘春凤. 区域创新系统的粗测度和决策模型研究 [博士学位论文]. 天津：河北工业大学，2008.

[105] 刘文彬. 河北钢铁产业发展战略研究 [硕士学位论文]. 唐山：河北理工大学，2006 (3)：27.

[106] 刘军. 社会网络分析导论 [M]. 北京：社会科学文献出版社，2004，12.

[107] 刘军. 法村社会支持网络——个整体研究的视角 [M]. 北京：社会科学文献出版社，2006，1.

[108] 刘有金. 企业技术创新扩散及其模式选择 [J]. 求索，2001 (2)：8-10.

[109] 刘友金，罗发友. 企业技术创新集群行为的行为生态学研究——一个分析框架的提出与构思 [J]. 中国软科学，2004，1：68-71.

[110] 刘燕华，李秀彬. 国家创新系统研究中地理学的视角，地理研究，1998，17 (3)：225-228.

[111] 刘顺忠，官建成. 区域创新系统知识吸收能力的研究，科学学研究，2001，6：98-101.

[112] 刘曙光. 区域创新发展模式探析 [J]. 沿海经贸，2002，12：14-15.

[113] 刘曙光. 区域创新系统研究的国际进展综述 [J]. 中国科技论坛，2002，5：33-37.

[114] 刘斌. 构建区域创新系统的难点与对策 [J]. 中国科技论坛. 2003，2：22-24.

[115] 柳卸林. 21世纪的中国技术创新系统. 北京：北京大学出版社，2000.

[116] 路甬祥. 现状与未来—面向知识经济时代的国家创新体系 [M]. 北京：科学出版社，1998. 5：21-30.

[117] 罗桂芳，陈国宏. 国内技术创新扩散的模式分析 [J]. 工业技术经济，2002 (4)，64-65.

[118] 罗家德. 社会网络分析讲义 [M]. 北京：社会科学文献出版社，2005，4.

[119] McDonald, John F. Fundamentals of Urban Economics [M]. Prentice – Hall, Inc. 1997.

[120] Meyer – Stamer Jorg. Clustering and the Creation of an Innovation Oriented Environment for Industrial Competitiveness, International High – Level Seminar on Technological Innovation, Beijing China, 2001.

[121] Marsden, P. Network Data and Measurement [J]. Annual Review of Sociology. 1990, 16, 435 – 463.

[122] Mario A. Rivera, Everett M. Rogers. Innovation Diffusion, Network Features, and Cultural Communication Variables [J]. Problems and perspective in Management/ 2006, Volume 4, Issue 2.

[123] Monjon S, Waelbroeck P. A ssessing spillovers from universities to firms: evidence from French firm – level data [J], International Journal of Industrial Organization, 2004. 21: 1255 – 1270.

[124] Michael. Winning through innovation: a practical guide to leading organizational change and renewal [M]. Boston, Mass.: Harvard Business School Press, 1997.

[125] 马良,朱刚,宁爱兵. 蚁群优化算法 [M]. 北京: 科学出版社. 2008.

[126] Nelson, R R ed. National Systems of Innovation: A Comparative Study [M]. Oxford: Oxford University Press, 1993.

[127] Niosi J. National systems of innovations are "x – efficient" (and x – effective) Why some are slow learners [J]. Research Policy. 31 (2002): 291 – 302.

[128] N. Dayasindhu, S. Chandrashekar. 2005. Indian remote sensing program: A national system of innovation? [J], Technological Forecasting & Social Change, 72: 287 – 299.

[129] OECD. The Knowledge – Based Economy, OECD, Paris. 1996.

[130] OECD. Managing Innovation System [M], OECD, Paris. 1999.

[131] Powell, J. L. Semiparametric Estimation of Censored Selection Models [J]. inC. Hsiao, K. Morimune, and J. L. Powell, eds., Nonlinear Econometric Inference, Cambridge University Press, 2001.

[132] Porter, Michael. The Competitive Advantage of Nations [M]. New York: Free Press, 1990.

[133] Piero Morosini. Industrial Clusters. 2004. Knowledge Integration and Performance [J]. World Development. 2005. 32 (2): 305 – 326.

[134] Paul Tracey, Gordon L. Clark. Alliances, Networks and Competitive Strategy: Rethinking Clusters of Innovation [J]. Growth and Change, 2003. Vol. 34 No. 1: 1 – 16.

[135] Porter M, Stern S. National Innovative Capacity. World Economic Forum. In Porter. The Global Competitiveness Report 2001 ~ 2002 New York: Oxford University Press, 2002.

[136] Probir Roy. India needs an innovation ecosystem. http://www.financialexpress.com/fe_full_story.php? content_ id = 74517, 2004, 11, 25.

[137] 潘德均. 西部地区区域创新系统建设 [J]. 科学学与科学技术管理. 2001, 1: 38 – 40.

[138] 彭灿. 面向可持续发展的区域创新系统: 概念、功能与特征 [J]. 中国科技论坛,

2002, 3: 76 - 81.

[139] 秦书生. 技术创新系统复杂性与自组织 [J]. 系统辩证学学报, 2004 (2): 62 - 67.

[140] 秦海菁. 知识经济测评论 [M]. 北京: 社会科学文献出版社, 2004, 6.

[141] Romer P. Increasing returns and long - run growth [J]. Journal of Political Economy, 1990 (10): 71 - 102.

[142] Rennings K. Redefining innovation - eco - innovation research and the contribution from ecological economics [J]. Ecological Economics, 2000, 32: 319 - 332.

[143] Rose - Anderssen, P. M. Allen, C. Tsinopoulos. etc. Innovation in manufacturing as an evolutionary complex system [J]. Technovation, 2004, 25: 1093 - 1105.

[144] Rogers, Everett M. Diffusion of Innovation [M]. NewYork. The Free Press. 1995.

[145] Radosevic. Regional Innovation System in Central and Easten Europe: Determinants, Organization and Alignments [J], Journal of Technology Transfer, 2002. 27: 87 - 96.

[146] R. Leoncini, M. A. Maggioni, S. Montresor. Intersectoral innovation flows and national technological systems: network analysis for comparing Italy and Germany [J]. Research Policy, 1996. 25: 415 - 430.

[147] Rogerio C. Calia, Fabio M., Gilnei L. Innovaton network: From technological development to business model reconfiguration [J]. Technovation, 2006. doi10. 1016/j: 1 - 7.

[148] Roy Rothwell. Industrial innovation: success, strategy, trends. In M. Dodgsorl and Roy Rothwell. The handbook of industrial innovation [M]. Edward Elgar, 1994. 42 - 43.

[149] 任锦鸾, 顾培亮, 基于复杂理论的创新系统研究 [J], 科学学研究, 2002, 20 (4): 437 - 440.

[150] Scott, J. . Social Network Analysis: A Handbook [M]. Sage Publication, 2000.

[151] SpenceM. cost reducti on, competiti on, and industry perfor mance, Econometrica, 1984, 52 (1): 101 - 122.

[152] Saxenian A. Regional Advantage: Culture and Competition in Silicon and Route 128 [M]. Harvard University Press, Cambridge, 1994.

[153] S. Chung. Building a national innovation system through regional innovation systems [J]. Technovation, 2002, 22: 485 - 491.

[154] Sheri M. Markose. Novelty in complex adaptive systems (CAS) dynamics: a computational theory of actor innovation [J]. Physica A, 2004, 344: 41 - 49.

[155] Shih - Chang Hung. Institutions and systems of innovation: an empirical analysis of Taiwan's personal computer competitiveness [J]. Technology in Society, 2000, 22: 175 - 187.

[156] 孙利辉. 技术创新网络的构成、层次及其特征研究 [J]. 东方论坛, 2005 (1):

64 - 68.

[157] 石定寰, 等. 国家创新系统: 现状与未来 [M]. 北京: 经济管理出版社, 1999.

[158] 史清琪, 等. 中国产业技术创新能力研究 [M]. 北京: 中国轻工业出版社, 2000, 12.

[159] 孙鹏程, 屈小宁. 对湖南机械制造业产业集群的探索 [J]. 湖南财经高等专科学校学报, 2006, 22 (102): 35 - 36.

[160] 宋保兰. 地区制造业产业共生模式研究——以邯郸市和唐山市为例 [D]. 河北: 河北工业大学, 2012.

[161] Tilman, D. Competition and biodiversity in spatially destructed habitats [J]. Ecology, 1994, 62: 472 - 481.

[162] Tilman, D., Lehman, L., &Yin, C. Habitat destruction, dispersal, and deterministic extinction in competitive communities [J]. American Naturalist, 1997, 149: 407 - 435.

[163] Townsend, P. A. Predicting the geography of species' invasions via ecological niche modeling [J]. The Quarterly Review Of Biology, 2003, 78 (4): 419 - 433.

[164] Tim Padmore, Hans Schuetze, Hervey Gibson. Modeling systems of innovation: An enterprise - centered view [J]. research policy, 1998, 26: 605 - 624.

[165] Tim Padmore, Hervey Gibson. Moelling systems of innovation: ∏. A framework for industrial cluster analysis in regions [J]. research policy, 1998, 26: 625 - 641.

[166] Temela T, Janssen W, Karimov F. Systems analysis by graph theoretical techniques: assessment of the agricultural innovation system of Azerbaijan [J]. Agricultural Systems. 2003, 77: 91 - 116.

[167] Ting - Lin Lee, Nick von Tunzelmann. A dynamic analytic approach to national innovation systems: The IC industry in Taiwan [J]. Research Policy, 2005. 34: 425 - 440.

[168] 唐山市海洋经济发展战略规划组. 唐山市海洋经济发展战略规划 [M]. 北京: 海洋出版社, 2003, 12.

[169] 唐五湘, 等. 中国科技产业化环境研究 [M]. 北京: 经济科学出版社, 2005, 5.

[170] Von Hippel E. The Sources of Innovation [M]. New York: Oxford University Press, 1988.

[171] Walsh S T. Roadmapping a disruptive technology: A case study. The emerging microsystems and topdown nanosystems industry [J]. Technological Forecasting & Social Change, 2004, 71: 161 - 185.

[172] Wellman, B., and Berkowitz, S. D. (eds.), Social Structures: A Network Approach [M]. Cambridge, England: Cambridge University Press. 1988.

[173] Wiig H, Wood M. What comprises a regional innovation system? An empirical study http：//web. sol. no/step/195/195. htm，1995.

[174] William Walker . Entrapment in large technology systems：institutional commitment and power relations ［J］. Research Policy, Volume2000，29，Issues 7 – 8：833 – 846.

[175] Wolfgang Gerstlberger . Regional innovation systems and sustainability – selected examples of international discussion ［J］. Technovation, 2004. 24：749 – 758.

[176] Wasserman, Stanley & Katherine Faust. Social Network Analysis：Methods and Applications ［M］. Cambridge. Cambridge University Press. 1994.

[177] 王春法. 主要发达国家国家创新体系的历史演变与发展趋势［M］. 北京：经济科学出版社，2003.

[178] 王缉慈. 创新的空间：产业集群和区域发展［M］. 北京：北京大学出版社，2001.

[179] 王德禄，武文生，等. 区域的崛起——区域创新理论与案例研究. 济南：山东教育出版社，2002.

[180] 王稼琼，绳丽惠，等. 区域创新体系的功能与特征分析［J］. 中国软科学，1999，2：53 – 57.

[181] 王铮，马翠芳，王露，杨妍. 知识网络动态与政策控制［J］. 科研管理，2001（5）：126 – 133.

[182] 王霄宁，王轶. 新经济社会学视角下基于社会网络分析的产业集群定量化研究［J］. 探索，2005（3）：95 – 99.

[183] 王蕾. 唐山钢铁产业创新网络发展演化与结构模式研究［D］. 天津：河北工业大学，2007.

[184] 王鑫. 唐山市主导产业技术创新情景及特征研究［D］. 天津：河北工业大学，2007.

[185] 王子龙，谭清美. 区域创新网络知识溢出效应研究［J］. 科学管理研究. 2004（10）：1 – 4.

[186] 王玉灵，张世英. 技术创新溢出机制的研究与建模［J］. 系统工程理论方法应用，2001，10（4）：337 – 34.

[187] 王学定，等. 区域创新体系建设与发展研究——以兰州为例［M］. 北京：海洋出版社，2004，10.

[188] 魏江. 产业集群—创新系统与技术学习［M］. 北京：科学出版社，2003.

[189] 温思美，曹正汉，李孔岳. 转轨经济中地区性农业技术创新：开放市场与重塑创新体系——基于广东省顺德市花卉产业的研究［J］. 农业经济问题，1999（9）：40 – 44.

[190] 翁瑾. 基于模仿的技术扩散 [J]. 科技进步与对策. 2008, 25 (3): 24-28.

[191] 吴曙霞, 曹魏, 雷霆. 技术创新对生物医药产业的推动作用及规律探讨 [J]. 专题论坛, 2006 (7): 21-23.

[192] 吴贵生. 区域创新体系与区域经济的互动发展 [J]. 重庆商学院学报. 2002 (4): 3.

[193] 吴启迪, 汪镭. 智能蚁群算法及应用 [M]. 上海: 上海科技教育出版社. 2004.

[194] 吴子健. 地区产业间技术溢出测度实证研究 [D]. 天津: 河北工业大学, 2012.

[195] 吴文东. 面向生态工业园的工业共生体成长建模及其共生效率评价 [D]. 天津: 天津大学, 2007, 1.

[196] 西格法德·哈里森. 日本的技术与创新管理 [M]. 华宏慈, 等译. 北京: 北京大学出版社, 2004, 7.

[197] 谢梦. 企业群体技术创新扩散建模与仿真研究 [D]. 天津: 河北工业大学, 2011.

[198] 徐占忱. 区域企业集群耦合互动创新机理研究 [D]. 哈尔滨: 哈尔滨工业大学, 2006, 6.

[199] 徐大海. 河北省县域特色产业集群演化模型及实例研究 [D]. 天津: 河北工业大学 [硕士学位论文], 2005, 3.

[200] 徐怀伏, 顾焕章. 技术创新溢出的经济学分析 [J]. 南京农业大学学报 (社会科学版) 2005 (03): 1-5.

[201] 徐雪竹, 刘振. DEA 模型在评价科技投入产出绩效中的运用 [J]. 新视角 (经济理论研究), 2006 (04): 119-121.

[202] 徐宏玲. 模块化组织研究 [M]. 成都: 西南财经大学出版社, 2006.

[203] 许丽丽. 唐山市主导产业间溢出效应研究 [D]. 天津: 河北工业大学, 2009.

[204] 颜鹏飞, 马瑞. 经济增长极理论的演变和最新进展 [J]. 福建论坛·人文社会科学版, 2003, 1: 71-75.

[205] 杨旻. 企业产业创新战略的实施途径与策略 [D]. 青岛: 中国海洋大学, 2007.

[206] 叶安宁. 主导产业选择基准研究 [D]. 厦门: 厦门大学, 2007.

[207] 殷醒民. 工业发达国家科技政策实施效果的经验分析 [J]. 复旦学报 (社会科学版), 2005 (5): 111-120.

[208] 袁纯清. 金融共生理论与城市商业银行改革 [M]. 北京: 商务印书馆, 2002.

[209] 余妍, 张梅青. 东北老工业基地经济发展的新思路——论区域创新系统 [J]. 北方经贸, 2004, 4: 9-10.

[210] 约瑟夫·熊彼特. 经济发展理论 [M]. 北京: 商务印书馆, 1991 年版: 290.

[211] 张方华. 企业社会资本与技术创新绩效: 概念模型与实证分析 [J]. 研究与发展管

理, 2006, 18 (6): 47-53.

[212] 张钢. 企业组织网络化发展 [M]. 杭州: 浙江大学出版社, 2005: 156-167.

[213] 张纪会, 徐心和. 一种新的进化算法——蚁群算法 [J]. 系统工程理论与实践. 1999, 19 (3): 84-87.

[214] 张培富, 李艳红. 技术创新过程的自组织进化 [J]. 科学管理研究, 2000 (6): 3-4.

[215] 张毅, 张子刚. 企业网络与组织间学习的关系链模型 [J]. 科研管理, 2005 (2): 136-141.

[216] 张瑞锋. 金融市场波动溢出研究 [D]. 天津: 天津大学, 2006, 12.

[217] 张瑞锋, 张世英. 金融市场波动溢出分析及实证研究 [J]. 中国管理科学, 2006, 14 (5): 14-22.

[218] 张强. 论系统演化的共生性 [J]. 系统辩证学报, 2005, 13 (3): 22-26.

[219] 张敦富, 等. 知识经济与区域经济 [M]. 北京: 中国轻工业出版社, 2000.

[220] 赵付民. 机构间网络与区域创新系统建设 [D]. 武汉: 华中科技大学, 2005.

[221] 赵吟佳. 产业网络: 构筑园区经济新优势. http://www.zei.gov.cn:8080/zjeco/0316/17.htm.

[222] 赵国杰. 基于沉没成本的更新时机优化模型 [J]. 系统工程学报. 1997, 12 (4): 105-114.

[223] 赵立雨, 师萍. 基础研究投入的溢出效应及度量研究 [J]. 中国科技论坛, 2009, 7 (7): 30-39.

[224] 赵勇, 白永秀. 知识溢出测度方法研究综述 [J]. 知识丛林, 2009 (8): 132-135.

[225] 赵红, 等. 生态智慧型企业共生体行为方式及其共生经济效益 [J]. 中国管理科学, 2004, 12 (6): 130-136.

[226] 赵修卫. 建设区域创新系统促进区域经济发展 [J]. 科技管理研究, 2000, 4: 23-25.

[227] 郑小平, 司春林. 国家创新体系学术思想形成研究 [J]. 研究与发展管理, 2006, 18 (5): 1-8.

[228] 周亚庆, 张方华. 区域技术创新系统研究 [J]. 科技进步与对策. 2001, 2: 44-45.

[229] 周密. 我国创新极化现象的区域分布与极化度比较 [J]. 当代经济科学, 2007, 29 (1): 78-84.

[230] 周华, 韩伯棠. 基于技术距离的知识溢出模型应用研究 [J]. 科学学与科学技术管理, 2009, 07: 111-116.

[231] 朱秀梅,蔡莉,张危宁. 基于高技术产业集群的知识溢出传导机制研究 [J]. 工业技术经济, 2006, 25 (6): 47-51.

[232] 庄晋财. 企业集群地域根植性的理论演进及政策含义 [J]. 安徽大学学报, 2003 (4): 93-98.

附 录

附录 A 钢铁产业创新网络知识合作调查问卷

您好！

这是一份关于知识合作方面的调查，本问卷仅供研究使用，不涉及任何商业行为；对于您填写的所有信息，课题组将予以特别的保护。您真实而完整的填写对我们的研究至关重要，真诚感谢您的支持！

本调查问卷的第一部分分为企业填写和高校（科研机构）填写两部分，请分别填写。

在选择时，请您在认同的"□"中打上"√"。

一、背景资料

企业填写：

1. 企业成立的时间为_____年；贵企业职工人数_____人；总资产_____万元。

2. 企业投资主体
①中央政府投资□ ②地方政府投资□ ③集体联合投资□
④私人投资□   ⑤中外合资□
⑥外商独资□   ⑦其他企业投资□

3. 企业的经济类型
①国有民营□ ②集体民营□ ③联营□
④股份□   ⑤三资□   ⑥私营□

高校（科研机构）填写：

4. 贵校（贵科研机构）重点学科所属学科（可多选）

① 理学：材料科学类、大气科学类、地理科学类、地球物理学类、地质学类、海洋科学类、化学类、环境科学类、科技信息与管理类、力学类、生物科学类、数学类、天文学类、物理学类、心理学类、信息与电子科学类□

② 农业科学：动物生产与兽医类、管理类、环境保护类、农业推广类、森林资源学、水产类、植物生产类□

③ 医学：法医学类、护理学类、基础医学类、口腔医学类、临床医学与医学技术类、药学类、预防医学类、中医学类□

④ 工学：兵器类、材料类、测绘类、地矿类、电工类、电子与信息类、纺织类、工程力学类、公安技术类、管理工程类、航空航天类、化工与制药类、环境类、机械类、交通运输类、林业工程类、农业工程类、轻工粮食仪器类、热能核能类、水利类、土建类、仪器仪表类□

⑤ 历史学：历史学类、图书信息档案学类□

⑥ 文学：外国语言文学类、新闻学类、艺术类、中国语言文学类□

⑦ 哲学：马克思主义理论类、哲学类□

⑧ 法学：法学类、公安学类、社会学类、政治学类□

⑨ 教育学科：教育学类、思想政治教育类、体育学类□

⑩ 经济学科：工商管理类、经济学类□

二、知识创新合作情况

1. 当贵单位面临知识创新❶时，会优先选择那种方法：

①合作性知识创新□　　　　　　　　②独立性知识创新□

2. 您是否认为：贵单位于其他组织进行过一次合组性知识创新，即表示贵单位与其他组织之间存在着一个关系？

①是□　　　　　　　　　　　　　②否□

3. 与贵单位进行合作性知识创新次数从多到少排列依次是：＿＿＿＿＿＿

①企业　　　②高校　　　③科研机构/科研院所

④中介机构　　⑤政府机关

---

❶ 狭义的知识创新是指通过科学研究获得和创造新知识的过程；广义的知识创新是指新知识的产生、创造、传播和应用的全过程，不仅包括通过科学研究获得新知识的过程，还包括新知识的传播和应用、新知识的商业化形成产品和服务的过程等。包括：学术论文的发表、专利发明和技术研发活动等。

4. 如果贵单位要进行学术论文的撰写，会选择与哪个企业合作（可写多项，请按合作次数从多到少依次列出，如果从未有过，请写"无"）：

_____

5. 如果贵单位要进行学术论文的撰写，会选择与哪个高校合作（可写多项，请按合作次数从多到少依次列出，如果从未有过，请写"无"）：

_____

6. 如果贵单位要进行学术论文的撰写，会选择与哪个科研机构合作（可写多项，请按合作次数从多到少依次列出，如果从未有过，请写"无"）：

_____

7. 如果贵单位要进行学术论文的撰写，会选择与哪个政府机构合作（可写多项，请按合作次数从多到少依次列出，如果从未有过，请写"无"）：

_____

8. 如果贵单位要进行技术研发活动，会选择与哪个企业合作（可写多项，请按合作次数从多到少依次列出，如果从未有过，请写"无"）：

_____

9. 如果贵单位要进行技术研发活动，会选择与哪个高校合作（可写多项，请按合作次数从多到少依次列出，如果从未有过，请写"无"）：

_____

10. 如果贵单位要进行技术研发活动，会选择与哪个科研机构合作（可写多项，请按合作次数从多到少依次列出，如果从未有过，请写"无"）：

_____

11. 如果贵单位要进行技术研发活动，会选择与哪个政府机构合作（可写多项，请按合作次数从多到少依次列出，如果从未有过，请写"无"）：

_____

12. 如果贵单位要进行专利发明，会选择与哪个企业合作（可写多项，请按合作次数从多到少依次列出，如果从未有过，请写"无"）：

_____

13. 如果贵企业要进行专利发明，会选择与哪个高校合作（可写多项，请按合作次数从多到少依次列出，如果从未有过，请写"无"）：

_____

14. 如果贵单位要进行专利发明，会选择与哪个科研机构合作（可写多项，请按合作次数从多到少依次列出，如果从未有过，请写"无"）：

_____

15. 如果贵单位要进行专利发明，会选择与哪个政府机构合作（可写多项，请按合作次数从多到少依次列出，如果从未有过，请写"无"）：

_____

16. 如果贵单位要进行人才培训，会选择与哪个企业合作（可写多项，请按合作次数从多到少依次列出，如果从未有过，请写"无"）：

_____

17. 如果贵单位要进行人才培训，会选择与哪个高校合作（可写多项，请按合作次数从多到少依次列出，如果从未有过，请写"无"）：

_____

18. 如果贵单位要进行人才培训，会选择与哪个科研机构合作（可写多项，请按合作次数从多到少依次列出，如果从未有过，请写"无"）：

_____

19. 如果贵单位要进行人才培训，会选择与哪个政府机构合作（可写多项，请按合作次数从多到少依次列出，如果从未有过，请写"无"）：

_____

20. 在贵单位成立初期（成立之后的五年），贵单位与下列组织交往的频率（请在选项中打√）

组织类别	没有交往	每年一两次	每月不到一次	每月一两次	每月三四次	每周两次以上
主要的供应商						
主要客户						
主要销售代理商						
行业协会（商会）						
地方行业管理部门						
金融机构（银行）						
科研院校						
管理、技术咨询机构						

注：这里的"交往"是指有合作性知识创新行为。

21. 在过去的五年中，贵单位与下列组织交往的频率（请在选项中打√）

组织类别	没有交往	每年一两次	每月不到一次	每月一两次	每月三四次	每周两次以上
主要的供应商						
主要客户						
主要销售代理商						
行业协会（商会）						
地方行业管理部门						
金融机构（银行）						
科研院校						
管理、技术咨询机构						

注：这里的"交往"是指有合作性知识创新行为。

再次感谢您抽出宝贵时间协助我们完成此次调查！谢谢！

附录 B

1979~1999 年唐山钢铁产业创新网络的主要主体及其编号

1	唐钢总部	36	冶金经济发展研究中心
2	唐钢技术中心	37	冶金部钢铁研究总院
3	唐钢股份公司	38	北京钢铁设计研究总院
4	唐钢各子分公司	39	秦皇岛黑色冶金矿山设计研究院
5	唐钢炼焦制气厂	40	煤炭部北京设计研究院
6	唐山市轧钢厂	41	武汉钢铁设计研究院
7	唐山贝氏体钢总厂	42	包头钢铁设计研究院
8	唐山国丰钢铁有限公司	43	鞍山热能研究院
9	唐山联强冶金轧辊有限公司	44	长沙矿山研究院
10	唐山市冶金锯片厂	45	冶金部体改司
11	遵化市钢铁厂	46	河北省统计局
12	司家营铁矿	47	中共河北省委
13	马鞍山钢铁公司	48	国家冶金工业局
14	唐山转迁安首钢总机	49	北京钢铁学院
15	唐山水泵厂	50	清华大学
16	宣钢钢研所	51	北京科技大学
17	唐山工程技术学院	52	东北工学院
18	华北煤炭医学院	53	太原重型机械学院
19	河北理工学院	54	燕山大学
20	唐山大学	55	重庆钢铁设计研究院
21	中国人民银行唐山分行	56	山东工业大学
22	中共唐山市委	57	陕西机械学院
23	中共迁西县委	58	包头钢铁学院
24	邯郸钢铁总厂	59	北方工业大学
25	陕西鼓风机厂	60	长春工业高等专科学校
26	英国 Tetronics 有限公司	61	东北大学
27	山西经纬纺织机械厂	62	沈阳电力高等专科学校
28	石家庄钢铁有限责任公司	63	沈阳黄金学院
29	包头钢铁公司	64	河北冶金学院
30	新抚钢厂	65	华南理工大学
31	北京钢厂	66	冶金原理教研室
32	河北铜矿	67	河北省基建优化研究会
33	贵阳钢厂	68	汉沽农场轧钢厂
34	包头冶金研究所	69	冶金部第二十二冶金建设公司
35	冶金部自动化研究所	70	磁石矿冶技术服务公司

附录 C

2000~2007年唐山钢铁产业创新网络的主要主体及其编号

1	唐钢总部	30	唐山市六方碳化硅有限公司
2	唐钢技术中心	31	唐山市轧钢厂
3	唐钢股份公司	32	唐山首钢马兰庄铁矿公司
4	唐钢各子分公司	33	唐山松汀钢铁公司
5	唐钢炼焦制气厂	34	唐山信德锅炉集团有限公司
6	安阳钢铁股份有限公司	35	唐山正大工程造价咨询有限公司
7	陡河发电厂	36	唐山中厚板材有限公司
8	津西钢铁股份有限公司	37	王滩发电厂
9	开滦机电制造集团公司	38	宣化钢铁公司
10	滦河集团汉沽钢铁公司	39	遵化建龙钢铁控股有限公司
11	唐山北量量具公司	40	河北理工大学
12	唐山贝氏体钢总厂	41	河北能源职业技术学院
13	唐山不锈钢有限责任公司	42	河北冶金高级技校
14	唐山创元方大电气有限公司	43	华北煤炭医学院
15	唐山港陆钢铁公司	44	唐山工业职业技术学院
16	唐山国丰钢铁有限公司	45	唐山科技职业技术学院
17	唐山国际工程总公司	46	唐山市机械技工学校
18	唐山华科冶金技术开发有限公司	47	唐山学院
19	唐山机车车辆厂	48	唐山职业技术学院
20	唐山冀东水泥股份有限公司	49	唐山市人民医院
21	唐山建龙简舟钢铁有限公司	50	唐山市总工会
22	唐山建龙实业有限公司	51	中国农业银行唐山分行
23	唐山联强冶金轧辊有限公司	52	宝山钢铁公司
24	唐山煤气公司	53	北京科大国泰公司
25	唐山三环监理公司	54	北京科力新技术发展总公司
26	唐山胜利工业瓷有限公司	55	北京市密云建华铸钢厂
27	唐山市半壁店钢铁股份有限公司	56	北京太极计算机公司
28	唐山市丰润区宏发钢铁有限公司	57	本溪钢铁集团公司
29	唐山市开平区热力公司	58	承德钢铁公司

续表

59	承德新恒基钢铁水泥有限公司	95	东北大学
60	承德新新钒钛股份有限公司	96	国防科技大学
61	崇利建钢厂	97	哈尔滨工业大学
62	达涅利威恩联合公司	98	合肥工业大学
63	广州钢铁企业集团有限公司	99	河北工业大学
64	邯郸钢铁集团公司	100	河北科技大学
65	邯郸矿务局机械总厂	101	河北医科大学
66	邯郸新兴铸管第一炼铁部	102	华中科技大学
67	河北省安装工程公司	103	南开大学
68	河北省模具公司	104	上海交通大学
69	河北冶金矿山公司	105	太原理工大学
70	霍高文工程技术公司	106	天津大学
71	酒泉钢铁公司	107	同济大学
72	廊坊腾达助剂有限公司	108	湘潭大学
73	辽宁凌钢集团经销公司	109	燕山大学
74	南昌钢铁公司	110	中国矿业大学
75	攀枝花钢铁集团公司	111	中南大学
76	秦皇岛新特科技有限公司	112	重庆大学
77	三明钢铁集团公司	113	冶金部自动化研究所
78	山东滕州新源热电厂	114	鞍山热能研究院
79	石家庄钢铁有限公司	115	北京钢铁设计研究总院
80	首钢总公司	116	钢铁研究总院
81	四川空分（集团）有限公司	117	长沙矿山研究院
82	天津第一冶金机械厂	118	中国科学院
83	天津铁厂	119	沈阳矿山机械工程设计研究院
84	武汉钢铁（集团）公司	120	北京冶金设备研究设计总院
85	西安市热力公司	121	天津化工研究设计院
86	邢台钢铁公司	122	天津市技术物理研究所
87	岳阳中科电气有限公司	123	机械科学研究院
88	浙江天正设计工程有限公司	124	哈尔滨大电机研究所
89	正泰冶金技术开发有限公司	125	华北电力科学研究院有限责任公司
90	中钢集团	126	冶金工业信息标准研究院
91	中原石油勘探局	127	中国钢铁工业协会
92	安徽工业大学	128	河北省冶金工业办公室
93	北京工业大学	129	烟台市城市排水管理处
94	北京科技大学	130	河北省广播电视局

附录 D 61 个产业投入结构列向量技术相似度矩阵 C 与技术距离矩阵 D 的 Matlab 代码

```
x = [输入61个产业列向量矩阵]; y = x'; m = 1 - pdist (y,'cosine');
k = 61;
A = zeros (k, k);
for i = 1: k
   for j = 1: k
n = i * k - k + j - 0.5 * (i^2 + i);
     if i - j < 0
        A (j, i) = m (n);
     else
        A (j, i) = 0;
     end
   end
end
format short g
A;
B = zeros (k, k);
for i = 1: k
   for j = 1: k
n = i * k - k + j - 0.5 * (i^2 + i);
     if i - j < 0
        B (i, j) = m (n);
     else
        B (i, j) = 0;
     end
   end
end
```

```
end
format short g
B;
E = eye (k, k);
C = A + B + E
F = ones (k, k);
D = F - C
```

后 记

　　一波三折，本书总算是完成了。回顾过去，本书应该说是课题组几年来围绕区域创新系统认识的一个集成，自我的博士生导师胡宝民教授于2005年12月份在河北科学技术出版社出版《河北省区域创新系统研究》专著以来，课题组发现现有文献虽然厘清了区域创新系统的某些特性，给出了某方面的理论指导，仍找不到一种有效监测区域创新系统状况的框架体系，更没有一套行之有效的区域创新系统测评体系和办法。基于此，近期学术界又重新审视研究角度，将科技创新与区域经济结合起来探索区域创新系统内涵，引入历史演化观，从区域经济、区域创新历史发展的动态角度提取区域创新系统发展的变量。

　　在这样的背景下，我的导师胡宝民教授提议课题组开展"三步走"研究计划：第一步，对"什么是区域创新系统"进行描述和刻画；第二步，进行区域创新系统的测评理论与方法研究；第三步，进行区域创新政策的设计研究。最终形成"区域创新系统描述＋区域创新系统测评＋区域创新政策设计"理论方法体系。导师具有甚高的前瞻性思维和研究悟性，使我常有一种站在巨人肩膀上的感觉。基于此研究计划，我的博士论文研究围绕第一步展开，在对区域创新系统认识上，将区域创新系统与区域经济系统联系起来，将区域中满足特定条件的创新型产业定义为创新极，从演化角度认为区域创新系统是多创新极共生演化的系统，基于此完成了博士学位论文，并于2009年获得河北省优秀博士学位论文。同时，导师和我2007～2010年也围绕此观点申请并完成了一项国家自然科学基金项目。之后围绕对区域创新系统的认识，从不同角度我又主持申请了国家自然科学基金青年项目、教育部人文社科青年项目、河北省自然科学基金项目、河北省社会科学发展研究课题、河北省教育厅优秀青年基金项目，凭借这些成果我入选了2013年河北省首批青年拔尖人才资助计划。

我的博士学位论文和上述课题研究促成了本书的形成，当然书中不妥之处，都由我一人负责。

  写后记本来应该是一件愉快的事情，然而当本书接近完稿的时候我却难以有雀跃之感。撰写本书的初衷和想法本来源于我导师胡宝民教授的启发和鼓励，但不幸的是，2012年夏天当我赴荷兰马斯特里赫特大学做访问学者不久，听到导师突患不治之症，当时我心情异常悲痛，想想导师对我的谆谆教诲和殷切希望，于是我加紧整理此书稿。无奈世事弄人，2013年3月26日，我的导师胡宝民教授在与病魔斗争10个月后，离我们而去。他的离世是我们课题组最大的损失，至今我都不能接受，也不愿、不想接受。时间流逝，在恩师逝世一周年之际，谨以此书告慰恩师在天之灵。

  任何一个成果的取得都是团队的力量，都离不开众多团队成员的帮助。在此，我要感谢我的师兄（姐）科技部林涛博士、河北省科技厅苏景军博士、河北省财政厅马学博士和赵增群博士、河北省教育厅荣飞博士和董友博士、河北省科学技术情报研究院李银生博士、天津市考试院胡浩博士、河北联合大学刘春凤博士、河北大学孟宪礼博士和我的师弟河北省科技厅李林琼硕士、天津市科学技术信息研究所徐大海硕士、天津市科学学研究所闫凌周硕士在课题调研、数据收集、课题研讨等方面给予的大力支持；同时也非常感谢我的师姐荷兰马斯特里赫特大学王丽丽博士、我的师兄北京市科学技术研究院刘建兵博士在学术上对我的悉心指导和帮助。感谢我的师弟（妹）和指导的硕士研究生吴子建、王蕾、谢梦、宋保兰、曹延飞、许丽丽、王鑫、祝增奎、魏玉静、王红冉、宋娇然、李元元、刘磊磊和张静在基础数据处理、资料收集等方面的帮助。

  感谢我的家人对我的默默无闻的支持，特别是我的儿子李卓远，茁壮成长，给我动力，催我奋进。

李子彪

2014年3月15日